KB107782

H.G. 웰스의
세계사산책

H.G. 웰스의 세계사 산책

지은이 허버트 조지 웰스
옮긴이 김희주·전경훈

1판 1쇄 발행 2017년 5월 25일
1판 2쇄 발행 2019년 8월 25일
개정판 1쇄 발행 2023년 10월 2일

발행처 (주)옥당북스
발행인 신은영

등록번호 제2018-000080호
등록일자 2018년 5월 4일

주소 경기도 고양시 일산동구 위시티1로 7, 507-303
전화 (070)8224-5900 팩스 (031)8010-1066

값은 표지에 있습니다.
ISBN 979-11-89936-44-0 03900

이메일 coolsey2@naver.com
포스트 https://post.naver.com/coolsey2
블로그 https://blog.naver.com/coolsey2

H.G. 웰스의
세계사 산책

허버트 조지 웰스 지음 | 김희주·전경훈 옮김

옥당

20세기 영국의 가장 영향력 있는 작가, 교과서 밖 역사를 말하다

1.

번역 의뢰를 처음 받았을 때 먼저 머리에 떠오른 것은 어린 시절 책상 밑에 웅크리고 앉아 숨죽이며 읽었던 《투명인간》이었다. 주인공 그리핀이 투명인간이 되는 데 성공했으나 원래 모습으로 돌아올 수 없게 되면서 운명에 대한 묘한 이중감정을 경험할 수 있는 책이었다. 번역 의뢰를 받자 투명인간 그리핀과 다른 등장인물들이 쫓고 쫓기며 갈등하던 데서 느꼈던 긴장감이 다시 생생해지는 듯했다. 물론 어린 나이의 내가 웰스라는 외국 작가를 제대로 인지하고 기억할 리는 만무했다.

웰스를 작가로서 진지하게 인지하고 대면한 것은 문학과 영화를 함께 공부하던 대학 시절이었다. 당시 나는 드라큘라나 프랑켄슈타인 같은 캐릭터에 관심이 많았다. 근대 대중 소설에서 출발해서 영화사 초기부터 현재까지 반복적으로 재현되는 이 캐릭터들의 자료를 모으면서 그 원작 소설들도 찾아 읽었다. 그리고 그 과정에서 웰스의 《타임머신》과 《우주전쟁》도 찬찬히 읽어볼 기회가 있었다. 그의 작품에 담긴 다층적 의미들은 무척이나 흥미롭다. 그의 소설들이 100년이 지난 지금까지도 다양한 방식으로 변주되어 재현되는 까닭도 이 때문일 것이다.

2.

프랑스의 쥘 베른과 함께 공상과학 장르의 창시자라고 일컬어지는 웰스는 여러모로 흥미로운 인물이다. 그는 1866년 영국의 가난한 가정에서 태어나 어린 시절부터 노동을 했다. 여러 차례 학업을 중단하기도 했지만, 책을 늘 가까이했던 덕에 장학금을 받아 공부를 마칠 수 있었다. 그의 전공은 생물학이었다.

대학 때부터 그는 공상과학 소설을 집필하기 시작했다. 교사로 일하게 된 뒤에는 노동당의 전신이 되는 사회주의 운동 단체 페이비언협회 Fabian Society에서 활동하기도 했는데, 이런 현실 참여는 집필활동에도 많은 영향을 주었으며, 한편으로는 그의 작품 세계를 더욱 넓혀주었다.

웰스는 공상과학 소설 이외에 찰스 디킨스의 진정한 계승자라고 할 만큼 영국 민중의 삶을 치밀하게 묘사한 소설들을 발표해 평단으로부터 좋은 평가를 받기도 했다. 또 그는 과학기술과 인류의 진보에 관한 에세이들도 꾸준히 발표했고, 1920년에는 방대한 분량의 《세계사 대계 The Outline of History》를 출간하여 큰 성공을 거두었다. 그리고 두 해가 지난 뒤에는 이를 좀 더 간략하게 쓴 《세계사 산책A Short History of the World》을 출간해 영국 지성계에 큰 반향을 불러일으켰다.

20세기 초 영국의 가장 영향력 있는 작가로 꼽혔으며 노벨 문학상 후보에 네 번이나 오를 만큼 생전에 이름을 날린 웰스는 말년에 국제 펜클럽 회장으로 활동하며 파시즘에 맞서 작가들의 권리를 대변하고 옹호하기도 했다.

3.

이 모든 활동의 밑바탕이 되고 또 그 활동들을 통해 발전된 웰스의 시각은 그의 인생만큼이나 흥미롭다. 우선 그는 생물학자로서 한때 다윈의 진화론을 바탕으로 인종 문제에 관심이 있었다. 이때 그는 당대의 우생학적 흐름과는 달리 인류 전체를 하나의 생물 종으로 보는 관점을 드러냈다. 이를테면, 지구를 침공한 화성인과 그에 맞서는 지구인을 대비시킨 소설 《우주전쟁》이 그의 이런 생각을 잘 보여주었다고 할 수 있다.

그는 현실 세계에서도 인류 전체가 인종, 민족, 국가, 종교, 이념 등에 상관없이 자유롭게 소통하며 교류하는 것이야말로 진정한 평화와 발전을 위한 전제 조건이라고 믿었다. 그리고 그것은 단일한 세계 정부를 출범시키는 것으로 더욱 완전하게 실현되리라는 이상을 품었다. 근대 이후 급속도로 발전해온 과학기술과 기계문명은 이러한 환경을 실현할 수 있는 물리적 토대를 마련해줄 것이라고 그는 생각했다. 물론 이런 생각 때문에 웰스는 동시대의 사회주의자 동료들과 조지 오웰을 비롯한 후대 작가들로부터 지나친 이상주의자라는 비판을 받아야 했다.

그리고 웰스 자신도 제1차 세계대전의 참상을 겪으면서 인류 역사에 대한 비관적인 고민을 시작했다. 특히 큰 기대를 걸었던 국제연맹이 제대로 기능하지 못하고 흐지부지되는 과정을 지켜보면서 웰스는 크게 실망했다. 하지만 그는 유례없던 세계전쟁의 폐허 속에서 망연자실하지 않고, 역사 바로보기를 시작했다. 인류의 역사를 탐구하여 세계사를 집필했고, 그 성과는 바로 이 책으로 남았다.

4.

이 책이 다른 역사책과 확연히 구분되는 것은 인류의 역사만을 다루지 않고 지구의 탄생에서부터 그 이야기를 시작한다는 점이다. 웰스는 진정한 의미에서 '세계'의 역사를 쓰려고 했을 것이다. 인류가 등장하기 이전부터 엄청나게 오랜 세월 동안 지구는 존재했으며, 지구 또한 그보다 훨씬 오래되고 무한한 우주 속에 존재한다는 깨달음이 지구의 자연사와 생물의 진화를 추적하는 과학적 노력으로 뒷받침되어 제시된다. 그리고 인류는 그 넓은 우주의, 이 오래된 지구 위에서 다양하게 진화한 생물 중의 한 종으로 등장한다.

개략적으로 제시되는 인류 이전의 자연사 부분(1부 지구의 탄생)이 독자들에게는 다소 지루하게 읽힐 수도 있겠지만, 이미 그 시작에서부터 지역과 민족 등을 구분하며 출발하는 기존의 세계사 책과는 거리를 두겠다는 웰스의 시각을 이해하기 위해 꼭 필요한 과정이다. 역사를 바라보는 자기만의 고유한 관점을 정립하려는 사람들에겐 오히려 한 가지 비판적 본보기가 될 수도 있겠다.

인류사를 다루는 데도 웰스는 동양과 서양을 오가며, 역사의 자잘한 세부 사항들보다는 전체 인류 문명이 그 중심지를 옮겨가며 어떤 식으로 진행되었는지를 고찰한다. 특히 그가 관심을 기울이는 것은 어떠한 조건에서 문명이 발전했고, 또 어떤 조건에서 쇠퇴하게 되었는지를 발견하는 것이다.

인류 전체의 자유로운 교류와 소통을 지향하는 그는 당연히 개방적 문화를 바탕으로 번성했던 로마 제국과 당나라, 이슬람 제국과 몽골 제국에 주목한다. 그리고 종교에 근거하여 인간 내면을 통제했고, 제국의 내부와 외부를 차단하며 상대 제국과 끊임없는 경쟁 속에 파괴적 전쟁을 일삼으면서 스스로 무너진 제국들을 비판한다. 특히 그는 근대의 역사를 다루면서 오늘날의 물질문명을 이룩한 것은 산업혁명이라기보다 기계혁명이라는 점을 설명하고, 발달한 교통과 통신 수단을 통해 더 넓은 지역의 더 많은 사람이 더 자유롭게 왕래하며 인류 문명을 꽃피울 가능성을 예찬한다. 그가 미국이라는 광대한 국가가 새롭게 성립되어 성장하는 과정을 찬탄하며 서술하는 부분 역시 같은 맥락에서 흥미롭다.

5.

한편, 이 책의 번역을 의뢰받았을 때는 1922년에 나온 책이라 그 이후 현대사가 담겨 있지 않아서 독자들이 조금 아쉬워하지 않을까 하는 생각이 들었는데, 번역을 마친 지금은 오히려 그 점이 더욱 흥미롭고 의미 있을 것이라는 생각이 든다. 이 책의 끝부분에 이르면 제1차 세계대전의 폐허 위에서 당대 영국에서 가장 영향력 있는 작가가 어떤 고민을 하고 어떤 반성을 했는지, 인류의 평화와 진보에 관해 어떤 미래를 그렸는지 살펴볼 수 있으니 말이다.

웰스는 제2차 세계대전까지 모두 겪고 난 다음 해인 1946년에 숨을 거두었다. 이미 한 번 겪은 세계대전을 더 큰 규모로 겪어야 했던 말년의 웰스는 인류라는 종이 다른 종으로 대체된다 해도 나쁘지 않을 것이라는 말을 남겼다고 한다. 그의 죽음으로부터 70년이 지난 오늘날의 세계는 이른바 글로벌 시대에 접어들었지만 분쟁은 날로 늘어만 가는 것 같다. 웰스가 오늘날의 세계를 볼 수 있다면 무어라 말할지는 이 책을 찬찬히 읽어보면 충분히 짐작할 수 있을 것이다.

부족한 번역이지만 이 책을 읽는 모든 분이 웰스에게서 힌트를 얻어 지나간 인류의 역사와 우리가 사는 오늘의 현실을 바라보는 혜안을 얻는 데 도움이 되었으면 하는 바람이다.

방대한 세계사를 버거워하는
독자를 위한 책

이 책은 소설 읽듯이 단숨에 읽을 수 있게 썼다. 복잡하고 세밀한 설명은 빼고, 오늘날 우리가 알고 있는 역사 지식을 개괄적으로 서술하고자 했다. 그리고 삽화와 사진을 많이 넣어 내용을 생생하고 명확하게 전달하려고 노력했다. 이 책을 읽고 나면 특정한 시기나 국가의 역사를 깊게 공부하는 데 필요한 개괄적 시야를 갖게 될 것이다. 훨씬 방대하고 자세하게 집필한 나의 졸저《세계사 대계》를 읽기 위한 개론서로도 유용할 것이다.

이 책은 세계사를 꼼꼼하게 공부하려는 의욕은 넘치지만 인류의 위대한 모험에 대한 이해가 부족하거나 단편 지식만 있어서 제대로 이해가 되지 않는 독자들을 위한 것이다. 그렇다고 이 책이 먼저 출간된《세계사 대계》의 요약본이나 축약판은 아니다.《세계사 대계》는 그 나름의 목표가 있는 책이므로 더는 축약할 수 없다. 이 책은 훨씬 더 개괄적인 역사서로 새롭게 기획해서 쓴 책임을 밝힌다.

허버트 조지 웰스

| 차 례 |

6부 침체된 중세 유럽과 번성하는 아시아 • 291

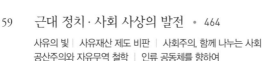

8부 자연과학의 시대   • 445

1부

지구의 탄생

01

지구의 탄생

수십억 년 전에 생긴 일

세계사는 여전히 미완의 줄거리이다. 수백 년 전까지만 해도 우리가 아는 역사는 고작 최근 3,000년 정도였다. 그 이전의 역사는 전설로 전해지며 추측할 뿐이었다. 문명이 발전한 현대에 와서도 꽤 오랫동안 세계가 서기전 4004년에 돌연히 창조되었다고 믿고 가르쳤다. 권위 있는 대가들은 그 정확한 시기가 그해 봄인지 가을인지에 대해서만 왈가불가할 뿐이었다. 이러한 오해는 히브리 구약성경을 글자 그대로 해석하고 신학적 가설들을 자의적으로 추정하여 생긴 결과다. 한편으로는 아주 그럴듯해 보이지만 물론 착각이다. 종교 지도자들도 이런 생각을 버린 지 이미 오래다.

모든 정황으로 볼 때 우리가 사는 세계는 엄청나게 긴 시간, 어쩌면 영겁의 시간 동안 존재했다는 것이 일반적인 생각이다. 물론 여기에도 착시 현상은 있을 수 있다. 한 공간의 양 끝에 거울을 마주 보게 놓으면 그 공간이 무한하게 보이는 속임수처럼 말이다. 그렇다고 해도 우리가 사는 세계가 겨우 6,000~7,000년 동안만 존재했다는 생각은 완전히 깨졌다고 볼 수 있다.

오늘날 누구나 알고 있듯 지구는 지름 약 1만 2,900km의 회전 타원체로 위아래가 약간 눌린 오렌지 모양을 하고 있다. 지구가 둥글다는 사실은 약 2,500년 동안 극소수의 지식인만 아는 비밀이었다. 그 이전에는 지구가 평평하다고 생각했으며, 지구와 하늘·별·행성의 관계에 대해 지금은 터무니없어 보이는 의견들이 다양하게 존재했다.

하지만 지금 우리는 지구가 적도 지름보다 약 39km 짧은 자전축을 중심으로 24시간마다 자전하면서 밤낮이 바뀌고, 약간 이지러지고 조금씩 변하는 타원형 궤도를 따라 1년 주기로 태양 주위를 공전한다는 사실을 안다. 지구와 태양의 거리는 가장 가까울 때가 약 1억 4,700만 km이고 가장 멀리 떨어졌을 때는 1억 5,200만 km이다.

더 작은 구체인 달은 지구에서 평균 38만 5,000km 떨어진 거리에서 지구 둘레를 공전한다. 태양 둘레를 도는 천체가 지구와 달만 있는 것은 아니다. 수성과 금성이 태양에서 각각 약 5,800만 km와 1억 800만 km 떨어진 거리에서 태양 둘레를 돌고 있다. 지구 궤도를 벗어나면 작은 천체들인 미행성이 무수히 모여 있는 소행성대를 제외하고 태양으로부터 각각 평균 2억 2,700만 km, 7억 7,700만 km, 14억 1,800만 km, 28억 6,800만 km, 44억 9,700만 km 위치에서 화성과 목성, 토성, 천왕성, 해왕성이 태양 둘레를 돈다. 이렇게 수억 km 단위의 거리는 이해하기 어려우니 우리가 상상하기 쉽게 태양과 행성의 크기를 축약해서 생각해보자.

▲ 태양 둘레를 도는 행성들. 수성, 금성, 지구, 화성, 목성, 토성, 천왕성, 해왕성, 명왕성순
©Vadim Sadovski/Shutterstock.com

태양 둘레를 도는 지구의 친구들

  지구를 지름 2.5cm인 공이라고 가정하면, 태양은 지름 2.7m의 공이
되고, 태양과 지구의 거리는 대략 300m이다. 300m는 걸어서 4~5분 거
리이다. 달은 지구로부터 0.8m 정도 떨어진 곳에 있고 작은 콩알만 한
공이다. 지구와 태양 사이에는 내행성인 수성과 금성이 태양으로부터 각
각 114m와 229m 떨어져 자리한다. 그리고 지구를 지나 53m 정도 떨
어진 화성에 이르기까지 이 천체들 주위는 온통 텅 빈 공간이다. 지름
30cm의 목성은 1.6km, 조금 더 작은 토성은 3.2km, 천왕성은 6.4km,
해왕성은 9.7km 정도 떨어져 있다. 그 너머는 수천 km에 걸쳐 떠다니
는 묽은 수증기 찌꺼기와 미립자들을 제외하고 나면 아무것도 없는 공

간일 뿐이다. 이런 비율로 봤을 때 지구에서 가장 가까운 항성은 6만 4,000km 떨어진 곳에 있을 것이다.

이렇게 축약해봐도 생명의 드라마가 펼쳐지는 광대한 우주 공간을 조금밖에 이해할 수 없을 것이다. 왜냐하면 이 광대한 우주 공간에서 우리가 확실하게 아는 것이라고 해야 지구 표면뿐이기 때문이다. 지표면에서 지구의 중심까지 6,400km인데, 생명체는 지표면에서부터 5km 이하 깊이에서는 살지 못하고, 지상 8km 이상 고도에서도 버티지 못한다. 지하 5km에서 지상 8km를 벗어나면 무한해 보이는 우주 공간 전체가 인간에게는 모두 텅 비고 죽은 공간인 셈이다.

바다를 준설할 수 있는 최고 깊이는 8km이고, 비행기가 아무리 높이 날아도 고도 6.5km를 넘지 못한다. 인간이 열기구를 타고 11km 상공까지 도달한 적은 있지만 극심한 고통을 겪어야 했다. 새도 8km 상공을 날 수 없다. 작은 새나 곤충을 비행기에 태워 상공으로 올라간다고 하면 8km 훨씬 못 미치는 고도에서 의식을 잃고 잠들게 된다.

20억 살짜리 자전하는 행성

지구의 나이

최근 50년 동안 과학자들은 지구의 나이와 기원에 관하여 아주 훌륭하고 흥미로운 추측을 많이 내놓았다. 이런 추측은 매우 정교한 수학적·물리학적 연구를 포함하고 있어서 여기서는 감히 요약할 엄두도 못내겠다. 하지만 분명한 것은 현재 물리학과 천문학이 추측 그 이상을 제시할 정도로 발전하지는 않았다는 사실이다. 지금까지 지구의 나이는 점점 더 길게 잡는 추세이고, 지구가 자전하는 행성으로 독립하여 20억 년 이상 끊임없이 태양 둘레를 공전했다는 것이 현재 그럴듯한 추정이다. 지구의 나이가 훨씬 더 많을지도 모르지만, 20억 년도 상상을 초월하는 기간이다[지금은 45억 년으로 추정하지만 저자 집필 당시는 20억 년으로 추정한 것으로 보인다].

20억 년 전 서로 분리되기 이전, 태양과 지구, 그리고 태양 주위를 도는 다른 행성들은 우주에서 거대하게 소용돌이치는 분산 물질이었을 것

▲ 소용돌이 모양으로 모여 빛을 내는 거대한 와상성운
©Alex Mit / Shutterstock.com

이다. 망원경으로 하늘을 관찰하면 소용돌이 모양으로 모여 빛을 내는 구름(와상성운)이 여기저기에서 보인다. 이들은 하나의 중심 둘레를 돌고 있는 것처럼 보인다. 많은 천문학자는 태양과 그 주위의 행성들도 한때 이런 소용돌이였으며, 그 물질이 응축하여 현재의 형태로 되었다고 생각한다.

수백억 년 동안 진행된 장엄한 응축과정을 거쳐 마침내 지구와 달이 모습을 드러냈다. 당시 지구와 달의 자전 속도는 지금보다 훨씬 더 빨랐다. 태양과 더 가까웠기 때문에 태양 주변을 공전하는 속도도 더 빨랐다. 표면은 용해되거나 백열광으로 빛났다. 하늘에 떠 있는 태양은 지금보다 훨씬 더 거대한 불덩어리였다.

지구 모습의 변화

우리가 무한한 시간을 거슬러 지구 역사의 초기 단계로 돌아간다면 어떨까? 우리 눈에 들어오는 지구의 모습은 지금과 달리 용광로 내부 혹은 식어서 굳기 전의 용암 표면에 더 가까울 것이다. 물은 전혀 보이지 않는다. 유황과 금속성 수증기가 가득 찬 격렬한 대기 환경에서는 지구의 모든 물이 과열된 증기로 머물기 때문이다. 암석이 용해되어 생긴 바다도 이런 환경에서 펄펄 끓어오르며 소용돌이칠 것이다. 불타는 구름이 깔린 하늘을 쏜살같이 가로지르는 태양과 달은 뜨거운 화염을 입김처럼 내뿜을 것이다.

백만 년에 또 백만 년이 지나면서, 불타오르는 풍경에서 방출되던 백열광도 점차 서서히 줄어들고, 가득 찬 하늘의 수증기도 비가 되어 내리며 옅어질 것이다. 암석이 굳으며 생긴 거대한 슬래그 덩어리들이 용암 바다 위로 연달아 떠올랐다가 가라앉는다.

또한 하늘을 빠르게 가로지르는 태양과 달은 이제 점점 더 작아지고 서로 점점 더 멀어지며 속도도 점점 더 떨어질 것이다. 크기가 더 작아 이미 백열점 이하로 식어버린 달이 번갈아 햇빛을 가리거나 반사하면서 일식과 보름달이 반복될 것이다.

이렇게 지구는 광대한 시간에 걸쳐 아주 서서히 조금씩 현재 우리가 사는 지구의 모습에 가까워졌다. 마침내 대기가 식으며 수증기가 구름으로 응결되고 최초의 비가 최초의 바위 위로 떨어지며 쉿쉿 소리를 내는 시기가 도래했을 것이다. 그 후에도 무한한 시간 동안 지구에 존재하는 물의 대부분은 대기 중으로 증발했겠지만, 결정체를 이루기 시작하는 암석 위로 뜨거운 물줄기가 흘렀을 것이고, 이 물줄기가 유기 분

▲ 달에서 본 지구의 모습 ©Romolo Tavani/Shutterstock.com

해물을 실어 나르고 퇴적물을 쌓아 만드는 웅덩이와 호수도 있었을 것이다.

마침내 때가 되어 인간이 지구에 발을 딛고 서서 여기저기 돌아다니며 살 수 있을 만한 환경이 되었으리라. 우리가 그 당시 지구를 방문했다면, 흙이나 살아있는 식물의 흔적이 전혀 보이지 않는 거대한 용암 덩어리 같은 바위 위에 서서 하늘을 찢는 폭풍을 맞았을 것이다. 뜨겁고 맹렬한 태풍이 그 어떤 토네이도보다 더 강력하게 몰아쳤을 것이다.

회전 속도가 느리고 온화한 현재의 지구에서는 볼 수 없는 폭우도 쏟아졌을 것이다. 암석 가루가 섞여 질퍽해진 빗물은 세찬 급류를 이뤄 골짜기와 협곡을 깊이 파헤치며 태고의 바다로 퇴적물을 실어 날랐을 것이다. 구름 사이로 하늘을 가로지르는 거대한 태양이 보였을 것이다.

해가 뜨고 달이 뜸에 따라 매일 한 차례씩 지진이 나고 지각이 솟아올랐을 것이다. 지금은 지구에서 달의 한쪽 면밖에 볼 수 없지만, 그 당시 달은 눈에 띌 정도로 빠르게 자전하며 지금은 한사코 드러내지 않는 반대쪽 얼굴도 보였을 것이다.

백만 년에 또 백만 년이 흐른다. 지구도 나이를 먹으며 누그러졌다. 낮은 길어졌고, 태양은 더 멀어지고 더 온화해졌으며, 하늘에 뜬 달의 회전 속도도 떨어졌다. 비와 폭풍의 힘도 누그러졌다. 최초의 바다에 있던 물은 점점 불어나 대양을 이루었고, 이 대양이 지금까지 지구를 덮고 있다. 하지만 아직 지구에 생명은 나타나지도 않았다. 세상은 아직 생명체가 살지 않는 바다에 황폐한 바윗덩이들뿐이었다.

03

생명의 흔적

전기 고생대에서 발견된 것

누구나 아는 사실이지만, 인간이 기억하고 구전으로 전해지기 전의 생명에 관해 우리가 알고 있는 지식은 모두 성층암 속에 있는 생물의 화석과 흔적에서 얻은 것들이다. 이판암shale, 점판암slate, 석회암, 사암 등의 퇴적암에서 태고의 밀물과 썰물이 남긴 물결 자국이나 태고의 빗방울 자국과 더불어 뼈와 껍데기, 섬유질, 식물 줄기, 과일, 발자국, 파인 흔적 등이 발견된다. 지구 생명의 과거 역사가 밝혀질 수 있었던 것은 이러한 암석을 끈질기게 조사한 덕분이다.

이 정도는 누구나 아는 내용이다. 하지만 퇴적암은 한 층 한 층 깔끔하게 쌓이지 않는다. 거듭해서 약탈과 방화에 시달린 도서관의 책들처럼 구깃구깃 구겨지고 휘어지고 변형되어 뒤죽박죽이다. 따라서 퇴적암 기록을 정리하고 읽어내게 된 것은 순전히 많은 사람이 평생을 바쳐 연구한 덕분이다. 현재 암석 기록을 통해 알아낸 전체 시간 범위는 16억 년으로 추산된다.

지질학자들은 기록상 최초의 암석을 무생대azoic 암석이라 부르는데, 생명의 흔적이 전혀 보이지 않기 때문이다. 이 무생대 암석이 북미 대륙에 거대한 면적으로 드러나 있다. 지질학자들은 이 암석의 두께가 전체 지질학적 기록 16억 년 중 최소한 절반을 차지한다고 생각한다. 중요한 사실이니 다시 한번 짚고 넘어가자. 지구의 육지와 바다가 처음 갈라진 이후 그 엄청난 시간의 절반은 생명의 흔적을 남기지 않았다. 무생대 암석에서 물결 문양과 빗방울 자국은 보이지만, 그 어떤 생물의 자취나 흔적도 보이지 않는다.

무생대 이후 암석 기록을 따라가다 보면 과거 생명의 흔적이 나타나고 그 양도 증가한다. 지구 역사에서 이런 과거 생명의 흔적이 발견되는 시기를 지질학자들은 전기 고생대lower paleozoic age라고 부른다. 생명이 살아 움직였다는 최초의 징후는 비교적 단순한 생물들의 흔적이다. 작은 조개류의 껍질, 고착성 수생동물의 줄기와 꽃 모양의 머리, 해조류, 해양 곤충과 갑각류의 흔적과 자취 등이다.

▼ 확대 촬영한 삼엽충 화석
© LorraineHudgins/Shutterstock.com

물속 원형 생명체

맨 처음에 등장한 생명체는 진딧물에 가까운 모양이다. 진딧물이 그렇듯 기어 다니며 몸을 둥그렇게 마는 삼엽충이 바로 그 주인공이다. 그 뒤 수백만 년이 흐르고 그때까지 지구에 없던 더 강력하고

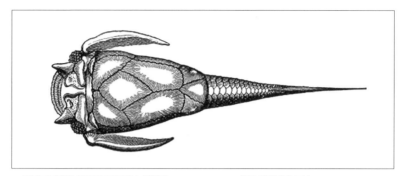

▲ 갑피로 뒤덮인 프테리크티오데스 밀레리Pterichthyodes milleri 혹은 바다전갈 표본 @wikipedia

활동적인 생명체, 바다전갈이 나타났다. 당시 모든 생명체의 크기가 아주 거대했던 것은 아니었다. 가장 큰 축에 든 일부 바다전갈의 길이가 3m 정도였다. 하지만 식물이건 동물이건 육상 생물의 흔적은 전혀 없다. 이 시기의 기록에는 물고기나 척추동물이 나타나지 않는다. 이 시기 지구 역사에서 흔적을 남긴 식물이나 생명체는 모두 기본적으로 얕은 물이나 조간대[간조 때 노출되고 만조 때 잠기는 해안 지역]에 서식했다.

크기는 다르지만 전기 고생대 암석의 동식물군과 비슷한 모습을 현재 지구에서 찾고 싶다면, 바위 웅덩이나 거품이 낀 도랑에서 물 한 방울을 떠서 현미경으로 관찰하는 것이 가장 좋은 방법이다. 크기는 작지만, 한때 우리 지구 생명의 왕좌를 차지했던 크고 투박한 원형 생명체와 놀랄 만큼 모습이 닮은 작은 갑각류와 조개류, 고착성 수생동물, 조류藻類 등을 보게 될 것이다.

하지만 전기 고생대 암석에서 지구 생명체의 최초 기원을 찾으리라는 기대는 하지 않는 것이 좋다. 어떤 생물이든 척추나 기타 딱딱한 기관이 없고, 단단한 껍데기에 싸이지 않았고, 진흙에 특징적인 발자국이나 자취를 남길 정도로 크고 무겁지 않다면 존재의 흔적을 화석으로 남기기

어렵기 때문이다.

현재 지구에 사는 생물 중 몸이 딱딱하지 않은 생물은 수십만 종에 이른다. 이들이 미래의 지질학자들을 위해 흔적을 남길 것 같지는 않다. 이런 무수히 많은 생물이 과거 지구에 살며 번식하고 번성했다가 흔적도 없이 사라졌을 것이다.

무생대라고 불리는 시기의 얕은 호수나 바다의 따뜻한 물속에도 무수히 많은 종의 생물이 껍데기나 척추 없이 젤리 형태로 우글거렸을지 모른다. 썰물과 밀물이 드나드는 해안의 햇빛 잘 드는 바위나 해변에는 수많은 녹조식물이 퍼져 있었을지도 모른다.

은행 거래 장부만으로 근처 모든 이웃의 생활을 파악하지 못하는 것처럼 암석만으로 과거의 수많은 생명을 완전하게 파악하기란 어렵다. 껍질이나 골편, 갑각, 석회질 성분의 줄기 등 미래를 위한 무언가를 보유한 종만이 운 좋게 기록으로 남는다. 그런데 화석 흔적이 나타나기 이전 시기의 암석에서 유리탄소의 한 형태인 흑연이 발견되는 경우가 가끔 있다. 일부 학자는 이것이 미지의 생물 활동의 흔적이라고 생각한다.

04

어류의 등장

생명의 진화

지구의 역사가 겨우 몇천 년이라고 생각하던 시절에는 다양한 동식물의 모습을 최종적이고 변하지 않는 모습이라고 여겼다. 즉, 모두 현재의 모습 그대로 창조되었고 각각의 종은 독립적이라고 생각했다. 하지만 암석 기록을 찾아내고 연구할수록 많은 종이 세월이 흐르면서 서서히 변화하고 발전했을지 모른다는 의심이 생겼다. 이러한 의심은 마침내 생물 진화에 대한 믿음으로 확대되었다. 동물이든 식물이든 지구상 모든 종의 생명체가 아주 단순한 원형의 형태, 즉 무생대 바다까지 거슬러 올라가는 거의 형체도 없는 물질에서 느리지만 끊임없이 변화해 진화했다는 믿음이다.

지구의 나이와 마찬가지로 생물 진화의 문제도 과거에는 격렬한 논쟁거리였다. 그 이유는 명확하지 않지만, 생물 진화에 대한 믿음이 건전한 그리스도교 교리나 이슬람교, 유대교 교리와 양립할 수 없다고 여겨지던 때가 있었다. 이제 그런 시절도 지나고 가톨릭이나 프로테스탄트교, 유대교, 이슬람교를 신봉하는 지극히 보수적인 사람들도 모든 생물체의 공통 기원에 대한 더 새롭고 폭넓은 견해를 거리낌 없이 받아들인다. 어느 날 갑자기 탄생해 지구에 떨어진 생명은 없다. 생명은 예전부터 자랐고 지금도 자라고 있다. 밀물과 썰물이 드나드는 해안가 진흙탕 속에서 꼼지락거리던 생명은 상상만 해도 현기증 나는 엄청난 시간을 거치며 조금씩 자유롭고 힘 있고 의식 있는 존재로 성장했다.

생명을 이루는 것은 개체들이다. 이 개체들은 유한한 존재이다. 무생물 덩어리와 다르며 영원불변의 결정체는 더더욱 아니다. 생명을 구성하는 개체들은 죽은 물질에는 없는 두 가지 특징이 있다. 다른 물질을 흡수해 자신의 일부로 만들 수 있으며, 자신을 복제할 수도 있다. 다시 말해 먹이를 섭취하고 자손을 낳는다. 또 다른 개체를 만드는 것이다. 그런데 대체로 비슷하지만 항상 조금씩 다른 자손을 낳는다. 개체와 그 자손 사이에는 특정한 가족 유사성이 있지만 모든 부모와 거기서 태어나는 자손 사이에는 개별적인 차이도 있다. 이는 모든 종에 공통되며 모든 단계의 생명에도 해당한다.

현재 과학으로는 자손이 부모를 닮는 이유도 부모와 다른 이유도 설명할 수 없다. 하지만 자손이 부모를 닮기도 하고 부모와 다르기도 한 것을 보면, 어떤 종이 생존 환경이 바뀌면 변화를 겪을 수밖에 없다는 것은 과학 지식의 문제라기보다는 상식의 문제이다. 어느 시대의 종이든 각 개체가 가진 차이로 인해 새로운 생활환경에 더 잘 적응하는 개체가 있는 반면에 적응하지 못하는 개체도 있게 마련이다. 대체로 적응을 잘하는 개체가 적응하지 못하는 개체보다 더 오래 살고, 더 많은 자손을 기르며, 더 자주 번식할 것이다. 이런 식으로 세대를 거듭하면서 평균적인 종의 형질이 생존에 유리한 방향으로 변할 것이다. 자연도태라고 불리는 이 과정은 과학적인 이론이 아니라 번식과 개인차라는 사실에서 필연적으로 얻어지는 추론이다.

종의 변이와 소멸, 보존에 영향을 미치는 요소는 아주 다양하다. 과학은 아직 그 정체를 시원하게 설명하거나 확인하지 못했을 수도 있다. 하지만 생명의 탄생 이후 자연도태 과정이 생명에 미친 작용을 부정할 수 있는 사람이라면 생명의 기본 내용도 모르는 사람이거나 정상적인 사고를 할 수 없는 사람일 것이다.

많은 과학자가 생명의 기원에 관해 대단히 흥미로운 추론들을 제시하고 있지만, 생명이 어떻게 시작되었는지 아직 확실한 것도 없고 납득할 만한 추측도 없다. 그러나 햇빛이 들고 소금기가 있는 얕은 물속의 진흙이나 모래에서 최초로 생명이 탄생해 밀물과 썰물이 넘나드는 해변을 거쳐 큰 바다까지 퍼졌을 것이라는 추측은 거의 모든 학자가 동의하는 내용이다.

초기 지구는 조류와 파도가 거세서 개체들은 생존하기 힘들었을 것이다. 해변으로 떠밀려 올라가 말라 죽거나, 큰 바다로 휩쓸려가 공기와 햇빛이 들지 않는 깊은 곳으로 가라앉아 사라졌을 것이다. 따라서 이런 초창기 환경에서는 개체들이 뿌리를 내리고 정착하려는 쪽으로 발전했는데, 뭍으로 밀려온 개체는 바로 말라 죽지 않으려면 외피와 껍질을 갖는 것이 유리했다. 개체는 나면서부터 예민한 미각으로 먹이를 찾을 것이다. 또한 빛에 민감해 바닷속 깊은 곳이나 동굴의 어둠에서 벗어나려고 발버둥 칠 것이며, 과도하게 빛이 드는 얕은 물의 위험에서 벗어나려고 꿈틀거릴 것이다.

생물이 처음 껍데기와 갑각을 갖게 된 이유는 포식자의 공격을 방어

하기 위해서가 아니라 수분 증발을 막으려는 목적이었을 것이다. 하지만 지구 역사에서 껍데기나 갑각보다 먼저 등장한 것은 이빨과 발톱이다.

앞서 말했듯이 길이가 3m가량 되는 초기 바다전갈과 같은 생물체가 오랫동안 생명의 왕좌를 지켰다. 그 후 많은 지질학자가 5억 년 전으로 추산하는 고생대 실루리아기의 암석에서 마침내 눈과 이빨이 있고 전반적으로 더 뛰어난 수영 능력을 갖춘 새로운 생명체들이 나타났다. 이들이 처음으로 알려진 등뼈가 있는 동물이며, 최초의 물고기이고, 척추동물의 시초이다.

등뼈 있는 최초의 물고기

이 물고기들은 그다음 데본계Devonian system 암석층에서 많이 증가한다. 그 수가 너무 많아서 이 암석 기록 시기를 어류 시대(데본기)라 부른다[고생대를 여섯 시기로 나누었을 때 네 번째에 해당하는 시기로, 식물계에는 고사리가, 동물계에는 어류가 크게 번성하였으며, 후기에는 양서류가 출현하였다]. 지금은 지구에서 사라진 물고기지만, 오늘날의 상어와 철갑상어에 가까운 물고기들이다. 이 물고기들이 물을 가르고, 공중으로 치솟고, 해조류 사이로 서로 쫓고 잡아먹으며 지구의 바다에 새로운 생기를 불어넣었다. 이들은 현재 우리 기준으로 볼 때 지나치게 큰 크기는 아니었다. 예외적으로 6m를 넘는 종류도 있지만, 60~90cm를 넘는 것은 많지 않았다.

이들은 전에 있던 어떤 종류와도 관련이 없어 보이며, 이들의 조상에 대한 지질학 자료도 전혀 없다. 동물학자들이 알의 부화 과정에 대한 연구를 기초로 이 물고기의 조상에 대해 아주 흥미로운 견해들을 제시하긴 하지만, 모두 현재 남아있는 친척 물고기의 알을 대상으로 한 연구였

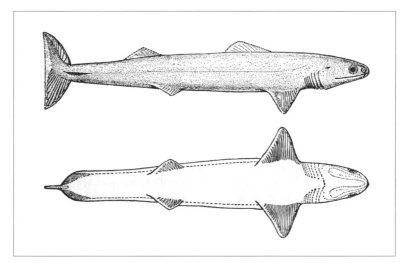

▲ 어류 시대에 서식했던 원시 상어. 유선형 몸체와 두갈래로 난 꼬리 덕에 빠르고 민첩한 상어였을 것으로 추측된다. @wikipedia

다. 다시 말해 다른 종의 연구를 통해 얻은 견해이다. 척추동물의 조상은 몸이 딱딱하지 않은 아주 작은 유영 생물체였던 것으로 보인다. 이들은 처음 입 주변에 이빨처럼 딱딱한 기관을 발달시켰다. 가오리나 돔발상어의 이빨과 비슷한 것이 입천장과 바닥을 뒤덮고, 이빨처럼 생긴 납작한 비늘이 입술에서부터 몸통 대부분을 감싸고 있다. 이 물고기들이 지질학 기록 속에서 이빨 모양의 비늘을 진화시키면서 숨겨진 과거의 암흑에서 벗어나 빛 속으로 헤엄쳐 온다. 척추동물이 최초로 기록에 등장하는 것이다.

05

생물의 육상 진출

기후 변화로 알아진 바다

어류 시대 동안 육지에는 생명이 전혀 없었다. 쏟아지는 햇빛과 비를 받아낸 것은 흙이 아니라 황량한 바위산이었다. 토양 생성을 돕는 지렁이도 생기기 전이고 돌조각들을 부식토로 바꾸어줄 식물도 없었다. 이끼나 지의류의 흔적도 보이지 않는다. 생명은 아직 바다에만 머물러 있었다.

이 바위투성이 불모의 지구가 엄청난 기후 변화를 겪게 된다. 기후 변화의 원인은 매우 복잡하고 아직도 정확히 파악되지 않는다. 지구 궤도의 변화도 원인의 하나이고, 남극과 북극의 자전축이 서서히 기울어지는 것도, 대륙의 모양이 변하는 것도 한몫했을 것이다. 거기에 변덕스러운 태양까지 가세하여 지구 표면의 광대한 면적을 장시간 동안 추위 속에 몰아넣었다가 다시 수백만 년 동안 이 행성을 따뜻하고 온화하게 감싸 안기도 했다.

▲ 석탄기의 숲 ©Juan Gaertner/Shutterstock.com

　지구 내부 활동 또한 역사상 대단한 국면이 여러 차례 있었던 것으로 보인다. 그럴 때면 화산 폭발과 지각 변동의 경계선을 따라 수백만 년 동안 힘을 응축한 지각이 솟아올랐다. 지구의 산맥과 대륙의 윤곽도 새롭게 바뀌고 바다는 더 깊어지고 산은 더 높아졌다. 기후 또한 극단으로 치달았을 것이다. 그다음 비교적 고요한 시간이 아주 오랫동안 이어져 서리와 비, 강물이 높은 산을 깎아내리며 엄청난 양의 퇴적물을 바다로 실어와 해저를 채웠을 것이다. 그로 인해 바다는 점점 더 얕아지고 넓어져 육지는 점점 줄어들었을 것이다. 지구 역사에는 '높고 깊은' 시대도 있었고, '낮고 평평한' 시대도 있었다.

　지구의 열기가 지각이 굳은 이후부터 지금까지 조금씩 식었다는 생각은 버리는 게 좋다. 일단 크게 냉각된 다음 지구 내부의 온도는 지구 표면의 환경에 더는 영향을 미치지 않았다. 무생물 시대에도 얼음과 눈으로 뒤덮인 '빙하기'가 여러 번 있었던 흔적이 발견된다.

식물, 먼저 육지에 오르다

생명은 얕은 바다와 석호가 광대하게 펼쳐진 어류 시대 말기에 비로소 물에서 뭍으로 퍼져나갔다. 물론 당시 지천으로 보이던 종들은 이미 수백만 년 동안 초기 형태부터 발전해온 것이다. 그동안 좀처럼 눈에 띄지 않았던 이들에게 이제 기회가 찾아왔다.

식물이 동물보다 먼저 육지에 오른 것은 의심의 여지가 없지만, 동물도 곧바로 식물의 이주 행렬을 뒤따랐을 것이다. 식물이 풀어야 할 첫 번째 문제는 엽상체thallus[줄기·잎·뿌리의 기관이 분화하지 않은 식물로 전체가 잎 기능을 하여 물과 양분을 흡수하고 광합성을 한다]를 떠받칠 물이 없으니 잎이 햇볕을 받도록 지지할 튼튼한 지주를 마련하는 것이었다. 두 번째 문제는, 가까운 곳에 물이 없으므로 식물의 세포조직 아래 습기 머금은 땅에서 물을 얻는 것이었다. 이 두 가지 문제를 한꺼번에 해결한 것이 목질조직woody tissue이었다. 목질 조직이 식물을 지탱하고 잎까지 물을 나르는 수로관 역할을 하게 되면서 갑자기 무수히 다양한 목본 습생식물이 암석 기록에 등장한다. 큰 나무에 붙어사는 이끼와 나무고사리, 거대쇠뜨기 등 거대한 식물이 많았다.

시대를 거듭하며 아주 다양한 종류의 동물이 더불어 뭍으로 기어올랐다. 지네와 노래기가 올라왔고 최초의 원시 곤충도 합류했다. 바다전갈과 고대 투구게의 친척뻘인 생물체들도 있었는데 이들이 최초의 거미와 육지 전갈로 변이했다. 곧이어 척추골이 있는 동물도 뒤를 따랐다. 당시 초기 곤충 중에는 아주 큰 종들도 있었는데 두 날개의 폭이 70cm가 넘는 잠자리도 있었다.

▲ 에리옵스Eryops. 페름기 전기에 북아메리카에 서식하던 대형 육식 양서류이다.
스미소니언 자연사 박물관 소장 @wikipedia

동물, 공기 호흡에 적응하다

이 새로운 목目과 속屬의 동물들은 제각기 공기 호흡에 적응했다. 당시까지 모든 동물은 물속에 녹아있는 공기를 흡입했다. 물론 지금도 모든 동물이 물에 녹은 공기를 흡입한다. 그런데 당시 동물계界는 다양한 방식으로 필요한 곳에 자체 수분을 공급하는 능력을 갖추고 있었다. 인간은 폐가 완전히 마르면 질식사한다. 공기가 폐를 통과해 피 속으로 들어가려면 폐의 표면이 수분으로 촉촉해야 하기 때문이다. 공기 호흡에 적응하는 방법은 수분 증발을 막기 위해 구식 아가미에 덮개를 덮거나, 몸속 깊은 곳에서 체액으로 수분을 유지하는 관상 기관이나 새로운 호흡기관을 발달시키는 것뿐이다. 척추동물 계통의 조상 물고기들이 호흡에 사용하던 구식 아가미는 육지에서 호흡하는 데 적합지 않았다. 그래서 척추동물 조상 물고기의 부레는 몸속 깊숙이 자리한 새로운 호흡기관, 즉 허파로 발전했다.

오늘날의 개구리와 도롱뇽처럼 양서류는 물속에서 삶을 시작하고 아가미로 호흡했다. 그 후 물고기의 부레가 그렇듯, 양서류는 목에서 자란 주머니 모양의 허파로 호흡하며 뭍으로 올라오고 아가미는 퇴화했다. 귀와 고막으로 이어지는 통로 구멍 하나를 제외하고 모든 아가미구멍이 사라졌다. 이제 이 동물은 공기가 있는 육지에서만 살 수 있지만, 알을 낳고 종족을 보존하려면 최소한 물가까지는 돌아가야 한다.

이 시대에 공기로 호흡한 척추동물은 모두 양서류강綱에 속했다. 거의 모든 종이 오늘날의 도롱뇽과 관련 있으며, 매우 큰 종류도 있었다. 이들은 틀림없는 육생동물이었지만, 축축한 습지나 그 주변에서 살아야 하는 육생동물이었다. 이 시대 거대한 나무들도 모두 생육 습성상 양생식물이었다. 땅에 떨어져 이슬과 비의 습기만으로도 성장할 만큼 열매나 씨앗이 발전한 나무는 없었다. 싹을 틔우려면 모두 물속에 포자를 뿌려야만 했다.

비교해부학의 관심사 중 가장 돋보이는 것은 불가피하게 공기 중에서 살아야 했던 생물들의 복잡하고 놀라운 적응 과정을 추적하는 일이다. 동물이건 식물이건 생물은 원래 수생이었다. 예를 들어, 인간을 포함한 어류 이상의 고등 척추동물은 모두 태어나기 전에 없어지긴 하지만 아가미구멍으로 호흡하는 알의 성장 단계나 출생 전 단계를 거친다. 물고기의 눈은 물에 씻기도록 드러나 있지만, 고등 동물의 눈은 건조하지 않도록 눈꺼풀이나 체액을 분비하는 눈물샘으로 보호받는다. 고막이 필요했던 이유도 공기를 울리는 소리의 미세한 진동을 감지하기 위해서였다. 거의 모든 신체 기관에서 이와 비슷한 변형과 적응이 발견되는데, 모두 공기의 조건에 순응하는 비슷한 처방들이다.

석탄기[고생대 6기 중 5번째 기로 3억 6,700만 년 전부터 2억 8,900만 년 전까지를 가리킨다. 유럽, 러시아, 북아메리카에서는 이 지층에 석탄이 다량 함유됐다. 거대

44

한 양치식물이 대삼림을 형성하여 양서류가 번성하였고 파충류와 곤충류가 출현하였다] 양서류의 시대는 늪지와 석호, 그리고 석호 사이의 낮은 둑에서 생명이 살아가던 시대였다. 하지만 거기까지였다. 산과 고지대는 여전히 생명이 살지 않는 불모지였다. 생명이 공기 호흡법을 배우긴 했지만, 그 뿌리는 태어난 물속에 여전히 박혀있었고, 종족 번식을 하려면 물로 돌아갈 수밖에 없었다.

06

파충류 시대

올챙이 시기를 거치지 않는 생명체

생명이 풍요롭던 석탄기 이후 아주 오랫동안 건조하고 한랭한 시기가 이어졌다. 화석 기록이 비교적 적은 두꺼운 사암 퇴적층이 이 시기를 대변한다. 기온의 변동 폭도 컸고, 긴 빙하기도 여러 번 있었다. 드넓은 지역에서는 그 많던 습지 식물도 사라졌고, 그 위에 새로운 사암 퇴적물이 쌓이면서 퇴적물 압축과 광물화 과정이 시작되었다. 오늘날 전 세계 석탄 매장량의 대부분은 여기서 만들어졌다.

생명체는 바로 이런 변동의 시기에 아주 빠르게 변이하며, 역경을 딛고 교훈을 얻는 법이다. 그리고 다시 온난 다습한 환경이 되면 새로운 종류의 동식물들이 자리를 잡는다. 암석 기록을 보면 척추동물이 알을 낳은 흔적이 발견된다. 이때 알은 한동안 물속에서 살아야 하는 올챙이로 부화하지 않고, 거의 성체에 가깝게 자란 후 부화한다. 그 결과 새끼는 부화하자마자 독립된 존재로 공기 중에서 살 수 있었다. 아가미는 이미 완전히 떨어져 나가고, 아가미구멍만이 태아 단계로 남아있었다.

올챙이 시기를 거치지 않는 이 새로운 생명체가 파충류였다. 동시에, 씨앗을 맺는 나무들도 진화해 늪이든 호수든 상관없이 씨앗을 퍼트릴 수 있었다. 꽃식물과 초본식물은 아직 없었지만, 야자나무 비슷한 소철과 열대 침엽수는 많았다. 양치식물은 지천이었다. 곤충의 종류도 다양해졌다. 벌과 나비는 아직 나타나기 전이었지만, 딱정벌레들이 있었다. 하지만 이 새롭고 명실상부한 육상 동식물군의 기본적인 형태는 모두 길고 혹독했던 시기에 정해진 것이었다. 이 새로운 육상 생명에게 부족한 것은 적당한 환경뿐이었다. 번성해 세상을 지배할 기회만 호시탐탐 노리고 있었던 것이다.

몇 시대에 걸쳐 크게 오르락내리락하는 가운데 지구의 기후는 누그러졌다. 여전히 예측할 수 없는 지각 변동과 지구 궤도의 변화, 일정하지 않은 지구 궤도와 자전축의 기울기로 인해 아주 오랫동안 드넓은 지역에서 온난한 기후가 계속되었다. 온난한 기후는 2억 년이 넘도록 이어진 것으로 보인다. 이 시기를, 이전의 방대한 고생대와 무생대, 이후 현재까지를 이르는 신생대 혹은 새로운 생명기와 구분해서 중생대라고 한다. 중생대를 파충류 시대라고도 부르는데, 파충류 종류가 놀랄 만큼 다양하게 번성했기 때문이다. 그리고 대략 8,000만 년 전에 이 시기가 막을 내렸다[중생대는 약 2억 5,000만 년 전부터 6,500만 년 전까지 지질시대이며 트라이아스기, 쥐라기 및 백악기로 나누어진다].

현재 지구에서 살아가는 파충류속屬의 종은 그 수가 비교적 적고, 분포도 제한적이다. 하지만 한때 석탄기를 지배했던 양서류목目 중에서 현재까지 살아남은 종류보다 파충류 종류가 더 다양한 것이 사실이다. 뱀도 있고, 바다거북과 육지 거북(거북목), 앨리게이터와 크로커다일, 도마

뱀이 아직도 남아있다. 모두 예외 없이 일 년 내내 따뜻해야 살 수 있는 생명체들이다. 이들은 추위에 노출되면 살아남지 못하는데, 중생대의 모든 파충류도 똑같은 어려움을 겪었을 것이다. 이들은 온실 식물군 속에서 살아가는 온실 동물군이었다. 서리를 견디지 못했다. 하지만 최소한 지구는 그 이전 생명의 전성기, 즉 석탄기 당시 진흙 습지 동식물군과 구별되는 진정한 육지 동식물군을 갖게 되었다.

공룡의 시대

당시에는 우리가 알고 있는 온갖 종류의 파충류들보다 훨씬 더 많은 파충류가 있었다. 거대 바다 거북과 육지 거북이 있었고, 커다란 크로커다일과 도마뱀, 뱀도 많았다. 그 외에도 지금은 지구에서 완전히 사라진 멋진 생명체가 많았다. 그 생명체는 바로 종류가 아주 다양했던 공룡이다. 당시 지구의 저지대는 갈대나 큰 양치류 식물로 뒤덮여있었다. 아주 많은 초식공룡이 무성한 식물을 뜯어 먹고 살았고, 중생대의 전성기가 되면서 공룡의 크기도 더욱 커졌다. 몇몇 공룡은 지구 상에 존재했던 그 어떤 육상 동물보다 더 커서 거의 고래만 했다. 예를 들어, '디플로도쿠스 카네기Diplodocus Carnegiei'는 주둥이에서 꼬리까지의 길이가 25m가 넘는다. 기간토사우루스Gigantosaurus는 이보다 더 커서 30m에 이른다. 이 무시무시한 동물들을 잡아먹고 사는 육식공룡 무리도 그에 걸맞게 컸다. 그중 하나인 티라노사우루스Tyrannosaurus는 많은 책에서 무서운 파충류의 대표 선수로 그려진다.

이 거대 생명체들이 중생대 양치류와 상록수 정글에서 풀을 뜯며 쫓고 쫓길 때, 마찬가지로 현재 사라지고 없는 또 다른 파충류 무리가 곧

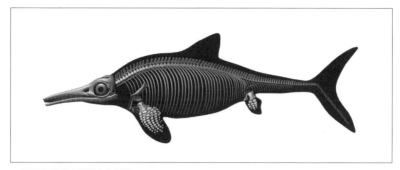

▲ 중생대 익티오사우루스의 골격 ©Evgeniy Mahnyov/Shutterstock.com

충들을 사냥하고 서로를 뒤쫓았다. 앞다리가 박쥐처럼 발달한 이들은 처음에는 껑충껑충 뛰어다니다가 높은 곳에서 활강하더니, 이 무렵에는 숲속에서 나뭇가지와 양치류 사이를 날아다녔다. 바로 익룡이다. 하늘을 날아다닌 최초의 척추동물 익룡은 척추 생명체군의 성장을 보여주는 새로운 성취였다.

　이뿐만 아니라 다시 바다로 되돌아가는 파충류도 있었다. 조상들의 고향인 바다로 돌아가 헤엄을 친 거대 공룡은 세 부류였다. 모사사우루스Mosasaurus(큰바다뱀)와 플레시오사우루스Plesiosaurus(수장룡), 익티오사우루스Ichthyosaurus(어룡)이다. 이들 중에는 오늘날의 고래와 유선형의 몸매가 비슷한 공룡도 있었다. 바로 익티오사우루스인데 그 모습은 꽤 먼 바다를 이동하기에 적합했다. 하지만 플레시오사우루스는 그와 유사한 형태의 동물이 지금은 남아있지 않다. 통통하고 비대한 몸통에 지느러미 모양의 발이 달려 습지나 얕은 물 바다을 기어 다니거나 헤엄치기 쉬웠다. 커다란 뱀 모양의 목에 비교적 작은 머리가 달렸는데 전체적으로 고니의 목을 능가하는 모습이었다. 플레시오사우루스는 고니처럼 헤엄치며 물 밑에서 먹이를 찾아 먹거나 물속에 몸을 숨기고 있다가 지나가는 물고기나 동물을 낚아챘다.

이것이 중생대 내내 이어진 육상 생물의 유력한 모습이다. 인간의 기준으로 볼 때 그 이전의 모든 것을 능가하는 발전이었다. 그때까지 지구상에 존재했던 그 무엇보다 크고 힘이 세며 분포 범위와 활동 반경이 넓다. 우리 표현대로 '활기찬' 육상 동물들이 중생대에 태어난 것이다.

바다에서는 그만한 발전을 찾을 수 없었지만, 새로운 생명체가 급증했다. 얕은 바다에서 아주 다양하게 등장했는데 대부분 둥그렇게 말리긴 했어도 방처럼 생긴 껍데기 속에서 살았다. 오징어와 비슷한 그 생명체는 바로 암모나이트이다. 고생대에도 암모나이트의 조상이 있었지만, 이들의 황금시대는 중생대였다. 암모나이트는 현재 완전히 사라졌다. 열대 수역에 사는 앵무조개가 이들과 가장 가까운 친척이다. 또한 번식력이 뛰어난 새로운 유형의 어류도 등장했다. 그때까지 유행한 이빨 모양의 등딱지 같은 외피가 아니라 더욱더 가볍고 섬세한 비늘로 무장한 이 새로운 어류들이 이후 지금까지 강과 바다를 지배하고 있다.

07

최초의 조류와 포유류

물고기를 먹고 사는 바닷새

위대한 생명의 첫 융성기인 중생대의 무성한 초목과 파충류 무리의 모습을 짧게나마 살펴보았다. 공룡 무리가 뜨겁고 습한 열대 우림과 평원을 활보했고, 꽃이 피지 않는 관목과 나무숲 사이로 윙윙거리며 날아다니는 곤충들, 그 뒤를 쫓아 날아가는 익룡의 날개 퍼덕이는 소리와 끽끽 대는 소리가 숲을 가득 채웠다. 이때, 눈에 잘 띄지도 않고 개체 수도 적은 생명체들이 그 생명력 넘치는 풍요로운 풍경 한구석에서 힘을 키우며 인내하고 있었다. 그들의 인내는 마침내 태양과 지구의 온화한 미소가 사라지게 되는 날 '종의 보존'으로 보상받을 것이다.

껑충껑충 뛰어다니는 파충류 족속과 체구가 작은 공룡 한 무리가 생존경쟁에서 뒤처지고 천적에게 쫓겨 높은 산이나 바다 근처로 밀려난 뒤, 추운 기후 환경에 적응할 것인지 멸종할 것인지 갈림길에 섰던 것 같다. 곤경에 처한 이들에게 새로운 종류의 비늘이 생겨났다. 비늘은 깃대 모양으로 길어지더니 이내 갈라져 투박한 깃털 모양이 되었다. 깃대 모양의 비늘이 서로 층층이 겹쳐져서는 이전의 어떤 파충류 외피보다 더 효과적으로 체온을 보존했다. 다른 생명은 살 수 없는 추운 지역을 이들이 점령할 수 있었던 것도 그 덕분이었다. 그런데 이런 변화와 더불어 이들에게는 알을 보호하는 것이 아주 큰 문제였을 것이다. 대부분 파충류는 알을 돌보지 않았다. 알의 부화는 온전히 태양과 계절의 몫이었다. 하지만 생명 나무에 새롭게 가지를 친 변종 생물체 중 일부가 알을 돌보고 자신의 체온으로 알을 따뜻하게 품는 습성을 보였다.

이렇게 추위에 적응하면서 내부 변이도 동시에 진행되어 이 생명체, 즉 원시 조류는 일광욕이 필요 없는 온혈 동물이 되었다. 최초의 새는 물고기를 먹고 사는 바닷새였던 것으로 보인다. 앞다리는 날개가 아니라 펭귄처럼 발에 가까웠다. 독특한 원시 조류인 뉴질랜드 키위새는 깃털이 아주 단순해서 날지도 못하고, 하늘을 날던 조상의 후예도 아닌 것 같다.

조류의 진화 과정에서는 깃털이 날개보다 먼저 나타났다. 일단 깃털이 발달한 후에는 필연적으로 날개로 이어졌다. 비록 턱에는 파충류의 이빨이 있고 파충류처럼 긴 꼬리도 있지만 새와 다름없는 날개로 중생대 하늘을 날며 익룡들 틈에서 자신의 자리를 지킨 조류가 화석 유물로 남아있다.

하지만 중생대 조류는 종류도 다양하지 않았고, 그 수도 많지 않았다. 만일 우리가 전형적인 중생대로 돌아간다면, 양치류와 갈

▲ 키위새 ©Eric Isselee/Shutterstock.com

대밭 사이에서 무수한 익룡과 곤충은 구경하겠지만, 몇 날 며칠을 걸어도 새 같은 생명체는 듣지도 보지도 못할 것이다.

그리고 또 하나 절대 찾을 수 없는 것이 있으니, 바로 포유류의 흔적이다. 최초의 포유류는 새라고 부를 만한 생명체가 처음 나타나기 수백만 년 전부터 존재했겠지만, 너무 작고 미미한 데다 외진 곳에 숨어있어 눈에 잘 띄지 않았다.

▲ 최초의 조류인 시조새의 화석
©Petr Tkachev/Shutterstock.com

새끼를 출산하는 태생동물

최초의 조류와 마찬가지로 최초의 포유류도 생존 경쟁에서 밀리고 포식자의 추격에 쫓겨 힘겹게 살아남아 추위에 적응한 생명체였다. 이들 또한 비늘이 깃대처럼 변화했고, 열을 보존하는 외피로 진화했다. 또한 세부적으로는 다르지만 본질에서는 비슷한 변이를 거쳐 햇빛에 몸을 덥힐 필요가 없는 온혈 동물이 되었다. 깃털 대신에 체모를 발전시켰고, 알을 지키고 품는 대신에 태아를 거의 다 성숙할 때까지 자신의 몸 안에서 키우고 보호했다. 이에 대부분 완전한 태생동물이 되었고, 살아 움직이는 새끼를 출산했다. 새끼가 태어난 후에도 먹이고 보호하며 유대관계를 지속하는 성향이 있었다. 모두 그런 것은 아니지만, 현재 대부분 포유류는 유방이 있어 새끼에게 젖을 물린다. 피부밑에서 분비되는 영양분으로 새끼를 키우지만 알을 낳고 제대로 된 유방조차 없는 포유류도 아직 두 종이 남아있다. 오리너구리와 바늘두더지이다. 바늘두더지는 가죽 질감의 알을 낳아 배 밑의 부화낭孵化囊에 넣고 다니며 부화할 때까지 따뜻하고 안전하게 보호한다.

하지만 중생대의 지구에서 새 한 마리를 구경하려면 수일, 수개월을 찾아다녀야 하는 것처럼, 정확한 장소를 모르면 아무리 포유류의 흔적을 찾아다녀도 소용이 없을 것이다. 중생대에 조류와 포유류는 아주 기이하고 중요하지 않은 이류二流 생물체로 보였을 것이다.

파충류 시대는 8,000만 년 정도 이어진 것으로 보인다. 그 엄청난 시간 동안 인간과 지능이 유사한 생명체가 지구를 목격했다면 따뜻한 햇볕과 풍요는 얼마나 안전하고 영원하게 보였겠는가! 진흙탕 속에서 뒹구는 공룡과 날개를 퍼덕이는 날도마뱀의 번영과 풍요는 또 얼마나 영원해 보였겠는가! 그런데 그때 불가사의한 리듬에 따라, 서서히 힘을 모은 우주가 영원할 것 같은 안정성에 등을 돌리기 시작했다. 그때까지 생명이 누려온 행운이 끝나가고 있었다. 시대가 바뀌며 천만 년에 또 천만 년이 지났다. 그동안 분명히 잠시 주춤하기도 하고 후퇴하기도 했겠지만 기후는 극도로 험하게 변해갔다. 평지도 크게 바뀌었고 산과 바다의 분할도 완전히 달라졌다.

그 길고 풍요롭던 중생대가 쇠퇴할 즈음 암석 기록에서 아주 중요한 단서 하나가 발견된다. 꾸준히 이어진 기후 변화, 생존 형태의 급격한 변동, 새롭고 낯선 종의 등장을 보여주는 중요한 단서이다. 멸종의 위협이 점점 커지면서 기존의 목目과 속屬은 최고의 변이와 적응 능력을 보여준다. 중생대의 마지막 장에서 기상천외한 형태를 아주 다양하게 보여준 암모나이트가 그 예이다. 안정된 환경에서는 새로운 것이 나올 여지가 없다. 발전하지 않고 정체하기 마련이다. 이미 최선으로 적응한 상태이기 때문이다. 하지만 환경이 바뀔 경우, 고통을 겪는 것은 평범한 부류이고, 살아남아 확고한 자리를 지킬 가능성이 더 많은 것은 이 새로운 부류일 것이다.

그리고 암석 기록에 공백기가 등장하는데, 수백만 년에 달하는 그 기간은 여전히 베일에 싸여있다. 이 기간에 생명사의 윤곽도 베일에 싸여있으며, 베일이 다시 걷히는 순간 파충류 시대가 막을 내린다. 공룡과 플레시오사우루스, 익티오사우루스, 익룡, 수많은 종과 속의 암모나이트가 완전히 사라졌다. 엄청나게 다양했던 이들이 모두 멸종하고 전혀 후손을 남기지 않았다. 추위가 모두를 멸종시켰다. 이들의 최종적인 변이 상태도 생존 조건을 맞추기엔 불충분했다. 지구 기후는 이들의 인내력이 감당할 수 없을 만큼 혹독한 시기를 거쳤고, 느리지만 철저한 중생대 생명의 대학살이 벌어졌다. 그리고 새로운 광경이 펼쳐진다. 새롭고 더 강인한 동물군과 식물군이 지구를 차지한 것이다.

여전히 메마르고 황량한 풍경 속에서 새로운 생명의 이야기가 출발한다. 겨울 눈에 부러지지 않도록 잎을 떨군 나무들이나 꽃식물과 관목이 소철과 열대 침엽수가 있던 자리 대부분을 차지했고, 점점 다양해지는 조류와 포유류가 파충류로 넘쳐나던 자리를 점차 물려받았다.

08

포유동물 전성시대

지각 변동 활발한 신생대

다음으로 펼쳐진 지구 생애의 시기는 신생대다. 이 시기는 지각 변동과 화산 활동이 활발하게 일어난 시기다. 알프스와 히말라야라는 거대한 산과 로키 산맥 및 안데스 산맥의 등줄기가 솟아오른 것도 이때다. 오늘날의 대양과 대륙의 윤곽이 처음 드러난 것도 이때다. 세계지도가 어렴풋하게나마 지금과 비슷해지기 시작한다. 신생대의 시작은 지금부터 4,000만~8,000만 년 전으로 거슬러 올라간다[약 6,500만 년 전부터 현재에 이르는 시기를 말한다. 중생대의 암모나이트류나 파충류인 공룡 등이 멸종되고, 포유류·조류 등이 번성하였다].

신생대 초기 지구의 기후는 혹독했다. 그러다 점차 전반적으로 따뜻해지더니 마침내 전에 없이 아주 풍요로운 시기를 맞았다. 그 후 다시 환경이 험악해졌고, 지구는 잇달아 몇 차례 극심한 혹한기, 즉 빙하기를 겪는다. 현재 지구는 빙하기를 벗어나고 있는 시기쯤으로 보인다.

하지만 현재 우리는 기후 변화의 원인을 충분히 알지 못하므로 앞으로 다가올 기후 변화를 예측할 수 없다. 태양의 직사광선이 점점 더 강렬해질 수도 있고, 또 다른 빙하기를 맞이할 수도 있다. 지각 변동과 화산 활동이 더 잦아질 수도 수그러들 수도 있다. 우리는 알 도리가 없다. 과학이 그 정도로 발전하지는 않았기 때문이다.

신생대의 시작과 함께 풀이 등장했다. 처음으로 세상에 초원이 펼쳐진 것이다. 그리고 한때는 눈에 잘 띄지도 않던 포유류가 전성기를 맞았고 흥미로운 초식 동물과 이들을 잡아먹고 사는 육식 동물이 나타났다.

초기 포유류도 언뜻 보기에 오랜 세월 전 지구에서 번성하다 사라진 거대한 초식 공룡이나 육식 공룡과 크게 다르지 않아 보인다. 주의 깊게 보지 않으면, 이때부터 오랫동안 이어진 두 번째 따뜻하고 풍요로운 시대에도 지구의 자연은 첫 번째 풍요로운 시기였던 파충류 시대를 반복

▼ 신생대 초기의 포유류. 티타노테리움(거대코뿔소) @wikipedia

하는 것으로 보일 것이다. 초식 포유류와 육식 포유류는 초식 공룡이나 육식 공룡과 비슷하고 새가 익룡을 대신했으니 말이다. 하지만 이는 완전히 피상적인 비교이다. 우주의 다양성은 끝이 없고 쉼이 없다. 우주는 끊임없이 진보한다. 역사는 절대 그대로 반복되는 법이 없다. 완벽하게 똑같이 들어맞는 법도 없다. 신생대의 생명체와 중생대의 생명체는 서로 닮은 점보다는 다른 점이 훨씬 더 눈에 띈다.

학습하는 생명체

가장 근본적인 차이점은 두 시대의 정신 활동이다. 일부 소수의 조류나 포유류의 삶과 파충류의 삶을 본질에서 구분하는 것은 부모와 새끼의 끊임없는 접촉이다. 거의 예외 없이 모든 파충류는 알을 돌보지 않는다. 스스로 부화하도록 버려둔다. 어린 파충류는 부모의 존재에 대해 전혀 알지 못한다. 파충류의 정신 활동은 미미하게나마 오직 자신의 경험에서 시작하고 끝난다. 또래들과 공존할 수는 있지만 교류하지는 않는다. 또래를 모방하지도 않고, 그들에게서 아무것도 배우지 않으며, 그들과 협력하여 보조를 맞추지도 않는다. 파충류의 삶은 고립된 개체의 삶이다.

하지만 새로 등장한 포유류와 조류 일부는 새끼를 먹이고 보살피며 모방으로 학습될 수 있고, 위험을 알리는 울음소리·협력·상호견제·상호지시를 통해 서로 소통할 수도 있다. 즉, '학습할 수 있는' 생명체가 등장한 것이다.

신생대 초기 포유류의 뇌는 활동적인 공룡의 뇌와 크기가 거의 비슷했다. 하지만 암석 기록에서 계속 확인되듯, 현대에 이르기까지 모든 족속의 포유류가 뇌의 용량을 꾸준히 증가시켰다. 예를 들어, 비교적 신생대 초기에 등장한 코뿔소 비슷한 짐승이 있다. 신생대 초기에 존재한 티타노테리움Titanotherium이라는 이 생명체는 습성이나 생존 조건이 현대의 코뿔소와 아주 흡사한 것 같지만, 뇌의 용량에서 현존하는 후손의 뇌와 비교해 10분의 1이 채 되지 않는다.

초기 포유류도 포유기가 끝나는 즉시 새끼를 떼어놓았을 테지만, 서로 교감할 수 있는 능력이 생겼으니 교류를 통해 얻어지는 이익이 아주 크다. 초기 포유류는 진정한 사회생활의 시초를 보여준다. 무리를 짓거나 떼를 이루는 등 한데 모여 서로를 지키고 모방하고 다른 개체의 행동과 울음소리를 거울삼는 포유류 종이 대거 등장한 것이다.

척추동물이 나타나기 이전의 지구에서는 볼 수 없었던 모습이다. 물론 파충류와 물고기도 떼를 짓거나 무리를 이루어 다녔고 알을 부화한 후 비슷한 환경에서 무리 지어 살았을 것이다. 하지만 사회적 군집 포유류의 경우, 군집생활은 단순히 외부의 영향으로 어쩔 수 없이 공동체를 이루었다고 가능한 것이 아니라 내적 욕구로 유지되는 것이다. 그저 서로 닮았다는 이유에서 같은 시간 같은 장소에 머무는 것이 아니다. 서로를 좋아해 닮고 싶어 하므로 함께 모이는 것이다.

파충류의 세계와 인간의 세계를 구분하는 이러한 차이를 걸러내는 것이 인간의 공감 능력이다. 복잡하게 생각하지 않고 긴박하게 움직이는 파충류의 본능과 습성, 그들의 공포와 혐오를 우리가 진정으로 이해하기란 불가능하다. 동기가 복잡한 우리는 파충류의 단순성을 이해할 수 없다. 우리를 움직이는 동기는 균형과 결과 예측이지 단순한 급박함이 아니기 때문이다. 하지만 포유류와 조류는 다른 개체를 배려해 자제도 하고 사회적으로 호소하며 자신을 통제한다. 수준이 낮기는 하지만 이런

▲ 낙타의 원형이 되는 스테노밀루스 히치코키|Stenomylus Hitchcocki
©Ghedoghedo/wikipedia

모습이 우리 인간을 닮았다. 그 결과 거의 모든 종류의 포유류나 조류는 우리 인간과 관계를 맺을 수 있다. 이들은 고통을 받으면 울음소리나 몸짓으로 우리의 공감을 불러일으키며, 상호 인정을 통해 인간을 이해하는 애완동물이 될 수 있다. 우리를 위해 자제하도록 길들일 수 있고, 가정에서 기르며 가르칠 수 있는 것이다.

소통하고 의존하다

앞서 이야기했듯, 신생대에 처음 뇌의 크기가 커지기 시작한다. 이 사실은 개체들이 서로 새롭게 소통하고 의존했음을 의미한다. 이는 신생대의 가장 특징적인 사실이다. 아울러 곧 다루게 되겠지만, 인간 사회의 발전 양상을 미리 보여주는 예시이다.

신생대가 전개되면서 이 시기 동식물군은 현재 지구에 서식하는 동식물군과 점점 더 비슷해졌다. 크고 굼뜬 윈타테레Uintathere[공각수. 코끼리와 생김새가 비슷하고 머리에 세 쌍의 뿔이 있다]와 티타노테레Titanothere[말과 모습이 비슷하다], 엔텔로돈트Entelodont[돼지와 모습이 비슷하다]와 히라코돈Hyracodon[조랑말과 모습이 비슷하다], 그리고 살아있는 생물 같지 않게 어설프고 크기만 큰 짐승들은 사라졌다. 반면에 기린과 낙타, 말, 코끼리, 사슴, 개, 사자, 호랑이 같은 종들은 기괴하고 어설픈 조상의 모습에서 벗어나 오늘날의 모습으로 꾸준히 진화했다. 특히 말의 진화 과정은 지질학 기록에서 분명하게 드러나는데, 신생대 초기 조그마한 맥Tapir과 비슷한 생김새에서 현재 모습에 이르기까지 그 진화 과정을 보여주는 골격들이 거의 완벽하게 남아있다. 그리고 최근에야 비로소 어느 정도 그림이 정확해지긴 했지만 라마와 낙타의 진화 과정도 정리되었다.

2부

인류의 탄생

구석기의 시작

영장류의 등장

동물학자들은 '포유류강綱'을 몇 개의 목目으로 나눈다. 그중 최상위를 차지하는 것이 '영장목'인데, 여우원숭이와 원숭이, 유인원, 인간을 포함한다. 동물학자들의 이러한 분류는 본래 해부학적 유사성을 근거로 한 것일 뿐 정신적인 특징은 전혀 고려하지 않은 것이다.

영장류의 과거 역사는 현재 지질학적 기록에서 가장 풀기 어려운 수수께끼 중 하나이다. 영장류는 대체로 동물에 가까워 여우원숭이와 원숭이처럼 숲에서 살거나, 개코원숭이처럼 벌거벗은 바위 지대에서 산다. 영장류는 익사해서 퇴적물에 덮이는 경우도 드물다. 또한 대부분 종의 수도 그렇게 많지 않다. 그래서 말, 낙타 등의 조상처럼 많은 화석을 남기지 못했다. 하지만 우리는 원시 원숭이와 여우원숭이류 동물이 신생대 초기, 그러니까 대략 4,000만 년 전에 등장했음을 알고 있다. 물론 이들의 두뇌는 더 빈약했고, 후손들만큼 분화되지도 않았다.

신생대 중기, 위대한 지구의 전성기가 마침내 대단원에 이르렀다. 신생대도 생명의 역사에서 앞선 두 차례의 전성기, 즉 석탄과 늪의 시대[석탄기]와 긴 파충류 시대와 같은 운명이었다. 또다시 지구가 빙하기로 접어들었다. 지구는 얼어붙었고 잠시 포근해졌다가 다시 얼어붙었다. 따뜻한 과거에는 하마들이 아열대의 무성한 초목에 파묻혔고, 지금 런던의 신문 기자들이 분주히 오가는 플리트 가Fleet Street에서는 송곳니가 칼날 같은 무시무시한 호랑이가 먹잇감을 사냥했다. 이제 혹독한 시기가 찾아왔고, 훨씬 더 가혹한 시기가 이어졌다. 엄청난 종들이 멸종했다. 추위에 적응해 털보가 된 코뿔소, 코끼리 사촌인 거대한 털북숭이 매머드, 북극 사향소와 순록 정도만 살아남았다. 그리고 수 세기 동안 북극의 만년설이 대빙하기의 냉혹한 저승사자처럼 남쪽으로 남쪽으로 기어 내려갔다. 영국에서는 거의 템스 강까지 차가운 저승사자가 따라왔고, 미국

▼ 신생대 제4기인 플라이스토세 후기에 유럽과 아시아 북부, 북아메리카 북부에 분포한 털북숭이 매머드. 약 1만 1,000~8,200년 전에 멸종하였다. ©AuntSpray/Shutterstock.com

은 오하이오 주까지 만년설에 뒤덮였다. 중간중간 몇천 년씩 날씨가 풀린 적도 있었지만, 그때마다 다시 더 혹독하게 추워졌다.

지질학자들은 이 혹독한 시기를 제1기, 제2기, 제3기, 제4기 빙하기로 구분하고, 각 빙하기 사이를 간빙기라고 부른다. 우리가 사는 지구는 당시 혹독했던 겨울의 상처를 아직 회복하지 못하고 있다. 60만 년 전에 제1기 빙하기가 닥쳤고, 대략 50만 년 전 제4기 빙하기에 추위가 극에 달했다. 그리고 지구가 온통 눈으로 뒤덮인 이 긴 겨울의 한복판에서 최초로 인간과 비슷한 존재가 우리 행성에 살게 되었다.

신생대 중반 이미 아래턱뼈와 정강이뼈 등, 인류와 유사한 특성을 가진 다양한 유인원들이 등장했다. '인간에 가깝다'고 할 만한 생물체의 흔적이 비로소 발견되는 시기가 바로 빙하기 무렵이다. 하지만 발견된 흔적은 생물체의 유골이 아니라 이들이 사용하던 도구들이다. 유럽에서 발견된 50만~100만 년 전의 퇴적층에서 어떤 솜씨 좋은 존재가 망치나 긁개, 무기로 사용하려고 일부러 끝을 뾰족하게 떼어낸 석기와 부싯돌이 출토되었다. 이 석기들이 원석기原石器다. 유럽에서는 이런 도구들만 출토될 뿐, 이 도구를 만든 존재의 유골이나 다른 유물은 출토되지 않았다. 현재까지 확인된 사실은 지능은 있지만 인간과는 전혀 관계없는 원숭이가 만들었을 것이라는 정도이다.

하지만 인도네시아 자바 섬의 트리닐 지역에서 발견된 같은 시기의 퇴적층에서 다른 유인원보다 머리가 크고 직립보행을 했던 것으로 보이는 원인猿人의 두개골과 뼈, 다양한 치아가 출토되었다. 이 주인공이 바로 피테칸트로푸스 에렉투스Pithecanthrous Erectus, 직립원인이다. 채 한 바구니도 되지 않는 이 유골이 우리가 원석기 제작자를 상상할 수 있는 실마리다.

모래밭에서 찾은 아래턱뼈 한 점

원인의 또 다른 유물은 25만 년 전의 모래톱에서 비로소 발견된다. 거기에는 도구가 많았을 뿐만 아니라 품질도 꾸준히 발전해왔음이 암석 기록으로 확인된다. 더는 어설픈 원석기가 아니고, 상당한 기술로 날카롭게 만든 석기들이다. 크기도 나중에 현생인류true man가 만든 비슷한 도구들보다 더 크다. 그리고 하이델베르크의 모래밭에서 유사인류의 아래턱뼈 한 점이 발견된다. 턱 끝이 전혀 돌출되지 않은 투박한 아래턱뼈는 현생인류의 아래턱뼈보다 훨씬 더 크고 좁아서, 아래턱뼈의 주인이 혀를 자유롭게 움직여 언어를 구사했을 것 같지는 않다. 과학자들은 아래턱뼈를 근거로 이 생명체가 다리와 손이 엄청 크고 털이 빽빽이 덮인, 거의 인간 괴물에 가까운 육중한 존재였을 것으로 추정하며, 그들을 하이델베르크인이라 부른다.

내가 보기에 이 아래턱뼈는 인간의 궁금증을 가장 자극하는 물건 중 하나이다. 아래턱뼈를 보고 있으면 뿌연 유리창 너머로 과거를 들여다보는 느낌이다. 이 생명체가 황량한 벌판을 느릿느릿 걸어가고, 검치호랑이의 공격을 피해 높은 곳으로 기어오르고, 숲속에 숨은 털북숭이 코뿔소를 찾는 모습 등이 흐릿하게 언뜻언뜻 비치다가 미처 자세히 살피기도 전에 사라져버린 기분이다. 땅바닥에는 이 존재가 여러 가지 용도로 떼어낸 단단한 석기들만 가득하다.

더 흥미로운 수수께끼는 영국 서식스 주 필트다운 퇴적층에서 발견된 유물이다. 필트다운 퇴적층은 10만~15만 년 전으로 추정되는데, 이곳에서 출토된 특별한 유물이 하이델베르크의 아래턱뼈보다 시기가 앞선다고 보는 학자들도 있다. 현존하는 모든 유인원의 두개골보다 훨씬 큰 유사인류의 두개골[영국의 서식스 주 필트다운의 하부 홍적층에서 발견된 인류의 두개골. 하지만 웰스 사후에 이 두개골은 위조물임이 밝혀졌고 그 발견은 과학사상 최대의 날조 사건으로 유명하다], 아직 정확히 밝혀지진 않았지만 침팬지의 것으로 보이는 아래턱뼈, 박쥐 모양으로 공들여 만들고 일부러 가운데 구멍을 뚫은 것이 분명한 코끼리 뼛조각이 이곳에서 출토되었다. 또한 무언가 계산해서 기록한 듯 빗금이 그어진 사슴의 넓적다리뼈도 출토되었다.

그렇다면 과연 자리를 잡고 앉아 뼈에 구멍을 뚫은 생명체는 어떤 종류였을까? 과학자들은 필트다운인에게 에오안트로푸스Eoanthropus 원인原人이라는 이름을 붙였다. 필트다운인은 다른 존재들과 분명히 차이가 있다. 하이델베르크인이나 유인원과 아주 다른 존재이며, 그와 비슷한 존재의 흔적은 어디에서도 발견되지 않는다. 하지만 10만 년 전 이후의 사력층沙礫層과 퇴적층에서는 비슷한 석기와 부싯돌이 점점 더 많이 발견된다. 이 도구들은 조잡한 '원석기'의 수준을 벗어난 것으로 현재 고고학자들이 긁개, 송곳, 칼, 화살, 투석, 손도끼 등으로 구분할 정도다.

이제 인간과 아주 가까워졌다. 다음 장에서는 인류의 조상 중 가장 특이한 존재인 네안데르탈인을 살펴보겠다. 완전하지는 않지만 거의 인류에 가까운 존재다.

여기서 한 가지 분명히 짚고 넘어가는 것이 좋겠다. 아직 어떤 과학자도 하이델베르크인이나 에오안트로푸스를 현생인류의 직접 조상으로 인정하지 않는다는 사실이다. 기껏해야 현생인류와 친척 관계에 있는 종이라는 것이다.

10

유사인류, 네안데르탈인

현생인류 논란

제4기 빙하기가 절정에 이르기 전 지구에 살던 존재가 하나 있었다. 인간과 너무 비슷해서 불과 몇 년 전까지만 해도 이 존재의 유물은 완전한 인간의 유물로 인정되었다. 두개골과 뼈가 발견되었고, 이들이 만들어 사용하던 대형 도구들도 대량으로 출토되었다. 이들은 불도 이용했고, 추위를 피해 동굴에서 살았으며, 대충이지만 동물 가죽을 옷처럼 걸쳤던 것으로 보인다. 인간과 마찬가지로 오른손잡이였다.

하지만 현재 인종학자들은 이 존재를 진정한 인류로 분류하지 않는다. 같은 사람 속이지만 종이 달랐다는 것이다. 이들은 입이 크고 돌출되었으며, 눈 위의 뼈가 툭 튀어나왔고, 이마가 아주 낮았다. 인간처럼 엄지가 나머지 손가락들과 마주 보지도 않았고, 목의 구조상 뒤를 돌아보거나 고개를 들어 하늘을 쳐다볼 수 없었다. 고개를 앞으로 떨구고 구부정하게 걸었을 것이다. 턱 끝이 튀어나오지 않은 아래턱뼈는 하이델베

▲ 네안데르탈인의 두개골
©Jose Angel Astor Rocha/Shutterstock.com

르크인의 아래턱뼈를 닮았고, 인간의 아래턱뼈와는 확연히 다르다. 치아의 모양도 인간과 매우 달랐다. 어금니 구조는 인간보다 더 복잡했으면 복잡했지 덜하지는 않았다. 이 유사인류는 인간처럼 어금니 뿌리가 길지 않았고, 보통의 인간에게 있는 송곳니가 없었다. 두개골의 용적은 인간과 비슷했지만, 뇌는 인간보다 뒤가 더 크고 앞이 더 낮았다. 지능이 발휘되는 방식도 달랐다. 이들은 인간 계통의 조상이 아니었다. 정신적으로나 육체적으로나 인간과 다른 계통이었다.[네안데르탈인을 사람속에 속하는 독립된 종으로 볼지, 호모 사피엔스 아종으로 볼지를 두고 아직도 논란이 많다. 초기에는 별개의 종으로 보았지만 최근에는 호모 사피엔스의 아종으로 보는 시각이 우세하다고 한다].

이 멸종 인종의 두개골과 뼈가 발견된 장소가 바로 네안데르탈이고, 그래서 미지의 원인原人은 네안데르탈인Neanderthal Man이라 불렸다. 이들은 적어도 수백 년, 아니 수천 년 동안 유럽에 있었던 것이 분명하다.

당시 지구의 기후와 지형은 현재와 사뭇 달랐다. 유럽만 해도 남쪽으로 템스 강과 독일 중부, 러시아까지 얼음으로 덮여있었다. 영국과 프랑스를 가르는 해협도 없었고, 지중해와 홍해는 깊숙한 곳에 호수들이 흩어져있는 넓은 분지였으며, 현재 흑해부터 러시아 남쪽을 거쳐 중앙아시아에 이르는 지역은 아주 큰 호수였다. 실제 얼음에 덮이지 않은 스페인과 유럽 전역도 래브라도 반도보다 기후가 더 혹독하고 삭막한 고지대였다. 북아프리카에 가야 비로소 기후가 온화했을 것이다. 털북숭이 매머드와 코뿔소, 거대한 황소와 순록 같은 강인한 동물들이, 극지식물이듬성듬성한 남유럽의 추운 스텝 지대를 지나 이동했다. 물론 풀을 찾아서 봄에는 북쪽으로, 가을에는 남쪽으로 옮겨갔다.

이런 풍경 속에서 네안데르탈인들은 작은 사냥감이나 과일, 산딸기, 풀뿌리 등 먹을 것을 찾아 헤맸다. 그들은 주로 나뭇가지와 풀뿌리를 씹는 채식자였을지도 모르겠다. 평평하고 정교한 치아에서 이들이 주로 식물을 먹고 살았음을 유추할 수 있다. 하지만 이들이 살던 동굴에서는 커다란 동물의 긴 골수 뼈도 발견되는데, 골수를 꺼내려 한 듯 뼈가 쪼개져 있다. 네안데르탈인의 무기로는 사방이 툭 터진 공간에서 커다란 짐승과 싸우기에는 역부족이었을 것이다. 기껏 물살이 센 여울목을 지키다가 창으로 공격하거나 함정을 파서 잡는 정도였을 것이다. 동물의 무리를 따라다니며 싸우다 죽은 동물을 먹었을지도 모르고, 당시 존재하던 검치호랑이Smilodon가 먹다 남긴 먹잇감을 자칼처럼 훔쳤을지도 모른다. 오랜 세월 채식을 하던 네안데르탈인들이 빙하기의 혹독한 시련을 겪으며 동물을 사냥하기 시작한 것 같다.

우리는 네안데르탈인이 어떤 모습이었는지 짐작도 하지 못한다. 털이 많고, 사실 인간과는 전혀 닮지 않은 모습이었을 수도 있다. 이들이 직립보행을 했는지도 확실하지 않다. 몸을 지탱하려고 발과 함께 주먹을 사용했을 수도 있다. 혼자 다니거나 가족 단위의 작은 무리 생활을 했겠지만, 턱의 구조로 보아 언어로 의사소통할 수는 없었던 것으로 추정된다.

네안데르탈인은 수천 년 동안 유럽에서 가장 지능이 높은 고등 동물의 자리를 지켰다. 그런데 3만~3만 5,000년 전 기후가 점점 따뜻해지자, 남쪽에서 유사한 인종이 네안데르탈인의 세계로 넘어왔다. 지능이 더 높고, 경험도 더 많고, 말을 하며 서로 협력하던 이들은 네안데르탈인이 활동하던 지역과 동굴을 차지했다. 같은 먹잇감을 두고 다투던 중 전쟁이

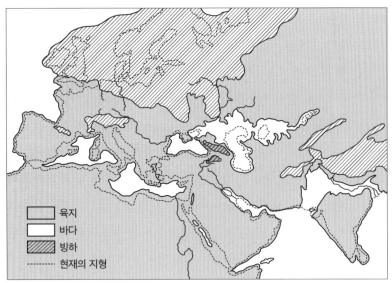

▲ 제4기 빙하기가 절정에 달한 대략 5만 년 전을 예상하여 그린 서아시아와 유럽의 지형도

일어나 새로운 인종이 네안데르탈인을 몰살시켰을 것이다.

현재로서는 이들이 어디에서 왔는지 확실하지 않지만, 남쪽 혹은 동쪽에서 건너와 네안데르탈인을 모두 멸종시킨 이 인종이 우리와 계통이 같은 최초의 인류다. 두개골과 엄지, 목, 치아가 해부학적으로 우리와 같다. 크로마뇽과 그리말디 동굴에서 이들의 유골이 상당수 발견되었는데, 지금까지 최초로 알려진 진정한 인류의 유물이다. 이로써 우리 현생 인종이 암석 기록에 등장하게 되고 인류의 역사가 시작된다.

당시 기후는 여전히 혹독했지만 지구는 점점 현재의 모습을 닮아갔다. 빙하기가 유럽에서 물러났고, 스텝 지대의 초원이 증가하면서 프랑스와 스페인에서는 대규모 말 무리가 순록의 자리를 차지했다. 매머드도 남유럽에서 점점 줄어들더니 마침내 북쪽으로 완전히 자취를 감추었다.

아프리카에서 발굴된 두개골의 정체

진정한 인류가 어디에서 기원했는지는 알 수 없지만, 1921년 여름 남아프리카의 브로큰힐 광산에서 아주 흥미로운 두개골과 뼈가 발굴되었다. 이 유골의 주인공은 제3의 인종으로 네안데르탈인과 인간 사이의 중간적인 특성을 보인다. 두개골의 형태를 보면 뇌가 앞쪽은 네안데르탈인보다 크고 뒤쪽은 작으며, 인간과 아주 흡사하게 머리가 척추와 일직선이다. 치아와 골격도 인간과 매우 비슷하다. 하지만 얼굴은 눈썹 위의 안와상 융기supraorbital torus[눈썹뼈 돌출]가 심하고 두개골 가운데가 길게 솟아올라 유인원에 가까웠다. 말하자면 이 인종은 유인원과 비슷한 네안데르탈인의 얼굴을 한 현생인류였다. 이 로디지아인Rhodesian Man이 네안데르탈인보다 인간에 더 가까운 것은 분명하다.

빙하기의 시작부터 모든 준인류의 후손이자 모든 준인류를 멸종시켰을 현생인류가 등장할 때까지 그 유구한 시간 동안 지구에 살았던 준인류의 긴 발굴 목록에서 보면, 이 로디지아인의 두개골이 그리 중요하지 않은 자료일 수도 있다. 로디지아인의 두개골 자체가 그리 오래되지 않은 것일지도 모른다(이 책이 출간될 때까지도 이 두개골의 정확한 연대는 밝혀지지 않았다). 어쩌면 이 준인류가 남아프리카에서 꽤 최근까지 살아있었을 가능성도 있다.

11

최초의 현생인류

크로마뇽인과 그리말디인

우리와 분명히 계통이 같은 인류의 흔적과 징표 중 지금까지 과학계에 알려진 가장 오래된 것들은 서유럽, 특히 프랑스와 스페인에서 출토되었다. 이 두 나라에서 3만 년이 넘는 것으로 추정되는 유골과 무기, 무언가 새긴 흔적이 있는 뼈와 바위, 가공한 뼛조각, 동굴화, 암각화 등이 발굴되었다. 현재까지 진정한 인류의 조상이 남긴 최초의 유물들이 가장 많이 발견된 나라는 스페인이다.

물론 현재 우리가 보유한 유물들은 미미하지만, 장차 가능한 모든 자원을 철저히 조사할 만큼 연구자가 많아지고, 현재 고고학자의 접근이 불가능한 나라들도 세밀하게 조사하는 날이 오면 많은 자료가 쌓일 것이다. 이 문제에 흥미를 갖고 자유롭게 탐사할 발굴자의 숙련된 손길을 기다리는 곳이 아프리카와 아시아 지역 대부분이다. 따라서 우리는 초기 현생인류가 서유럽에만 거주했다고 섣불리 단정하거나 그 지역에서 처음으로 등장했다고 결론짓지 않도록 신중히 해야 한다.

이제껏 드러난 자료보다 시대가 더 앞선 현생인류의 유물이 아시아나 아프리카 혹은 지금 해수면 아래로 잠긴 지역에 쌓여있을지 모른다. 내가 아시아나 아프리카를 거론하면서 아메리카를 언급하지 않는 이유는 지금까지 아메리카 대륙에서는 유인원이나 준인류, 네안데르탈인, 초기 현생인류 등 그 어떤 고등 영장류도 발굴되지 않았기 때문이다.

생명의 진화는 오직 구대륙에서만 진행된 것으로 보이며, 구석기 말이 되어서야 비로소 인류가 아메리카 대륙으로 넘어갔다. 지금은 베링 해협이 아시아 대륙과 아메리카 대륙 사이를 가르고 있지만 당시에는 육지로 연결되어있었다.

유럽에 등장한 최초의 현생인류는 최소한 두 인종으로 나뉘었고, 서로 확연히 달랐던 것으로 보인다. 하나는 아주 고등한 인종이었다. 키가 크고 뇌도 컸다. 발굴된 여성의 두개골 하나는 현대 남성의 두개골보다도 컸으며, 키 180cm를 넘는 남자의 골격도 발굴되었다. 전체적인 체형은 북아메리카 인디언과 닮았다. 이들은 처음 유골이 발견된 동굴의 이름을 따 크로마뇽인이라 불린다. 미개인이었지만 수준이 높았다.

그리말디 동굴에서 발굴된 인종은 흑인종이었다[그리말디인]. 현존하는 남아프리카의 부시맨과 호텐토트족이 이들과 가장 가까운 친척이다. 인류사의 출발점에서 인류가 이미 최소한 두 개의 서로 다른 종으로 분리되었다는 것은 흥미로운 점이다. 그리고 확인되지는 않았지만, 첫 번째 종은 피부색이 갈색에 가깝고 동쪽이나 북쪽에서 기원했으며, 두 번째 종은 피부색이 검은색에 가깝고 적도 부근 남쪽에서 기원했다고 조심스럽게 추측하기도 한다.

약 4만 년 전의 이 미개인들은 인간에 아주 가까워서 조가비에 구멍을 뚫어 목걸이를 만들고, 자신들의 모습을 그림으로 그렸다. 뼈나 돌을 깨서 거기에 그림을 새겼다. 동굴의 부드러운 벽이나 널찍한 바위에 짐승 그림을 그리기도 했다. 거친 것도 있지만 아주 훌륭한 작품도 많다. 이들은 네안데르탈인의 도구보다 훨씬 더 작고 정교한 도구를 다양하게 제작했다. 박물관에 가면 이들이 남긴 도구와 조각 작품, 암각화 등을 많이 볼 수 있다.

최초의 미개인은 사냥꾼이었고, 당시 주된 사냥감은 털이 난 작은 조랑말 크기의 야생마였다. 이들은 초지를 따라 이동하는 야생마 무리를 뒤따랐고 들소도 뒤쫓았다. 놀랍도록 사실적인 매머드 그림을 남긴 것으로 보아 이들은 매머드도 알고 있었다. 약간 흐릿한 그림에는 이들이 덫을 놓아 매머드를 잡는 장면이 그려져 있다.

사냥도구는 창과 투석이었다. 활을 사용했던 것 같지는 않으며, 동물을 길들였을지도 의심스럽다. 개는 아직 없었지만, 말 머리를 새긴 조각한 점과 말 그림 한두 점이 발견되었다. 말은 피부나 힘줄이 약간 비틀린 모양으로 보아 굴레를 씌운 듯하다. 하지만 당시 그 지역의 말은 작아서

▼ 스페인 북부 알타미라 동굴에서 발견된 벽화(복제본) ©José-Manuel Benito/wikipedia

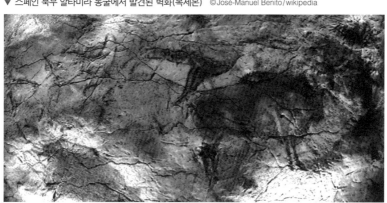

사람을 태울 수 없었고, 가축으로 길들인다 하더라도 겨우 옆에서 끌고 가는 정도였을 것이다. 또한 최초의 미개인이 자연법칙에 어긋나게 동물의 젖을 음식으로 먹었을 것 같지도 않다.

동물 가죽으로 만든 천막이야 사용했겠지만 구조물을 세운 것 같지는 않으며, 진흙으로 인형은 만들었지만 도기를 빚을 정도는 아니었다. 조리도구가 없었으니 이들의 요리법은 원시적이었거나 전혀 요리하지 않은 것이 분명하다. 농작물을 경작할 줄도 몰랐고, 바구니나 베를 짜는 법도 전혀 몰랐다. 몸에 걸친 동물 가죽이나 모피만 아니면 이들은 벌거벗은 채 몸에 색을 칠한 미개인이었다.

최초의 인류는 사방이 툭 터진 유럽의 스텝 지대에서 1만 년 정도 사냥을 했고, 기후가 바뀌기 전에 서서히 이동하며 변화했다. 몇 세기가 지나며 유럽의 기후는 점점 더 포근하고 다습해졌다. 순록이 북쪽과 동쪽으로 물러났고, 들소와 말도 순록의 뒤를 따랐다. 이러한 변화와 함께 도구의 특성도 용도에 맞게 변했다. 강과 호수에서 물고기를 잡는 일이 인류에게 아주 중요해지며 뼈로 정교하게 만든 도구가 늘어났다. 프랑스의 고고학자 가브리엘 드 모르티예Gabriel de Mortillet(1821-1898)는 이렇게 이야기한다.

이 시기에 뼈로 만든 바늘이 이후에 나온 바늘보다, 심지어 역사시대에 만든 바늘보다도 훨씬 우수하다. 르네상스 시대에도 이보다 더 훌륭한 바늘을 만들지 못했다. 로마인들만 해도 이 시기의 바늘에 필적하는 물건을 전혀 만들지 못했다.

구석기 마지막 인류

1만 2,000~1만 5,000년 전 새로운 사람들이 스페인 남부에 발을 딛고, 노출된 암벽 위에 그들의 모습을 아주 훌륭하게 그려놓았다. 이들이 바로 프랑스의 마스다질Mas d'Azil 동굴에서 발견된 아질 문화 인류Azilians 이다[19세기 후반 프랑스의 마스다질에서 전혀 알려져 있지 않던 유물이 발견되었는데, 구석기와 신석기를 잇는 중석기 것으로 확인되었다]. 이들은 활을 사용했고, 새의 깃털로 장식품을 만들어 머리에 썼던 것으로 보인다. 이들이 남긴 그림은 축약적이지만 생생하다. 수직으로 선을 긋고 두세 개의 수평선을 그려 인간을 묘사한 상징주의 화법의 그림에서 문자 기록의 조짐이 엿보인다. 사냥 장면에는 숫자를 센 듯한 표식이 있고 남자 둘이 벌집에 연기를 피워 벌을 쫓는 모습을 그린 그림도 있다. 돌을 깨거나 떼어내 만든 뗀석기 연장만 사용한 이들은 구석기 최후의 인류이다.

1만~1만 2,000년 전 유럽에서 새로운 부류의 생명이 태동했다. 이들은 석기를 떼어낼 뿐만 아니라 갈고 다듬어서 도구를 만들었으며 농작물을 경작하기 시작했다. 신석기 시대가 시작되었다.

재미있는 사실은 지금부터 채 100년이 되기 전까지 호주의 오지 태즈메이니아 섬에 살던 한 종족이 유럽에 흔적을 남긴 초기 인류보다 신체적으로나 지적으로나 열등했다는 것이다. 태즈메이니아족은 지리적 변화 때문에 나머지 다른 인종과 오랜 기간 분리되었고, 외부의 자극이나 진화도 단절되었다. 진화는커녕 퇴화한 것으로 보인다. 이들은 조개류나 작은 사냥감으로 연명하며 원시적으로 살았다. 일정한 주거지도 없었고 여기저기 들어가 웅크리고 살았다. 우리와 종이 같은 진짜 인간이었지만, 최초의 현생인류가 지닌 손재주도 예술적 재능도 없었다.

12

원시인류의 사고방식

어린아이 사고방식

여기서 한 가지 아주 재미있는 상상을 해보자. 인류 초기 모험이 가득한 시절에 살던 느낌은 어땠을까? 씨를 뿌려 농작물을 수확하지 않고 이리저리 떠돌며 사냥하던 까마득한 옛날에 인류는 무엇을 생각하고 어떻게 사고했을까? 당시는 인간의 생각을 문자로 기록하기 훨씬 전이기 때문에 우리가 이 질문에 답할 방법은 오로지 우리의 추측과 어림짐작뿐이다.

지금까지 과학자들은 아주 다양한 방법으로 원시인의 정신세계를 재구성하려 애썼다. 정신분석학은 아이들이 사회적 삶의 요구에 맞춰 자신들의 이기적인 충동과 욕정을 자제하고 억누르고 조절하고 감추는 과정을 분석한다. 최근에는 이 정신분석학이 원시사회의 역사를 밝히는 데 꽤 효과를 발휘하고 있는 것 같다. 또한 현재 살아남은 미개인의 생각과 관습을 연구해 원시인의 정신세계를 추론하는 것도 유익한 방법이다. 그리고 현대 문명인에게 여전히 뿌리 깊게 남아있는 비이성적인 미신과 편견, 민속에서 정신적인 화석을 찾아내는 방법도 있다. 마지막으로 현대에 가까워질수록 많아지는 그림과 조각상, 조각품, 상징물 등을 연구하면 원시인이 무엇에 흥미를 느꼈는지, 원시인이 기록하고 표현할 가치가 있다고 생각한 대상이 무엇이었는지 점점 더 분명하게 드러난다.

원시인의 사고방식은 어린아이의 사고방식과 매우 흡사했을 것이다. 다시 말해 마음속으로 상상한 그림들을 연결해 사고했을 것이다. 원시인은 애써 떠올리거나 자연스럽게 떠오른 이미지에서 어떤 감정을 느끼고 그 감정에 따라 움직였다. 지금도 어린아이나 무지한 사람은 이런 식으로 사고하고 움직인다. 체계적 사고는 인간의 능력 중에서 비교적 뒤늦게 발전한 능력이다. 최근 3,000년 이전까지 체계적 사고는 인간의 삶에서 그리 큰 역할을 하지 못했다. 오늘날에도 진정으로 자기 생각을 통제하고 정리하는 사람은 극히 소수에 불과하다. 여전히 세상 대부분 삶을 이끄는 것은 상상과 감정이다.

소규모 가족 집단 사회

진정한 인류 이야기의 서막이 오르는 순간 최초의 인간 사회는 소규모의 가족 집단이었을 것이다. 이전의 포유동물이 가족 단위로 함께 지내며 번식하여 무리와 떼를 지은 것처럼 원시 부족도 마찬가지였을 것이다. 하지만 이런 일이 가능하게 하려면, 우선 원초적인 개인 이기주의를 제한하는 일정한 장치가 확립되어야만 했다. 성인이 된 이후에도 아버지를 두려워하고 어머니를 존경하는 마음이 유지되어야 했고, 나이 든 남성은 집단 내에서 성장하는 젊은 남성에 대해 당연히 느끼는 질투심을 진정시켜야 했다. 그런 반면 어머니는 어린 자녀를 위해 타고난 조언자이며 보호자였다. 인간의 사회생활은 한편으로는 자라면서 스스로 짝을 찾아 독립하려는 자녀의 노골적인 본능에서, 다른 한편으로는 독립에 따른 위험과 불이익 사이의 반작용에서 형성되었다.

대단한 인류학 저술을 남긴 천재 앳킨슨J. J. Atkinson은《태초의 법 Primal Law》에서 원시 부족의 특징인 관습법, 즉 터부Tabus가 발전하는 사회생활에 맞춰 원시적이고 동물적인 인간의 요구를 정신적으로 조정하는 데 얼마나 큰 역할을 담당할 수 있는지 보여주었다. 터부의 역할에 대한 앳킨슨의 해석은 이후 정신분석학자들의 연구를 통해 그 타당성이 확인되었다.

일부 이론가들은 아버지에 대한 존경과 두려움 그리고 보호자 어머니에 대한 원시 미개인의 감정이 꿈으로 증폭되고 비현실적인 정신 작용으로 강화되어 신과 여신이라는 개념을 형성하고 원시 종교가 시작되는 데 큰 역할을 했다고 주장하기도 했다. 권위자나 조력자가 죽은 뒤 꿈속에 다시 나타나면서 이들에 대한 존경심이 두려움과 신격화로 이어졌다는 주장이다. 이들이 실제 죽은 것이 아니라 더 강력한 먼 곳으로 환상적으로 옮겨갔을 뿐이라고 믿기가 쉬웠다는 것이다.

아이들의 꿈과 상상, 두려움은 현대 성인이 느끼는 것보다 훨씬 더 생생하고 사실적이다. 원시인은 어린아이와 다름없었다. 이들은 동물들과 더 가까웠고, 동물도 자신처럼 동기가 있고 정신 반응을 한다고 여겼을 것이다. 동물 중에도 조력자, 적, 신이 있다고 상상했을 것이다. 우리 스스로 상상력이 뛰어난 어린아이라고 가정해보면 알 수 있을 것이다. 중요한, 무슨 의미가 담긴 것 같은, 불길하거나 조짐이 좋은, 낯선 모양의 바위와 나무토막, 희귀한 나무 등이 구석기인들에게 어떻게 보였을까?

또한 꿈과 환상이 이러한 물건들에 대한 이야기와 전설을 만들고, 이 물건들이 자신에게 말을 한다고 어떻게 믿게 되었을까? 그중에는 기억하기 좋고 전하기 좋은 이야기도 있었을 것이다. 여자들이 이런 이야기를 아이들에게 들려주었을 테고, 그렇게 전통이 만들어진다. 지금도 상상력이 뛰어난 아이들은 좋아하는 인형이나 동물, 상상 속 반인반수가 영웅으로 등장하는 장황한 이야기를 지어낸다. 원시인도 마찬가지였을 것이다. 어쩌면 원시인은 자신이 상상한 영웅이 실제로 존재한다고 믿는 성향이 훨씬 더 강했을지도 모르겠다.

말할 줄 아는 인류

우리가 알고 있는 최초의 현생인류는 아주 수다스러운 존재였을 것이다. 바로 이것이 네안데르탈인과의 차이점이자 이들의 강점이다. 네안데르탈인은 말이 없는 동물이었을지 모른다. 물론 원시인은 몇 안 되는 명사들만 드문드문 나열하며 몸짓과 신호로 근근이 의사소통했을 것이다.

미개인도 인과관계는 이해한다. 하지만 원시인은 원인과 결과를 결부시키는 일에 그리 뛰어나지 못했다. 원시인은 전혀 관계없는 원인과 결과를 너무 쉽게 결부시켰다. 원시인의 말은 이런 식이다. '이렇게 이렇게 해. 그러면 그렇게 그렇게 돼.' 원인과 결과가 연결되는 다음 두 문장을 보자. '아이에게 독이 든 딸기를 주면 아이가 죽는다.' '용맹한 적의 심장을 먹으면 강해진다.' 둘 중 하나는 참이고 하나는 거짓이다.

미개인이 생각하는 인과관계를 우리는 페티시Fetish[맹목적인 숭배의 대상이 되는 자연적, 인공적 물건]라고 부른다. 페티시는 미개한 과학에 불과하다. 비체계적이고 무비판적이며 오류가 아주 많다.

많은 경우 원인과 결과는 어렵지 않게 연결되며, 그렇지 않더라도 경험 때문에 오류가 곧 수정되는 법이다. 그런데 원시인들이 중요하게 생각한 문제 중에는 끊임없이 원인을 찾았지만 잘못된 설명에 이르는 경우가 많았다. 틀렸지만, 완전히 틀린 것도 분명하게 틀린 것도 아니어서 미처 깨닫지 못한 것이다.

원시인에게는 풍부한 사냥감과 많은 물고기를 획득하는 것이 아주 중요한 문제였다. 당연히 원시인들은 바라는 결과를 얻으려고 수많은 징조를 신봉하고, 수없이 많은 주문과 주술을 걸었다.

이들에게 또 다른 주요 관심사는 질병과 죽음이었다. 전염병이 돌아 사람들이 죽는 경우도 있고, 분명한 이유 없이 병에 걸려 죽거나 쇠약해지는 경우도 있었다. 이 또한 성급하고 감정적인 원시인들을 틀림

▲ 디지털로 그린 네안데르탈인
©Nicolas Primola/
shutterstock.com

없이 안절부절못하게 하였을 것이다. 원시인들은 터무니없는 추측과 꿈을 통해 죽은 사람이나 동물, 사물에 비난의 화살을 돌리거나 도움을 청했다. 원시인은 어린아이의 마음으로 두려움과 공포를 대했다.

소규모 부족 사회에서는 같은 공포를 느끼지만 조금 더 강인한 연장자들이 마음을 추스르고 의연하게 부족을 타이르고 지시하며 통솔했을 것이다. 이들은 불길한 것과 긴요한 것, 흉조와 길조를 분간했다. 이 페티시 전문가인 주술사가 최초의 신관이었다. 훈계와 해몽, 경고가 이들의 임무였고, 복잡한 주문을 외워 행운을 부르고 재앙을 막았다. 원시 종교는 우리가 현재 말하는 종교보다는 관행과 의식에 가까웠으며, 초기 신관인 주술사가 좌우하는 독단적이고 원시적인 실용과학이었다.

13

농경의 시작

따뜻한 지역을 찾아서

지난 50년간 방대한 연구 조사가 있었지만, 현재까지 지구에서 정착과 농경이 시작된 경위에 대해 밝혀진 내용은 아주 적다. 어느 정도 정확한 것은 1만 2,000~1만 5,000년 전, 스페인 남부에 아질 문화 인류가 살았고, 원시 수렵인의 후예가 북으로 동으로 흩어질 당시 북아프리카나 서아시아, 그리고 지금은 지중해 바다 밑으로 가라앉은 거대한 지중해 분지 사람들이 몇 시대에 걸쳐 극히 중요한 두 가지 일을 수행했다는 정도이다. 바로 농경과 목축이었다. 이들은 또한 수렵하던 조상들이 사용하던 뗀석기(타제석기) 외에도 돌을 갈아 간석기(마제석기)를 만들기 시작했다. 바구니를 만드는 방법도 알아냈고, 거칠지만 식물의 섬유질을 이용해 천을 짤 줄도 알았다. 조잡하지만 질그릇도 만들기 시작했다.

이들이 인류 문명의 새 장을 열었다. 크로마뇽인과 그리말디인, 아질 문화 인류 등의 구석기Palaeolithic(여기서 말하는 구석기는 네안데르탈인과 원

▲ 영국의 솔즈베리 평원에 있는 거석 ©Wojciech Skora/Shutterstock.com

석기 시대의 석기도 포함한다. 선행 인류 시대는 '전기 구석기'라고 부르며, 현생인류가 갈지 않은 석기를 사용하던 시대는 '후기 구석기'라고 한다)와 구분되는 신석기Neolithic가 시작된 것이다. 신석기인은 지구의 더 따뜻한 지역으로 계속 퍼져나갔다. 이들이 섭렵한 기술과 동식물 활용법은 모방과 습득을 통해 그보다 더 멀리 퍼져나갔다. 서기전 10000년 무렵이 되자 인류 대부분 삶이 신석기 수준에 도달했다.

우리는 이제 땅을 갈고 씨를 뿌려 작물을 수확하고, 곡식을 탈곡하고 빻는 일이 가장 확실하고 당연한 절차이겠거니 하고 생각할 것이다. 지구가 둥글다는 것이 현대인의 상식인 것처럼 말이다. '달리 뭘 하겠는가? 그것 말고 뭐가 있겠어?' 우리는 이렇게 물을 것이다. 하지만 우리가 지금 분명한 것으로 여기는 추론이나 행동 체계도 2만 년 전 원시인에게는 전혀 명백한 것이 아니었다. 원시인은 터무니없고 불필요한 노력과 잘못된 해석을 거듭하며 반복적인 시도와 오해를 통해 효과적인 행동을 익혔다. 지중해 지역 어디에선가 야생 밀이 자라고 있었다. 누군가 그 씨를 털고 갈아 음식을 만드는 법을 깨쳤을 것이다. 그리고 아주 오랜 세월이 지난 후에야 비로소 씨를 뿌리는 법을 배웠을 것이다. 씨 뿌리기보다 수확이 먼저였다.

여기서 아주 놀라운 사실 하나는 파종과 수확이 이루어진 지구의 모든 곳에서 원시 사상의 흔적이 발견된다는 것이다. 파종의 개념과 피의 제물, 주로 인간을 제물로 바친다는 생각이 강하게 연결된 사상이었다. 이때 원시 사상이란 이 둘, 즉 파종과 제물이 복잡하게 얽히게 된 기원을 탐구하는 것은 호기심 많은 사람에게는 참으로 매력적인 작업이다. 관심 있는 독자는 프레이저J. G. Frazer 경의 기념비적 작품인《황금가지 Golden Bough》를 읽어보면 그에 관한 자료를 찾을 수 있을 것이다.

파종과 인간 제물

우리가 잊지 말아야 할 것은 어린아이 같고 신화를 만드는 몽상적인 원시인의 마음에 이 두 가지가 얽혀있다는 사실이다. 이성적인 추론으로는 설명되지 않지만, 1만 2,000~2만 년 전 세상에서는 씨를 뿌리는 시기가 되면 신석기인이 인간을 제물로 바쳤을 것이다. 그리고 제물로 바쳐진 희생자는 보잘것없고 버림받은 사람이 아니었다. 대개 선택받은 젊은이나 처녀를 제물로 바쳤다. 젊은이를 택하는 경우가 더 많았는데, 선택받은 젊은이는 제물로 바쳐질 때까지 숭배에 가까운 존경을 받았다. 그는 제물로 바쳐진 일종의 신왕神王이었으며, 그를 죽이는 모든 세부 절차는 지식이 많은 노인이 오랫동안 지켜온 관습에 따라 행하는 의식이 되었다.

계절 감각이 어렴풋한 원시인은 처음에는 파종 제물을 바치고 씨를 뿌릴 최적의 순간이 언제인지 결정하기가 아주 어려웠을 것이다. 인간의 초기 경험 단계에서 인간에게 1년이라는 시간 개념이 없었다는 추측은 나름대로 근거가 있다. 최초의 연대기는 태음월로 기록되었다. 성경에 나오는 야곱의 열두 아들의 나이는 사실 연령年齡이 아니라 월령月齡으로 추정되며, 바빌로니아력Babylonian Calendar[바빌로니아에서 서기전 3000년 후반부터 사용한 태음태양력. 평년 12개월, 윤년 13개월로 구분한다]에서는 13개의 태음월로 돌아오는 파종 시기를 계산하려 한 흔적이 뚜렷이 나타난다. 태음력은 오늘날까지 우리에게 영향을 미치고 있다. 만일 태음월이 낯설다면, 우리는 그리스도교에서 사순절과 부활절을 항상 일정한 날짜가 아니라 달의 상태에 따라 매년 다른 날에 기념하는 것을 아주 놀라운 일로 받아들일 것이다.

최초의 농경민이 별자리를 관찰했을 것 같지는 않다. 그보다는 여기저기 떠도는 목동들이 처음으로 별을 관찰해 방향을 가늠하는 나침반으로 사용했을 가능성이 더 크다. 하지만 별자리를 이용해 계절을 감지하는 방법을 알게 되자, 별이 농사에 아주 중요한 요소가 되었다. 특정한 별이 남쪽으로 치우쳤는지 북쪽으로 치우쳤는지를 관찰하여 파종 제물을 바쳤다. 원시인이 그 별을 숭배하고 신화를 만드는 것은 거의 필연적인 결과였다. 그러니 초기 신석기에 피의 제물과 별자리에 대해 알고 있는, 지식과 경험을 겸비한 사람이 얼마나 중요했을지 짐작하고도 남는다.

또한 부정과 불결함에 대한 두려움, 그에 합당한 정화 의식은 이 박식한 남자와 여자가 권력을 행사한 또 하나의 근거였다. 남자 마법사와 여자 마법사, 남자 신관과 여자 신관이 지금까지 늘 존재한 것도 다 이런 이유 때문이다. 초기 신관은 실제 종교인이라기보다는 응용 과학자였다.

그의 과학이라는 것도 일반적으로 경험에 기초한 것이고 오류가 많았다. 초기 신관은 자신의 과학이 일반 대중에게 알려지지 않도록 철저히 비밀에 부쳤다. 하지만 그렇다고 해서 주요 직분이 지식이고 주 임무가 실용적이라는 사실은 변하지 않는다.

양석문화와 문명의 이동

1만 2,000~1만 5,000년 전, 따뜻하고 물도 충분한 구대륙의 모든 지역에서 이런 신석기 공동체가 확산되고 있었다. 그 공동체에는 남녀 신관이라는 계층과 전통, 경작지가 있었으며, 담을 둘러친 소규모의 도시와 마을이 형성되고 있었다. 몇 시대를 거치며 공동체들 사이에 사상의 유입과 교류가 이루어졌다. 그래프턴 스미스Grafton Elliot Smith와 리버스 W.H.R. Rivers는 이러한 최초의 농경인 문화를 '양석문화陽石 文化'라고 지칭했다. '양석(태양과 돌)'이라는 말이 최초의 농경 문화를 지칭하는 최적의 단어는 아니겠지만, 아직 과학자들이 더 적합한 단어를 제시하지 못하고 있다. [양석문화는 태양과 커다란 돌을 숭배하는 농경 문화로, 스미스와 리버스에 따르면 문명의 발상지인 이집트에서 3개의 노선 즉, 남선, 중간선, 북선을 따라 세계 각지로 이동하여 확산되었다].

지중해와 서아시아 지역 어딘가에서 기원한 양석문화는 몇 세대에 걸쳐 동쪽으로 퍼져나갔고, 섬에서 섬으로 이어지며 태평양을 건너 마침내 아메리카 대륙에 도달했을 것이다. 그리고 북쪽에서 이주해 그곳에 살고 있던 몽골 인종의 원시적인 생활 방식과 섞였을 것이다.

이 몽골 인종의 묘한 사상과 풍습은 이들의 발길이 닿은 곳은 그 어디든 거의 온전하게 전파되었다. 이들의 사상 중에는 아주 기묘해서 정신의학 전문가의 설명이 필요한 것도 있을 정도이다. 이들은 피라미드와 거대한 고분을 쌓아 올렸고 원형으로 커다란 돌들을 세웠는데, 신관의 천체 관측을 도우려는 용도였던 것으로 보인다. 또한 이들은 몸에 문신을 새기고 거세했으며, 사람이 죽으면 일부 혹은 모든 망자를 미라로 만들었다. 아이가 태어날 때 아버지를 침대로 보내 눕게 하는 의만擬娩 풍습[여자가 해산할 동안 남편도 자리에 누워 진통을 흉내 내는 풍습]도 지켰고, 그 유명한 만卍자를 행운의 상징으로 여겼다.

이러한 집단 풍습의 흔적이 얼마나 널리 퍼져 있는지 점을 찍어 세계 지도를 만들면, 스톤헨지와 스페인에서 시작해 지구를 빙 돌아 멕시코와 페루까지 온대성 해안과 아열대성 해안을 따라 하나의 띠가 형성될 것이다. 하지만 적도 이남의 아프리카와 북유럽, 중유럽, 북아시아에는 이러한 점이 찍히지 않는다. 이곳에는 실로 독자적인 계통의 인종이 살고 있었다.

14

아스테카·마야·잉카 문명

세상의 모든 인종

서기전 1만 년 무렵 세계의 지형은 오늘날과 그 윤곽이 대체로 비슷했다. 지중해 분지가 바닷물에 잠기지 않도록 제방 역할을 하던 지브롤터Gibraltar 해협의 거대한 장벽도 이 무렵 모두 침식되어 지중해가 지금의 해안선과 거의 흡사한 바다가 되었다. 카스피 해는 지금보다 훨씬 더 넓어, 카프카스 산맥 북쪽의 흑해까지 이어졌을지 모른다. 지금은 스텝지대와 사막으로 변해버린 이 거대한 중앙아시아 바다 주변 땅이 기름지고 사람이 살기 좋았다. 전반적으로 다습하고 더 기름진 세상이었다. 유럽 쪽 러시아는 지금보다 늪지와 호수가 훨씬 더 많았지만, 베링 해협은 여전히 아시아와 아메리카를 연결하는 육지였다.

이때 이미 인류가 현재와 같은 몇 가지 주요 인종으로 나뉘었을 것이다. 양석문화의 갈색인종, 현재 지중해 지역에 사는 사람들 대부분의 조상, 이집트인과 베르베르족의 조상, 동남아인 상당수의 조상이 덥고 나무가 우거진 지구의 난대성 지역을 따라 퍼져나갔다. 물론 이 위대한 인류는 아주 다양했다. 대서양과 지중해 해안의 '피부색이 짙은 백인종'이나 이베리아족 혹은 지중해 인종, 베르베르족과 이집트인을 포함한 '함족', 피부색이 짙은 인도의 드라비다족, 다양한 동인도인, 수많은 폴리네시아 인종, 마오리족……. 이들 모두는 각자 고유한 가치를 지녔으며, 이들이 모여 인류라는 위대한 덩어리를 이룬 것이다.

대체로 서쪽 인종의 피부색이 동쪽 인종보다 더 밝았다. 유럽 중부와 북부의 삼림지대에서는 갈색인종이라는 큰 줄기에서 파란 눈에 금발을 한 인종이 갈라져 나왔는데, 이들이 오늘날의 북유럽 인종이다. 아시아 북동부의 드넓은 지역에서는 갈색인종이 또 다른 모습으로 분화했다. 눈

▼ 인종 관계 요약도

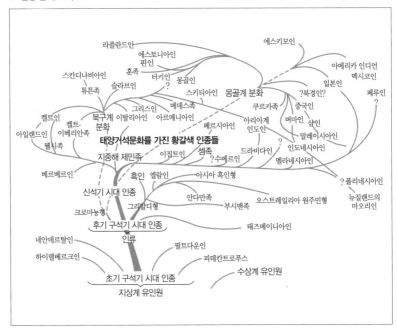

꼬리가 치켜 올라가고 광대뼈가 높으며, 피부색이 황색을 띠고 머리카락은 곧고 검은 몽골 인종이 그들이다. 남아프리카와 호주, 아시아 남쪽의 많은 열대 섬에는 초기 흑인종이 남아있었다. 아프리카 중심부에서는 이미 인종들이 서로 섞이고 있었다. 현재 아프리카에 사는 거의 모든 유색 인종은 기층 세력인 흑인종과 북쪽 갈색인종이 뒤섞여 생긴 것으로 보인다.

우리가 명심해야 할 것은 모든 인종이 자유롭게 교배할 수 있으며, 구름처럼 헤어지고 돌아다니다 다시 하나로 합치기도 한다는 사실이다. 인종이 가지를 치는 것은 한 번 나뉘면 절대 다시 합쳐지지 않는 나뭇가지와는 다르다. 인종은 기회가 되면 다시 섞인다는 사실을 항상 유념할 필요가 있다. 이런 사실을 잊지 않으면 많은 끔찍한 망상과 편견을 피할 수 있을 것이다.

우리는 인종이라는 단어를 아주 막연하게 사용하고, 이를 토대로 아주 터무니없는 일반화의 오류를 범한다. '브리튼' 인종이니 '유럽' 인종이니 하는 말들이 있지만, 유럽의 거의 모든 민족은 갈색인종과 피부색이 짙은 백인종, 백인종, 몽골 인종의 요소들이 복잡하게 섞여 있다.

인류 발달 과정에서 몽골 인종이 처음 아메리카 대륙에 발을 디딘 것은 신석기 시대였다. 베링 해협을 건너가 아메리카 대륙 남쪽으로 퍼져나간 것이 분명하다. 당시 아메리카 대륙 북부에는 순록인 카리부 Caribou가 있었고, 남부에는 들소가 대규모로 떼를 지어 서식했다. 이들이 남아메리카에 당도할 즈음 그곳에는 아직 거대 아르마딜로인 글립토돈Glyptodon[아메리카에서 화석으로 발견된 빈치류이며 아르마딜로와 비슷한 네 발 동물]과 코끼리만큼 키가 크고 볼품없이 거대한 나무늘보인 메가테리움Megatherium[부드러운 모피를 가진 포유류 초식동물]이 살고 있었다. 크기만 했지 무력했던 메가테리움을 멸종시킨 주인공이 이들이었을 것이다.

농경 생활은 문명을 낳고

이때 아메리카 부족 대부분은 유목 생활을 벗어나지 못했다. 철기를 사용할 줄도 몰랐다. 이들이 보유한 주요 금속은 자연금自然金과 구리였다. 하지만 멕시코와 유카탄 반도, 페루는 정착해 농경 생활을 하기에 유리한 환경이었다. 서기전 1000년 무렵, 구대륙의 문명과 형태는 다르지만 그에 못지않게 아주 흥미로운 문명이 이곳에서 싹텄다. 파종하고 수확하는 과정에 인간을 제물로 바치는 풍습이 여기서도 발달한 것이다. 나중에 살펴보겠지만, 구대륙에서는 이 원시 풍습이 다른 사상과 뒤얽히면서 힘을 잃고 자취를 감추었지만, 신대륙에서는 매우 엄격하고 정교하게 발전했다.

신대륙의 문명국들은 기본적으로 신관이 다스리는 국가였다. 장수와 통치자도 엄격한 계율과 예언의 지배를 받았다. 신관들은 천문학을 고도로 발전시켰다. 이에 이들이 알고 있던 1년이라는 시간이 앞으로 이야기할 바빌로니아 시간[평년 12개월, 윤년 13개월로 보는 바빌로니아력을 말한다]보다 더 정확했다.

유카탄 반도에는 일종의 문자도 있었다. 마야 문자인데, 글자가 아주 특이하고 정교했다. 지금까지 해독된 내용에 의하면, 마야 문자는 주로 신관이 지식 확장의 근거로 삼는 달력을 정확하게 기록하는 데 쓰였다.

마야의 예술은 700~800년에 절정기를 맞았다. 현대인은 마야의 조각을 보며 형태를 만들어 내는 능력과 아름다움에 감탄하고, 자신의 사고 범위를 벗어난 상식 밖의 관례와 복잡함, 기묘함에 놀란다. 구대륙에는 이와 비슷한 조각이 없다. 그나마 멀리 떨어진 고대 인도의 조각이 가장 유사하다. 이리저리 얽인 깃털과 뱀들이 온통 작품을 뒤덮고 있다. 마야의 많은 비문은 정신병 환자나 그릴 법한 복잡한 그림을 닮았다. 마야인의 정신은 유럽인의 정신과는 다른 노선으로 발전한 것이 아닌가 싶다. 마야인의 사상은 유럽의 기준으로 보면 이성적인 사람이 전혀 이해할 수 없는 방향으로 전개된 것처럼 보인다.

이처럼 정도를 벗어난 신대륙의 문명을 일반적인 정신착란의 개념과 연결하는 근거는 인간의 피를 제물로 바치려는 집착이 유별났기 때문이다. 특히 멕시코에서는 매년 수천 명씩 제물로 바칠 정도였다[아스테카 문명]. 희생자의 배를 산채로 갈라 펄떡펄떡 뛰고 있는 심장을 꺼내는 것이 신관의 정신과 삶에서 가장 중요한 행위였다. 이렇게 끔찍한 행위가 모든 공적 생활과 국가적 축제의 중심이었다.

이 공동체에서 사는 일반인의 일상은 미개한 소작농의 일상과 아주 흡사했다. 이들이 사용한 질그릇과 직조 기술, 염색 기술은 수준이 매우 높았다. 마야 문자는 돌에 새겨졌을 뿐만 아니라 가죽 등에도 쓰이고 그려졌다. 유럽과 미국의 박물관에 수수께끼 같은 마야의 문서가 많이 보관되어있는데, 현재까지는 날짜 외에 해독된 것이 거의 없다.

페루[잉카 문명]에도 비슷한 초기 문자가 있었지만, 끈에 매듭을 지어 기록하는 결승문자結繩文字 방식[키푸quipu]을 대체하지는 못했다. 매듭과 비슷한 기억술[소리나 숫자의 배열처럼 그 자체가 무의미한 소재, 또는 서로 관련이 적은 낱말, 문장 등을 정확하게 기억하는 방

▲ 마야의 석비
©Leon Rafael/Shutterstock.com

법]은 중국이 이미 이보다 1,000년 앞서 사용한 방법이었다.

서기전 4000~5000년 이전, 즉 페루보다 3,000~4,000년 먼저 구대륙에도 아메리카 문명과 비슷한 원시 문명들이 있었다. 그 문명들도 신전을 기초로 세워졌으며, 엄청난 피의 희생과 천문학에 몰두한 신관이 있었다. 하지만 구세계의 원시 문명들이 서로 영향을 주고받으며 발전해 지금과 같은 세상을 이룬 반면, 아메리카의 원시 문명들은 원시 단계를 절대 벗어나지 못했다. 각각의 원시 문명은 독자적인 작은 세계였다. 유럽인이 아메리카에 도착할 때까지 멕시코는 페루를 거의 몰랐거나 전혀 몰랐던 것 같다. 멕시코인들은 당시 페루의 주식이었던 감자를 알지 못했다.

이들은 여러 시대를 살았고, 신을 경배하며 자신을 희생했고, 죽음을 맞이했다. 마야 예술의 장식미는 높은 수준에 이르렀다. 인간은 사랑을 했고, 부족은 전쟁을 했다. 가뭄과 풍요, 역병과 건강이 번갈아 이어졌다. 신관들은 몇 세기에 걸쳐 달력과 희생의식을 정교하게 다듬었지만, 다른 방향으로는 거의 발전하지 못했다.

3부

고대 국가의 출현

15

도시 국가의 탄생, 수메르와 이집트

촌락 수준 벗어난 도시 국가

구세계는 신세계보다 무대가 넓고 더 다양하다. 구세계에서도 이미 서기전 7000~6000년 무렵에 나일 강 유역과 아시아의 비옥한 여러 지역에서 페루 수준의 유사 문명 공동체가 나타났다. 당시 페르시아 북부와 투르키스탄Turkistan 서부, 아라비아 반도 남부는 모두 지금보다 비옥한 땅이었다. 이들 지역에서 초기 공동체 흔적이 발견된다.

하지만 촌락 수준을 벗어난 사회 조직이 처음으로 등장한 곳은 메소포타미아 남부와 이집트이다. 당시에는 유프라테스 강과 티그리스 강이 서로 분리된 채 페르시아 만으로 흐르고 있었는데 이 두 강 사이 비옥한 땅에 수메르인이 최초의 도시를 건설했다. 정확한 연대는 밝혀지지 않았지만, 비슷한 시기에 이집트의 위대한 역사도 출발하고 있었다.

수메르인은 매부리코의 갈색인종이었다. 이들이 사용한 문자는 해독되었지만, 언어는 현재까지 밝혀지지 않았다. 수메르인은 청동기 사용법

▲ 니푸르의 언덕. 바그다드 동남쪽에 있는 고대 바빌로니아의 도시 유적이다. 이곳에서 발굴된 비문에는 최초의 제국 우루크에 대한 기록이 등장한다. @wikipedia

을 발견했고, 흙벽돌로 탑처럼 높고 거대한 신전을 세웠다. 이 지역에서 나오는 점토는 결이 매우 고왔는데, 수메르인이 그 흙으로 점토판을 만든 덕분에 수메르 문자가 오늘까지 전해지게 되었다. 소와 양, 염소, 나귀는 있었지만 말은 없었다. 전쟁 때는 창과 가죽 방패로 무장하고 밀집 대형으로 서서 싸웠으며, 머리는 말끔하게 밀고 양털로 짠 옷을 입었다.

수메르의 도시들은 대체로 고유의 신과 신관을 모신 독립 국가였지만, 간혹 한 도시가 다른 도시를 지배하고 시민들에게 세금을 징수한 적도 있었다. 니푸르Nippur[이라크 동남부의 고대 도시]에서 발굴된 아주 오래된 비문에는 '수메르의 도시 우루크Uruk 제국'이라는 기록이 등장하는데, 이것이 제국에 대한 최초의 기록이다. 우루크의 신과 신관왕神官王은 페르시아 만에서 홍해까지 호령했다.

문자를 사용하다

처음에 문자는 그저 그림을 축약한 것에 불과했다. 사실 인류가 무언가 쓰기 시작한 것은 이미 신석기 이전이었다. 앞서 나온 아질 문화 암벽화가 그 예다. 암벽화에는 사냥과 원정 장면이 많은데, 대부분 인간의 모습을 간략하게 그렸다. 그나마 머리와 팔다리마저 생략하여 수직선 하나에 수평선 한두 개로 인간을 묘사한 경우도 있다. 이런 그림이 전통적인 압축 그림 문자로 바뀌는 것은 그리 어려운 일이 아니었다. 점토판에 막대기 펜으로 기록을 남긴 수메르에서는 일부 문자와 그것이 의미하는 사물 모양이 시간이 지나면서 달라졌지만, 파피루스 갈대 조각(최초의 종이)이나 벽에 기록을 남긴 이집트에서는 문자와 의미하는 사물 모양의 유사성이 유지되었다. 이때 수메르인이 나무 펜으로 그린 기호가 쐐기 모양이었는데 이 문자를 설형문자(쐐기문자)라 부른다.

문자로 발전하는 중요한 단계는 사물의 모양을 있는 그대로가 아니라 비슷하게 그리는 것이다. 아이들이 좋아하는 그림 수수께끼를 보면 지금도 그 사실을 확인할 수 있다. 텐트가 있는 캠핑장camp과 종bell을 그리면 아이들이 그 그림을 보고 기꺼이 스코틀랜드 이름인 캠벨Campbell을 유추해낸다. 수메르 언어는 동시대 아메리카 원주민 언어처럼 음절이 모여 뜻을 전달하는 언어였다. 따라서 수메르 언어는 의미를 표현하지 못하는 단어를 음절 단위로 그림을 그려서 기록하기에 아주 적합했다.

이집트의 문자도 비슷한 발전 과정을 거쳤다. 나중에 음절로 말하는 방식에 서툴던 외국인들이 이 그림문자를 배우고 사용하면서 개선하고 단순화해 마침내 알파벳 문자로 발전시켰다. 이후 세상에서 사용하는 제대로 된 알파벳은 모두 수메르의 설형문자와 이집트의 상형문자 또는 성각문자聖刻文字가 혼합되어 만들어진 것이다. 훗날 중국에서도 상형문자가 발달했지만 알파벳(자음과 모음) 단계에는 이르지 못했다.

문자의 발명은 인간 사회의 발전에 아주 중요한 역할을 했다. 계약과 법률, 계율을 기록했기 때문이다. 이전 도시 국가보다 더 큰 국가가 등장할 수 있었던 것도 문자 덕분이다. 문자 덕분에 지속적인 역사 인식이 가능했고, 보이지 않고 들리지 않는 먼 곳까지 신관이나 왕의 명령과 인장印章을 전달하고 사후까지 보존할 수 있었다.

고대 수메르에서 인장이 널리 사용된 점은 흥미롭다. 왕이나 귀족, 상인이 멋지게 인장을 조각해서 권위를 내세우고 싶은 점토판 문서에 찍었다. 6,000년 전 문명이 인쇄 기술과 이렇게 가까웠다.

단단하게 굳은 점토판은 영구히 남았다. 메소포타미아에서는 아주 오랫동안 편지와 각종 기록, 거래장부를 쉽게 부서지지 않는 타일에 적었

▼ 이집트의 덴데라 신전에 있는 부조. 여기에 새겨진 그림은 오늘날 우리가 쓰고 있는 물체와 흡사해 보인다.
©Kokhanchikov/Shutterstock.com

다. 그 덕분에 우리가 엄청난 지식을 재발견할 수 있었던 것이다.

수메르인과 이집트인은 아주 초기부터 청동과 구리, 금, 은은 물론 아주 진귀한 운철隕鐵[운석에서 발견되는 금속철]까지도 알고 있었다. 구세계 최초 도시 국가의 일상은 이집트나 수메르나 아주 흡사했을 것이다. 거리를 활보하는 나귀와 소만 없다면, 3,000~4,000년 후 아메리카 대륙의 마야 문명과도 다르지 않았을 것이다. 종교 축제가 열리지 않는 평시에는 대부분 시민이 논에 물을 대고 농사를 짓느라 분주했다. 화폐는 사용하지 않았고 필요도 없었다. 간혹 소량으로 이루어지는 교역은 물물교환으로 충분했기 때문이다. 유일하게 재산이 많은 군주와 지배자는 교역할 일이 생기면 금괴와 은괴, 보석을 사용했다.

신관과 파라오

삶을 지배한 것은 신전이었다. 수메르의 신전은 꼭대기까지 올라가 별을 관찰할 수 있는 거대한 탑이었다. 이집트의 신전은 거대한 단층 건물이었다. 수메르에서는 신관 통치자가 가장 위대하고 빛나는 존재였지만, 이집트에서는 신관보다 높은 존재가 하나 있었다. 땅을 다스리는 가장 높은 신의 살아있는 현신, 바로 신왕神王 파라오였다.

당시 세상은 거의 변화가 없었다. 백성들의 하루하루는 햇빛이 쏟아지는 고된 일상으로 판에 박힌 듯 똑같았다. 그런 나라에 들어와 제대로 보상도 받지 못하는데 일을 하려는 외국인은 거의 없었다. 신관은 태곳적부터 내려오는 율법에 따라 삶을 감독했다. 별을 보고 파종 시기를 정했고, 희생 제물의 길조와 흉조를 점쳤으며, 꿈의 계시를 해석했다. 사람들은 일하고 사랑하고 죽어갔다. 죽은 사람은 야만적인 과거를 잊고 앞

▲ 사카라Sahkara의 피라미드. 이 계단식 피라미드는 세계에서 가장 오래된 석조 건축물이다.
©Anton_Ivanov/Shutterstock.com

날을 걱정할 필요가 없으니 그나마 다행이었다.

간혹 지배자가 자비로운 때도 있었다. 이집트를 90년간 통치한 페피 2세[고대 이집트 제6왕조의 파라오. 즉위명은 네페르카르Neferkare] 때가 그랬다. 하지만 그도 가끔 야망을 품고 이웃 도시 국가와 전쟁을 벌이려고 일반 백성의 아들들을 군인으로 징용하거나, 거대한 건축 공사에 백성의 노역을 징발하기도 했다. 쿠푸Cheops[고대 이집트 제4왕조의 2대 파라오]와 카프레Chephren[쿠푸의 아들. 이집트 제4왕조의 4대 파라오], 멘카우레Mycerinus[카프레의 아들. 이집트 제4왕조의 5대 파라오]도 마찬가지여서 자신들의 무덤을 엄청난 규모로 건설했다. 바로 기자Gizeh의 피라미드들이다. 그중 제일 큰 피라미드는 높이가 137m를 넘고, 사용된 돌의 총 무게만 488만 3,000톤에 이른다. 이 모든 돌을 나일 강을 따라 배로 운반하고 제자리로 나르는 과정에서 주로 사용된 것은 인간의 노동력이었다. 틀림없이 이집트는 대규모 전쟁보다 피라미드 건설로 더 피폐해졌을 것이다.

16

정복자가 된 유목민족

척박하지만 자유로운

서기전 6000~3000년 사이 인류가 농사를 짓기 위해 정착하고 도시 국가를 세운 곳이 메소포타미아와 나일 계곡만은 아니었다. 농지에 물을 댈 수 있고 일 년 내내 안정된 식량 공급이 가능하다면 어디든 정착 생활을 선택했다. 티그리스 강 상류에서는 아시리아인이 도시를 형성하고 있었고, 소아시아 분지와 지중해 해안이나 섬에서도 작은 공동체들이 문명을 일구고 있었다. 인도와 중국에서도 인간의 삶은 비슷하게 발전하고 있었을 것이다. 유럽에서도 물고기가 풍부한 호숫가 지역에서 정착 생활이 시작됐다. 그들은 이미 오래전부터 호수에 말뚝을 박아 세운 집에서 살며 낚시와 사냥으로 농사를 대신하고 있었다.

하지만 구세계 대부분 지역은 정착 생활이 불가능했다. 땅이 거칠거나, 숲이 우거지거나, 건조하거나, 계절이 매우 불확실했다. 인간이 당시의 도구나 과학으로는 뿌리내리고 살 수 없는 환경이었다. 정착 생활을

▲ 수상 가옥은 실질적으로 서기전 6000년 유럽 신석기 공동체의 거주지 그대로이다.
사진은 미얀마 인레 호수의 수상 가옥 ©javarman/Shutterstock.com

하려면 안정적인 급수와 따뜻한 기후, 햇볕이 필요했다. 이런 조건이 충
족되지 않으면 인간은 사냥감을 뒤쫓는 사냥꾼이나 계절마다 다른 풀
을 찾아다니는 목동처럼 이리저리 옮겨 다니며 살아야 했다. 수렵 생활
을 벗어던지고 목축 생활로 탈바꿈하는 것은 매우 더뎠을 것이다. 들소
떼나 야생마 무리(아시아의 경우)를 뒤쫓던 인간이 짐승에 대한 소유의식
이 생기고, 이들을 계곡에 가두는 방법을 배우고, 늑대나 들개, 기타 포
식 동물에 맞서 이들을 지키는 식으로, 그들의 삶은 천천히 바뀌었을 것
이다.

넓은 강 유역에서 원시적인 농경 문명이 발전하는 동안, 겨울 초지와
여름 초지를 끊임없이 이동하며 사는 유목생활도 성장하고 있었다. 유목
민이 대체로 농경민보다 척박한 환경을 더 잘 견뎌냈다. 유목민은 자손

도 덜 낳고 수도 적었으며, 고정된 신전도 없었고 고도로 조직된 신관도 없었다. 사용하는 장비도 적었다. 하지만 그렇다고 해서 이들의 삶이 열등했다고 생각하면 오산이다. 여러 면에서 자유로운 유목민의 삶이 농경민의 삶보다 더 풍요로웠다. 개인은 더 독립적이었고, 일개 개체로 무리에 매몰되는 경우도 적었다. 유목민에게 더 중요한 사람은 지도자였지, 주술사가 아니었다.

드넓은 지역을 이동하는 유목민의 인생관은 폭넓고 자유로웠다. 이런저런 정착지의 경계를 넘나들며 외부인을 만나도 낯설어하지 않았다. 목초지를 얻으려고 계획을 세우고, 분쟁 중인 종족들과도 협상을 벌여야 했다. 산길을 넘고 암석지대를 드나들다 보니 정착민보다 광석에 대해 더 많이 알았다. 유목민은 야금 기술이 뛰어나고, 청동은 물론, 철 제련법도 알았을 것이다. 실제로 초기 문명과 멀리 떨어진 중부 유럽에서 광석을 녹여 만든 원시 철제 도구가 발견되기도 했다.

한편 정착민은 천을 짜고 질그릇을 빚는 등 탐나는 물건을 많이 만들었다. 농경과 유목, 이 두 종류의 삶이 나누어짐에 따라 둘 사이에 발생하는 어느 정도의 약탈과 교역은 피할 수 없었다. 특히 경작지와 사막이 함께 있는 수메르에서는 오늘날 집시들이 그렇듯 유목민이 경작지 가까이에 천막을 치고 거래를 하거나 도둑질을 하는가 하면, 어쩌면 철제 용구를 땜질하는 모습도 볼 수 있었을 것이다. 하지만 이들이 훔친 품목에 암탉은 없었을 것이다. 원래는 인도의 야생 닭이었던 가금류는 서기전 1000년 이전에는 사육되지 않았기 때문이다. 유목민은 보석이나 금속, 무두질한 가죽을, 사냥꾼이라면 동물의 외피를 가져와 질그릇이나 구슬 목걸이, 유리, 옷 등의 제품과 교환했을 것이다.

▲ 이집트 룩소르 지역 하부 사원의 부조. 소와 함께 일 나가는 이집트의 농민들
©Vladimir Wrangel/Shutterstock.com

아카드와 바빌로니아 세운 셈족

수메르와 고대 이집트에서 초기 문명이 태동하던 먼 옛날, 세계에는 완전히 정착하지 못하고 떠돌던 세 부류의 인종이 있었다. 하나는 유럽의 삼림지대 외진 곳에서 사냥과 목축을 하며 살던 금발의 북유럽 인종이다. 서기전 1500년까지 원시 문명 세계는 이들과 마주칠 기회가 거의 없었다.

두 번째는 동아시아의 외진 스텝 지대에 살던 여러 부족으로 구성된 훈족이다. 이들은 말을 길들이며, 계절에 따라 여름 야영지와 겨울 야영지를 드넓게 휩쓸고 다녔다. 북유럽 인종과 훈족은 당시 러시아의 늪지와 드넓은 카스피 해에 가로막혀 서로 나뉘어 살았을 것이다. 당시 러시아 지역 대부분은 늪지와 호수였다.

세 번째는 점차 건조해지는 시리아와 아라비아의 사막에서 피부색이 짙은 백인종 혹은 갈색인종인 셈족이다. 이들은 양과 염소, 나귀를 몰고 목초지를 떠돌았다. 초기 문명과 접촉한 최초의 유목민이 바로 이 셈족 양치기와 페르시아 남쪽에서 온 피부색이 더 검은 엘람인Elam이었다. 이들은 상인이자 약탈자였다. 이들 중에서 좀 더 대담한 구상을 가진 지도자가 나왔고, 마침내 이들은 정복자가 되었다.

서기전 2750년 무렵 위대한 셈족의 지도자인 사르곤Sargon이 수메르 땅 전부를 정복한 후, 페르시아 만부터 지중해에 이르는 세상의 주인이 되었다[아카드 왕국 수립]. 사르곤은 글을 모르는 야만인이었지만, 그의 백성인 아카드인은 수메르 문자를 배웠고, 수메르 언어를 공식어와 학문어로 채택했다. 그가 세운 제국은 2세기 후 쇠락했고, 한 차례 엘람인이 몰려온 후 새로운 셈족인 아모리인Amorite이 점차 수메르를 장악했다. 이들은 당시까지 강 상류의 작은 마을이었던 바빌론을 수도로 정하고, 국호를 바빌로니아 제국 제1왕조라 칭했다. 바빌로니아 제국은 제6대 왕인 함무라비Hammurabi라는 위대한 왕에 의해 공고해졌는데(서기전 1750년 무렵), 그가 바로 역사상 최초의 법전인 함무라비 법전을 만든 인물이다.

비좁은 나일 계곡은 메소포타미아보다 침투하기 어려웠지만, 함무라비 왕 재위 시절 셈족은 이집트 침입에 성공했다. 이로써 역대 파라오 중에 셈족 출신을

▲ 아카드 왕조 제4대 왕인 나람신Naram Sin의 승전비. 1898년 페르시아 수사 유적에서 발굴되었으며 현재 루브르 박물관 소장
@wikipedia

배출할 수 있었다. 이들이 세운 힉소스Hyksos 왕조 혹은 '양치기 왕조 shepherd kings'는 수 세기 동안 이어졌다. 하지만 셈족 정복자들은 이집트인과 절대 동화되지 못했다. 늘 외국인이자 야만인으로 적대시 당하다가 서기전 1600년 무렵 이집트의 반란으로 결국 쫓겨났다.

하지만 셈족은 수메르에 영구히 자리를 잡았다. 두 종족은 서로 동화되었으며, 바빌로니아 제국은 언어로나 문자로나 셈족 제국이었다.

17

최초의 해양 문명

바다를 장악한 셈족

인류가 처음으로 보트나 배를 이용한 때는 2만 5,000~3만 년 전이다. 인류는 최소한 신석기 초기에 통나무나 가죽 부대에 의지해 첨벙거리며 물을 건넜을 것이다. 이집트와 수메르는 우리가 아는 한 처음부터 바구니에 가죽을 덧대고 틈을 메운 보트를 이용했고 지금도 마찬가지이다. 아일랜드와 웨일스, 알래스카는 지금도 그런 보트를 이용하고 있는데, 물개 가죽을 덧댄 보트를 타고 베링 해협을 횡단한다. 뒤이어 도구가 발달하면서 속을 파낸 통나무가 등장했다. 그리고 자연스럽게 보트와 배의 건조로 이어졌다.

노아의 방주 전설은 그 옛날 배를 만들어낸 성취를 기억하기 위한 것이고, 마찬가지로 전 세계 사람에게 널리 퍼진 대홍수 이야기도 지중해 분지의 범람을 기억하는 전설이 아닐까 싶다.

피라미드가 세워지기 아주 오래전부터 홍해에는 배들이 있었고, 서기전 7000년 무렵 지중해와 페르시아 만에도 배들이 떠다녔다. 어선이 대부분이었지만, 무역선과 해적선도 포함되었을 것이다. 우리가 인류에 관해 아는 내용으로 비춰볼 때, 최초의 뱃사람들은 가능하면 약탈을 하고, 어쩔 수 없을 때만 교역을 했다고 추측하는 것도 전혀 무리는 아니므로.

최초의 배들이 모험을 떠난 커다란 호수는 잠깐씩만 바람이 일거나 며칠 동안 쥐 죽은 듯 고요하기 일쑤여서 돛은 그저 장식품에 지나지 않았다. 충분한 장비를 갖추고 대양을 항해할 수 있는 범선이 개발된 것은 [이 책 저술 당시 기준으로] 지금부터 겨우 400년 전이었다. 고대의 배는 기본적으로 노를 젓는 방식이었기 때문에 해안가를 따라 이동하다 날씨가 조금이라도 험해질 조짐이 보이면 항구로 대피했다. 그러다가 커다란 갤리선 [고대 그리스나 로마 시대에 주로 죄인이나 노예들이 노를 젓던 배]과 같이 배의 규모가 커지면서 갤리선에서 노예로 쓸 전쟁 포로가 필요하게 되었다.

셈족이 시리아와 아라비아 지역에서 유랑객과 유목민으로 등장해 수메르를 정복하고 처음에 아카드 왕국을, 그다음으로 바빌로니아 제국을 세우는 과정은 앞에서 간략하게 살펴보았다. 그런데 이 셈족이 서쪽에서는 바다로 향하고 있었다. 이들이 지중해 동부 해안을 따라 항구 도시들을 죽 연결했고, 그중 티레Tyre와 시돈Sidon을 주요 거점으로 삼았다. 그리고 함무라비 왕이 바빌로니아를 다스릴 즈음, 셈족은 상인과 유랑객, 식민지 개척자로 지중해 분지 전체에 퍼져나갔다. 이 바다의 셈족이 페니키아인이다.

이들은 대규모로 스페인에 정착해 이전부터 이베리아 반도에 살고 있던 바스크인을 몰아낸 후, 지브롤터 해협을 통해 연안 탐험대를 파견했다. 아프리카 북부 해안에까지 여러 식민지를 세웠다. 페니키아의 식민지 도시 중 하나인 카르타고에 대해서는 나중에 자세히 이야기하겠다.

크노소스 해상왕국

그런데 최초로 갤리선을 타고 지중해를 항해한 사람들은 페니키아인이 아니었다. 지중해 연안과 섬의 많은 마을이나 도시에는 혈연관계나 언어로 보아 서쪽의 바스크인, 남쪽의 베르베르족, 이집트인과 연결된 것이 분명한 하나 혹은 다수의 종족이 살고 있었다. 이들이 에게 해 사람들이다. 에게 해 사람과 이 책에서 나중에 등장할 그리스인을 혼동해서는 안 된다. 에게 해 사람들은 전前그리스어pre-Greek를 사용했지만, 그리스와 소아시아, 미케네, 트로이 등에 도시를 건설했고, 크레타 섬의 크노소스에 번성한 대도시를 세웠다.

고고학자들의 유물 발굴을 통해 에게 해 사람들의 규모와 문명이 알려진 것은 얼마 되지 않는다. 지금까지 가장 집중적으로 발굴된 곳은 크노소스이다. 다행히 나중에 대도시가 들어서지 않아 에게 해 사람들의 유적이 크게 훼손되지 않았고, 크노소스는 한때 거의 잊힌 문명 정보를 전하는 주요 출처가 되었다.

크노소스의 역사는 이집트의 역사만큼이나 멀리 거슬러 올라간다. 서기전 4000년 무렵, 두 나라는 바다를 건너 활발하게 교역했다. 사르곤 1세부터 함무라비 왕에 이르는 시기 중 서기전 2500년 무렵, 크레타 문명은 절정기를 맞었다. 크노소스는 도시라기보다는 차라리 크레타 왕국과 백성의 거대한 궁전이었다. 성벽도 없었다. 훗날 페니키아가 강성해지고, 북쪽에서 새롭고 더 끔찍한 해적 무리인 그리스인들이 바다를 건너올 때 비로소 성벽을 세웠다.

이집트의 왕이 파라오로 불렸듯 크레타의 왕은 미노스Minos[그리스 신화에서 제우스와 에우로페의 아들]로 불렸다. 미노스는 그 어떤 고대 유적에

▲ 고대 미케네의 성채로 들어가는 문인 '사자의 문'. 문 위쪽에 전령인 사자 두 마리가 앉아있는데 머리는 떨어져 나가고 없다. ©RnDmS/Shutterstock.com

서도 볼 수 없는 수도와 욕실 등의 편의시설을 갖춘 궁전에서 위용을 자랑했다. 궁전에서는 대규모 축제와 공연이 펼쳐졌고 현재 스페인에서 열리는 것과 똑같은 투우 경기도 열렸다. 투우사의 복장까지 비슷했다. 체조 공연도 있었는데, 코르셋 위에 주름 드레스를 착용한 여성의 의상이 놀랍도록 현대적이다. 크레타인은 놀랄 만큼 아름다운 도자기와 옷감, 조각, 회화, 보석, 상아 제품, 금속 공예품, 상감 공예품 등을 많이 만들었다. 문자 체계도 갖추고 있었는데, 아직 우리는 크레타 문자를 해독하지 못하고 있다.

크레타의 행복한 문명 생활

크레타의 따뜻하고 행복한 문명 생활은 수 세기 동안 이어졌다. 서기전 2000년 무렵이 되자 크노소스와 바빌론에는 부족함 없이 아주 즐겁게 살아가는 교양인들이 넘쳐났다. 이들은 공연도 관람하고 종교 축제도 벌였다. 집에서 시중을 드는 노예도 있었고, 일해서 돈을 벌어다 주는 노예도 있었다. 푸른 바다에 에워싸여 햇볕이 따사로운 크노소스에서 이렇게 살아가는 사람들에게는 삶이 무척 안정적이었을 것이다. 물론 당시 이집트가 반야만적인 양치기 왕들의 지배를 받으며 국운이 다소 기우는 듯 보인 것도 사실이다. 하지만 정치에 관심 있는 사람이라면, 이집트와 저 멀리 바빌로니아를 다스리고, 티그리스 강 상류에 니네베Nineveh[고대 아시리아의 수도]를 건설하고, 서쪽으로 헤라클레스의 기둥(지브롤터 해협)까지 배를 타고 나가 그 먼 곳에 식민지를 세우는 셈족을 보며 그들의 힘이 여전히 강고함을 간파했을 것이다.

훗날 그리스에서 다이달로스Daedalus라는 크레타 명장名匠에 관한 전설이 떠돈 것을 보면, 크노소스에도 호기심이 왕성하고 적극적인 사람들이 있었다. 전설은 다이달로스가 글라이더로 추측되는 일종의 비행기를 만들려고 시도했지만 실패해 바다에 추락했다고 전한다.

크노소스의 생활과 현재 생활을 비교해 닮은 점과 차이점을 살펴보는 것도 재미있다. 서기전 2500년 크레타의 귀족에게 철은 하늘에서 떨어진 희귀한 금속이었고, 쓸모 있다기보다는 진기한 물건이었다. 당시에는 운철만 알려졌고, 아직 철광석을 제련해 철을 만들지는 못했기 때문이다. 곳곳에서 철이 넘쳐나는 오늘날의 상황과 아주 대조적이다. 크레타 사람에게는 말도 전설적인 동물이었을 것이다. 흑해 너머 멀리 황량한 북녘땅에

▲ 크노소스의 궁전 유적. 전성기의 크노소스는 진취적이며 행복한 문명 생활을 누렸다.
©Mirelle/Shutterstock.com

사는 일종의 슈퍼당나귀쯤으로 생각되었을 것이다.

크레타인이 생각하는 문명은 주로 에게 해 그리스와 소아시아 정도였다. 소아시아에서는 리디아인과 카리아인, 트로이인들이 살고 있었고, 크레타와 같은 언어를 사용할 가능성이 컸다. 스페인과 아프리카 북부에도 페니키아인과 에게 해 사람이 정착해있었지만, 크레타인이 상상하기에는 너무 먼 곳이었다. 이탈리아는 여전히 숲으로 빽빽하게 뒤덮여 고립된 땅이었고, 소아시아의 갈색인종인 에트루리아 사람들이 아직 발을 들이기 전이었다.

어느 날 한 크레타 귀족이 항구로 내려가다가 눈에 띄는 포로 한 명을 발견했을 것이다. 피부색이 아주 하얗고 눈이 파란 포로였다. 크레타 귀족은 그에게 말을 걸었을 테고, 포로는 횡설수설 알아들을 수 없는 말로 대답했을 것이다. 흑해 너머 어딘가에서 잡혀 온 이 포로는 아주 미개한 야만인으로 보였지만, 사실 그는 아리아인이었다. 아리아 인종과 문화에 대해 앞으로 많은 이야기를 하겠지만, 훗날 산스크리트어와 페르시아어, 그리스어, 라틴어, 독일어, 영어, 그리고 전 세계 주요 언어 대부분이 이 포로가 횡설수설 내뱉은 낯선 언어에서 분화되었다.

전성기 크노소스는 이처럼 지적이고 진취적이며 밝고 행복한 문명 생활을 누렸다. 하지만 서기전 1400년 무렵 번성하던 크노소스에 날벼락 같은 재앙이 몰아닥쳤다. 미노스 궁전은 파괴되었고, 그 이후 지금까지 한 번도 재건된 적이 없었으며 사람이 거주하지도 않았다. 재앙의 원인은 아직 밝혀지지 않았지만, 유적을 발굴한 학자들은 약탈이 있었던 것 같은 여기저기 흩어진 물건들과 불에 탄 흔적에 주목한다. 하지만 지진으로 파괴된 흔적도 발견되었다. 크노소스가 파괴된 이유는 오로지 자연일 수도 있고, 지진이 시작한 재앙을 그리스인이 마무리 지었을 수도 있다.

18

이집트, 바빌로니아, 아시리아

이집트와 메소포타미아의 천 년 전쟁

이집트인은 셈족 양치기 왕들의 지배를 절대 달갑게 받아들인 적이 없었으며, 서기전 1600년 무렵 격렬한 독립운동을 벌여 마침내 이 외국인들을 내쫓았다. 이집트 부활의 시대가 이어졌다. 이집트 학자들은 이 시기를 신제국 시대라 부른다. 힉소스인의 침략을 당하기 전 긴밀하게 결속하지 못했던 이집트는 이제 하나로 통일되었다. 그리고 예속과 반란의 국면을 거친 이집트는 군국주의가 팽배했고, 파라오는 공격적인 정복자가 되었다. 힉소스인이 도입한 군마와 전차는 이제 그들 차지였다. 투트메스 3세Thothmes III[고대 이집트 제18왕조의 왕]와 아메노피스 3세Amenophis III[아멘호텝이라고도 부른다. 고대 이집트 제18왕조의 왕으로 투트메스 3세의 아들] 치하에서 이집트는 아시아에 대한 지배력을 유프라테스 강까지 확대했다.

한때 아무 상관 없었던 메소포타미아 문명과 나일 문명 사이에 벌어진 1,000년에 걸친 전쟁에 관해 이야기해보자. 처음에 승기를 잡은 쪽은 이집트였다. 이집트는 투트메스 3세와 아메노피스 3세와 4세, 하트셉투트Hatshepsut[고대 이집트 제18왕조 제5대 여왕] 여왕이 재위한 위대한 제18왕조와 일부에서 모세와 경쟁한 파라오라고 추정하는 람세스 2세[고대 이집트 제19왕조의 제3대 왕]가 67년 동안이나 통치한 제19왕조 시절에 번영을 누렸다.

시리아인에게 정복당하고, 그다음 남쪽의 에티오피아인에게 정복되는 등 중간중간 암울한 시기도 있었다. 바빌론이 장악하고 있던 메소포타미아에서 히타이트족과 다마스쿠스의 시리아인들이 일시적으로 주도권을 잡은 적이 있었는데, 그 시리아인이 한때 이집트를 정복했던 것이다. 니네베의 아시리아인은 부침을 거듭했다. 니네베가 정복당한 적도 있었고, 아시리아인이 바빌론을 장악하고 이집트를 공격한 적도 있었다(지면이 너무 좁으니 이집트의 군대와 소아시아와 시리아, 메소포타미아의 셈족 군대가 주고받은 공방에 대한 자세한 이야기는 생략하겠다).

이제 군대는 어마어마한 전차 군단을 거느리고 있었다. 비록 전쟁이나 영광의 순간에만 제한적으로 사용되긴 했지만, 그즈음 말이 중앙아시아에서 고대 문명까지 퍼졌기 때문이다.

그 먼 과거의 희미한 불빛 속에서 위대한 정복자들이 등장하고 사라진다. 미탄니Mitanni[서기전 1500~1300년 무렵 후르리인이 메소포타미아 유프라테스 강 중류 연안에 세운 왕국]의 왕 투슈라타Tushratta는 니네베를 함락했고, 아시리아의 티글라트 필레세르 1세Tiglath-Pileser I는 바빌론을 정복했다. 그리고 마침내 아시리아가 당시 최강의 군사 대국이 되었다. 서기전 745년 티글라트 필레세르 3세가 바빌론을 정복하고, 오늘날 역사학자들이 말하는 신아시리아 제국을 세웠다.

▲ 이집트 누비아 지방의 아부심벨Abu Simbel 신전. 람세스 2세가 자신을 위해 건축한 신전으로 정면에 4개의 람세스 2세 석상이 있다. ©Sompol/Shutterstock.com

군사 대국 아시리아

당시 북쪽의 문명에서는 철이 등장했다. 아르메니아인의 선조인 히타이트족이 처음 철을 사용한 후, 아시리아에 철 제련법을 전해주었다. 왕위를 찬탈한 아시리아의 사르곤 2세는 군대를 철기로 무장시켰다. 아시리아는 철혈정책을 표방하는 최고의 강대국이 되었다. 사르곤 2세의 아들인 센나케리브Sennacherib가 군대를 이끌고 이집트 국경을 공격했는데 실패했다. 군사력이 약해서가 아니라 전염병 때문에 퇴각할 수밖에 없었다. 그리고 드디어 서기전 670년 센나케리브의 손자인 사르다나팔로스Sardanapalus[아수르바니팔Assurbanipal로 역사에 등장하기도 한다]가 이

▲ 스핑크스 참배길. 나일 강에서 카르나크Karnak 대신전으로 이어진다.
© Alexander Cyliax / Shutterstock.com

집트를 정복했다. 하지만 당시 이집트는 이미 에티오피아 왕조에 정복당한 상태였다. 사르다나팔로스로서는 그저 정복자 한 명만 갈아치우면 그만이었다.

이 긴 1,000년의 역사 동안 행정구역의 변화상을 기록한 지도들이 있다면, 이집트가 현미경 아래의 아메바처럼 확장했다가 오그라드는 모습을 확인할 수 있을 것이다. 또한 바빌로니아와 아시리아, 히타이트, 시리아 등 다양한 셈족 국가들이 서로를 집어삼키고 다시 토해내며 명멸하는 모습을 확인할 수 있을 것이다. 소아시아 서쪽으로는 사르디스Sardis와 카리아Caria를 수도로 삼은 리디아Lydia처럼 작은 에게 해 국가들이 있었을 것이다.

하지만 서기전 1200년 무렵을 전후해 북동쪽과 북서쪽에서 새로운 이름들이 지도에 차례차례 등장했을 것이다. 야만족의 이름을 달고 있었을 그 나라들은 말이 끄는 전차와 철제 무기로 무장했고, 에게 해와 셈족 문명의 북쪽 변방을 괴롭히는 골칫거리가 되고 있었다. 이들은 서로 다른 언어를 사용했지만 모두 아리아어라는 한 뿌리에서 갈라져 나온 변종이 분명했다.

아리아인의 등장

흑해와 카스피 해 북동쪽 근방에서는 메디아족Medes과 페르시아인이 다가오고 있었다. 당시 기록은 이들을 스키타이족과 사마티아족Samatians으로 혼동해 기록하기도 했다. 북동쪽 혹은 북서쪽에서는 아르메니아인이 몰려왔고, 키메르족과 프리지아인, 그리고 오늘날 우리가 그리스인이라고 부르는 헬라스인이 바다 장벽 북서쪽에서 발칸 반도를 뚫고 내려왔다. 이 아리아인들이 좌우에서 도시를 습격하고 강탈하고 약탈했다. 약탈에 가담한 억센 목동들은 모두 비슷비슷한 동족 관계였다. 동쪽의 아리아인은 국경지대에 거주하며 국경을 넘어 침입하는 정도였지만, 서쪽에서는 아리아인이 도시를 점령하고 개화된 에게 해 사람들을 몰아냈다.

압박을 느낀 에게 해 사람들은 아리아인의 세력이 미치지 않는 땅을 찾아 나서기 시작했다. 나일 강 삼각주에 정착하려 한 이들도 있었지만, 이집트인들에게 거절당했다. 에트루리아인들처럼 배를 타고 소아시아를 떠나 이탈리아 중부의 삭막한 삼림지대에 나라를 세운 사람들도 있었다. 또 일부는 지중해 남서해안에 자신들의 도시를 세웠는데, 이들이 훗날 역사에 필리스티아Philistia족[블레셋인. 서기전 1200년 무렵 종종 이스라엘인들을 공격한 종족]으로 알려진 사람들이다.

▲ 거대한 기둥들을 세운 카르나크 신전의 넓고 큰 홀 ©John_Walker/Shutterstock.com

이처럼 고대 문명의 무대에 갑자기 등장한 아리아인에 대해서는 뒤에서 더 자세히 살펴보기로 하자. 여기서는 그저 서기전 1600년부터 600년 사이 아리아인이 북쪽의 황무지와 삼림지대를 벗어나 조금씩 꾸준하게 전진하며 일으킨 소용돌이 때문에 고대 문명권 한복판에서 소란과 이주 사태가 벌어졌다는 정도만 언급하기로 하자.

다음으로 빼놓지 않고 이야기해야 할 사람들이 소규모의 셈족인 히브리인이다. 페니키아와 팔레스티나 해안 너머 언덕에 살고 있던 이들은 이 시기가 끝나갈 무렵 아주 중요하게 세상에 등장할 것이다. 이들은 이후 역사에서 대단히 중요한 문학 작품을 저술했다. 역사와 시를 집대성한 총서이자 지혜가 담긴 예언서인 이 문학 작품은 다름 아닌 히브리 성경이다.

메소포타미아와 이집트는 서기전 600년 이전에는 아리아인의 등장으로 근본적인 변화를 겪지 않았다. 에게 해 사람들이 그리스인에게 밀려 쫓겨난 일은 물론 크노소스의 멸망조차 이집트와 바빌론의 시민들에게 는 그저 아주 먼 곳에서 벌어진 소동에 지나지 않았다. 요람같이 안락한 두 문명국에서 여러 왕조가 명멸했지만, 인간 삶의 주요 행로는 변함이 없었다. 시대를 거치며 서서히 복잡 미묘해졌을 뿐이다.

이집트에서는 더 오래전부터 쌓이고 쌓인 고대 기념비인 피라미드도 이미 3,000년의 역사가 흘렀다. 피라미드는 지금과 다름없는 관광지가 되었다. 여기에 멋진 새 건물이 추가되었다. 제18왕조와 제19왕조 시대 에 특히 그랬다. 카르나크와 룩소르의 대신전이 이 시기에 지어졌다. 대 신전과 인간의 머리에 날개가 달린 황소상, 왕과 전차와 사자 사냥꾼을 그린 부조 등 니네베의 주요 기념물이 모두 서기전 1600년부터 600년 사이인 이 시기에 만들어졌다. 웅장한 바빌론의 장관도 대부분 이 시기 에 탄생했다.

고대 도시인의 삶

현재 메소포타미아와 이집트의 공문서, 회계장부, 이야기, 시, 개인 서 신 등의 자료는 풍부하게 남아있다. 그 자료들을 통해 우리는 바빌론이 나 이집트의 테베 같은 도시에서 영향력을 행사한 부유층의 삶을 알 수 있다. 그들은 이미 현대인의 안락하고 유복한 삶과 다름없이 세련되고 호사스러웠다. 그들은 멋진 가구와 장식으로 아름답게 꾸민 집에서 호화 로운 옷과 보석을 걸친 채 단정하고 격식 있게 살았다. 잔치와 축제를 열 어 끼리끼리 춤과 음악을 즐기며, 잘 훈련된 노예의 시중을 받고, 의사와 치과의사의 검진을 받았다. 그들이 장거리를 여행하거나 자주 여행을 하

▲ 이집트 에드푸 신전의 부조. 노예들이 호사스러운 음식을 나르는 모습을 담았다.
©Alberto Loyo／Shutterstock.com

지는 않았지만, 여름철 나일 강과 유프라테스 강에서 뱃놀이를 즐기는 모습은 흔한 풍경이었다.

짐을 실어 나르는 동물은 나귀였다. 말은 여전히 전투용 전차나 국가 행사에만 사용되었다. 노새는 아직 흔하게 볼 수 없었고, 메소포타미아에 익히 알려진 낙타는 이집트에 들어오기 전이었다. 철제 도구는 드물었고, 널리 사용되는 금속은 구리와 청동이었다. 양모와 함께 올이 고운 아마포와 면직물도 사용되었지만, 실크는 보급되기 전이었다. 아름답게 색이 들어간 유리도 있었지만, 유리 제품은 대개 크기가 작았다. 투명한 유리는 없었고, 유리를 광학적으로 사용하지도 못했다. 이에는 금 보철물을 씌웠지만, 코에 걸칠 안경은 없었다.

고대 도시 테베나 바빌론의 삶이 현대의 삶과 묘한 대조를 이루는 하나가 동전의 부재이다. 당시에는 아직 거의 모든 교역이 물물교환이었다. 재정적으로 이집트를 월등히 앞선 바빌론에서는 금과 은이 교환 수단으로 사용되었고, 주괴鑄塊 형태로 보관되었다. 주화가 도입되기 이전에도 바빌론에는 귀금속 덩어리의 무게를 달고 본인의 서명을 한 은행가가 있었다. 상인이나 여행자는 귀금속을 소지하고 다니며 생필품값을 치렀고, 노예인 하인과 일꾼들도 대부분 돈이 아니라 현물로 보수를 받았다. 하지만 화폐가 도입되면서 노예는 줄어들었다.

현대인이 이 최정상의 고대 도시들을 방문했다면 아주 중요한 식품 두 가지를 그리워했을 것이다. 그곳에는 닭과 달걀이 없었다. 그러니 닭과 달걀을 재료로

▲ 호루스Horus(매의 모습을 한 이집트의 태양신)를 모시는 신전인 에드푸 신전 앞에 매의 동상이 있다. ⓒSompol/Shutterstock.com

다루는 프랑스 요리사는 바빌론에서 별 재미를 보지 못했을 것이다. 닭과 달걀은 마지막 아시리아 제국 즈음에 동방 어딘가에서 전래하였다.

다른 것과 마찬가지로 종교도 엄청나게 개량되었다. 인간 제물은 이미 오래전에 사라졌고, 동물이나 빵으로 만든 인형이 희생 제물을 대체했다. 하지만 이후에도 페니키아인, 특히 아프리카 최대의 정착지인 카르타고의 시민들은 인간을 제물로 바쳤다는 비난을 받았다.

고대에는 최고 지도자가 사망할 경우, 저승에서 시종도 없이 비무장으로 다니는 일이 없도록 무덤에다 부인과 노예들을 희생 제물로 바치고 창과 활을 부러뜨리는 것이 관례였다. 이집트에서는 이런 암울한 전

통 대신에 집과 가게, 하인, 가축을 축소해 만든 인형을 망자와 함께 부
장하는 풍습이 살아있었다. 오늘날 우리가 3,000년 전 고대인의 세련되
고 안정된 삶을 생생하게 파악할 수 있는 것도 모두 이 인형들 덕분이다.

아리아인이 북방의 숲과 광야를 벗어나기 이전 고대 세계의 모습이
이랬다. 인도와 중국도 비슷했다. 두 지역의 광활한 분지에서 갈색인종
이 농사를 짓는 도시 국가들이 성장하고 있었지만, 인도는 메소포타미
아나 이집트의 도시 국가들처럼 빠르게 발전하거나 합쳐지지 않았던 것
같다. 고대 수메르나 아메리카 대륙의 마야 문명 수준에 더 가까웠다.

중국 역사는 앞으로도 중국학자의 손을 거쳐 현대화되어야 하고, 제
거해야 할 전설적인 요소들이 아직 많다. 하지만 이 시기 중국은 거의
모든 면에서 인도에 앞서 있었을 것이다. 이집트의 제18왕조 시절, 중국
은 황제가 다스리는 은 왕조 시대였다. 속국의 왕들이 느슨하게 결합한
제국을 신관 황제가 다스렸다. 고대 은 왕조 황제들의 주된 임무는 계절
마다 제물을 바치는 것이었다. 은 왕조 시절 제작된 아름다운 청동기가
지금도 남아있다. 아름답고 정교한 은나라의 청동기를 보고 있노라면,
그런 청동기가 제작되기 수 세기 전부터 이미 은나라에 문명이 있었음
을 인정하지 않을 수 없다.

19

원시 아리아인

파란 눈의 북유럽 인종

4,000년 전, 즉 서기전 2000년 무렵 지금보다 더 고온다습하고 나무가 우거졌을 유럽 중부와 남동부, 중앙아시아 지역을 떠도는 한 무리가 있었다. 하얀 피부에 눈이 파란 북유럽 인종이 주를 이룬 이들은 같은 언어지만 조금씩 다른 방언을 사용하며 라인 강에서 카스피 해에 이르는 지역에서 서로 긴밀한 관계를 유지했다. 당시에는 그 수가 그리 많지 않았기 때문에 이집트는 이들의 존재를 전혀 눈치채지 못했을 것이다. 이집트는 함무라비가 법으로 바빌로니아 왕국을 다스리는 등 이미 세련된 고대 문명을 이루고 있었는데 당시 처음으로 외세로부터 침략을 당해 쓴맛을 보고 있을 때였다.

사실 이 북유럽 인종은 세계사에서 아주 중요한 역할을 맡을 운명이었다. 초원에서 산림을 개간하던 이들은 처음에 말 대신 소를 이용했다. 들소가 끄는 마차에 천막과 살림살이를 싣고 이동했으며, 잠시 정착할 때는 나뭇가지와 진흙으로 오두막을 지어 살았다. 이들은 강력한 지도자가 사망하면 화장하고 그 유해를 담은 항아리 주위로 거대한 원형 무덤을 만들었다. 이 무덤들이 북유럽 전역에서 발견되는 '원분圓墳'이다. 이들의 조상인 흑갈색 백인종brunette peoples[피부색이나 머리털, 안구가 거무스름한 백인종]은 사람이 죽으면 화장하지 않고 앉은 자세로 매장한 다음, 좁고 긴 무덤인 '장형분長形墳'을 만들었다.

아리아인은 소로 밭을 일구어 밀을 재배했지만, 그 수확에 의지해 정착하지는 않았다. 수확이 끝나면 다른 곳으로 이동했다. 청동기를 사용했고, 서기전 1500년 무렵 언젠가부터 철기도 사용했다. 이들이 철 제련법을 처음으로 발견했을지도 모른다. 그리고 정확한 시기는 알 수 없지만 말도 길렀다. 하지만 처음에는 마차를 끄는 용도로만 말을 이용했다. 아리아인의 사회생활은 지중해 주변의 정착민처럼 신전을 중심으로 돌아가지 않았고, 족장은 신관이라기보다는 지도자였다. 아리아인의 사회질서는 신정神政이나 왕정王政이 아니라 귀족정貴族政이었다. 이들은 초기부터 특정 가문을 지도자나 귀족 가문으로 분류했다.

아리아인은 아주 시끌벅적한 사람들이었다. 이들은 방랑의 고단함을 축제로 달랬는데 그럴 때면 술을 많이 마셨고 음유시인이라는 특별한 존재가 노래하고 시를 읊었다. 문명 세계와 접하기 전까지는 문자를 사용하지 않았으므로 음유시인의 기억이 곧 살아있는 문학이었다. 이처럼 아리아인은 암송을 오락으로 활용함으로써 자신들의 언어를 세련되고 아름다운 표현도구로 만들었다. 아리아어에서 분화한 언어들이 이후 계속 지배적으로 사용된 것도 그 덕분임은 의심의 여지가 없다. 서사시epic, 영웅담saga, 베다veda 등 각기 명칭은 다르지만, 아리아인은 모두 자신들의 전설적인 역사를 음유시인의 암송으로 형상화했다.

아리아인의 사회생활은 지도자의 가정을 중심으로 돌아갔다. 이들이 모이는 족장의 집회소는 대개 아주 넓은 목제 건물이었다. 물론 부족들이 거주하는 오두막도 있고, 외곽에는 동물을 기르는 사육장도 있었지만 아리아인 대부분에게는 이 집회소가 중심이었다. 모두 족장의 집회소에 모여 축제를 열고 음유시인의 낭송을 들으며 게임이나 부족회의를 열었다. 그리고 그 주변에 외양간과 마구간이 들어섰다. 족장과 부인 등 족장 가족의

▲ 아름다운 고대 암포라Amphora 항아리
©Dmitry_T/Shutterstock.com

잠자리는 연단이나 위층에 마련되었고, 평민들은 아직 인도 가정이 그렇듯 아무 데서나 누워 잠을 잤다. 부족 사회는 무기나 장신구, 연장 등 개인 소지품을 제외하고는 전반적으로 가부장적 공산주의였다. 족장은 가축과 목초지를 소유하고 공동의 이익을 위해 사용했다. 숲과 강은 공동 소유였다. 이것이 메소포타미아와 나일 강에서 위대한 문명이 성장하는 동안 유럽 중앙과 아시아 중서부의 드넓은 지역에서 자손을 낳고 종족을 늘리던 모습이다.

세력 확장

이들은 서기전 2000년 무렵 곳곳에서 양석문화인들을 압박했다. 프랑스와 브리튼은 물론 스페인까지 진출하고 있었다. 아리아인은 두 번에 걸쳐 파도처럼 서쪽으로 밀어닥쳤다. 첫 번째는 청동 무기로 무장하고

▲ 영국 솔즈베리 평원의 스톤헨지 ⓒaslysun/Shutterstock.com

브리튼과 아일랜드로 밀려들었다. 이들은 프랑스 브르타뉴 지방의 카르나크Carnac와 잉글랜드의 스톤헨지, 에이브버리에 거석 기념물을 세운 사람들을 몰살하거나 정복한 후, 아일랜드에 도착했다. 이들이 게일 켈트족Goidelic Celts이다. 그리고 다른 인종적 요소가 섞였겠지만 게일 켈트족과 가까운 혈통이 철기로 무장하고 그레이트브리튼에 두 번째로 밀어닥쳤다. 브리손 켈트족Brythonic Celts의 물결이다. 웨일스어가 이들이 사용하던 말에서 파생된 언어이다.

동족인 켈트족이 남쪽으로 스페인까지 압박해 당시 양석문화를 일구며 스페인을 지배한 바스크인뿐만 아니라 해안가에 식민지를 세우고 정착한 셈족 계통의 페니키아인들과도 부딪쳤다. 여러 부족이 긴밀하게 뭉친 이탈리아인들은 삭막하고 숲이 우거진 이탈리아 반도 남쪽으로 살길을 찾아 나섰다. 하지만 아리아인이 항상 정복자였던 것은 아니다. 서기전 8세기 로마가 역사에 등장했다. 로마는 티베르 강에 접한 교역 도시로 시민들은 라틴 아리아인이었지만 로마를 지배한 사람은 에트루리아

귀족과 왕이었다.

이들과 비슷한 종족이 아리아어권의 또 다른 쪽에서 마찬가지로 남하했다. 서기전 1000년 훨씬 전에 산스크리트어를 사용하는 아리아인이 서쪽 통로를 통해 북인도에 들어갔다. 그리고 그곳에서 흑갈색 백인종이 세운 원시 문명, 즉 드라비다 문명을 접하고 많은 것을 배웠다. 또 다른 아리아인들은 현재 아리아인이 분포하는 범위를 동쪽으로 훨씬 지나 중앙아시아 대산괴 너머까지 퍼져나갔다. 동투르키스탄에는 지금도 하얀 피부에 눈이 파란 북유럽 종족이 살고 있지만 현재 이들이 사용하는 언어는 몽골어이다.

흑해와 카스피 해 사이에는 서기전 1000년 이전에 아르메니아인에게 흡수되어 '아리아화'된 고대 히타이트족이 있었다. 아시리아인과 바빌로니아인은 북동쪽 변방에서 무시무시하게 호전적인 새로운 야만족들이 세력을 키우고 있다는 것을 이미 알고 있었다. 그중 스키타이족과 메디아족, 페르시아인이 지금까지 이름을 떨치고 있다.

발칸 반도로 남하하다

하지만 아리아인이 처음으로 강력하게 구세계 문명권 심장부로 밀고 들어간 것은 발칸 반도를 통해서였다. 이들은 이미 서기전 1000년이 되기 수 세기 전부터 남하해 소아시아로 넘어가고 있었다. 처음으로 도착한 종족은 프리지아인이 가장 유력하고, 아이올리스 그리스인과 이오니아 그리스인, 도리스 그리스인이 뒤를 이었다. 이들이 서기전 1000년 무렵 그리스 본토와 섬들 대부분에서 에게 문명을 완전히 말살했다. 미케네와 티린스Tiryns 같은 도시가 사라졌고, 크노소스는 거의 잊혔다. 그리스인들은 1000년 이전에 바다로 나가 크레타 섬과 로도스 섬에 정착했고, 페니키아인들이 지중해 연안을 따라 건설한 무역 도시들을 본떠 시칠리아와 이탈리아 남부에 식민지들을 세우기 시작했다.

티글라트 필레세르 3세와 사르곤 2세, 사르다나팔로스가 아시리아를 다스리며 바빌로니아와 시리아, 이집트와 싸우고 있을 때 아리아인은 위와 같이 문명 체계를 배우고 이탈리아와 그리스, 페르시아 북부에서 자신들의 용도에 맞게 변모시키고 있었다. 서기전 9세기부터 이후 6세기 동안 (서기전 9~3세기)의 역사 주제는 아리아인이 힘과 진취적 기상을 키운 과정, 그리고 마침내 셈족과 에게 해 사람, 이집트인을 포함한 고대세계 전체를 정복한 과정에 관한 이야기이다. 겉으로는 아리아인의 완벽한 승리였다. 하지만 권력이 아리아인의 수중에 떨어진 후에도 사상과 체계를 둘러싼 아리아인과 셈족, 이집트인의 투쟁은 오랫동안 이어졌다. 사실 이 투쟁은 이후 역사 전반에 걸친 싸움이며 어떤 의미에서는 현재도 진행 중인 싸움이다.

20

다리우스 1세의 페르시아 제국

아시리아를 무릎 꿇린 칼데아

티글라트 필레세르 3세와 찬탈자 사르곤 2세 치하에서 아시리아가 강력한 군사 대국이 되는 과정은 이미 앞에서 이야기했다. 사르곤 2세의 본명은 사르곤이 아니었다. 바빌로니아를 정복한 후 피정복민 바빌로니아인들의 비위를 맞출 요량으로 그보다 2,000년 전에 아카드 왕국을 세운 사르곤 1세를 기려 사르곤이라는 이름을 차용한 것이었다. 바빌론은 정복당한 도시였지만 니네베보다 인구도 많고 지정학적으로도 더 중요한 도시였다. 따라서 바빌로니아의 주신主神인 벨마르두크Bel Marduk와 상인, 신관 들을 공손하게 대할 필요가 있었다. 서기전 8세기 메소포타미아는 도시 정복이 약탈과 학살을 의미하던 시대에서 벗어난 지 이미 오래였다. 정복자는 피정복민의 마음을 얻으려고 노력해야 했다. 사르곤 2세 이후에도 150여 년 동안 신아시리아 제국은 건재했고, 사르다나팔로스(아수르바니팔)가 최소한 이집트 남부를 지배했다.

하지만 아시리아의 힘과 결속은 급속하게 약해졌다. 이집트는 파라오 프사메티쿠스 1세Psammetichus I 시절 독립운동을 벌여 외세를 몰아냈고, 네코 2세Necho II 시절에는 시리아 정복전도 감행했다. 당시 아시리아는 더 가까이 있는 적을 맞아 근근이 버티고 있었다. 메소포타미아 동남부 출신 셈족인 칼데아인들이 북동쪽에서 온 아리아 계통의 메디아족, 페르시아인과 연합하여 니네베를 공격했고, 서기전 606년 니네베를 정복했다.

이들은 아시리아라는 전리품을 분배했다. 북쪽에 키악사레스Cyaxares가 다스리는 메디아 제국이 세워졌다. 메디아 제국은 니네베를 포함했으며, 에크바타나Ecbatana[현재 이란의 하마단]를 수도로 삼았고, 동쪽 국경

▼ 네부카드네자르 대제 치하의 신바빌로니아(칼데아) 제국과 메디아 제국의 관계를 보여주는 지도

은 인도에 맞닿았다. 메디아 제국 남쪽의 거대한 초승달 지대에는 새로운 칼데아 제국이 들어섰다. 신바빌로니아 제국이라 불린 칼데아 제국은 네부카드네자르Nebuchadnezzar 대제(성경에 등장하는 느브갓네살) 시절 막강한 부와 권력을 자랑했다. 바빌론의 마지막 전성기, 역대 최고의 전성기가 시작된 것이다. 메디아와 칼데아 제국은 한동안 평화롭게 지냈으며, 네부카드네자르의 딸이 키악사레스와 결혼하기도 했다.

그 사이 이집트의 네코 2세는 시리아에서 손쉬운 정복전을 펼치고 있었다. 서기전 609년 메기도Megiddo[이스라엘 북부의 고대 도시] 전투에서 요시야Josiah 왕을 죽이고 유다 왕국을 정복했다. 이후 그는 유프라테스 강까지 진격했지만, 그곳에서 맞닥뜨린 것은 퇴락한 아시리아가 아니라 부흥한 바빌로니아였다. 칼데아인들은 이집트에 맞서 격렬하게 저항했다. 대패한 네코 2세는 이집트로 퇴각했고 바빌로니아의 국경을 고대 이집트의 경계까지 밀고 내려갔다.

서기전 606~539년 동안 신바빌로니아 제국은 불안정하지만 그래도 번영했다. 더 강하고 용감한 북쪽의 메디아 제국과 평화를 유지하는 동안은 번영이 보장되었다. 이 67년 동안 고대 도시 바빌론에서는 삶뿐만 아니라 학문도 번영했다.

흔들리는 신바빌로니아

아시리아인 군주가 들어섰을 때도 바빌론은 대단한 지식 활동의 무대였다. 사르다나팔로스 왕 시절에 특히 활발했다. 사르다나팔로스는 비록 혈통은 아시리아였지만 정신은 지극히 바빌론적이었다. 그는 도서관을 건립했다. 도서관에는 책이 아니라 고대 수메르 시대부터 메소포타미아

▲ 이란의 파사르가대에 있는 키루스 왕의 무덤 ©Leonid Andronov/Shutterstock.com

에서 문자를 기록한 점토판이 소장되었다. 그가 모은 점토판들은 아마도 역사적으로 세계에서 가장 귀중한 장서일 것이다.

칼데아 혈통으로 마지막 바빌로니아 제국의 군주를 지낸 나보니두스 Nabonidus의 문학 취미는 훨씬 더 열렬했다. 고고학 연구를 후원했으며, 연구자들이 사르곤 1세의 즉위 일자를 밝혀냈을 때는 기념비에 그 사실을 새겨 기념했다. 하지만 제국은 여기저기에서 분열의 조짐이 짙었다. 나보니두스는 각양각색의 수많은 지역 신을 바빌론에 모시고 그들에게 바치는 신전을 건립하여 제국을 다시 중앙집권화하려고 애썼다. 훗날 로마인들은 이런 방법으로 크게 효과를 보게 되지만, 바빌론에서는 바빌로니아인들의 주신인 벨마르두크를 섬기는 막강한 신관들의 반감을 불러일으켰다. 신관들은 나보니두스를 대체할 방법을 모색했다. 이웃한 메디아 제국의 군주 페르시아인 키루스Cyrus(서기전 585?-529?)에게서 그 가능성을 발견했다. 키루스는 이미 소아시아 동방에 있는 리디아 제국의 부유한 왕 크로이소스Croesus를 정복해 두각을 나타낸 인물이었다.

키루스는 바빌론과 맞섰고, 성 밖에서 한 차례 전투도 벌였지만, 결국 바빌론 시내로 진입하는 성문들이 활짝 열렸다(서기전 538). 그의 군대는 아무런 저항 없이 바빌론에 입성했다. 성경에 나오는 내용을 보면, 당시 나보니두스의 아들이자 왕세자인 벨사자르Belshazzar가 축제를 즐기고 있었는데, 손 하나가 나타나 다음과 같이 수수께끼 같은 단어들을 벽에 불로 새겼다.

'Mene, Mene, Tekel, Upharsin'

벨사자르는 예언자 다니엘을 불러 그 수수께끼를 해석하라고 명령했다. 그러자 예언자 다니엘이 이렇게 해석했다.

하나님이 당신의 왕국을 헤아렸고, 끝장냈다. 당신을 저울에 달아보니 부족함이 보였고, 하나님이 당신의 왕국을 메디아족과 페르시아인에게 주셨다.

벨마르두크의 신관들은 벽에 쓰인 그 글자에 대해 무언가 알고 있었을 것이다. 성경은 그날 밤 벨사자르가 살해되었다고 전한다. 나보니두스는 포로로 잡혔으며, 바빌론은 아주 평화롭게 점령되었고 벨마르두크를 섬기는 의식도 중단 없이 계속되었다.

이로써 바빌로니아 제국과 메디아 제국이 하나로 합쳐졌고, 키루스의 아들인 캄비세스Cambyses가 이집트를 정복했다. 하지만 캄비세스가 정

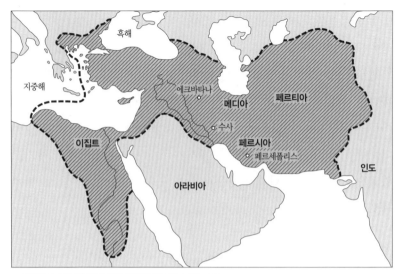

▲ 다리우스 1세 치하에서 최전성기를 맞은 페르시아 제국

신이상에 사고로 사망하자 메디아인 다리우스Darius the Mede가 곧 다리우스 1세Darius I(서기전 550-486)로 왕위를 이었다. 다리우스 1세는 키루스의 주요 고문 중 한 사람인 히스타스페스Hystaspes의 아들이었다.

최초의 아리아 제국

다리우스 1세의 페르시아 제국은 구문명의 자리에 새롭게 세워진 최초의 아리아 제국으로서 그때까지 세상에 존재한 가장 위대한 제국이었다. 페르시아 제국은 소아시아와 시리아는 물론, 옛 아시리아 제국과 바빌로니아 제국, 이집트, 카프카스 산맥 지대, 카스피 해 지역, 메디아, 페르시아 전체를 포함했으며, 인도의 인더스 강까지 아울렀다.

당시 이렇게 거대한 제국이 탄생할 수 있었던 이유는 말과 기병, 전차,

포장도로가 있었기 때문이다. 그 이전까지는 나귀와 황소, 사막에서 유
용한 낙타가 가장 빠른 운송수단이었다. 페르시아의 군주들은 새로운 제
국을 지키기 위해 거대한 간선도로를 건설했고, 제국의 전령이나 공식
허가를 받은 여행객을 태울 파발마가 항시 대기 중이었다. 그뿐만 아니
라 주화도 사용되기 시작했는데, 화폐를 사용하자 교역과 교류가 크게
활성화되었다.

하지만 이 거대한 제국의 수도는 바빌론이 아니었다. 벨마르두크의
신관들이 반역으로 얻은 것은 결국 아무것도 없었다. 바빌론은 여전히
중요한 도시였지만 지는 해였고, 새로운 제국의 대도시는 페르세폴리스
Persepolis와 수사Susa, 에크바타나Ecbatana였으며, 수사가 새로운 제국
의 수도였다. 니네베는 이미 버려져서 폐허로 무너져내리고 있었다.

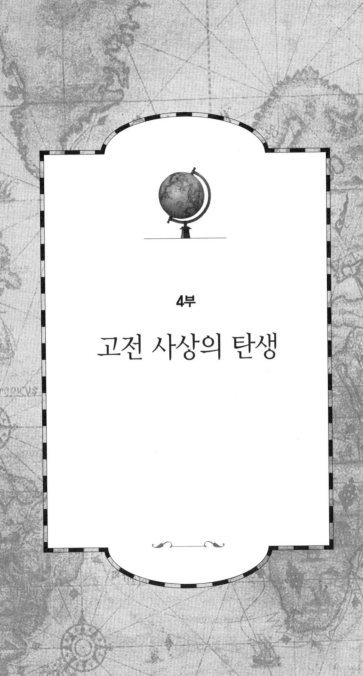

4부

고전 사상의 탄생

21

유대인의 초기 역사

히브리인의 기록 문학

이제 셈족인 히브리인에 관해 이야기할 차례가 되었다. 히브리인은
이후 세계사에 큰 영향을 주었지만 당시에는 중요한 민족이 아니었다.
이들은 서기전 1000년 훨씬 이전에 유대 땅에 정착했고, 이들의 수도는
줄곧 예루살렘이었다. 이들의 이야기는 위아래에 위치한 대제국들의 이
야기와 얼기설기 엮인다. 남쪽으로는 이집트 제국이 있었고, 북쪽으로는
시리아와 아시리아, 바빌로니아로 이어지는 제국이 있었다. 히브리인의
나라가 시리아, 아시리아, 바빌로니아와 이집트 사이를 잇는 큰 통로가
된 것은 불가피한 일이었다.

히브리인이 세계사에서 중요한 이유는 이들이 남긴 기록 문학 때문이
다. 세계사와 법전, 연대기, 찬미가, 지혜서, 시, 소설, 정치적 발언을 담은
이 기록 문학이 마침내 그리스도 교인이 구약성경이라고 부르는 히브리
성경이 되었다. 이 기록 문학이 역사의 전면에 등장한 때가 서기전 4~5

세기이다.

이 기록 문학은 바빌론에서 처음으로 편찬되었을 것이다. 아시리아가 메디아, 페르시아, 칼데아와 목숨을 걸고 싸우는 동안 파라오 네코 2세가 아시리아 제국을 공격한 과정은 이미 앞에서 이야기했다. 유다 왕국의 왕 요시야가 네코 2세에 반기를 들었지만, 메기도에서 패배하고 전사했고(서기전 609), 유다는 이집트의 속국이 되었다. 새로이 바빌론의 왕이 된 네부카드네자르 대제가 네코를 이집트로 몰아낸 후, 예루살렘에 꼭두각시 왕을 세워 유다 왕국을 조종하려 했지만, 그의 시도는 실패로 돌아갔다.

히브리인들이 바빌로니아 관리들을 살해하자, 네부카드네자르는 이집트와 북방 제국들의 분쟁의 원인이었던 이 작은 나라를 완전히 분해하기로 했다. 예루살렘은 약탈당하고 불태워졌으며, 살아남은 사람들은 포로가 되어 바빌론으로 끌려갔다. 히브리 포로들은 키루스가 바빌론을 함락할 때(서기전 539)까지 억류되었다. 키루스는 바빌론에 억류된 히브리인들을 불러 모은 후, 예루살렘에 신전과 성벽을 쌓고 나라를 재건하라고 돌려보냈다.

그 이전까지 유대인들은 아주 문명화되거나 단합된 민족은 아니었던 것 같다. 읽고 쓸 줄 아는 사람이 극소수였던 것으로 보인다. 유대인의 역사를 보면 초기 형태의 성경을 읽었다는 기록이 전혀 나오지 않으며, 책이 처음으로 언급되는 시기도 요시야 왕이 재위하던 시절이다. 그런 유대인들이 바빌론 유수를 통해 문명화되고 통합되었다. 유대인들은 자신들의 문학을 인식하고 뼈저리게 자각하고 정치적인 사람들이 되어 예루살렘으로 돌아왔다.

당시 유대인의 성경은 모세 5경으로만 구성되었던 것 같다. 현재 우리가 알고 있는 구약성경의 첫 5권이다. 하지만 역대기와 시편, 잠언 등 다른 책들도 이미 별도의 책으로 존재하고 있었고, 모세5경에 이 책들이 더해져 현재의 히브리 성경이 되었다.

성경 맨 처음에 나오는 천지창조와 아담과 이브, 대홍수의 이야기는 바빌론의 전설과 흐름이 아주 흡사한데 모든 셈족의 공통적인 믿음이었던 것으로 보인다. 모세와 삼손의 이야기도 마찬가지여서 수메르와 바빌로니아에도 이와 비슷한 전설이 있다. 하지만 아브라함 이후 이어지는 이야기부터는 유대인 고유의 내용이 등장하기 시작한다.

셈족 유목민 족장 아브라함

먼 옛날 함무라비 시대 바빌론에 살았던 것으로 보이는 아브라함은 셈족 유목민의 족장이었다. 아브라함이 광야를 헤매던 상황, 그의 아들과 손자들의 이야기, 아브라함이 포로로 잡혀 이집트 땅에 끌려온 과정 등을 알려면 반드시 창세기를 읽어야 한다.

성경은 아브라함이 가나안을 지날 때, 아브라함의 하나님이 나타나 도시들이 번성한 그 축복받은 땅을 아브라함과 그 자손들에게 주겠다고 약속한 것으로 기록하고 있다.

모세의 인도로 오랫동안 머무른 이집트를 탈출해 40년간 광야를 헤맨 후, 12부족으로 성장한 아브라함의 자손들이 아라비아 사막에서 동방으로 가나안 땅을 침입했다. 서기전 1600년부터 1300년 사이였던 것으로 보인다. 당시 모세와 가나안에 관한 이야기를 확인할 수 있는 이집트의 기록은 전혀 남아있지 않다.

어쨌든 이들이 차지할 수 있었던 것은 약속의 땅 변경지대의 언덕이

전부였다. 당시 해안가는 가나안족이 아니라 새로 이주한 에게 해 사람들인 필리스티아족이 차지하고 있었다. 그리고 가자Gaza와 가드Gath, 아슈켈론 Ascalon, 야파Joppa 등 필리스티아족의 도시들은 히브리인의 공격을 성공적으로 막아냈다. 그 후 수 세대 동안 아브라함의 자손들은 언덕진 변경에서 숨어 살다시피 하며 필리스티아족이나 이들의 친척인 모아브족Moabite, 미디안족Midianite 등과 끊임없이 분쟁을 벌였다. 사사기를 보면 이 시기 이들의 싸움과 재앙에 대한 기록이 나

▲ 히브리족의 땅(화살표는 팔레스타인을 통과해 페니키아에서 홍해에 이르는 길이다.

온다. 사사기는 많은 부분이 재앙과 파멸에 관한 진솔한 기록이다.

　과연 통치라고 할 수 있을지는 모르겠지만, 이 시기 대부분의 기간에 히브리족은 부족 원로들이 선출한 제사장 겸 사사士師[여호수아 사후 사무엘 시대까지 약 400년 동안 히브리인을 지배한 문무 양쪽의 권위를 지닌 집권자]들의 통치를 받았다. 그리고 마침내 서기전 1000년 즈음 히브리족은 전쟁을 진두지휘할 왕으로 사울Saul을 선출했다.

　하지만 사울의 통치도 사사들의 통치에서 별반 나아진 게 없었다. 사울은 길보아Gilboa 산의 전투에서 우박처럼 쏟아지는 필리스티아족의 화살을 맞고 전사했다. 그의 갑옷은 필리스티아족의 비너스 신전에 바쳐졌고, 그의 시신은 벧산Beth-shan 성벽에 못 박혀 내걸렸다.

다윗과 번영의 시대

사울의 뒤를 이은 다윗David은 그보다 더 사려 깊고 정치적인 인물이었다. 다윗과 함께 히브리족 역사상 유일한 번영의 시대가 시작되었다. 다윗 시대의 번영은 페니키아 도시인 티레와의 긴밀한 동맹을 기반으로 했다. 티레의 왕 히람Hiram은 학식이 풍부하고 진취적인 인물이었다. 티레가 원한 것은 히브리족의 구릉지를 통과해 홍해에 이르는 교역로를 확보하는 것이었다. 페니키아 상인들은 보통 이집트를 거쳐 홍해로 갔는데, 당시 이집트는 극심한 혼란 상태였다. 페니키아 상인들이 히브리의 구릉지를 통과하기가 쉽지 않았는데, 히람은 마침내 다윗 그리고 그의 아들로 왕위를 승계한 솔로몬Solomon과 긴밀한 관계를 구축했다. 히람은 예루살렘의 성벽과 궁전, 신전을 세우도록 원조해주었고, 그 대가로 배를 건조해 홍해에 띄울 수 있었다. 예루살렘을 통과해 남북으로 아주 많은 교역이 이어졌다. 그리고 솔로몬은 히브리족이 예전에 경험하지 못한 번영과 영광을 성취했고, 파라오의 딸을 아내로 맞이하기까지 했다.

그렇다고 침소봉대할 일은 아니다. 영광이 최고조에 달했을 때도 솔로몬은 작은 도시를 다스리는 속국 왕에 지나지 않았다. 솔로몬의 권력도 덧없는 것이어서 그가 죽고 채 몇 년이 지나지 않아, 이집트 제22왕조의 1대 파라오인 시샤크Shishak가 예루살렘을 정복하고 예루살렘의 거의 모든 영광을 약탈해버렸다. 성경의 열왕기와 사사기에 전하는 솔로몬의 영광에 대해 많은 비평가가 의문을 제기한다. 훗날 애국심에 들뜬 저자들이 이야기를 덧붙이고 과장했다는 것이다. 성경을 다시 신중하게 읽어보면 내용이 그리 압도적이지 않다는 것을 알게 된다. 크기를 정확하게 계산해보면, 솔로몬의 신전은 조그마한 시골 교회보다 작고, 솔

▲ 바빌로니아의 이슈타르 문. 베를린의 페르가몬 박물관 복원 작품 ©mtr/Shutterstock.com

로몬의 뒤를 이은 아합Ahab이 아시리아 군대의 공격에 대항해 2,000대의 전차를 파견했다는 아시리아의 기념비 내용에 비하면 솔로몬의 전차 1,400대는 그리 인상적인 규모가 아니다. 또한 성경은 솔로몬의 과시욕이 지나쳤고, 백성들에 대한 과세와 노역 징발이 과중했다고 분명히 밝히고 있다. 솔로몬이 죽자 왕국의 북쪽 지역이 예루살렘에서 떨어져 나가 이스라엘 왕국으로 독립했다. 예루살렘은 계속해서 유다 왕국의 수도로 남았다.

히브리족의 번영은 오래가지 못했다. 히람이 죽고, 예루살렘에 힘을 실어주던 티레의 원조도 끊겼다. 이집트는 다시 강성해졌다. 이스라엘 왕들과 유다 왕들의 역사는 시리아로 출발해 아시리아와 바빌로니아로 이어진 북쪽의 왕국과 남쪽의 이집트 제국 사이에서 시달린 작은 두 나라의 역사가 되었다. 그것은 재앙과 구원의 이야기이지만, 구원도 재앙을 늦췄을 뿐 막을 수는 없었다. 이들의 역사는 야만적인 백성을 다스리던 야만적인 왕들의 이야기이다. 서기전 721년 이스라엘 왕국은 아시리아인에게 점령되어 사라졌고, 이스라엘 백성도 완전히 역사 속으로 사라졌다. 유다 왕국은 계속 버티며 투쟁했지만 이미 이야기했듯이 서기전 604년 결국 이스라엘 왕국과 같은 운명이 되었다. 사사들의 시대 이후 히브리족의 역사를 이야기하는 성경의 내용 중에는 비판받아야 할 세부 사항도 있겠지만, 전체적으로는 지난 세기 이집트와 아시리아, 바빌론의 발굴을 통해 알려진 내용과 분명히 일치하는 실화이다.

히브리 사람들이 자신의 역사를 정리하고 전통을 발전시킨 곳은 바빌론이었다. 키루스의 명령으로 예루살렘에 돌아간 사람들은 포로로 잡혀 올 때와는 정신적으로 지식적으로 상당히 다른 사람들이었다. 문명을 체득한 사람들이었다. 히브리인 특유의 기질이 발달하는 데 아주 큰 역할을 한 사람들이 있었다. 바로 예언자들이다. 우리는 새롭게 등장한 이 존재들에게 주목해야 한다. 예언자들은 인간 사회의 꾸준한 발전 과정에서 주목할 만한 세력이 새롭게 등장했음을 의미한다.

22

성경과 예언자

유대인을 만든 성경

아시리아와 바빌론의 몰락은 셈족에게 연이어 닥칠 재앙의 시작에 불과했다. 서기전 7세기에는 셈족 군주들이 전체 문명 세계를 지배할 것처럼 보였다. 이들이 거대한 아시리아 제국을 통치했고 이집트를 정복했다. 아시리아와 바빌론, 시리아가 모두 셈족의 제국이었다. 이들은 서로 충분히 의사소통할 수 있는 언어를 사용했다. 전 세계의 무역도 셈족의 손에 달려있었다. 티레와 시돈 등 페니키아 연안의 주요 도시들이 스페인과 시칠리아, 아프리카에 식민지를 개척했고, 결국 이 식민지들은 훨씬 더 큰 규모로 성장했다.

서기전 800년 이전에 세워진 카르타고는 인구 100만이 넘는 도시로 성장했다. 한동안 세상에서 가장 큰 도시였다. 카르타고의 배가 브리튼은 물론 멀리 대서양까지 나갈 정도였다. 마데이라Madeira에도 닿았을 것이다. 히람이 솔로몬과 협력해 홍해에서 아라비아 혹은 인도와의 무역을 위해 배를 건조한 이야기는 이미 앞에서 이야기했다. 파라오 네코 시절에 페니키아 탐험대 하나가 아프리카를 일주한 일도 있었다.

당시에 아리아인은 야만족이었다. 그리스만이 그들이 파괴한 폐허 위에 새로운 문명을 재건하고 있었고, 중앙아시아의 메디아는 아시리아의 비문에 나타나듯 '무시무시한' 존재가 되어가고 있었다. 서기전 800년에는 아무도 예언하지 못했지만, 서기전 3세기 이전에 아리아어를 사용하는 정복자들이 셈족 지배의 흔적을 모두 없애버렸다. 모든 셈족이 피정복민 또는 속국민이 되거나 뿔뿔이 흩어졌다. 아라비아 사막 북부에서 유목생활을 고수한 베두인족Bedouin을 제외하고 사르곤 1세와 아카드 제국 이전의 고대 생활 방식을 영위하던 각지의 셈족이 수메르의 정복에 무릎을 꿇었다. 하지만 아랍 베두인족은 아리아 지배자에게 절대 정복당하지 않았다.

서기전 800~300년의 파란만장한 세월 동안 모든 셈족 문명이 패하고 짓밟혔지만, 오직 한 민족만이 단결해 전통을 지켜냈다. 바로 페르시아인 키루스가 예루살렘을 재건하라고 돌려보냈던 보잘것없는 유대인이었다. 유대인이 단결하고 전통을 지킬 수 있었던 것은 바빌론에서 그들의 문학인 성경을 정리한 덕분이었다. 유대인이 성경을 만들었다기보다는 성경이 유대인을 만들었다고 보는 것이 옳을 것이다. 성경을 관통하는 사상은 다른 부족의 사상과 달리 매우 고무적이며 든든한 힘을 주는 사상이었다. 유대인은 그 사상을 붙잡고 2,500년 동안 역경과 모험, 억압을 버틸 운명이었다.

유대인의 사상 중 가장 중요한 것은 그들의 하나님은 보이지 않는 신이며 먼 곳에 있다는 생각이다. 따라서 보이지 않는 하나님은 사람의 손으로 지은 신전에 거하지 않는 무소부재無所不在한 의로운 주Lord of

Righteousness였다. 다른 민족은 그들의 신을 신전에 살고 있는 형상으로 구현했다. 그 형상이 깨어지고 신전이 무너지면 그 신도 소멸하는 것이다. 그런데 하나님이 하늘나라에 있고 신관이나 희생 제물보다 훨씬 높다는 유대인의 생각은 새로운 사상이었다. 유대인은 아브라함의 하나님이 예루살렘을 다시 세우고 이 세상의 의로운 수도로 만들 특별한 민족으로 자신들을 선택했다고 믿었다. 유대인들은 공동 운명이라는 의식으로 고양되었다. 바빌론의 억압에서 벗어나 예루살렘으로 돌아가는 유대인은 모두 이러한 믿음에 흠뻑 젖어있었다.

그런데 과연 기적이었을까? 그런 파괴와 정복의 시대에 바빌로니아인과 시리아인, 그리고 이후 페니키아인 등 실질적으로 같은 언어를 사용하고 관습과 습성, 취미, 전통을 공유한 많은 사람이 이 고무적인 신앙에 마음을 빼앗기고 서로 동료애를 나누며 미래를 함께하고자 했다. 티레와 시돈, 카르타고, 스페인의 페니키아 도시들이 함락된 후, 페니키아인이 돌연 역사에서 자취를 감추었다. 그리고 갑자기 예루살렘뿐만 아니라, 스페인과 아프리카, 이집트, 아라비아, 동양 등 페니키아인의 발길이 닿았던 모든 곳에서 유대인 공동체가 등장한다.

이들은 성경으로 단결했고 성경 봉독을 통해 하나로 뭉쳤다. 예루살렘은 처음부터 이름뿐인 수도에 불과했고, 이들에게 진정한 도시는 바로 책 중의 책인 성경이었다. 성경은 역사에 새롭게 등장했지만, 그 씨앗은 이미 아주 오래전 수메르인과 이집트인이 상형문자를 글자로 바꾸던 시기에 뿌려졌다. 유대인은 새로운 존재였다. 왕도 없고 곧이어 성전마저 없어졌다(앞으로 나오겠지만, 예루살렘은 70년에 분해된다). 사람들은 다름 아닌 문자의 힘으로 이질적 요소들을 극복하고 하나로 뭉쳐 단결했다.

유대인들의 정신적인 결합은 성직자나 정치인 그 누구의 업적도 아니였고 그 누가 계획하거나 예견한 일도 아니었다. 유대인의 성장과 함께 새로운 종류의 공동체뿐만 아니라 새로운 인간이 역사에 등장했다. 솔로몬 시절 히브리족은 당시 궁전과 신전 주변에 모여 지혜로운 성직자의 통제를 받고 야심 찬 왕의 지배를 받던 여타 소수 민족과 마찬가지로 별 볼 일 없는 존재가 될 것으로 보였다. 하지만 우리가 성경을 통해 알고 있듯, 이제부터 이야기하게 될 새로운 인간, 즉 예언자가 이미 그들 사이에 분명하게 존재했다. 분열된 히브리족을 둘러싼 상황이 어려워질수록 예언자들의 중요성은 그만큼 더 높아졌다.

예언자의 역할

과연 예언자는 어떤 존재였을까? 예언자들의 출신은 아주 다양했다. 예언자 에스겔Ezekiel은 성직자 계급 출신이었고, 예언자 아모스Amos는 염소 가죽 망토를 걸친 목동이었다. 하지만 모든 예언자의 공통점은 의로운 하나님 외에 그 누구에게도 충성하지 않고 사람들에게 직접 이야기한다는 것이었다. 이들은 임명을 받은 것도, 성직 서품을 받은 것도 아니었다. '이제 주께서 내게 이르시되'가 이들의 상용구였다. 예언자들은 정치에도 열성적이었다. '상한 갈대that broken red'인 이집트에 맞서라고 사람들을 독려했으며, 아시리아나 바빌론에 대항하라고 촉구했다.

예언자들은 성직자의 게으름과 왕의 극악한 죄악을 맹렬히 비난했다. 오늘날 우리가 '사회개혁'이라고 부르는 방향으로 관심을 돌린 예언자들도 있었다. 부자가 "가난한 자의 얼굴에 맷돌질을 한다[이사야서 3장 16절]"고 비난했고, 사치가 아이들에게 줄 빵을 낭비하고 있다고 비난했다. 부자들이 외국인을 사귀어 그들의 호화로운 생활과 악행을 본뜬다고도

▲ 예언자 이사야. 하나님의 뜻을 전하는 예언자는 유대인에게는 특별
한 사람들이었다. @wikipedia

비난했다. 이 모든 것은 아브라함의 하나님, 여호와가 보시기에 불쾌한
것이니, 하나님께서 분명히 이 땅을 벌하실 것이라고 경고했다.

　유대인은 이러한 질책들을 기록하고 보관하고 연구했다. 어디를 가든
이 질책을 잊지 않았고 발길 닿는 곳마다 새로운 종교 정신을 유포했다.
이들은 보통 사람들이 성직자와 신전, 궁전과 왕을 거치지 않고 직접 의
로운 통치The Rule of Righteousness와 대면하게 했다. 유대인이 인류 역
사에서 가장 중요한 점이 바로 이것이다. 찬란한 희망에 들뜬 예언자 이
사야Ishaiah는 온 세계가 하나님 아래에서 평화롭게 하나로 합쳐질 것이
라고 소리 높여 예언한다. 이것이 유대인이 예언하는 대단원의 결말이다.

　하지만 모든 예언자가 이사야와 같지는 않았다. 총명한 사람이라면 예

언서 안에 많은 미움과 편견이 담겨있으며 오늘날의 선동 문구와 비슷한 부분이 많다는 것을 발견할 것이다. 그런데도 바빌론 유수 시절의 히브리 예언자들은 새로운 세력이었다. 예언자들은 그때까지 인류에게 굴레를 씌워 속박했던 맹목적인 희생과 충성 요구에 맞서라고 인류의 자유로운 양심에 호소하고 개인의 도덕성에 호소한 신선한 세력이었다.

23

그리스 정신의 부상

서사를 사랑한 그리스인

솔로몬 이후 이스라엘은 이스라엘 왕국과 유다 왕국으로 분열되어 파괴와 추방에 시달렸다. 결국 유다 왕국이 바빌로니아에 정복되면서 유대인들이 바빌론에 포로로 잡혀갔고[바빌론 유수], 잡혀간 유대인들이 자신들의 전통을 발전시키는 동안 인간 정신을 지배하는 또 다른 힘인 그리스 전통도 부상하고 있었다. 히브리 예언자들이 영원하고 보편적인 공의의 하나님과 인간 사이의 직접적인 도덕적 책임감을 궁리하는 사이, 그리스의 철학자들은 지적 모험심과 새로운 방법으로 인간 정신을 단련하고 있었다.

그리스 종족들은 앞서 이야기한 대로 아리아어를 사용하는 계통에서 갈라져 나온 분파로서, 서기전 1000년 이전에 남하해 에게 해의 도시와 섬으로 흘러들었다. 이들은 파라오 투트메스가 정복지 유프라테스 강을 넘어 첫 번째 코끼리 사냥을 하기 전에 이미 남하하고 있었던 것 같다.

당시 메소포타미아에는 코끼리가, 그리스에는 사자가 있었다.

그리스인의 습격으로 크노소스가 불탔을 수도 있지만, 그리스 신화에는 미노스와 그의 궁전(미로의 궁전), 크레타 기술자들의 솜씨에 관한 이야기는 있어도 크노소스 왕국에 맞서 승리를 거두었다는 이야기는 전혀 없다.

아리아와 마찬가지로 그리스에도 가수와 암송가가 있었다. 이들의 공연은 사회적 연대를 유지하는 중요한 수단이었고, 아리아인의 야만적인 초창기부터 〈일리아드Iliad〉와 〈오디세이Odyssey〉라는 위대한 서사시를 전했다. 〈일리아드〉는 아리아인 연맹이 소아시아의 트로이를 포위해 함락하고 약탈한 과정을 이야기한다. 〈오디세이〉는 오디세우스라는 지혜로운 명장이 트로이에서 자신의 고향으로 돌아가는 긴 여정에서 겪은 모험을 그리고 있다.

그리스인이 두 서사시를 기록한 시기는 문명이 앞선 이웃에게 알파벳을 배운 서기전 8~7세기였지만, 두 서사시는 훨씬 이전부터 존재했던 것으로 추정된다. 예전에는 두 작품이 호메로스라는 특별한 맹인 시인의 작품이라고 생각했다. 밀턴이 〈실낙원〉을 쓴 것처럼 호메로스가 책상에 앉아 두 작품을 썼다고 생각했다. 하지만 당시 그런 시인이 정말 있었는지, 그가 이 서사시들을 창작했는지, 아니면 그저 받아 적고 다듬었을 뿐인지 등에 관해서는 여전히 학자들의 논쟁이 이어지고 있다. 그 논쟁에 우리까지 끼어들 필요는 없다.

우리에게 중요한 것은 서기전 8세기 그리스인에게 자신들의 서사시가 있었다는 사실이다. 또한 서사시는 그리스의 부족들을 연대시키고 외부 이민족에 맞서 동료애를 느끼게 하는 그리스인 공동의 재산이었다는 사실이다. 그리스인은 말, 그다음에 문자로 연결된 혈연 집단으로 용기와 행동이라는 이상을 공유했다.

서사시에 등장하는 그리스인은 철기도 없고 문자도 없고 도시에 살지도 않는 미개한 족속이다. 이들은 처음에 자신들이 파괴한 에게 해 도시 외곽 족장의 집회소 주변에 오두막을 짓고 개방된 마을을 이루며 살았다. 그 후 도시에 성벽을 쌓기 시작했고 자신들이 정복한 사람들에게서 신전의 개념을 차용했다. 일반적으로는 부족신의 제단을 중심으로 원시 문명의 도시들이 성장하고, 그 후 성벽이 추가된다. 하지만 그리스의 도시들은 신전보다 성벽을 먼저 세웠다. 그리고 이들은 교역과 식민지 건설에 착수했다.

서기전 7세기 무렵이 되자, 그리스의 분지와 섬에 새로운 도시들이 줄줄이 들어

▲ 멜레아그로스Meleagros. 그리스 신화에 등장하는 영웅으로, 멧돼지의 가죽을 놓고 벌어진 다툼에서 외숙부들을 죽였고, 이에 분노한 어머니의 저주로 목숨을 잃었다.
@wikipedia

섰고, 그 이전에 있었던 에게 해 도시와 문명은 잊혔다. 그중 주요 도시가 아테네Athens와 스파르타Sparta, 코린트Corinth, 테베Thebes, 사모스Samos, 밀레토스Miletus다. 흑해 연안과 이탈리아, 시칠리아에도 이미 그리스 정착지들이 존재했다. 이탈리아 반도 남부를 통틀어 마그나그라이키아Magna Graecia['위대한 그리스'라는 뜻으로, 고대 남이탈리아 동해안에 건설된 그리스의 식민지를 통틀어서 이르는 말이다]라고 부를 정도였고, 프랑스 마르세유Marseilles도 이전 페니키아 식민지 자리에 세워진 그리스 마을이었다.

드넓은 유프라테스 강이나 나일 강처럼 주요 운송로가 있거나 대초원이 있는 지역들은 공통의 규칙에 따라 모이는 경향이 있다. 이집트의 도시와 수메르의 도시가 하나의 정부 체제로 합친 것이 그 예다. 하지만 그리스는 여러 개의 섬과 협곡으로 분리되어있었다. 그리스와 마그나그라이키아 지역은 산세가 험한 지형이다. 따라서 전개되는 형국이 전혀 달랐다. 역사에 등장할 당시 그리스는 수많은 작은 나라로 나뉘어 융합될 기미가 전혀 보이지 않았다. 인종도 서로 달랐다. 이오니아족과 아이올리스족, 도리스족 등 주로 그리스 종족으로 구성된 도시도 있었고, 전前그리스어를 쓰던 '지중해 인종'의 후손과 그리스인이 섞인 도시도 있었다.

일부 도시에서는 오직 그리스인만이 자유시민권을 갖고 스파르타의 '헬롯Helot'[고대 스파르타의 농노]처럼 노예화된 사람들을 다스렸다. 어떤 도시에서는 오래된 아리아인 지도자 가문들이 폐쇄적인 귀족정치를 펼치기도 했다. 모든 아리아 시민들이 민주정치를 펼친 곳도 있었고, 왕을 선출하거나 세습하던 곳도 있었고, 왕위를 찬탈하거나 독재정치를 하던 곳도 있었다.

공동체 의식이 생기다

그리스 국가들은 지리적 환경상 이질적으로 나뉘었으며, 같은 이유로 그리스 도시들도 성장하지 못했다. 가장 큰 나라가 잉글랜드의 주 하나보다 작았고 인구 30만 명을 넘는 도시는 없었던 것 같다. 인구 5만의 도시도 거의 없었다. 그리스의 도시 국가들은 이해관계와 공감에 따라 연대하긴 했지만 절대 융합하지는 않았다. 교역이 증가하며 도시들이 연맹

▲ 올림피아의 제우스 대신전 유적. 그리스 도시 국가들은 지리적 환경상 이질적이어서 그리스 전체를 하나의 감정 공동체로 묶을 필요가 있었다. ©turtix/Shutterstock.com

과 동맹을 맺었고 작은 도시들은 큰 도시의 비호를 받았다. 하지만 그리스 전체를 하나의 감정 공동체로 묶은 것이 둘 있었는데 서사시와 4년마다 올림피아에서 열리는 체육대회였다.

올림픽 경기가 전쟁과 불화를 막을 수는 없었지만, 전쟁의 야만성을 줄이고, 휴전협정을 맺어 경기에 오가는 모든 여행객을 보호했다. 시간이 흐르며 공동의 유산이라는 정서가 자랐고, 점점 더 많은 나라가 올림픽 경기에 참여했다. 나중에는 그리스인뿐만 아니라 혈연적으로 가까운 북부의 에피루스Epirus와 마케도니아Macedonia 선수들까지 참가할 수 있었다.

서기전 7~6세기에는 그리스 도시의 교역량과 중요성이 커졌고, 문명의 질도 높아졌다. 그리스의 사회적 삶은 여러 가지 부분에서 에게 해나

강 유역의 문명과 달랐다. 신전은 화려했지만 신관은 이전 세상의 도시에서처럼 위대한 전통의 중심이 아니었다. 지식의 보고도, 사상의 저장소도 아니었다. 지도자와 귀족 가문이 있었지만 세심하게 조직된 조정 대신들에 둘러싸여 신에 준하는 권위를 행사하던 군주는 없었다.

그리스의 도시 조직은 지도층 가문들이 서로 규율을 지키도록 견제하는 귀족정치에 가까웠다. 그리스인이 말하는 '민주정'조차도 귀족정이었다. 민주정에서는 시민 누구나 공공 정책에 참여했고 의회에 참석했지만, 그리스에서는 모두가 시민은 아니었다. 그리스의 민주정은 누구나 투표권을 갖는 오늘날의 '민주주의'와는 달랐다. 그리스의 많은 민주정 국가에서 시민은 수백 혹은 수천 명이었다. 노예 신분에서 해방된 사람이 수없이 많았지만 이들은 공공 정책에 관여할 자격이 없었다.

일반적으로 그리스의 정책을 결정하는 주체는 유력한 사람들로 구성된 공동체였다. 왕이나 독재자는 그저 다른 사람들 앞에 나선 사람이거나 권력을 찬탈한 사람이었다. 파라오나 미노스, 메소포타미아의 군주들처럼 신에 버금가는 초인이 아니었다. 따라서 이런 그리스의 환경에서는 사상과 정부 모두 이전 문명 세계에서 볼 수 없었던 자유를 누렸다. 그리스인은 북쪽 초원을 누비는 유목민의 개인주의와 자기주도권을 도시로 끌어들인 것이다. 그리스인은 역사상 중요한 최초의 공화주의자였다.

최초의 철학자들

그리스가 야만적인 전쟁 상황을 벗어나면서 그리스인의 지적 생활에서 새로운 존재가 부상했다. 신관도 아니면서 지식을 탐구·기록하고 삶과 존재의 비밀을 파고드는 이들이 등장한 것이다. 그전까지 이런 일은

▲ 시칠리아 파에스툼Paestum의 넵튠(포세이돈) 신전 ©BlackMac/Shutterstock.com

신관의 숭고한 특권이거나 분에 넘치는 왕의 오락거리였다. 이미 서기전 6세기 이사야가 바빌론에서 예언자로 활동할 당시에 이런 사람들이 있었다. 밀레토스의 탈레스Thales와 아낙시만드로스Anaximandros, 에페수스Ephesus의 헤라클레이토스Heracleitos가 그들이다. 이들은 우리가 사는 세상의 민감한 문제에 마음을 쏟고, 세상이 어디에서 왔으며 그 운명은 어찌 될지 등 세상의 진정한 본질을 탐구했다. 기존 답변이나 애매한 답변을 거부한 이들은 요즘 말로 독립심이 강한 신사라고 부를 만한 존재들이다. 그리스인이 마음을 쏟은 우주 문제에 대해서는 잠시 후에 더 자세히 이야기하기로 하자. 이렇게 서기전 6세기에 두드러지기 시작한 그리스 탐구자들이 최초의 철학자들이다. 최초로 '지혜를 사랑한 사람들'이다.

여기서 주목할 점은 서기전 6세기가 인류 역사에 아주 중요한 시기였다는 사실이다. 그리스 철학자들이 우주 그리고 우주 속에서의 인간의 위치를 탐구하기 시작했고, 이사야가 유대인의 예언을 숭고한 수준으로 고양했기 때문만은 아니다. 앞으로 이야기하겠지만 석가모니가 인도에서 가르침을 전하고, 공자와 노자가 중국에서 가르침을 전한 시기도 바로 이때이기 때문이다. 아테네에서 태평양 연안에 이르기까지 인간 정신이 활기차게 움직인 시기가 서기전 6세기다.

24

폐허 속에서 꽃핀 지중해 문화

대제국 페르시아의 실수

그리스와 이탈리아 남부, 소아시아 도시의 그리스인들이 자유로운 지적 탐구를 시작하고, 바빌론과 예루살렘의 마지막 히브리 예언자들이 인류의 양심을 고취하고 있을 때, 모험심 강한 아리아인인 메디아족과 페르시아인은 고대세계의 문명을 장악하고, 그때까지 세상에 존재했던 모든 제국을 압도하는 대제국을 건설했다. 바로 페르시아 제국이다. 풍요로운 고대문명인 리디아와 바빌론도 키루스 재위 시절 페르시아 제국 통제권으로 들어갔다. 레반트Levant 지역의 페니키아 도시들과 소아시아의 모든 그리스 도시가 페르시아에 조공을 바쳤고, 캄비세스가 이집트를 정복했으며, 페르시아의 제3대 군주(서기전 521)인 다리우스 1세는 거의 전 세계를 다스리는 군주가 되었다. 다르다넬스Dardanelles 해협부터 인더스 강까지, 이집트 북부에서부터 중앙아시아까지 메디아인인 다리우스 1세의 칙령을 전하는 칙사가 종횡무진 누비고 다녔다.

이탈리아와 카르타고, 시칠리아, 스페인 페니키아 정착지 등 유럽의 그리스인들도 팍스 페르시카Pax Persica에 속하지는 않았지만 페르시아를 존중했다. 페르시아 제국에 심각한 문제를 일으키는 유일한 골칫거리는 오래전부터 러시아 남부와 중앙아시아에 무리를 지어 살던 스키타이족이었다. 이들이 페르시아의 북쪽과 북서쪽 국경을 침략했다.

물론 이 거대한 페르시아 제국의 주민이 모두 페르시아인은 아니었다. 거대한 제국을 다스리던 페르시아인은 소수에 불과했다. 나머지 주민은 페르시아인이 오기 전 태곳적부터 그대로였다. 다만 행정적으로 페르시아어를 공식어로 사용한다는 점만 달랐다. 여전히 셈족이 교역과 금융을 대부분 장악했고, 예전처럼 티레와 시돈이 지중해의 큰 항구였으며, 셈족의 배들이 바다를 누볐다. 하지만 이곳저곳을 오가던 셈족 상인과 사업가 중 많은 사람이 이미 히브리 전통과 구약성경에서 편안하게 공감할 수 있는 공통 역사를 발견했다.

그리고 새로운 한 부류가 페르시아 제국에서 빠르게 부상했다. 바로 그리스인이었다. 그리스인들은 바다에서 셈족을 위협하는 경쟁자로 성장하고 있었다. 그리스인은 활발하고 객관적이고 지혜로워서 유능하고 공정한 관리가 되었다.

다리우스 1세가 유럽을 공격한 이유는 스키타이족 때문이었다. 다리우스의 목적지는 스키타이 기마족의 본거지인 러시아 남부였다. 대군을 거느린 다리우스 1세는 보스포루스 해협을 건너 불가리아를 통해 다뉴브 강으로 진격했다. 배들을 이어 만든 다리로 다뉴브 강을 건넌 후 멀리 북방으로 진군했다. 하지만 그의 군대는 끔찍한 고통을 겪었다. 다리우스의 군대는 대부분 보병으로 구성되었지만, 스키타이족은 기병이었다. 이들은 한사코 전면전을 피하면서 다리우스군을 포위한 채 보급로를 끊고 뒤처진 병사들을 공격했다. 결국 다리우스는 수치를 무릅쓰고 퇴각하지 않을 수 없었다.

다리우스는 수사로 돌아오는 길에 트라키아와 마케도니아에 부대를 잔류시켰고, 마케도니아가 다리우스에게 항복했다. 마케도니아의 함락이 알려지자 아시아의 그리스 도시들이 반란을 일으켰고, 유럽의 그리스인들도 전쟁에 합류했다. 그러자 다리우스는 유럽의 그리스인들을 정복하기로 한다.

그리스와 페르시아의 격돌

다리우스는 수중에 있던 페니키아 함대를 거느리고 그리스의 섬들을 하나씩 정복해나갔고, 마침내 서기전 490년 주요 목표인 아테네를 공격했다. 소아시아와 지중해 동부의 여러 항구에서 상당수의 함대가 출발했다. 아테네 북쪽 마라톤에 상륙한 페르시아 원정대는 아테네군과 맞붙어 대패했다.

그때 아주 묘한 일이 벌어졌다. 스파르타는 그리스에서 아테네의 숙적이었는데, 아테네가 발 빠른 전령을 스파르타로 보내 그리스인들이 야만인의 노예로 전락하는 일을 방관하지 말라고 간청한 것이다. '마라톤'의 원형이 된 이 전령은 채 이틀이 되기 전에 160km가 넘는 험한 지역을 달렸다. 스파르타는 즉각 반응했다. 하지만 사흘째 되는 날 스파르타 군대가 아테네에 도착했을 때, 페르시아 군사들의 시신이 전장을 뒹굴고 있었다. 페르시아 군대는 이미 아시아로 퇴각한 상황이었다. 페르시아의 1차 아테네 공격은 이렇게 끝났다.

2차 공격은 훨씬 더 강력했다. 다리우스는 아테네 패전 소식을 접하고 얼마 지나지 않아 사망했고, 후계자인 아들 크세르크세스Xerxes가 그리스를 쳐부술 군대를 4년 동안 준비했다. 크세르크세스의 군대는 그때까지 세상에 없던 규모의 군대임이 틀림없다. 하지만 서로 어울리지 않는 개체들이 거대하게 모인 집합체였다. 서기전 480년 크세르크세스의 군대가 배를 이어 만든 다리로 다르다넬스 해협을 건넜다. 이들이 진격하는 동안 여러 종류의 배로 구성된 함대가 보급품을 싣고 해안을 따라 이동했다. 스파르타의 레오니다스Leonidas가 이끄는 1,400명의 소규모 군대가 테르모필레Thermopylae의 좁은 산길에서 페르시아 대군을 막아섰다. 그리고 유례없는 영웅적인 전투 끝에 전멸했다. 살아난 사람이 아무도 없었다. 하지만 이들은 페르시아 군대에 엄청난 손실을 입혔다. 크세르크세스 군대는 테베와 아테네로 계속 진군했지만 한풀 꺾인 기세였다. 테베는 페르시아에 항복하고 협상했지만, 아테네 시민들은 도시를 버리고 달아났고 아테네는 화염에 휩싸였다.

　그리스가 정복자의 수중에 떨어질 듯 보였다. 하지만 승산 없는 상황에서 전혀 예상치 못한 승전보가 다시 날아들었다. 페르시아 함대 규모의 3분의 1도 되지 않는 그리스 함대가 살라미스Salamis 만灣에서 페르시아 함대를 공격해 격퇴한 것이다. 크세르크세스와 그의 대군은 보급이 끊겼고, 겁을 먹은 크세르크세스는 절반의 병사만 이끌고 아시아로 퇴각했다. 하지만 남겨진 병사들도 서기전 479년 플라타이아이Plataea에서 패배했고, 나머지 함대도 그리스 함대에 쫓기다 소아시아의 미칼레Mycale에서 전멸했다.

▲ 케이프 수니온Cape Sunium에 있는 포세이돈 신전. 강한 해군력을 자랑했던 아테네 사람들에게 바다의 신 포세이돈은 제우스 못지않게 중요한 신이었다. ⓒAleksey Morozov/Shutterstock.com

헤로도토스의 선동

페르시아의 위협이 끝나고 아시아의 그리스 도시 대부분이 자유를 찾았다. 최초의 역사 기록인 헤로도토스의《역사History》에 이 모든 상황이 아주 상세하고 생생하게 담겨있다. 서기전 484년 무렵 소아시아의 이오니아 도시 할리카르나소스Halicarnassus에서 태어난 헤로도토스는 정확한 사실을《역사》에 기록하기 위해 바빌론과 이집트를 방문했다. 미칼레 전투 패전 이후 페르시아 왕조는 혼란에 빠졌다. 서기전 465년 크세르크세스가 암살당하고 이집트와 시리아, 메디아에서 일어난 반란으로

강력한 페르시아 제국의 질서도 짧게 막을 내렸다. 헤로도토스의《역사》
는 페르시아의 약점을 강조한다. 사실 이는 전형적인 선동이다. 그리스
와 단결하여 페르시아를 정복하라는 선동이다. 헤로도토스의《역사》에
는 아리스타고라스Aristagoras라는 인물이 세계 지도를 들고 스파르타에
가서 이렇게 설득하는 장면이 나온다.

이 야만인들[페르시아인]은 용맹한 전사들이 아닙니다. 반면 지금 스
파르타의 전투력은 최고입니다. …… 그곳에는 그 어떤 나라에도 없
는 것들이 가득합니다. 금과 은, 청동, 수놓은 의복, 짐승, 노예 등 원
하기만 한다면 스파르타가 이 모든 것을 차지할 것입니다.

25

지적 활동의 중심지, 아테네

그리스 문명을 재건하다

페르시아를 물리친 이후 150년은 그리스 문명이 아주 화려하게 빛난 시기였다. 사실 아테네와 스파르타 등 여러 국가 사이에 벌어진 치열한 패권 다툼(펠로폰네소스 전쟁, 서기전 431-404)으로 그리스는 분열되었고, 서기전 338년 마케도니아가 실질적인 그리스의 맹주가 되었다. 하지만 이 기간에 그리스인의 사상과 창조력, 예술적 욕구 수준이 높아져 이후 역사에서 모든 인류가 등불로 삼을 만한 성취를 이루었다.

이러한 지적 활동의 핵심이자 중심은 아테네였다. 대단한 열의와 자유로운 정신의 소유자인 페리클레스Pericles가 30년(서기전 466-428) 넘게 아테네를 이끌며 페르시아인들이 잿더미로 만든 도시를 재건하는 일에 몰두했다. 오늘날 아테네의 영광으로 남아있는 아름다운 유적들은 대부분 페리클레스의 위대한 노력이 남긴 결과물이다. 그는 아테네를 물질적으로만 재건한 것이 아니었다. 지적으로도 재건했다. 그는 건축가

▲ 아테네의 아크로폴리스. 오늘날 아테네의 영광으로 남아있는 아름다운 유적들은 대부분 페리클레스의 영감으로 건설된 결과물이다. ©milosk50/Shutterstock.com

와 조각가뿐만 아니라, 시인과 극작가, 철학자, 교육자까지 불러 모았다. 헤로도토스도 아테네를 방문해《역사》를 낭독했다(서기전 438). 아낙사고라스Anaxagoras는 태양과 별들에 관한 최초의 과학적 설명을 소개했다. 아이스킬로스Aeschylos와 소포클레스Sophocles, 에우리피데스Euripides는 지극히 아름답고 숭고한 그리스 비극을 연이어 발표했다.

페리클레스가 아테네인의 지적 삶에 준 자극은 그의 사후까지 이어졌고, 펠로폰네소스 전쟁으로 그리스의 평화가 깨어지고 기나긴 패권 다툼이 시작되었을 때도 사라지지 않았다. 밝지 않은 정치적 전망이 인간 정신을 좌절시키기보다는 오히려 일시적으로 촉진했던 것 같다.

그리스 특유의 자유로운 제도는 이미 페리클레스 시대 훨씬 전부터 토론의 기술을 중요시하게 했다. 결정을 내리는 주체는 왕이나 신관이 아니라, 시민 혹은 지도층이었고 이들의 회합이었다. 따라서 유창하고 유능한 논쟁 능력이 바람직한 능력이 되었고, 소피스트Sophist라는 교육자 계층이 생겨 젊은이들에게 토론 기술을 가르쳤다. 하지만 아무리 연설을 잘해도 내용이나 지식이 없으면 이성적 사유가 불가능한 법이다. 소피스트들의 활약과 경쟁은 아주 자연스럽게 표현법과 사고 방법론, 논쟁의 설득력에 대한 예리한 검토로 이어졌다.

위대한 철학자들의 등장

페리클레스 사후 소크라테스라는 인물이 부적절한 논쟁을 비판하는 유능하고 파괴력 있는 비평가로 두각을 나타냈다. 사실 소피스트의 가르침 대부분은 부적절한 논쟁이었다. 총명한 젊은이들이 소크라테스 주위로 모여들었다. 결국 소크라테스는 서기전 399년, 사람들의 정신을 현혹했다는 죄목으로 처형되었다. 당시 아테네의 품위 있는 방식에 따라 소크라테스는 자기 집에서 친구들에게 둘러싸여 독미나리에서 추출한 독약을 마시고 죽으라는 사형선고를 받았다. 하지만 유죄 판결로 처형시킨다고 해서 소크라테스가 사람들의 정신을 사로잡는 것을 막을 수는 없었다. 소크라테스의 젊은 제자들이 그의 가르침을 이은 것이다.

젊은 제자들 가운데 주요 인물은 플라톤Platon(서기전 428?-347?)이었다. 플라톤은 아카데메이아Academēmeia의 숲에서 철학을 가르치기 시작했다. 플라톤의 가르침은 크게 두 가지로 나뉘었다. 인간 사고의 토대와 방법에 대한 고찰과 정치 제도에 대한 고찰이었다. 최초로 유토피아Utopia에 관한 글을 남긴 사람이 플라톤이다. 플라톤의 유토피아는 말하자면 현존하는 그 어떤 공동체와도 다른 더 나은 공동체를 세우려는 구상이었다. 이는 이전까지 사회 전통과 관습을 거의 아무런 의심 없이 수용하던 인간 정신이 유례없는 대담성을 드러내는 구상이다. 플라톤은 인류에게 분명히 말했다.

우리는 자신을 괴롭히는 사회적·정치적 폐해 대부분을 통제할 수 있다. 바꾸려는 의지와 용기만 있으면 된다. 그 폐해를 숙고하고 해결하려고 들면, 우리는 지금과 다르게 더 현명하게 살 수 있다. 우리는 자신의 능력을 깨닫지 못하고 있다.

그러나 대단히 모험적인 플라톤의 이 가르침은 아직도 우리 인류 공통의 지혜로 스며들지 못하고 있다. 플라톤은 초기 저작 《국가The Republic》에서 공산주의 귀족정치의 꿈을 그렸고, 마지막 미완성 유고 《법률Laws》에서 그러한 또 다른 유토피아 국가를 통제할 법률 체계를 밝히고 있다.

플라톤 사후 그의 제자 아리스토텔레스Aristoteles(서기전 384-322)가 사고 방법과 통치 방법에 대한 비평을 이어받아 뤼케이온Lykeion[아테네

▼ 그리스 에피다우로스Epidauros의 야외극장. 서기전 4세기 말엽에서 서기전 2세기 중반에 걸쳐 두 단계로 나누어 지어졌다. 이곳에서 시 경연, 음악과 연극 공연이 행해졌다. ©Panos Karas/Shutterstock.com

의 학원]에서 가르침을 전했다. 아리스토텔레스는 마케도니아 스타게이로스Stagira 출신으로, 그의 부친은 마케도니아 왕의 어의御醫였다. 아리스토텔레스는 한동안 왕의 아들인 알렉산드로스Alexandros를 가르쳤다. 그가 이루게 될 위대한 업적에 대해서는 잠시 후로 미루자.

사고 방법에 관한 아리스토텔레스의 저작은 논리학의 수준을 끌어올렸고, 중세 스콜라 철학자들이 고대의 문제를 다시 다룰 때까지 1,500년 이상 논리학은 아리스토텔레스의 수준을 능가하지 못했다. 그는 유토피아에 관한 언급은 하지 않았다. 아리스토텔레스는 플라톤의 가르침대로 인간이 정말 자신의 운명을 통제하려면, 지금보다 훨씬 더 다양한 지식과 훨씬 더 정확한 지식이 필요하다는 것을 깨달았다. 그에 따라 아리스토텔레스가 시작한 체계적인 지식 취합이 오늘날 우리가 말하는 과학이다. 그는 조사원들을 파견해 '사실'을 수집했다. 그는 자연사自然史의 시조였고, 정치학의 창설자였다. 뤼케이온의 아리스토텔레스 제자들은 158개국의 서로 다른 헌법을 비교 연구했다.

서기전 4세기에 실질적인 '근대 사상가'들이 등장하며, 삶의 문제에 대한 예리하고 비판적인 공격이 유치하고 몽상적인 원시 사고방식 대신 자리를 차지했다. 신이나 신을 빙자한 괴물들의 기이하고 끔찍한 형상과 상징, 사고를 방해하던 모든 터부와 두려움, 제약 등이 모두 제거되었다. 자유롭고 정확하고 체계적인 사고가 시작되었다. 북방의 숲에서 새로 건너온 사람들의 자유롭고 구속되지 않는 정신이 비밀스러운 신전에 치고 들어가 햇빛을 비춘 것이다.

26

알렉산드로스, 제국을 세우다

마케도니아의 필리포스

그리스는 서기전 431~404년 동안 계속된 펠로폰네소스 전쟁으로 황폐해졌다. 그 사이 그리스 북부에서는 동족 국가인 마케도니아가 서서히 힘을 얻으며 문명을 발전시키고 있었다. 마케도니아의 언어는 그리스어와 아주 유사했다. 마케도니아의 선수들이 올림픽 경기에 참여한 적도 여러 번이었다. 서기전 359년 야망이 크고 능력이 아주 출중한 필리포스 Philippos가 이 작은 나라의 왕위에 올랐다. 필리포스는 그리스에서 볼모로 지낼 적에 철저하게 그리스식 교육을 받았고, 그리스가 단결해 아시아를 정복할 수 있다는 헤로도토스의 견해(철학자 이소크라테스Isocrates도 같은 생각이었다)를 알고 있었을 것이다.

필리포스는 우선 자신의 왕국을 확장하여 조직하고 군대를 재정비했다. 지난 1,000년 동안 말이 끄는 돌격용 전차가 싸움의 승패를 가르는 결정적 요소였으므로 필리포스는 전차와 함께 접근전을 펼칠 보병대를

▲ 마케도니아 광장에 있는 **알렉산드로스 대왕의 기마상** ©Leonid Andronov/Shutterstock.com

양성했다. 말을 탄 기수들도 전위대로서 전투하긴 했지만 훈련이 되어있지 않고 개인적 성향이 강했다. 필리포스는 보병이 밀집대형으로 전투를 벌이게 했다. 이것을 마케도니아 팔랑크스Macedonian Phalanx라고 한다. 또한 기사와 말을 탄 귀족들도 대형을 이뤄 싸울 수 있게 훈련해 기병대를 창설했다. 필리포스나 그의 아들 알렉산드로스가 전투에서 중요하게 사용한 전략이 기병대의 돌격이었다. 팔랑크스가 적군의 정면을 공격하는 동안 기병대는 적진 좌우익의 말들을 쓸어버리고 들어가 측면과 후방을 공격했다. 궁수들은 말을 겨냥해 화살을 쏘아 적의 전차를 무용지물로 만들었다.

새로운 군대를 거느린 필리포스는 테살리아Tessalia를 지나 그리스까지 마케도니아의 국경을 확장했다. 그리고 카이로네이아Chaeroneia 전투(서기전 338)에서 아테네와 그 동맹국들을 무찌르며 그리스 전체를 굴복시켰다. 마침내 헤로도토스의 꿈이 무르익고 있었다. 그리스 전체 국가가 모인 의회에서 필리포스가 페르시아를 공격할 코린토스 동맹군 총사령관으로 임명되었다. 서기전 336년 그의 선발대가 아시아로 넘어가며 오랫동안 계획한 모험이 시작되었다.

하지만 필리포스는 선발대를 뒤따르지 못하고 암살당하고 말았다. 알렉산드로스의 어머니인 올림피아스가 암살을 사주한 것으로 생각된다. 필리포스가 두 번째 아내를 맞아들임으로써 올림피아스의 질투를 샀던 것이다.

필리포스는 아들의 교육에는 남달리 공을 들였다. 가장 위대한 철학자 아리스토텔레스를 아들의 가정교사로 삼았을 뿐만 아니라 아들에게 자기 생각을 전해주고 억지로 전투 경험도 쌓게 했다. 카이로네이아 전투 당시 겨우 18세였던 알렉산드로스는 기병대를 지휘했다. 그 결과 20세의 나이에 왕위에 오른 젊은이는 그 즉시 아버지의 대업을 이어받아 페르시아 공격을 성공적으로 추진할 수 있었다.

이집트·페르시아·인도까지, 대제국을 향하여

알렉산드로스는 2년 동안 마케도니아와 그리스에서 입지를 확고히 한 후, 서기전 334년 아시아로 넘어가 그라니쿠스Granicus 전투에서 규모가 더 큰 페르시아군을 무찌르며 소아시아의 많은 도시를 차지했다. 알렉산드로스는 해안을 따라 전진했다. 페르시아가 티레와 시돈의 함대를 통제하며 바다를 장악하고 있었기 때문에 알렉산드로스로서는 해안가 마을들을 정복해 수비군을 배치해둘 필요가 있었다. 알렉산드로스에게 적대적인 항구를 남겨놓았다가 페르시아 군대가 항구에 상륙해 보급로를 공격하면 알렉산드로스는 고립될 수 있었기 때문이었다.

알렉산드로스는 서기전 333년 이소스Issos에서 다리우스 3세의 엄청난 대군을 물리쳤다. 150년 전 다르다넬스 해협을 건넌 크세르크세스의 군대와 마찬가지였다. 다리우스 3세의 군대도 여러 파견부대가 모인 중구난방의 오합지졸에 지나지 않았고, 궁정 관리와 다리우스의 아내들, 비전투 종군자들이 너무 많아 거추장스러웠다. 시돈은 알렉산드로스에게 항복했지만, 티레는 완강히 저항했다. 하지만 위대한 도시 티레도 결국 알렉산드로스의 급습으로 파괴되고 약탈당했다. 가자도 습격을 당했다. 서기전 332년 말, 결국 정복자 알렉산드로스가 이집트에 입성해 페르시아인의 지배권을 인수했다.

그는 반란군이 바다에서 접근하지 못하도록 육지에서만 진입할 수 있는 대도시를 이집트의 알렉산드레타Alexandretta[이스켄데룬Iskenderun의 옛 이름]와 알렉산드리아Alexandria에 건설했다. 이 도시들은 페니키아 도시와의 교역이 금지되었다. 그러자 지중해 서안의 페니키아인들이 갑자기 역사에서 사라지고, 알렉산드로스가 새로 건설한 다른 교역 도시들과 알렉산드리아의 유대인들이 그 즉시 역사에 등장했다.

서기전 331년 알렉산드로스는 투트메스와 람세스, 네코의 선례를 따라 이집트를 벗어나 바빌론으로 진격했다. 하지만 알렉산드로스는 이들과 다르게 티레를 경유했다. 폐허로 변해 거의 잊힌 도시인 니네베 근처의 아르벨라Arbela에 도착한 알렉산드로스는 그곳에서 다리우스와 결전을 벌였다. 페르시아군의 전차 공격이 무위로 끝나고, 마케도니아 기병대가 거대한 페르시아 혼성 군대의 전열을 깨트리며 팔랑크스가 승리를 마무리했다. 앞장서서 퇴각한 다리우스는 더는 항거할 엄두를 내지 못하고, 메디아 왕국이 있는 북쪽으로 도망쳤다. 알렉산드로스는 여전히 번

▲ 파키스탄의 페샤와르와 아프가니스탄의 카불을 잇는 산길, 카이버고개. 과거 인도로 통하는 거의 유일한 길이었다. 사진은 파키스탄 쪽 카이버고개 입구 ©Shahid Khan / Shutterstock.com

성하고 중요한 의미가 있는 바빌론으로 입성했고, 계속해서 수사와 페르세폴리스Persepolis까지 진격했다. 페르세폴리스에서 승전 축제를 벌이고 술에 취한 알렉산드로스는 다리우스의 궁전을 불태웠다.

곧이어 알렉산드로스는 군대를 이끌고 중앙아시아로 행진해 페르시아 제국의 경계 끝까지 진격했다. 처음에는 북쪽으로 방향을 잡았다. 도망치던 다리우스는 동틀 무렵 알렉산드로스군에게 붙잡혔다. 전차에 타고 있던 다리우스는 측근의 칼에 찔려 죽어가고 있었다. 그리스군 선봉이 발견했을 때는 숨이 붙어있었지만, 알렉산드로스가 도착했을 때는 이미 죽은 뒤였다. 알렉산드로스는 카스피 해를 돌아 투르키스탄 서부 산악지대로 들어가 헤라트Herat와 카불Cabul, 카이버고개Khyber Pass[파키스탄 서쪽의 인도와 아프가니스탄을 잇는 산길]로 내려와 인도로 들어갔다.

인더스 강에서 인도의 왕 포루스Porus와 격전을 벌였고, 마케도니아 군대는 이곳에서 처음으로 코끼리 부대를 만났지만 이들을 물리쳤다. 마지막으로 알렉산드로스는 배를 건조해 인더스 강 하구까지 항해한 다음, 그곳에서부터 발루치스탄 해안을 따라 행진해 서기전 324년 수사에 돌아왔다. 떠난 지 6년 만이었다.

그 후 알렉산드로스는 자신이 정복한 거대 제국을 통합하고 조직할 준비를 했다. 알렉산드로스는 새로운 백성들의 마음을 얻기 위해 페르시아 군주처럼 옷을 입고 왕관을 썼다. 하지만 이 일로 마케도니아 지휘관들의 질타를 받게 되고 지휘관들과 많은 불화를 겪었다. 그는 여러 번에 걸쳐 '동양과 서양의 결혼'이라며 마케도니아 장교들과 페르시아나 바빌론 여인들의 결혼을 주선했다. 하지만 알렉산드로스는 살아생전 계획했던 통합을 완수하지 못했다. 결국 그는 바빌론에서 한바탕 술을 마신후 열병에 걸려 서기전 323년에 세상을 떠났다.

알렉산드로스가 사망하자 방대한 제국이 곧 산산조각이 났다. 알렉산드로스 휘하의 무장이었던 셀레우코스Seleucos가 인더스 강에서 에페수스까지 옛 페르시아 제국 땅의 대부분을 차지했고, 또 다른 무장인 프톨레마이오스Ptolemaeos는 이집트를, 안티고노스Antigonos는 마케도니아를 장악했다. 제국의 나머지 지역은 불안정한 상태가 지속되었고 그 지역 야심가들의 지배를 전전했다. 북방에서 시작된 야만족의 습격은 점점규모와 강도가 커졌다. 그리고 마침내 서쪽에서 새로운 세력이 등장했다. 곧 이야기하게 될 로마 공화정 세력이 등장해 알렉산드로스 제국의 조각들을 하나하나 정복한 다음 새롭고 더 견고한 제국으로 통합했다.

그리스 문화의 중심이 된
알렉산드리아

아테네에서 알렉산드리아로

알렉산드로스 대왕 이전에 이미 그리스인들은 상인과 예술가, 관리, 용병으로 페르시아 제국이 관할하는 대부분 지역에 퍼져있었다. 크세르크세스 사후 벌어진 왕가의 분쟁에서도 크세노폰Xenophon의 지휘 아래 1만 명의 그리스 용병 부대가 활약했을 정도였다. 이들이 바빌론에서 아시아의 그리스로 귀환하는 과정을 서술한 책이 크세노폰의 《1만 인의 퇴각Retreat of the Ten Thousand》['아나바시스Anabasis'라고도 부른다]이다. 이 책은 지휘관이 기록한 최초의 전쟁 체험담이다. 알렉산드로스의 정복, 그리고 단명한 그의 제국을 휘하 장군들이 분할하는 과정을 통해 그리스인과 그리스 언어, 풍습, 문화가 빠르고 폭넓게 고대 세계로 침투했다. 멀리 중앙아시아와 인도 북서부에서 그리스의 흔적이 발견되는 것도 그 덕분이다. 그리스는 인도 예술에도 지대한 영향을 주었다.

아테네는 수 세기 동안 예술과 문화의 중심지라는 명성을 지켰다. 사실 아테네의 학교들은 529년까지 존속했으니 거의 1,000년 동안 이어진 셈이다. 하지만 이제 지식 활동의 선두는 지중해 건너 알렉산드로스가 새롭게 건설한 무역 도시 알렉산드리아였다. 이곳의 파라오는 마케도니아 장군 프톨레마이오스였고, 궁에서 사용하는 언어도 그리스어였다. 프톨레마이오스는 왕이 되기 전 알렉산드로스의 절친한 친구였으며 아리스토텔레스의 사상에 흠뻑 젖어있었다. 그는 대단한 정력과 역량을 쏟아부어 지식과 연구의 체계화에 매진했다. 알렉산드로스의 원정에 관한 역사서도 직접 저술했지만, 불행히도 그가 쓴 책은 현재까지 발견되지 않았다.

알렉산드로스도 이미 상당한 재원을 투입해 아리스토텔레스의 연구를 지원했지만, 과학을 위해 처음으로 영구적인 기부를 한 인물은 프톨레마이오스 1세였다. 그는 학예와 음악의 여신 뮤즈에게 바치는 학술원을 알렉산드리아에 설립했는데, 이것이 알렉산드리아 무세이온Museion of Alexandria이다. 2~3세대에 걸쳐 알렉산드리아에서는 대단히 훌륭한 과학 연구 결과가 나왔다. 지구의 크기를 측정해 지름을 80km의 오차 범위로 계산한 에라토스테네스Eratosthenes와 유클리드Euclid, 원뿔곡선론을 발표한 아폴로니우스Apollonius, 별자리표와 항성 목록을 처음으로 만든 히파르코스Hipparcos, 최초로 증기기관을 고안한 헤론Heron 등을 필두로 내로라하는 과학의 선구자들이 배출되었다. 시라쿠사Siracusa에서 알렉산드리아로 유학을 온 아르키메데스Archimedes는 무세이온에 관한 소식을 자주 전했다. 위대한 그리스 해부학자였던 헤로필로스Herophilus는 당시 생체 해부를 했다고 전해진다.

프톨레마이오스 1세와 2세가 통치하는 동안 알렉산드리아에서 이룬 지식과 발견은 16세기까지 두 번 다시 볼 수 없을 정도로 눈부셨다. 하지만 그러한 성과는 계속 이어지지 않았다. 쇠퇴의 원인은 여러 가지가 있었다. 영국의 고전학자 머해피Sir John Pentland Mahaffy(1839-1919) 교수는 무세이온이 '왕립' 대학이며, 파라오가 모든 교수와 회원을 선발하고 급료를 지급한 것이 가장 큰 원인이라고 주장했다.

아리스토텔레스의 제자이자 친구였던 프톨레마이오스 1세가 파라오였을 때는 모든 것이 아주 좋았다. 그런데 프톨레마이오스 왕조는 후기로 갈수록 점점 이집트화했고, 이집트 신관과 이집트의 종교 상황에 지배되어 전에 해오던 연구를 중지하고 탐구 정신을 말살하는 통치를 펼쳤다. 무세이온은 활동을 시작한 지 1세기 후부터 쓸 만한 성과를 거의 내놓지 못했다.

지혜의 창고를 세우다

프톨레마이오스 1세가 아주 근대적인 정신으로 새로운 지식 발견의 체계화에만 매진한 것은 아니었다. 더불어 그는 알렉산드리아의 도서관에 백과사전 같은 지혜의 창고를 세우고자 했다. 그저 단순한 창고가 아니라 책을 필사해 판매하는 기관이었다. 수없이 많은 필경사가 도서관에 근무하며 계속해서 책을 반복 필사했다.

오늘날 우리가 누리는 지적 과정이 가장 처음으로 시작된 곳이 바로 당시 이곳이다. 이곳에서 체계적인 지식의 수집과 배포가 시작되었다. 무세이온과 도서관의 설립이야말로 인류 역사의 가장 위대한 시기를 나타내는 표식이며 진정한 근대 역사의 출발이다.

하지만 지식을 연구하고 보급하는 작업은 심각한 악조건 속에서 이루어졌다. 그중 하나는 귀족계급이던 철학자들과 상인이나 기능공들을 나

▲ 1997년 다시 부활한 알렉산드리아 도서관. 서기전 288년 설립된 이 도서관은 약 600년간 지식의 중심으로 이집트 문명을 뒷받침했다. ©ylq/Shutterstock.com

누던 심각한 사회적 차별이었다. 당시 유리 세공사와 금속 세공사가 아주 많았는데, 이들과 철학자의 정신적 교류는 전혀 이루어지지 않았다.

유리 세공사는 아름답게 채색된 구슬과 유리병 등을 만들었지만, 실험용 플로렌스 플라스크나 렌즈는 만든 적이 없었다. 투명유리에는 관심도 없었던 것 같다. 금속 세공사도 무기와 보석 장신구는 만들었지만, 화학 연구용 저울은 제작하지 않았다. 철학자는 고고하게 원자나 사물의 본질에 관해 사색했을 뿐이다. 법랑과 안료, 여과기 등에 대해서는 실질적인 경험이 전혀 없었다. 철학자는 물질에는 관심이 없었다. 따라서 알렉산드리아는 짧은 호시절에 현미경과 화학을 만들어내지 못했다.

또한 헤론이 증기기관을 고안했지만 물을 끌어올리거나 배를 모는 등 유용한 용도로는 전혀 응용되지 못했다. 의학 분야를 제외하면 과학을 실용적으로 응용한 분야가 거의 없었다. 실용적 응용에 대한 관심과 열망이 없었기에 과학을 발전시킬 자극과 지지도 없었다. 따라서 지적 호기심이 충만한 프톨레마이오스 1세와 2세가 세상을 떠나자 추진력도 사라졌다. 무세이온이 발견한 지식을 기록한 문서들은 르네상스 시기에 과학적 호기심이 되살아날 때까지 대다수 사람에게 알려지지 않았다.

도서관도 책의 발전에 아무런 도움이 되지 못했다. 당시에는 펄프 반죽으로 일정한 규격에 맞춰 제작한 종이가 없었다. 중국에서 발명된 종이는 9세기가 되어서야 비로소 서양으로 전파되었다. 따라서 책을 만들 유일한 재료는 두꺼운 양피지와 끝을 이어 붙인 파피루스 갈대 껍질뿐이었다. 파피루스 껍질은 동그랗게 말아서 보관했기 때문에 앞뒤로 감으며 읽어야 해서 거추장스러웠고, 자료를 찾아보기도 쉽지 않았다. 페이지를 넘기며 인쇄하는 책으로 발전하는 데 양피지와 파피루스 껍질은 도움이 되지 못했다.

인쇄술 자체는 이미 구석기 시대에 알려졌다고 볼 수 있다. 고대 수메르 제국에 인장도 있었으니 말이다. 하지만 종이가 풍부하지 않으니 책을 인쇄해도 이익이 거의 나지 않았고, 필경사 직종의 노동조합이 이런 책으로의 발전을 두고 볼 리도 없었다. 알렉산드리아는 많은 책을 발행했지만, 저렴하게 보급할 수 있는 책이 아니었고, 따라서 부유하고 유력한 계층 이하로는 지식을 전파하지 못했다.

야심 찬 지식 사업의 빛이 처음 프톨레마이오스 부자가 불러 모은 철학자와 그들과 교류한 소규모 인사들의 범위를 벗어나지 못한 것도 다 이 때문이었다. 온 세상이 보지 못하게 가린 초롱 속의 빛이나 다름없었다. 빛은 눈부시게 밝았지만 사람들 눈에는 보이지 않았다. 그들 이외 나머지 사람들의 세상은 언젠가 세상을 완전히 바꿀 과학 지식의 씨앗이 땅에 뿌려진 것도 모른 채 옛 방식대로 흘러갔다. 알렉산드리아는 곧 편견의 암흑에 휩싸였다. 그 뒤 이어진 암흑의 1,000년 동안 아리스토텔레스가 뿌린 씨앗은 땅속에 숨어있었다. 그리고 어느 날 움찔하더니 싹을 틔우기 시작했다. 몇 세기 만에 그 씨앗은 방대한 지식과 명징한 사상으로 성장하여 지금 인간의 삶을 송두리째 변화시키고 있다.

파괴되는 지식의 도시들

서기전 3세기 그리스인들의 지적 활동의 중심지가 알렉산드리아만은 아니었다. 알렉산드로스의 단명한 제국이 조각조각 나뉘는 와중에도 눈부신 지적 삶을 과시한 도시들도 많았다. 시칠리아의 그리스 도시인 시라쿠사도 그중 하나였는데, 이곳에서는 200년 동안 사상과 과학이 번성했다. 그리고 소아시아의 페르가몬Pergamon에도 거대한 도서관이 있었다.

하지만 이 눈부신 헬레니즘 문명 세계가 북방의 침략을 당했다. 북유럽의 새로운 침략자인 갈리아인이 예전 그리스 선조와 프리지아인, 마케도니아인이 걸었던 경로를 따라 남하하며 공격했다. 이들은 도시를 습격해 산산이 부수고 파괴했다. 갈리아인에 이어 이탈리아에서 새로운 정복자들이 등장했다. 로마인은 차츰 다리우스와 알렉산드로스가 다스리던 방대한 영토의 서쪽 절반을 정복했다. 로마인은 능력은 있지만 상상력이 부족한 사람들이라 과학이나 예술보다는 법과 이익을 우선했다. 중앙아시아에서도 새로운 침략자가 내려와 셀레우코스Seleucos 제국을 부수고 제압했으며 서구와 인도를 다시 분리했다. 이들이 파르티아인 Parthian[고대 이란 지역에 있었던 파르티아 사람들. 파르티아는 로마와 한나라 사이에 위치했다]이다. 말을 타고 활을 쏘는 파르티아인들이 서기전 3세기 페르세폴리스와 수사를 중심으로 한 그리스-페르시아 제국을 대한 방식은 서기전 7세기와 6세기 메디아족과 페르시아인이 사용한 방식과 아주 똑같았다. 북동쪽에서도 또 다른 유목민이 진출했다. 이들은 피부가 하얗지도 않았고 북유럽 인종도 아니었으며 아리아어를 사용하지도 않았다. 피부는 황색이고 머리는 흑색이며 몽골어족의 언어를 사용했다. 다음 장에서 이들에 대해 자세히 이야기해보자.

28

불교의 탄생

카스트의 나라 인도를 뒤흔든 석가모니

그전에 먼저 3세기를 거슬러 올라가 아시아 전체의 종교적 사상과 정서를 거의 혁명적으로 변화시킨 위대한 스승에 관해 이야기하지 않을 수 없다. 바로 석가모니이다. 그는 이사야가 바빌론에서 유대인들에게 예언을 전하고, 헤라클레이토스가 에페수스에서 사물의 본질을 탐구하며 사색에 빠져있던 때와 거의 같은 시기에 인도 바라나시Varanasi에서 제자들에게 가르침을 전했다. 이들은 모두 같은 시기인 서기전 6세기에 이 세상에 존재했지만 서로 알지 못했다.

서기전 6세기는 사실 전체 인류 역사에서 가장 두드러진 시기 중 하나였다. 중국에 이르기까지 세계 곳곳에서 인간 정신의 대담성이 새롭게 발현되고 있었다. 세계 각지에서 인간이 왕권과 신관, 제물의 인습에서 깨어나 아주 예리한 질문을 던지고 있었다. 2만 년의 유아기를 거쳐 비로소 인류가 청소년기에 접어든 것 같았다.

인도의 초기 역사는 아직 모호하다. 서기전 2000년 즈음 아리아어를 사용하는 사람들이 한 번의 침입이든 여러 차례 반복된 침입을 통해서든 아무튼 북서쪽에서 인도로 남하한 것으로 추정된다. 그리고 이들이 인도 북서부 대부분 지역에 그들의 언어와 전통을 유포시켰다. 아리아어가 독특하게 변이되어 생긴 언어가 산스크리트어였다. 이들은 인더스 강과 갠지스 강 유역을 차지하고 있는, 문명은 더 정교하지만 의지력은 조금 떨어지는 흑갈색 백인종과 만나게 된다. 하지만 이들은 그리스인이나 페르시아인이 그랬던 것처럼 전임자인 흑갈색 백인종과 자유롭게 어우러지지는 않았던 것 같다. 무관심하게 거리를 두었다.

인도의 과거가 역사에 희미하게 드러나는 순간부터 이미 인도 사회는 몇 개의 계층으로 나뉘어있었고, 각 사회 계층은 또다시 여러 개의 하위 계층으로 분화되었다. 계층이 다르면 서로 함께 식사하는 일도, 혼인하는 일도, 자유롭게 교류하는 일도 없었다. 역사가 이어지는 내내 카스트라는 사회 계층화가 지속되었다. 인도인 집단이, 아무 문제 없이 자유롭게 이종교배를 한 유럽이나 몽골족 공동체와 뭔가 다른 이유가 바로 이 카스트 때문이다. 인도라는 하나의 공동체 안에는 여러 개의 공동체가 모여 있다.

진리를 찾아서

고타마 싯다르타Siddhartha Gautama는 히말라야 산비탈의 작은 지역을 다스리던 귀족 가문의 아들로 태어나 열아홉 살이 되던 해에 아름다운 사촌누이와 결혼했다. 고마타는 정원과 숲이 있는 안락한 자신의 세상에서 산책하고, 사냥과 놀이도 즐기고, 논에 물을 대며 지냈다. 그러던 어느 날 갑자기 엄청난 불만이 그를 사로잡았다. 우수한 두뇌가 몰두할 대상을 찾지 못해 느끼는 불행이랄까. 그는 자신의 존재가 삶의 현실이 아니고 '휴가', 그것도 '너무 오래 계속되는 휴가' 상태에 있다고 느꼈다.

질병과 죽음에 대한 의식과 불안감, 그 어떤 것으로도 충족되지 않는 행복에 대한 갈증이 고타마를 엄습했다. 그때 마침 당시 인도에 무수히 많던 편력遍歷 수행자 중 한 사람을 만나게 된

▲ 티베트 팀부에 있는 금동 불상
©MR.Travel/Shutterstock.com

다. 편력수행자들은 엄격한 계율을 지키며 명상과 종교 토론으로 시간을 보냈다. 이들은 더욱 깊은 삶의 진실을 추구했는데 고타마도 그런 일을 하고 싶다는 열망에 사로잡혔다.

전하는 이야기에 따르면, 고타마가 이런 생각에 잠겨있을 때 그의 아내가 첫째 아들을 낳았다는 소식을 듣게 된다. 그러자 고타마는 이렇게 말했다.

"그 또한 끊어야 할 속박이다."

그가 마을로 돌아오니 온 집안사람들이 환호를 보냈다. 큰 잔치가 벌어졌고 무희들이 춤을 추며 그의 새로운 속박의 탄생을 축하했다. 그날 밤, 고타마는 '집에 불이 났다는 소식을 들은 사람처럼' 극도의 정신적 고통을 느끼며 잠에서 깼다. 결국 그는 당장의 안락하고 맹목적인 삶을

버리기로 한다. 그리고 아내가 잠든 방의 입구로 조용히 다가가 작은 등잔 불빛에 비친 아내의 모습을 바라보았다. 아내는 아기를 품에 안고 꽃에 둘러싸여 곤히 잠들어있었다. 고타마는 떠나기 전에 처음이자 마지막으로 아기를 안아보고 싶은 마음이 간절했지만 아내를 깨울 수도 있다는 걱정에 마음을 접었다. 그리고 마침내 밖으로 발길을 돌려 인도의 밝은 달빛 아래로 나섰고 그대로 말을 타고 세상으로 나아갔다.

해탈, 부처가 되다

그날 밤 그는 문중 땅을 벗어날 때까지 아주 멀리 말을 타고 달려가 모래 많은 어느 강가에서 말을 내렸다. 그곳에서 그는 늘어진 머릿단을 칼로 싹둑 자르고, 장신구를 모두 벗은 다음 말에 실어 집으로 돌려보냈다. 곧이어 누더기를 걸친 사람과 옷을 바꿔 입었다. 이렇게 세상 모든 인연을 벗어던진 고타마는 자유롭게 지혜를 찾아 길을 나섰다. 그는 은둔자와 스승들이 머무르는 빈디야Vindhya 산맥의 구릉지를 향해 남쪽으로 길을 잡았다. 그곳에서는 수많은 현자가 토끼장 같은 동굴에 기거하면서 잠깐잠깐 마을로 내려가 간단한 음식을 공양하는 사람들에게 구전으로 지식을 전해주었다. 고타마는 곧 당시의 철리哲理에 통달했지만 그의 날카로운 지성은 주어진 해답에 만족하지 못했다.

인도인에게는 극도의 금욕과 금식, 불면, 고행으로 힘과 지식이 얻어진다고 믿는 경향이 있었다. 고타마는 이 믿음이 맞는지 시험해보기로 한다. 그는 5명의 제자와 더불어 숲으로 들어가 금식하며 뼈를 깎는 고행에 몰입했다. 그의 명성은 '창공에 걸린 거대한 종이 울리는 소리처럼' 퍼져나갔다. 하지만 고타마는 아무리 명성이 높아져도 자신이 진리를 터득했다는 확신은 들지 않았다. 어느 날 고타마는 쇠약해진 몸을 이끌고 이리저리 거닐며 생각에 잠기다가 갑자기 의식을 잃고 쓰러졌다. 다시 정신을 차린 고타마는 그렇게 이상한 방식으로 진리를 추구하는 것이 얼마나 터무니없는 일인지 깨닫는다.

제자들은 고행을 중단하고 정상적인 식사를 하라는 고타마의 말에 충격을 받았다. 하지만 고타마는 인간이 그 어떤 진리에 도달하는 최선의 길은 신체가 건강하고 뇌에 충분한 영양이 공급될 때임을 깨달았다. 이는 그 당시 인도의 사상과는 전혀 다른 생각이었다. 실의에 빠진 제자들은 고타마를 버린 채 바라나시로 돌아갔고 그는 홀로 세상을 떠돌았다.

인간이 복잡하고 중대한 문제를 고민할 때 한 발 한 발 천천히 앞으로 나아감에도 문제가 해결된다는 느낌이 거의 들지 않을 때가 있다. 그러다가 또 갑자기 한줄기 빛이 비치듯 해답이 떠오르기도 한다. 바로 그런 일이 고타마에게 일어났다. 그가 강가의 큰 나무 그늘에 앉아 식사하고 있을 때 갑자기 눈앞이 환해지는 느낌을 받았다. 삶이 명백하게 보이는 느낌이었다. 고타마는 그 나무 아래에 앉아 깊은 생각에 잠긴 채 그날 낮과 밤을 꼬박 보냈다고 한다. 그러고는 자신이 깨달은 것을 세상에 전하기 위해 자리에서 떨쳐 일어났다.

그는 먼저 바라나시에서 자신의 새로운 가르침을 따를 길 잃은 제자들을 찾아 나섰다. 바라나시의 왕궁 사슴 사냥터 안에 움막을 짓고 일종의 학교를 세웠는데 진리를 좇는 많은 사람이 그곳을 찾았다.

고타마의 가르침은 운 좋은 청년 시절 자신이 품었던 질문에서 출발했다. '왜 나는 완전히 행복하지 않을까?' 자기성찰적인 질문이다. 그것은 탈레스와 헤라클레이토스가 우주 문제에 도전할 때 적나라하게 보여준 자아를 망각한 '외적인' 호기심과는 다른 질문이다. 궁극의 예언

▲ 불교의 4대 성지 중 하나인 인도의 사르나트Sarnath 불교 유적. 다메크 불탑Dhamekh Stupa을 비롯한 많은 불교 유적이 남아있다. ⓒsaiko3p/Shutterstock.com

자들이 히브리인의 마음에 무겁게 지워준 도덕적 의무 또한 마찬가지로 자아를 망각한 의무이므로 고타마의 질문과는 질적으로 다르다.

인도의 스승 고타마는 자신을 망각하지 않았다. 오히려 자아에 집중하고 자아를 없애려[無我] 노력했다. 그는 모든 고통이 개인의 탐욕에서 비롯된다고 가르쳤다. 사람이 자신의 욕망을 극복하지 못하면 인생이 괴로움이 되고 비통하게 끝난다. 삶의 욕망은 기본적인 세 가지가 있으며, 모두 악이다. 첫째, 식욕과 성욕 등 온갖 감각적 쾌락에 대한 욕망, 둘째, 개인적이고 이기적인 영생에 대한 욕망, 셋째, 세속적인 재산과 명예 등 개인적 성공에 대한 욕망이다. 삶의 고통과 번민에서 벗어나려면 이런 욕망을 모두 극복해야 한다. 이런 욕망을 극복하고 자아가 모두 사라질 때 비로소 영혼이 고요해지고 해탈Nirvana과 최고선最高善에 이를 수 있다.

이것이 고타마 가르침의 요지이다. 사실 아주 오묘하고 형이상학적이다. 당당하고 올바르게 보고 배우라는 그리스의 권고나 신을 경외하고 의를 행하라는 히브리의 명령처럼 쉽게 이해할 수 있는 가르침이 아니다. 직속 제자들도 이해하기가 아주 어려웠으니 고타마의 영향력이 줄어들면서 이내 왜곡되고 변질된 것은 어쩌면 당연한 일이다. 당시 인도에는 오랜 시차를 두고 지혜가 지상에 내려와 부처라는 선택된 인물의 모습으로 나타난다는 믿음이 있었다. 고타마의 제자들은 그가 부처이며, 가장 최근에 현신한 부처라고 공표했다. 하지만 고타마 스스로 그런 호칭을 인정했다는 증거는 없다. 고타마가 세상의 칭송을 받으며 죽기 전에 이미 그를 둘러싼 기이한 전설들이 만들어졌다. 사람이란 본래 도덕적 노력보다 기이한 이야기에 마음이 더 끌리는 법이어서 고타마는 아주 불가사의한 존재가 되었다.

그렇지만 고타마의 가르침은 중요한 것을 세상에 남겼다. 해탈의 경지는 인간이 상상하기 어려울 정도로 높고 신화 창조에 대한 인간의 충동은 너무 강해서 인류는 고타마의 단순한 삶에 만족하지 못했다. 하지만 고타마가 이야기한 팔정도八正道[불교 수행의 8가지 올바른 방법]의 의도가 무엇인지 아리아인에 어울리는 고귀한 인생행로가 무엇인지는 조금 이해할 수 있었다. 고타마가 팔정도에서 주장한 것은 바른 정신과 바른 목표, 바른 언어, 바른 행동, 정직한 생활, 바른 노력, 바른 마음 챙김, 바른 집중이다. 그는 양심을 되살리며 이기심을 버리고 도량이 넓은 목표를 세우라고 호소했다.

29

아소카, 불교를 전파하다

전쟁을 원치 않는 정복자

인간의 최고선은 자아를 정복하는 것이라는 명료한 첫 계명과 더불어 숭고하고 고귀한 불교의 교훈들은 안타깝게도 고타마가 죽은 후 수 세대가 지나는 동안 세상에 거의 전해지지 않았다. 그런데 역사상 가장 위대한 군주 한 사람이 불교의 가르침에 매료되었다.

알렉산드로스 대왕이 인더스 강에서 포루스 왕과 전투를 벌인 이야기는 이미 앞에서 했다. 그리스의 역사가들은 찬드라굽타 마우리아 Chandragupta Maurya라는 인물이 알렉산드로스의 막사로 찾아와 갠지스 강까지 진격해 인도 전체를 정복하라고 설득했다 전한다. 하지만 알렉산드로스는 미지의 세계로 더는 들어가길 거부하는 부하들의 반대에 부딪혀 인도 정복에 나서지 못했다. 서기전 321년 찬드라굽타가 여러 고원 부족의 협조를 받아 그리스의 도움 없이 그 꿈을 실현했다. 그는 북인도에 왕국(마우라)을 세우고, 곧 펀자브Punjab 지역의 셀레우코스 1세를

▲ 아소카 왕은 불교를 받아들이면서 산치Sanchi에 이 지역 최초의 불교 건축물인 그레이트 스투파Great Stupa(대탑)를 지었다. ©imagedb.com/Shutterstock.com

공격해 그리스 세력의 잔재를 인도에서 몰아냈다(서기전 303). 그의 아들이 제국을 물려받아 확장했고, 이제 우리가 이야기하려고 하는 그의 손자 아소카Asoka가 서기전 264년 서쪽으로는 아프가니스탄에서 남쪽으로는 첸나이Chennai까지 거의 인도 전체를 다스렸다.

아소카는 아버지와 할아버지가 했던 것처럼 인도 반도 정복에 나섰다. 서기전 255년 그는 첸나이 동해안에 자리한 칼링가Kalinga 왕국을 공격했다. 공격은 성공했지만, 그는 이내 전쟁의 참상에 혐오를 느끼고 작전을 중단했다. 이제껏 이런 결정을 내린 정복자는 없었다. 더는 전쟁을 원하지 않았던 아소카는 불교의 평화주의에 따라 무력정복 방침을 버리고 불법에 의한 정복을 선언했다.

28년 동안 이어진 아소카 왕의 치세는 힘든 인류 역사에서 가장 멋진 간주곡과도 같았다. 아소카는 인도 각지에 큰 우물을 여러 개 파고 나무

▲ 사르나트에 있는 사자 기둥머리. 아소카 왕이 부처님의
성직지를 찾아다니며 세운 기념주로 사자나 황소, 코끼리
등을 기둥머리에 장식했다. ⓒKiev.Victor/Shutterstock.com

를 심어 그늘을 만들었고, 병원과 공원을 세웠으며, 따로 약초만 기르는
정원들도 만들었다. 인도 원주민과 속국민을 돌보는 정부 부처를 신설했
고, 여성 교육 방안도 마련했다. 불교를 가르치는 계층에는 지원을 아끼
지 않았으며, 축적된 문헌들은 더 열정적으로 논평할 수 있게 격려했다.
위대한 인도 스승의 순수하고 간결한 가르침이 너무 빨리 왜곡되고 미
신적인 요소들이 덧붙여지고 있었기 때문이다. 아소카가 파견한 포교사
들이 카슈미르Kashmir와 페르시아, 스리랑카 실론 섬, 알렉산드리아로
퍼져나갔다.

불교, 인도를 넘어 아시아로

위대한 왕 아소카는 시대를 앞선 인물이었다. 하지만 대를 이을 왕자나 정복 사업을 계속 추진할 조직을 남기지 않는 바람에 아소카 왕이 사망하고 100년도 지나지 않아 그가 남긴 영광은 쇠퇴했고 영광스러웠던 한때의 기억으로 사그라져버렸다. 인도 사회에서 특권층인 사제 계급 브라만Brahman은 지금까지 솔직하고 공개적인 포교를 늘 반대했다. 인도에서 불교의 영향력을 약화시킨 장본인이 이들이다. 고대의 기괴한 신들과 수많은 힌두교 의식이 다시 인도를 지배했고, 카스트 제도는 더욱 완고하고 복잡해졌다. 오랜 기간 불교와 승려 계급이 나란히 번성했지만, 이후 불교는 점차 타락했고, 다양한 종류의 승려 계급이 그 자리를 대신했다.

하지만 불교는 인도라는 지리적 한계와 카스트 제도의 제약을 넘어 전파되었다. 결국 중국과 샴Shiam(태국), 미얀마, 일본까지 전해졌으며, 지금도 이들 나라에서는 불교가 지배적인 종교다.

30

혼란의 시대를 이끈 공자와 노자

혼란의 시대

서기전 6세기는 인류의 청소년기가 시작되는 무렵이었다. 그 경이로운 세기를 살았던 위인 중 빼놓을 수 없는 두 사람이 있으니 바로 공자와 노자다. 지금까지 이 책에서는 중국 고대사에 관해서는 거의 논하지 않았다. 지금도 중국의 고대사는 아주 모호하다. 이제 중국 연구자들과 고고학자들이 나서서 지난 세기에 유럽의 연구자들이 그랬던 것처럼 중국의 과거를 속속들이 밝힐 수 있길 기대한다.

아주 오래전 원시 양석문화권 밖의 강과 골짜기가 펼쳐진 드넓은 지역에서 최초의 원시 중국 문명이 태동했다. 이집트와 수메르처럼 중국도 원시 문명의 일반적인 특징들을 공유한다. 먼저, 신관이나 신왕이 계절에 따라 신전에 피의 제물을 바치는 등 삶의 중심은 신전이었다. 중국의 도시 생활도 6,000~7,000년 전 이집트, 수메르와 아주 비슷했고 1,000년 전 중앙아메리카 마야의 도시 생활과도 흡사했다.

하지만 중국은 역사 시대가 시작되기 아주 오래전부터 인간 대신 동물을 제물로 바쳤다. 그리고 서기전 1000년 훨씬 이전부터 일종의 상형 문자를 사용했다.

유럽이나 서아시아의 원시 문명이 사막의 유목민이나 북방의 유목민과 갈등을 겪곤 했는데 마찬가지로 중국의 북쪽 변방에도 유목민이 엄청난 무리를 이루고 있었다. 각 부족의 언어와 생활 방식은 비슷했다. 이들이 역사에 등장하는 훈족, 몽골족, 튀르크족, 타타르족이다[저자는 책에서 이들 종족의 명칭을 혼용하고 있는 것으로 보인다]. 이들은 연이어 등장하며 서로 모였다가 나뉘고 또 재결합했지만 유럽과 중앙아시아의 북유럽 인종처럼 이름만 바뀌었을 뿐 같은 종족이었다. 이 몽골 유목민은 북유럽 인종보다 먼저 말을 이용했으며, 서기전 1000년 이후 알타이 산맥 지대에서 독자적으로 철을 발견했을 가능성이 있다. 서양과 마찬가지로 이들도 때때로 일종의 정치적 통합을 이루고 여기저기 정착지를 정복해 다스리고 부흥시키곤 했다.

원시 유럽 문명과 서아시아 문명을 이뤄낸 사람들이 북유럽 인종이나 셈족이 아닌 것처럼 원시 중국 문명을 이룬 사람들도 몽골 인종이 아닐 가능성이 매우 크다. 중국의 원시 문명도 고대 이집트와 수메르, 드라비다 문명처럼 흑갈색 백인종의 문명일 가능성이 크다. 또 중국에서 처음으로 역사가 기록될 당시 이미 그곳에 정복자가 존재해 인종 혼합이 이루어졌을 가능성도 아주 짙다. 사실이야 어떻든 서기전 1750년 무렵 이미 중국은 작은 왕국들과 도시 국가들이 방대하게 체계를 이루어 위대한 황제 겸 제사장인 '천자'에게 느슨한 충성을 맹세하고 (나라마다 정도의 차이는 있지만) 정기적으로 일정하게 조공을 바쳤다.

상 왕조[기원전 1600년~기원전 1046년경 실제로 존재했다고 여겨지는 최초의 중국 왕조로 은나라라고도 부른다]가 서기전 1125년 막을 내리고 상 왕조를 계승한 주 왕조는 인도에서 아소카가 등장하고 이집트에서 프톨레마이 오스가 등장할 때까지 중국을 태평성대의 통일국가로 유지했다. 하지만 주 왕조의 긴 통치기에 중국은 점차 분열되었고 훈족이 남하해 여러 제 후국을 세웠다. 제후들은 조공을 중단하고 독립을 선언했다. 한 중국 권 위자는 서기전 6세기 중국에 실질적으로 5,000~6,000개의 독립국이 있 었다고 말한다. 이 시기가 중국인들이 '공자의 시대'로 기록하는 춘추전 국시대이다.

공자의 시대는 지적 활동이 왕성하고 많은 지역이 예술과 문화생활 의 중심으로 자리한 시기이다. 중국 역사를 더 자세히 들여다보면 중국 에도 중국의 밀레토스와 아테네, 페르가몬, 마케도니아가 있었음을 알게 된다. 이 시기 중국이 어떻게 분열되었는지 모호하고 단편적으로밖에 알 수 없다. 아직 우리가 일관되고 연속적인 이야기를 구성할 만큼 중국에 관해 충분히 알지 못하기 때문이다.

분열된 그리스에 철학자들이 있었고 뿔뿔이 흩어지고 포로로 잡힌 유 대인들에게 예언자들이 있었던 것처럼, 당시 혼란스러운 중국에도 철학 자와 스승 들이 있었다. 세 경우 모두 불안과 불확실이 촉매가 되어 더 나은 인간 정신이 활발히 움직였을 것이다.

자기 수양으로 예를 다하라

공자는 노나라라는 작은 나라에서 주요 관직을 지낸 관리 집안 출신 이었다. 그리스의 아카데미아처럼 공자는 이곳에 지혜를 찾고 가르치는 학교를 세웠다. 그의 눈에 비친 중국은 무법과 무질서 상태였다. 이를 괴로워하던 공자는 마침내 길을 나섰다. 더 나은 국가와 더 나은 삶에 대한 이상을 품고 자신의 법률사상과 교육사상을 구현할 주군을 찾아 이 나라 저 나라를 돌아다녔다. 하지만 공자는 그런 주군을 찾지 못했다. 한 사람을 찾긴 했지만 조정 대신들의 음모로 그의 개혁안은 무산되었다. 재미있는 사실은 150년 후 그리스의 철학자 플라톤도 주군을 찾아다녔고, 시칠리아의 시라쿠사를 다스리던 독재자 디오니시우스Dionysius를 만나 한동안 그의 고문으로 활동했다는 사실이다.

▲ 공자 초상. 인의 정치와 윤리를 설파하여 세계에서 가장 영향력 있는 사상가가 되었다.
@wikipedia

공자는 절망한 채 세상을 떠났다. 그는 이렇게 한탄했다.

"나를 스승으로 맞이할 현명한 군주가 아무도 없고, 이제 내가 죽을 때가 되었구나."

하지만 그의 가르침은 쇠락하고 희망이 없던 시절에 사람을 살게 하는 원동력이 되었고, 중국인의 인격 형성에 지대한 영향을 미쳤다. 석가모니, 노자의 가르침과 더불어 공자의 가르침은 중국의 3교[불교, 도교, 유교]의 근간이 되었다.

공자 가르침의 핵심은 고귀하고 귀족적인 삶의 길이다. 석가모니는 자기 존재를 잊는 무아無我를 통한 평화에, 그리스인은 외부의 지식에, 유대인은 의로움에 주목했지만, 공자는 개인의 행동에 주목했다. 공자는 모든 위대한 스승 중에서 단연 공공의 이익을 가장 강조한 스승이었다. 그는 세상의 혼란과 고통에 관심이 많았고, 고귀한 세상이 되려면 인간을 고귀하게 만들어야 한다고 생각했다. 놀라울 정도로 행동을 규제하려한 공자는 삶의 모든 상황에 대비한 규율을 철저하게 준비했다. 엄격한자기 수양을 통해 예절을 다하면, 공공의 이익이 된다고 생각한 선비. 이것이 이미 중국 북부에서 발전하고 있던 공자의 이상이었으며 그가 영원하다고 생각한 인간의 모습이었다.

사상, 만리장성 아래 묻히다

오랫동안 주 왕조의 왕실 도서관장을 지낸 노자의 가르침은 공자의가르침보다 훨씬 더 신비롭고 모호하며 이해하기 어렵다. 노자는 세상의쾌락과 권력에 관심을 끊고 가능할 것 같지 않은 과거의 단순한 삶으로돌아가라고 설파했다. 그가 남긴 저작들은 표현이 아주 압축적이고 모호하다. 수수께끼 같은 글이다. 석가모니의 가르침과 마찬가지로 노자의가르침도 사후 전설이 더해지며 왜곡되었고 매우 복잡하고 기이한 의식과 미신적 사상이 덧붙여졌다.

인도처럼 중국도 과거의 마법적이고 기이한 원시 사상이 새로운 세상의 생각에 맞섰고, 그로테스크하고 비합리적이며 낡은 의식을 덧씌우는데 성공했다. 현재 중국에서 불교와 도교는 종교이다. 수도승과 신전, 신관이 있고, 희생 제물을 바치던 고대 수메르나 이집트처럼 제물을 바친다. 제물에 담긴 생각은 다르지만 제물을 바치는 형식은 다르지 않다. 하지만 제한적이고 분명하며 복잡하지 않은 공자의 가르침은 기이한 의식이나 미신적 사상이 덧붙지 않았으며 그런 왜곡을 겪지 않았다.

황하 유역의 화북華北 사람들은 사상이나 정신적으로 유교를 신봉했고, 양쯔 강 유역의 화남華南 사람들은 도교를 신봉했다. 그때부터 이 두

▲ 헤베이성 지역의 만리장성 모습. 시황제는 훈족의 급습에 대비하여 만리장성을 축조하였다.
©axz700/Shutterstock.com

정신, 다시 말해 훗날 북경과 남경으로 대표되는 화북의 정신과 화남의
정신은 중국의 국사를 둘러싸고 갈등이 끊이지 않았다. 공식적이고 강직
하고 보수적인 북부와 회의적이고 예술적이며 방만하고 실험적인 남부
의 갈등이었다.

춘추전국시대 중국의 분열은 서기전 6세기에 최악으로 치달았다. 주
왕조가 쇠퇴하며 신뢰가 땅에 떨어지자, 노자는 불만스러운 왕궁을 떠나
칩거했다. 명목상 속국이었던 세 나라가 당시 정세를 주도했다. 북방의
강자인 제濟와 진秦, 양쯔 강 유역의 도발적인 군사강국 초楚였다. 마침내
제와 진이 연합하여 초를 제압하고, 중국 내 군비 축소와 평화에 관한 일
반 조약을 체결했다. 하지만 진의 세력이 점차 두드러졌고 결국 아소카

왕이 인도를 다스릴 즈음 진의 군주가 주 황제의 번제burnt offering[제물을 태워 그 향기로 올리는 제사] 잔을 손에 넣고 번제 직분을 넘겨받았다. 그리고 그의 아들 시황제始皇帝(서기전 246년 왕위에 오른 후 서기전 220년 황제로 등극했다)는 중국 사기에 '최초의 황제'로 기록되었다.

알렉산드로스보다 운이 좋았던 시황제는 36년 동안 왕과 황제로 통치했다. 그의 정력적인 통치는 중국인들에게 통일과 번영의 새 시대가 출발함을 의미한다. 시황제는 북쪽 사막에서 침입하는 훈족과 맞서 격렬하게 싸웠으며, 훈족의 급습을 막기 위한 대역사大役事를 시작했다. 이것이 바로 만리장성萬里長城이다.

5부

로마 제국,
흥망성쇠의 역사

이탈리아 반도의 작은 왕국

에트루리아의 교역 도시

모든 문명의 역사에는 일반적인 유사성이 있다. 중앙아시아와 더 나아가 인도에 이르는 산맥들과 인도 북서쪽의 거대한 장벽[히말라야 산맥]에 가로막혀 있어도 유사한 점이 있다. 우선 수천 년 동안 양석문화가 구세계의 모든 따뜻하고 기름진 분지로 퍼져나가 희생 제물을 전통으로 하는 신전 체계와 신관 지배를 발전시켰다. 모든 문명을 처음 만든 사람들은 언제나 우리가 인류의 중심 인종으로 거론한 흑갈색 백인종이었다. 그리고 계절별로 풀을 찾아 옮겨다니던 지역에 유목민들이 들어와 원시 문명 위에 자신들의 특징을 덧씌웠고, 종종 자신들의 언어까지 덧입혔다. 이들이 원시 문명을 정복하고 자극했지만, 자신들도 자극받아 발전했고 성과도 거두었다.

메소포타미아에 이런 자극을 준 사람들은 처음에 엘람인, 그다음 셈족 그리고 마지막으로 북유럽의 메디아족과 페르시아인, 그리스인이었다. 에게 해 지역에서는 그리스인이, 인도에서는 아리아어를 쓰는 사람들이 자극을 주었다. 신관 문명이 더 짙게 밴 이집트에서는 정복자의 침투가 약했다. 중국은 훈족이 정복했지만 이들은 중국에 흡수되었고 새로운 훈족이 그 뒤를 이었다.

그리스와 북인도가 아리아화하고, 메소포타미아가 셈족화하고 아리아화한 것처럼 중국은 몽골화했다. 유목민은 모든 곳에서 많은 것을 파괴했지만, 동시에 자유로운 탐구와 도덕 개혁이라는 새로운 정신을 끌어왔다. 이들은 태곳적부터 내려오는 믿음에 의문을 제기했고 어두운 신전에 밝은 빛을 들였다. 이들이 세운 왕은 신관도 신도 아니었고 지휘관과 동료들을 이끄는 지도자일 뿐이었다.

서기전 6세기 이후 몇 세기 동안 세계 곳곳에서 고대 전통이 크게 무너지고, 새로운 도덕적·지적 탐구 정신이 깨어났다. 이는 인류의 진보라는 거대한 흐름에서 절대 잠들지 말아야 할 정신이다. 읽기와 쓰기는 소수의 지도층과 부유층이 쉽게 배울 수 있는 공통 소양이 되었다. 숨기며 신관들만 간직하는 비밀이 아니었다. 말이 늘어나고 도로가 정비됨에 따라 여행이 증가하고 운송은 쉬워졌다. 주화라는 새롭고 편리한 수단이 등장하며 교역도 쉬워졌다.

이제 동아시아의 중국에서 지중해 서반구로 시선을 돌려보자. 이곳에서 우리는 인류사에서 아주 중요한 역할을 하게 될 도시의 등장에 주목해야 한다. 바로 로마이다.

지금까지 이 책에서는 이탈리아에 관한 이야기를 조금밖에 하지 않았다. 서기전 1000년 이전 이탈리아는 산과 숲이 우거진 땅이어서 인구가 적었다. 아리아어를 쓰는 부족이 이탈리아 반도를 압박하며 작은 마을과 도시들을 세웠고, 반도 남쪽 끝에는 그리스 정착지가 점점이 흩어져 있

▲ 로마의 포로 로마노 유적 ©Nattee Chalermtiragool/Shutterstock.com

었다. 현재 파에스툼Paestum에 남아있는 고귀한 유적이 당시 초기 그리
스 정착지의 품위와 영광을 전한다.

이탈리아 반도의 중앙부에는 아리아어를 사용하지 않는 에트루리아
인이 자리를 잡았다. 이들은 여러 아리아인을 종속시켰다. 역사의 빛 속
으로 얼굴을 들이밀 당시 로마는 티베르 강 여울목에서 에트루리아 왕
이 라틴어를 사용하는 주민들을 다스리는 작은 교역 도시였다. 옛 연대
기들은 서기전 753년을 로마가 세워진 해로 기록하고 있다. 페니키아
인들이 거대한 도시 카르타고를 세우고 반세기가 지난 때였으며, 첫 올
림픽 경기가 열린 지 23년이 흐른 뒤였다. 하지만 포로 로마노Roman
Forum(로마인의 광장)에서는 서기전 753년 훨씬 이전에 조성된 에트루리
아인의 무덤들이 발굴되고 있다.

인류사에서 기념비적 세기인 서기전 6세기, 에트루리아 왕이 축출되고(서기전 510) 로마는 도도한 귀족 계층이 평민을 다스리는 귀족 공화정이 되었다. 라틴어를 사용한다는 점만 제외하면 귀족적인 그리스 공화정과 다를 게 없었다. 몇 세기 동안 로마의 내정사는 정부 정책에 참여하고 자유를 얻기 위한 평민층의 길고 집요한 투쟁사였고 그리스도 이와 비슷한 충돌을 경험했다. 그리스인들은 이를 귀족정치 대 민주정치의 충돌로 표현하곤 했다. 마침내 평민들은 오래된 귀족 가문의 배타적인 장벽을 무너트리고 실제로 그들과 동등한 권리를 얻어냈다. 이들은 이전의 배타성을 파기하고 점점 더 많은 국외자를 흡수함으로써 로마의 시민계층이 확대될 수 있는 길을 마련했다.

세력을 확장하다

로마는 내부적으로 시끄러운 상황에서도 밖으로는 세력을 확장하고 있었다. 로마의 세력 확장은 서기전 5세기부터 시작되었다. 그때까지 로마는 에트루리아와 전쟁을 벌이고 있었지만 대체로 성과는 좋지 않았다. 로마에서 겨우 몇 킬로미터 떨어진 베이오Veio에 에트루리아 요새가 있었는데, 로마인들은 이 요새를 한 번도 장악하지 못했다. 하지만 서기전 474년 에트루리아에 엄청난 재앙이 닥쳤다. 시칠리아에서 에트루리아 함대가 시라쿠사의 그리스인들에게 전멸당하는 사건이 발생한 것이다. 그와 동시에 새로운 북유럽의 침략 세력이 파도처럼 밀려들었다. 갈리아인이었다. 로마와 갈리아 사이에 갇혀버린 에트루리아는 결국 역사의 뒤안길로 사라지고 베이오는 로마의 차지가 되었다. 이후 갈리아인들이 로마로 쳐들어와 도시를 약탈했지만 카피톨리누스 언덕의 주피터 신전까지 장악하지는 못했다. 거위들이 놀라서 꽥꽥거리는 통에 야간 기습작전이 탄로 났고, 결국 침략자들은 전리품만 챙겨 다시 이탈리아 북부로 돌아갔다.

갈리아의 침입은 로마를 위축시키기는커녕 오히려 의기를 더 북돋웠던 것 같다. 로마는 에트루리아를 정복하고 동화시키는 한편 아르노 강에서 나폴리까지 이탈리아 중부 일원으로 세력을 넓혔다. 서기전 300년부터 채 몇 년이 되기도 전에 이런 세력 확장을 이루어냈다. 로마가 이탈리아를 정복하던 시기는 필리포스가 마케도니아와 그리스에서 세력을 키우고 그의 아들 알렉산드로스가 이집트와 인더스 강으로 대대적인 공격을 가하던 시기와 맞물렸다. 로마는 알렉산드로스의 제국을 해체함으로써 동쪽 문명 세계에 이름을 떨쳤다.

로마 세력권의 북쪽에는 갈리아가 있었고 남쪽으로는 마그나그라이키아, 즉 이탈리아 남부(지도에서 장화의 발가락부터 발뒤꿈치에 해당하는) 지역과 시칠리아에 자리한 그리스 정착지가 있었다. 갈리아인이 강인하고 호전적이었기 때문에 로마인은 요새와 요새화한 정착지를 줄 세워 변경을 지켰다. 타렌툼Tarentum(현재의 타란토Taranto)과 시칠리아의 시라쿠사가 주축인 남쪽의 그리스 도시들은 로마에 염려스러운 존재였지만 위협적일 정도는 아니었다. 그리스 도시들은 새로운 정복자에 맞설 조력자를 찾아 나섰다.

피로스 전쟁, 대전쟁의 서막

알렉산드로스 제국이 무너지고 그의 장수들과 동료들에 의해 분할된 과정은 이미 이야기했다. 그중 피로스Pyrrhus라는 이름의 알렉산드로스 사촌이 아드리아 해를 사이에 두고 이탈리아 발뒤꿈치와 마주한 에피루스Epirus에 자리를 잡았다. 피로스는 마그나그라이키아에 대해 마케도니아의 필리포스 역할을 하고, 타렌툼과 시라쿠사 그리고 나머지에 보호자이자 총사령관이 되려는 야망을 품고 있었다. 그는 당시 아주 효율적이고 현대적인 군대를 거느렸다. 보병 팔랑크스와 테살리아 Thessaly 출신의 기병대(당시 이들의 전력은 원조 마케도니아 기병대만큼 뛰어났다)는 물론 전투용 코끼리도 스무 마리나 있었다. 이탈

▲ 피로스와 그의 전투용 코끼리 @wikipedia

리아로 쳐들어간 피로스는 헤라클레아Heraclea(서기전 280)와 아스쿨룸 Ausculum(서기전 279)에서 벌어진 두 번의 중요한 전투에서 로마군을 궤멸하여 북쪽으로 몰아낸 후 시칠리아 정복으로 눈을 돌렸다.

하지만 이로 인해 피로스는 로마보다 더 무서운 적을 만들게 된다. 당시 세계에서 가장 큰 도시였을 페니키아의 교역 도시 카르타고를 적으로 돌린 것이다. 시칠리아에 매우 가까이 자리한 카르타고는 새로운 알렉산드로스를 반길 수 없었고, 반세기 전 주요 도시였던 티레가 맞이한 운명을 떠올리지 않을 수 없었다. 카르타고는 함대를 급파해 로마의 항전을 격려하고 독려했으며 피로스의 해상 보급로를 차단했다. 피로스는

새롭게 대열을 정비한 로마군의 공격에 시달렸고, 나폴리와 로마 중간 지점인 베네벤툼Beneventum의 로마군 진지를 공격했지만 참패했다.

이때 피로스를 본국으로 불러들이는 급보가 날아들었다. 갈리아인이 남쪽으로 침입하고 있다는 소식이었다. 갈리아의 이번 공격 목표는 이탈리아가 아니었다. 경비병이 진지를 구축하고 지키는 로마의 변경은 갈리아로서는 난공불락이었다. 이에 갈리아인은 일리리아Illyria[현재 세르비아와 알바니아]를 거쳐 마케도니아와 에피루스를 향해 내려오고 있었다. 로마군에 참패하고, 바다에서 카르타고의 공격을 받는 데다 본국마저 갈리아의 위협을 받게 된 피로스는 정복의 꿈을 접고 에피루스로 돌아갔다(서기전 275). 그리고 로마는 메시나 해협Straits of Messina까지 세력을 확장했다.

당시 해협 건너 시칠리아에 있던 그리스 도시 메시나는 해적들의 손아귀에 들어있었다. 이미 시칠리아를 실제로 다스리고 있던 카르타고가 해적을 진압하고(서기전 270) 메시나에 카르타고 수비대를 주둔시켰다. 해적들은 로마에 탄원했고 로마는 그들의 불평에 귀를 기울였다. 이렇게 해서 거대 교역국인 카르타고와 새로운 정복자 로마가 메시나 해협을 사이에 두고 정면으로 맞붙게 되었다.

32

지중해를 공략하다

로마와 카르타고의 격돌

서기전 264년 로마와 카르타고 사이에 포에니 전쟁이 시작되었다. 그해 아소카는 베하르Behar에서 통치를 시작했고, 시황제는 아직 어린 소년이었다. 또한 알렉산드리아의 무세이온은 훌륭한 과학 연구를 수행하고 있었고, 야만족 갈리아인은 소아시아에 자리 잡고 페르가몬에 조공을 강요하고 있었다. 세상은 여전히 넘기 힘든 거리를 두고 여러 지역으로 나뉘어 있었다. 그 와중에 스페인과 이탈리아, 북아프리카, 지중해 서안에서 최후의 보루를 지키려는 셈족과 새롭게 등장한 아리아인 로마가 150여 년 동안 벌인 이 처절한 전쟁에 관해 세상 사람들은 겨우 어렴풋이 먼 풍문으로만 전해 들었을 것이다.

포에니 전쟁이 남긴 흔적은 지금도 세상을 뒤흔들고 있다. 로마가 카르타고를 이겼지만 아리아인과 셈족의 대결은 나중에 비유대인 대 유대인의 충돌로 다시 나타나게 된다. 이제 우리 역사에 등장하는 사건들은 그 결과와 왜곡된 전설이 끈질기게 생명력을 유지하며 오늘날의 갈등과 논쟁의 불씨가 되고 있다.

제1차 포에니 전쟁은 메시나의 해적과 관련해 서기전 264년에 발발했지만, 결국 시라쿠사의 그리스인 왕이 다스리는 지역을 제외한 시칠리아 전체의 소유권 다툼으로 비화했다. 처음에는 카르타고가 해상에서 우위를 점했다. 카르타고의 전함은 그때까지 듣도 보도 못한 거대한 크기였다. 노가 5단으로 되어있고 거대한 충각衝角[적함에 구멍을 뚫기 위해 뱃머리에 설치한 장치]이 달린 어마어마한 갤리선이었다. 2세기 전 살라미스 해전 당시 최고의 전함도 겨우 3단 노가 달린 배였다.

로마인은 해전 경험이 많지 않았지만 비범한 열정으로 카르타고인을 제압했다. 로마는 새로 창설한 해군을 그리스 선원들로 충원했고, 갈고리로 적함을 끌어당겨 승선하는 전법을 개발함으로써 적의 월등한 항해술을 무력화시켰다. 카르타고의 전함이 충각으로 들이받거나 로마 전함의 노를 부러뜨리기 위해 접근하면 로마군은 커다란 쇠갈고리로 적함을 끌어당긴 후 벌떼처럼 적함에 올라탔다.

밀레Mylae 전투(서기전 260)와 에크노무스Ecnomus 전투(서기전 256)에서 카르타고 해군은 처참히 패배했다. 카르타고 해군은 카르타고 인근에 상륙하는 로마 부대를 반격했지만 팔레르모Palermo에서 대패했다. 로마군이 팔레르모 전투에서 전리품으로 획득한 104마리의 코끼리를 앞세우고 포로 로마노로 개선 행진하는 장면은 전에 볼 수 없던 장관이었다. 그 이후 로마는 두 차례 패배하고 한 차례 승리를 거두었다. 서기전 241년 에게 해 섬 전투에서 로마군은 최후의 일격을 가해 마지막 남은 카르타고군을 섬멸했고 카르타고는 화평을 청했다. 이로써 히에론 2세가 다스리는 시라쿠사를 제외한 시칠리아 전체가 로마에 이양되었다.

▲ 포에니 전쟁으로 파괴된 카르타고의 원형극장 유적 ⓒeFesenko/Shutterstock.com

한니발, 알프스를 넘다

그 후 22년간 로마와 카르타고는 평화를 유지했다. 두 나라 모두 내부적인 문제로 여력이 없었기 때문이었다. 이탈리아에서는 갈리아인이 다시 남하해 로마를 위협하고 있었다. 로마는 신에게 인간 제물을 바칠 정도로 공황 상태에 빠졌다. 하지만 갈리아인은 텔라몬Telamon에서 궤멸하였고 로마군이 알프스까지 진격하며 아드리아 해안에서 일리리아까지 오히려 지배권을 넓혔다. 카르타고는 코르시카Corsica와 사르디니아Sardinia에서 일어난 내부 반란과 폭동에 시달렸지만 반란을 완전히 진압하기에는 힘이 부족했다. 결국 로마가 막강한 공격으로 반란을 진압하고 두 섬을 합병했다.

당시 스페인은 북쪽으로 에브로Ebro 강에 이르기까지 카르타고의 무대였고 로마는 카르타고인들이 에브로 강을 건너지 못하게 막았다. 카르타고인이 에브로 강을 건너는 것은 로마에 대한 선전포고나 마찬가지였

▲ 인류 역사상 가장 뛰어난 장군 중 한 명으로
평가되는 한니발 장군 @wikipedia

다. 하지만 결국 서기전 218년 로마의 공격에 자극받은 카르타고는 한니발Hannibal이라는 젊은 장군을 앞세워서 에브로 강을 건넜다.

한니발은 전체 인류사에서 가장 출중한 장군 중 한 명이다. 그는 군대를 이끌고 스페인을 출발해 알프스 산을 넘어 이탈리아로 들어갔다. 그러고는 갈리아를 부추겨 로마에 맞서게 함으로써 이탈리아에서 15년에 걸친 제2차 포에니 전쟁을 이끌었다. 트라시메노Trasimeno 호수와 칸네Cannae에서는 로마에 커다란 패배를 안기기도 했다. 한니발이 이탈리아를 정벌하는 동안 그에 맞선 로마군은 모두 불행의 소용돌이에 휘말렸다. 그런데 로마 부대 하나가 마르세유에 상륙해 스페인과 한니발의 보급로를 차단했고 병기를 제대로 보급받지 못한 한니발은 결국 로마 함락에 실패했다.

누미디아인Numidian의 반란으로 본국이 위험에 처하자 한니발은 카르타고를 지키기 위해 아프리카로 돌아가지 않을 수 없었다. 돌아가는 그의 뒤를 로마군이 쫓았고 결국 아프리카까지 건너갔다. 그리고 자마Zama에서 맞닥뜨린 한니발은 로마의 장군 대大스키피오 아프리카누스Scipio Africanus the Elder에게 사상 최초의 패배를 당했다. 이 전투에서 카르타고가 항복하며 제2차 포에니 전쟁은 끝이 났다.

카르타고는 스페인과 전투함대를 포기했고, 막대한 전쟁 배상금을 지급했으며, 로마에 한니발을 내어주기로 합의했다. 한니발은 아시아로 달아났지만 나중에 그곳에서 적의 손에 잡힐 위험에 처하자 독약을 마시고 자살했다.

제3차 포에니 전쟁

힘이 빠진 도시 카르타고와 로마는 56년간 평화를 유지했다. 그사이 로마는 분열되어 혼란한 그리스까지 복속시켰다. 또 소아시아를 침략했으며 리디아의 마그네시아Magnesia에서 셀레우코스 왕조의 안티오코스 3세Antiochos III를 무찔렀다. 로마는 프톨레마이오스 왕조가 통치하던 이집트와 페르가몬, 소아시아의 약소국 대부분을 동맹국으로 만들었다. 요즘 말로 '보호국'으로 삼았다.

그런데 정복당해 허약해진 카르타고가 서서히 과거의 영광을 회복하기 시작했다. 카르타고의 부흥은 로마의 반감을 샀다. 급기야 로마는 서기전 149년 속이 뻔히 들여다보이는 억지스러운 분쟁[카르타고가 이행할 수 없는 조건을 제시하여 압박했다]을 시작했고 이에 카르타고가 이를 묵살하여 3차 전쟁에 돌입했다. 카르타고는 [여성들이 머리카락을 잘라서 활의 시위로 쓰게 할 만큼] 거세고 처절하게 저항하며 장기간의 포위 공격을 버텼지만 로마군의 대대적인 급습(서기전 146)은 막아내지 못했다. 시가전과 대량 학살이 6일 동안 이어졌다. 유혈이 낭자했고, 성이 함락되었을 때 전체 카르타고 시민 25만 명 중 살아남은 사람은 겨우 5만 명에 불과했다. 그나마 살아남은 카르타고인들도 노예로 팔려나갔고 도시는 불타 폐허가 되었다. 로마는 재로 변한 폐허를 쟁기로 갈아엎은 뒤 일종의 소멸의식으로 씨를 뿌렸다.

▲ 제3차 포에니 전쟁이 발발하기 직전인 서기전 150년 무렵 로마의 세력권과 동맹국

살아남은 셈족 왕국

이렇게 제3차 포에니 전쟁이 막을 내렸다. 5세기 전 번성했던 세상 모든 셈족 국가와 도시는 거의 사라졌다. 토착 군주의 통치를 받으며 자유를 지킨 셈족 국가는 작은 나라 하나뿐이었다. 셀레우코스 왕조에서 해방되어 토착세력인 마카베오Maccabeus 왕조의 통치를 받던 유다 왕국이다.

당시 유대인들은 성경을 거의 완성했고, 우리가 현재 알고 있는 독특한 유대인 전통을 발전시키고 있었다. 세상에 흩어져 살던 카르타고인과 페니키아인 등의 동족들이 사실상 같은 언어와 희망과 용기를 주는 성경에서 공통의 연대감을 느낀 것은 당연한 일이었다. 당시에도 대부분 유대인은 세상을 무대로 활동하는 상인이나 은행가였다. 사실 셈족의 세상은 다른 세상으로 대체된 것이 아니라 잠시 보이지 않게 숨었을 뿐이었다.

유대교의 중심이기 이전에 언제나 유대교의 상징이었던 예루살렘은 서기전 65년 로마군에 점령되었다. 일시적인 독립과 반란의 우여곡절이 거듭된 후, 서기 70년 로마군이 예루살렘을 포위하고 유대인의 완강한 저항을 물리치며 함락시켰다. 예루살렘 성전도 파괴되었다. 그 후 132년에 일어난 반란으로 그나마 남은 성전도 완전히 파괴되었다. 우리가 현재 알고 있는 예루살렘은 나중에 로마의 후원으로 재건된 것이다. 성전이 있던 자리에는 로마의 신을 모시는 주피터 카피톨리누스Jupiter Capitolinus 신전이 들어섰고 예루살렘 안에서 유대인의 거주는 금지되었다.

33

도시에서 제국으로

성장하는 로마

서기전 2세기와 서기전 1세기, 서구의 새로운 지배세력으로 부상한 로마는 그때까지 문명 세계를 지배한 위대한 제국들과 몇 가지 점에서 달랐다. 로마는 군주제로 출발하지도 않았으며 위대한 정복자 한 사람이 이룩한 나라도 아니었다. 사실 최초의 공화정 제국도 아니었다. 페리클레스 당시 이미 아테네가 동맹국과 종속국을 다스렸고 로마와 사활을 건 전쟁에 돌입할 당시 카르타고가 사르디니아와 코르시카, 모로코, 알제[알제리의 수도], 튀니스, 스페인 대부분 도시, 시칠리아를 지배하고 있었다. 하지만 소멸하지 않고 거듭해서 새롭게 발전한 공화정 제국은 로마가 최초였다.

이 새로운 체제의 중심지는 이전 고대 제국의 중심지였던 메소포타미아와 이집트보다 훨씬 더 서쪽에 자리했다. 이렇게 서쪽으로 자리를 잡음으로써 로마는 새로운 지역과 사람들을 문명으로 끌어들이게 되었다. 로마의 세력은 모로코와 스페인까지 확장되었고, 곧이어 북서쪽으로 는 지금의 프랑스와 벨기에를 넘어 영국까지, 북동쪽으로는 헝가리와 러시아 남부까지 뻗어 나갔다. 하지만 로마는 중앙아시아나 페르시아에서는 세력을 유지할 수 없었는데 행정 중심지에서 너무 멀리 떨어져 있었기 때문이다. 따라서 로마는 아리아어를 사용하는 북유럽인 대부분을 새롭게 포함하였고 거의 모든 그리스인을 편입시켰지만 함족과 셈족의 인구 비율은 이전 제국보다 높지 않았다.

몇 세기가 지나도 로마는 이전 제국들처럼 빠르게 페르시아인과 그리스인을 흡수하지 못했고 로마가 발전하는 내내 이런 상황은 변하지 않았다. 메디아와 페르시아의 군주들은 한 세대를 지내는 동안 완전히 바빌론화되어 고대 페르시아 왕 중의 왕이 쓰던 작은 왕관과 그의 신전, 신관들을 이어받았다. 마찬가지로 알렉산드로스와 그 후계자들도 동화同化라는 쉬운 길을 택했다. 셀레우코스 왕조는 네부카드네자르와 똑같은 조정과 행정 체계를 갖추었다. 프톨레마이오스는 파라오로서 완전한 이집트인이 되었다. 이들은 앞서 수메르를 정복한 셈족 정복자들과 마찬가지로 동화의 길을 택했던 것이다.

하지만 로마인들은 자신들의 도시 안에서 통치했으며, 수 세기 동안 로마 본연의 법을 고수했다. 2~3세기 이전에 로마인에게 정신적으로 큰 영향을 준 사람들은 친족 관계이면서 비슷한 면이 있는 그리스인이 유일했다. 따라서 로마는 본능적으로 아리아계 위주로 거대한 영토를 다스리려고 했다. 이는 당시 역사에 새롭게 등장한 방식으로서 일종의 확장된 아리아 공화국 개념이었다. 수확의 신을 모시는 신전을 중심으로 성장한 수도를 정복자 개인이 다스리는 예전의 방식은 적용되지 않았다. 로마에도 많은 신과 신전이 있었지만 로마의 신은 그리스의 신처럼 반半

▲ 바그다드 인근 크테시폰Ctesiphon에 있는 거대한 로마식 아치 @wikipedia

인간 불멸의 존재이자 신성한 귀족이었다. 로마인들도 피의 제물을 바쳤으며 비상시에는 인간을 제물로 바쳤다. 에트루리아인의 음울한 관습을 보고 배운 것이리라. 하지만 로마가 전성기를 지나 한참 시간이 흐를 때까지도 신관이나 신전은 로마 역사에서 큰 역할을 하지 못했다.

로마 제국은 하나의 생장물이었다. 전혀 의도되지 않은 새로운 생장물이었다. 로마인들은 스스로 의식하지 못한 채 엄청난 행정 실험을 벌인 것이다. 결국 로마 제국이 완전히 무너졌으니 실험이 성공했다고 말할 수는 없다. 로마의 형식과 체제는 100년 주기로 큰 변화를 겪었다. 벵골Bengal이나 메소포타미아, 이집트가 1,000년 동안 겪은 것보다 더 큰 변화를 로마는 100년 동안 겪었다. 로마는 늘 변하고 있었고, 멈춘 적이 한 번도 없었다.

어떤 의미에서는 실패한 실험이었다. 또 어떤 의미에서는 아직 끝나지 않은 실험이다. 지금도 유럽과 미국은 로마인들이 처음 직면했던 범세계적 국가 통치법의 난제를 풀기 위해 고심 중이다.

　역사를 공부하는 사람들은 로마 통치 기간에 일어난 아주 커다란 정치적 변화뿐만 아니라 사회적 · 도덕적 변화 또한 유념해야 할 것이다. 사람들은 로마의 통치를 완결되어 고정된 것으로, 견고하고 완벽하며 고귀하고 확고한 것으로 생각하는 경향이 너무 강하다. 토머스 매콜리 Thomas Macaulay(1800-1859)의 시집 《고대 로마의 민요Lays of Ancient Rome》를 보면, 로마의 원로원과 시민S.P.Q.R, 대大카토Marcus Porcius Cato, 대大스키피오, 소小스키피오, 율리우스 카이사르Julius Caesar(서기전 100-4), 디오클레티아누스 황제, 콘스탄티누스 대제, 승리, 연설, 검투사의 결투, 그리스도교 순교자 등이 모두 뒤섞여 무언가 고귀하고 잔인하고 존엄한 이미지를 만들어내고 있다. 그런 이미지에서 이것들을 하나하나 분리해내야 한다. 정복자 윌리엄 1세William I(1028?-1087)의 런던과 현재 런던의 차이보다 더 엄청난 변화의 과정에서 각각 다른 시기에 존재하던 것들을 한데 모아놓은 것이기 때문이다.

동화 정책과 자유농민의 공화국

　편의상 로마의 확장은 4단계로 구분할 수 있다. 1단계는 고트족이 로마를 약탈한 서기전 390년 이후부터 제1차 포에니 전쟁이 끝나는 서기전 240년까지이고, 이 시기를 동화同化 공화정 단계로 부를 수 있다. 로마 역사상 가장 우수하고 독특한 단계였을 것이다. 귀족과 평민의 오랜 알력도 끝나가고 있었고 에트루리아인의 위협도 사라졌다. 아주 부유한 사람도 몹시 가난한 사람도 없이 대부분 공공의 이익과 행복을

▲ 서기전 89년에 로마의 지배하에 들어간 이후 철저하게 로마화되었던 도시 폼페이. 당시 로마 상류계층의 별장지였다. ©Viacheslav Lopatin/Shutterstock.com

우선했다. 이 시기 로마는 1900년 이전 남아프리카 보어 공화국이나 1800~1850년 미합중국의 북부 연방과 같은 공화국이었다. 자유농민의 공화국이었다.

1단계가 시작될 당시 로마는 면적이 33km²에도 못 미치는 작은 국가였다. 로마는 주변의 억센 동족 국가들과 싸우며, 그들을 파괴하기보다는 융합하려고 노력했다. 로마인들은 수 세기에 걸친 시민 갈등을 통해 타협과 양보가 몸에 배어 있었다. 패배한 도시 일부는 완전한 로마 도시가 되어 투표권을 행사하며 정부 정책에 참여했다. 또 다른 일부는 시민들이 로마에서 장사하고 결혼도 할 수 있는 권리가 있는 자치도시가 되었다. 전략적 요충지에는 로마 시민으로 가득 찬 요새가 들어섰고, 새롭게 정복되는 나라에는 다양한 특권을 보장하는 식민지들이 건설되었다. 넓은 도로들도 건설되었다.

이탈리아 전체의 급속한 라틴화는 이러한 정책의 당연한 결과였다. 서기전 89년 이탈리아의 모든 자유민이 로마의 시민이 되었다. 공식적으로 전체 로마 제국이 마침내 하나의 도시로 확장된 것이다. 212년 제국 전체 관할권 자유민에게 로마 시민권이 주어졌다. 로마에서 열리는 민회에 언제라도 참여해 투표할 수 있는 권리를 부여받은 것이다.

이처럼 로마를 따르는 도시와 모든 나라에 시민권을 확대한 것이 로마가 팽창하는 결정적인 요인이었다. 선先정복, 후後동화라는 예전 절차를 완전히 뒤바꾸는 것이었다. 정복자들이 피정복민을 먼저 동화시키는 것이 로마의 방식이었다.

부자들의 공화국으로 변질되다

하지만 제1차 포에니 전쟁이 끝나고 시칠리아를 합병한 이후부터는 기존의 동화 정책과는 다르게 진행되었다. 예를 들어, 시칠리아는 정복된 전리품으로 취급되었다. 로마인의 '사유지'로 선언된 것이다. 시칠리아의 비옥한 땅과 근면한 사람들이 로마를 부유하게 하는 데 이용되었고, 귀족과 영향력 있는 평민들이 거기서 얻어지는 부의 대부분을 차지했다. 또한 전쟁으로 차출된 자유농민을 대신해 엄청난 수의 노예가 농업에 투입되었다. 제1차 포에니 전쟁 이전 로마 공화정은 시민권을 가진 자유농민이 대부분이었고 군 복무는 이들의 특권이자 의무였다. 그런데 이들이 군에 복무하는 동안 농장은 빚에 허덕였고 대규모의 노예 농업이 새롭게 성장했다. 군 복무를 마치고 돌아왔을 때 이들의 농작물은 시칠리아와 본토의 새로운 사유지에서 노예가 생산한 농작물과 경쟁해야 했다. 시대가 변하고 공화정의 성격이 바뀐 것이다. 시칠리아가 로마의

▲ 제1차 포에니 전쟁이 끝나고 로마인의 전리품이 되었던 시칠리아 섬 ©Yury Dmitrienko/Shutterstock.com

수중에 들어갔을 뿐만 아니라 평민들은 부유한 채권자와 경쟁자의 수중으로 떨어졌다. 로마 발전의 2단계 즉, 저돌적인 부자들의 공화국이 시작되고 있었다.

로마의 군인 겸 자유농민은 국가 대사에 참여할 권리와 자유를 얻기 위해 200년 동안 투쟁했고 100년 동안 그 특권을 누렸다. 하지만 제1차 포에니 전쟁이 그들을 쇠약하게 만들었고 그동안 쟁취한 모든 것을 빼앗았다.

이들이 행사하는 투표권의 가치도 증발했다. 로마 공화정을 다스리는 통치 세력은 둘이었다. 첫 번째 세력으로 더 중요한 힘을 행사한 원로원Senate이 있었다. 원로원은 본래 귀족 집단이었지만 이후 온갖 저명인사들이 합류했다. 이들은 처음에 집정관이나 감찰관 같은 고위 공무원의 부름으로 참석했다. 결국 영국의 귀족원House of Lords처럼 대지주와 유력한 정치인, 거상의 모임이 되었다. 미국 상원보다 영국 귀족원에 훨씬 더 가까운 기관이었다. 포에니 전쟁 이후 3세기 동안 원로원은 로마의 정치사상과 정치 목적의 중심이었다.

두 번째 세력은 민회Popular Assembly였다. 민회는 원래 로마의 모든 시민을 위한 모임이었다. 로마가 면적 33km²의 작은 나라였을 때는 가능한 일이었지만 로마의 시민권이 이탈리아에 무제한으로 확대된 이후에는 절대 불가능한 모임이었다. 카피톨리누스 언덕과 성벽에서 나팔을 불어 소집하는 민회는 점점 정치모리배와 어중이떠중이들의 모임으로 변하였다. 서기전 4세기만 해도 민회는 원로원을 견제하며 평민의 요구와 권리를 충분히 대변했다. 하지만 포에니 전쟁이 끝날 무렵에는 무너진 시민권을 증명하는 유물에 불과했고 실제로 원로원의 거물들을 통제할 법적 장치는 없었다.

로마 공화정에 대의정치의 본질이 도입된 적은 한 번도 없었다. 시민들의 의지를 대변할 대표를 선출하려는 생각을 아무도 하지 못했다. 이는 역사를 공부하는 사람이 반드시 유념해야 할 중요한 사실이다. 로마의 민회는 미국 하원이나 영국 서민원House of Commons과 동등한 기능을 발휘한 적이 없었다. 이론적으로 민회는 모든 시민을 의미했지만, 실제로는 고려할 만한 가치가 전혀 없었다.

노예 반란과 시민전쟁

따라서 제2차 포에니 전쟁이 끝난 후 로마 제국 평민들의 생활은 아주 비참했다. 빈곤에 시달렸고 농장을 빼앗기는 경우도 많았으며 생산수익에서도 노예에 밀렸다. 더군다나 이 모든 상황을 바로잡을 정치적 힘도 남아있지 않았다. 모든 정치적 표현 수단을 빼앗긴 평민들이 할 수 있는 의사 표현 방법은 파업과 반란뿐이었다. 서기전 2세기와 서기전 1세기 로마의 국내 정치사는 격동의 혁명사이다. 이 책의 지면이 한정되어 자세히 이야기할 수는 없지만 당시 싸움은 복잡하게 전개되었다. 사유지를 나눠 자유농민의 땅을 돌려주려는 시도와 부채의 전부 또는 일부를 탕감하자는 제안 등도 있었다. 반란과 시민전쟁이 벌어졌다.

서기전 73년 스파르타쿠스가 주동한 노예 반란으로 이탈리아의 위기가 고조되었다. 이탈리아 노예들의 반란은 파장이 컸다. 훈련된 검투사들이 포함되어있었기 때문이다. 스파르타쿠스는 당시 사화산이던 베수비오의 분화구에 숨어 2년을 버텼지만, 결국 무자비하게 진압되었다. 스파르타쿠스의 반란군 6,000명이 체포되어 로마에서 남쪽으로 드넓게 뻗은 아피아 가도Appian Way를 따라 십자가에 못 박혔다(서기전 71).

평민은 자신을 예속하고 붕괴시키는 세력에 절대 맞서지 못했다. 그런데도 부유한 원로원의 거물들은 이에 만족하지 못하고 본인들과 평민 위에 군림할 또 다른 세력을 준비하고 있었다. 그 세력은 바로 군대였다.

제2차 포에니 전쟁 전 로마의 군대는 소집된 자유농민들이었다. 이들이 각자의 신분에 따라 말을 타거나 걸어서 전장으로 향했다. 자유농민군은 가까운 곳에서 벌어지는 전쟁에는 아주 유용했지만 해외 원정을 견딜 수 있는 군대는 아니었다. 게다가 노예가 증가하고 사유지가 많아지면서 아무 걱정 없이 전쟁에 참여할 수 있는 자유농민도 줄어들었다.

그때 가이우스 마리우스Gaius Marius(서기전 157?-86)라는 대중 지도자가 새로운 군대 체제를 도입했다. 카르타고 문명이 전복된 후 북아프리카에는 누미디아 왕국이 들어섰다. 로마는 누미디아의 왕 유구르타 Jugurtha와 갈등을 겪고 있었는데 누미디아를 정복하는 것이 매우 어려웠다. 분노한 로마 시민들은 이 불명예스러운 정복전을 빨리 끝내도록 마리우스를 집정관으로 임명했다. 그러자 그가 직업군인을 선발해 강도 높은 훈련을 시켜 전쟁을 마무리했다. 유구르타는 사슬에 묶여 로마로 끌려왔고(서기전 106) 마리우스는 임기가 끝난 후에도 자신이 새로 만든 군대를 앞세워 집정관 자리를 내놓지 않았다. 당시 로마에는 그를 제지할 만한 세력이 없었다.

군사령관의 공화국

마리우스와 함께 로마 발전의 3단계가 시작되었다. 군사령관의 공화국이다. 직업군인의 지휘자가 로마의 승리를 위해 싸우는 시대가 된 것이다. 마리우스와 격돌한 인물은 아프리카에서 마리우스 휘하의 하급 장교로 복무한 귀족 출신의 술라Lucius Cornelius Sulla였다. 두 사람은 서로 돌아가며 정적을 대량 숙청했다. 추방되고 처형된 사람이 수천 명이었고, 이들의 사유지는 매각되었다. 피비린내 나는 두 사람의 대결과 공포의 스파르타쿠스 반란 이후 루클루스Licinius Lucullus와 폼페이우스 대장군, 크라수스Marcus Licinius Crassus, 율리우스 카이사르가 군대를 장악하고 국정을 지배하는 시기가 이어졌다. 스파르타쿠스를 진압한 인물이 바로 크라수스였다. 루클루스는 소아시아를 정복하고 아르메니아까지 침투한 다음, 막대한 재산을 확보한 뒤 은퇴했다. 더 공격적인 크라수스는 페르시아를 공격했다가 실패해 파르티아인들에게 피살되었다. 폼페이우스가 율리우스 카이사르와의 오랜 대결에서 패배하고(서기전 48) 이집트에서 살해됨으로써 율리우스 카이사르가 로마 세계의 유일한 주인이 되었다.

율리우스 카이사르란 인물은 인간의 상상력을 자극해 실제 본인의 장

▲ 율리우스 카이사르 흉상
©PLRANG ART/Shutterstock.com

점이나 중요성을 초월하는 모습을 만들어 낸 인물이다. 그는 전설이며 상징이 되었다. 우리에게 가장 중요한 것은 그가 군대와 함께한 모험가의 시대를 로마 발전의 4단계, 즉 제국의 시대로 바꾸었다는 사실이다. 정치·경제적으로 심각한 격변기에 시민전쟁과 사회적 퇴폐가 만연한 가운데서도 로마인의 나라는 영토를 확장했고 계속해서 밖으로 뻗어 나가 100년 무렵 영토는 최전성기에 달했다. 물론 제2차 포에니 전쟁, 마리우스가 재건하기 전까지 분명하게 드러난 군대의 전력 상실, 스파르타쿠스의 반란 등 로마 확장이 주춤하는 기미도 있었다.

율리우스 카이사르는 현재 프랑스와 벨기에에 해당하는 지역인 갈리아 지역에서 군 지휘관으로 명성을 쌓았다. 이 지역에 거주하던 대부분 부족은 한동안 이탈리아를 점령하다가 소아시아로 쳐들어가 갈라티아인Galatian으로 정착한 갈리아인과 같은 켈트족이었다. 카이사르는 독일을 침략한 갈리아인을 몰아내고, 독일 지역 전체를 제국에 편입시켰다. 또한 정복이 오래 지속되진 않았지만, 두 차례(서기전 55, 서기전 54)나 도버 해협을 건너 브리튼을 점령했다. 한편 폼페이우스 대장군은 동쪽으로 카스피 해까지 이어진 로마의 점령지들을 확고히 다지고 있었다.

바로 그때(서기전 1세기 중반) 로마 원로원은 집정관을 임명하고 위임장을 내주는 등 여전히 로마 정권의 중심이었지만 실제로는 허울뿐이었다. 마르쿠스 키케로Marcus Tullius Cicero(서기전 106-43)를 필두로 한 수많은 정치인이 로마 공화정의 위대한 전통을 지키고 공화정 헌법을 준수하려고 고군분투했다. 하지만 자유농민의 몰락과 함께 이탈리아에서 시민 정신이 사라졌다. 이제 이탈리아는 자유에 대한 이해도 열망도 없는 노예와 가난한 자들의 땅이었다. 공화정 지도자들을 받쳐주는 원로원 세력은 없었다. 하지만 공화정 지도자들이 통제하고 싶어 하는 막강한 모험가들 뒤에는 군대가 버티고 있었다. 크라수스와 폼페이우스, 카이사르 세 사람이 원로원을 제치고 제국을 통치했다(제1차 삼두정치).

하지만 곧 크라수스가 머나먼 카르해Carrhae에서 파르티아인들에게 피살되자 폼페이우스와 카이사르의 사이도 틀어졌다. 폼페이우스가 공화정 지지자들 편을 들어 카이사르를 법률 위반 및 원로원에 대한 명령 불복종이란 이유로 재판에 부치는 법률을 통과시켰다. 당시 카이사르의 관할권과 이탈리아의 경계는 루비콘 강이었고, 장군이 자신의 관할권 밖으로 군대를 끌고 나가는 것은 위법이었다. 하지만 카이사르는 서기전 49년 "주사위는 던져졌다"는 말과 함께 루비콘 강을 건너 폼페이우스와 로마를 향해 진군했다.

카이사르와 제국의 시대

과거 로마는 군사적으로 궁지에 몰린 시기에 실제로 제한 없는 권력을 행사하며 위기를 돌파할 '독재관'을 선출하는 것이 관례였다. 카이사르가 폼페이우스를 쓰러트린 후 독재관으로 선출되었다. 처음에는 10년 임기였고 곧이어 종신 독재관으로 선출되었다(서기전 45). 사실상 카이사르가 종신 임기의 제국 군주가 된 것이다. 왕으로 부르자는 의견도 있었지만 왕이라는 단어는 5세기 전 에트루리아인을 축출한 이후부터 로마에서 혐오스러운 단어였다. 카이사르는 왕이란 칭호는 거부했지만, 왕좌에 올라 왕의 홀笏을 잡았다.

폼페이우스를 물리쳤을 때 카이사르는 이집트로 계속 진군해 프톨레마이오스 왕조의 마지막 여왕이자 이집트의 여신이었던 클레오파트라와 사랑에 빠진 적이 있다. 클레오파트라에게 완전히 매료되었던 것 같다. 그리고 카이사르는 이집트의 신왕神王 개념을 로마에 부활시켰다. '무적의 신에게'라는 비문과 함께 그의 동상이 신전에 들어섰다. 하지만 꺼져가던 로마 공화정의 불꽃이 최후의 투쟁으로 타올랐고, 그는 자신이 죽인 폼페이우스 대장군 동상 발치에서 칼에 찔려 최후를 맞았다.

이후 13년 동안 야심가들의 암투가 계속되었고, 율리우스 카이사르의 조카인 가이우스 옥타비아누스Gaius Octavianus[서기전 63-서기 14, 카이사르의 유언에 따라 양자가 되어 그의 뒤를 이었다]와 레피두스, 마르쿠스 안토니우스의 제2차 삼두정치가 시작되었다. 옥타비아누스는 숙부처럼 가난하지만 더 강인한 서부지역을 맡았고, 그곳에서 최강의 군대를 키워냈다.

서기전 31년 옥타비아누스가 악티움Actium 해전에서 마지막 숙적 마르쿠스 안토니우스를 물리치고 로마의 제1인자로 올라섰다. 그는 율리우스 카이사르와 성격이 전혀 달랐다. 신이나 왕이 되려는 어리석은 열망도 없었고 여왕과 사랑에 빠져 허우적거리지도 않았다. 독재자가 되길 원치 않았던 그는 원로원과 로마 시민에게 자유를 돌려주었다. 이에 대한 보답으로 원로원은 그에게 형식적인 권력 대신 실제 권력을 안겨주었다. 옥타비아누스는 사실 나중에 '왕'이 아닌 '제1인자Princeps'와 '아우구스투스Augustus'로 불렸다. 그는 로마 제국의 초대 황제 아우구스투스 카이사르(서기전 31-서기 14 재위)가 되었다.

그의 뒤를 이어 티베리우스(14-37 재위)와 칼리굴라(37-41 재위), 클라우디우스(41-54 재위), 네로(54-68 재위), 트라야누스(98-117 재위), 하드리아누스(117-138 재위), 안토니누스 피우스(138-161 재위), 마르쿠스 아우렐리우스(161-180 재위) 등이 황제의 자리에 올랐다. 이들은 모두 군대의 황제였다. 이들을 황제로 만든 힘이 군대였고, 이들 중 일부를 파멸시킨 힘도 군대였다. 원로원의 역할은 로마 역사에서 점점 희미해졌고 황제와 행정 관료들이 그 자리를 대신했다.

▲ 클레오파트라 흉상
©GTS Productions/Shutterstock.com

이제 제국의 경계는 최고로 확장되었다. 브리튼 대부분이 제국에 합병되었고, 트란실바니아Transylvania가 다키아Dacia[오늘날의 루마니아 지역]라는 새로운 속주로 편입되었다. 트라야누스는 유프라테스 강을 건넜고, 하드리아누스는 오래전 동방의 시황제가 했던 것처럼 북쪽의 야만족을 막기 위해 곳곳에 장성을 쌓았다. 브리튼을 가로지르는 긴 성[하드리아누스 성벽]을 쌓았고, 라인 강과 도나우 강 사이에 목책[게르마니아 방벽]을 세웠다. 하지만 트라야누스가 획득했던 일부 지역은 포기했다. 이로써 로마 제국의 확장이 마무리되었다.

34

세상을 지배하는 두 세력

로마와 한나라

　서기전 2세기와 서기전 1세기는 인류 역사상 새 시대였다. 이제 관심
은 메소포타미아와 지중해 동부가 아니었다. 메소포타미아와 이집트는
여전히 비옥하고 인구도 많고 크게 번성했지만 더는 세상을 지배하는
지역이 아니었다. 지배력이 서쪽과 동쪽으로 이동했다. 세상을 지배하는
세력은 두 나라, 로마와 한나라였다. 로마는 유프라테스 강까지 세력을
확대했지만 강의 경계를 넘어서지 못했다. 너무 멀었기 때문이다. 유프
라테스 강 너머 예전 셀레우코스가 다스리던 페르시아와 인도의 영토는
수많은 새로운 주인들에게 나누어졌다. 시황제가 죽은 뒤 진나라를 대신
한 한漢나라는 티베트를 지나 파미르 고원을 넘어 서투르키스탄까지 세
력을 확장했다. 하지만 거기까지였다. 그 너머는 너무 멀었다.

　당시 한나라는 세계에서 가장 위대하고 최고로 조직적이며 문명화된
정치 체제를 가진 나라였다. 영토와 인구에 있어서 전성기 로마 제국을

뛰어넘었다. 이 두 거대 정치 체제가 서로를 거의 완전히 무시한 채 같은 시기 같은 세상에서 공존하는 것은 당시에나 가능한 일이었다. 육상교통이나 해상교통 모두 두 세력이 맞부딪칠 만큼 충분히 발전하거나 조직화하지 않았기 때문이다.

▲ 폼페이우스 대장군 동상
©PLRANG ART/Shutterstock.com

하지만 두 세력은 주목할 만한 방식으로 서로 반응했고, 그 결과 두 세력 사이에 있던 중앙아시아와 인도의 운명에 심각한 영향을 주었다. 당시에는 페르시아를 횡단하는 낙타 대상과 인도와 홍해를 항해하는 연안 무역선에 의해 꽤 많은 교역이 이루어졌다. 서기전 66년 폼페이우스 대장군의 군대가 알렉산드로스 대왕의 발자취를 좇아 카스피 해 동쪽 해안으로 진군했다. 서기 102년 반초班超가 이끄는 중국 원정대가 카스피 해 지역에 도착한 후 황제에게 몇 차례 밀사를 보내 로마의 세력을 보고했다. 하지만 유럽과 동아시아에 공존하던 거대한 두 세계가 양쪽에 대해 알게 되고 직접적인 교류로 이어지는 데에는 그로부터 수백 년의 시간이 더 필요했다.

두 거대 제국의 북방은 미개척지였다. 현재 독일이 있는 지역 대부분이 삼림지대였고, 멀리 러시아까지 이어진 삼림은 거의 코끼리만큼 거대한 들소의 서식지였다. 아시아의 거대한 산맥 너머에는 사막과 스텝 지대, 삼림, 동토의 땅이 층층이 이어져 있었고, 아시아의 고지대 동쪽으로는 만주가 거대한 삼각형으로 펼쳐져 있었다. 러시아 남부와 투르키스탄 사이에서 만주까지 펼쳐진 이 지역은 예나 지금이나 기후가 극히 불안정한 지역이다. 수 세기 동안 강수량이 엄청난 차이를 보이는 등 인간의 접근을 거부하는 땅이다. 수년간 목초지가 펼쳐지고 경작할 수 있다가도 건조기가 되어 살인적인 가뭄이 닥치기 일쑤였다.

독일 삼림지대부터 러시아 남부와 투르키스탄까지, 고틀란드Gothland 부터 알프스까지 이어진 이 미개한 북방의 서부지역에서 북유럽 인종과 아리아어가 태어났다. 몽골 지방의 동쪽 스텝 지대와 사막은 훈족이나 몽골족 또는 타타르족이나 튀르크족의 고향이다. 이들은 모두 언어나 인종, 생활 방식이 유사했다. 수용 한계를 넘어 계속 성장한 북유럽인이 메소포타미아와 지중해 해안에서 발전하던 문명을 압박하며 남하한 것과 마찬가지로 훈족의 잉여 자원들은 유랑객이나 침략자, 정복자가 되어 한나라의 정착지로 들어갔다. 북방에서 풍요의 시기는 인구 증가를 의미했다. 목초의 부족과 한 차례씩 불어닥치는 소의 전염병이 굶주리고 호전적인 부족민을 남쪽으로 몰아댔다.

한동안 두 제국은 야만족의 침입을 매우 효과적으로 물리치고 평화로운 제국의 국경을 확장하며 공존했다. 한나라는 지속해서 북쪽에 있던 몽골 지역[흉노 지역을 지칭하는 것으로 보인다]을 공격했다. 이후 한나라 사람들이 줄지어 만리장성의 벽을 넘었다. 국경수비대의 뒤를 이어 농민들이 말과 쟁기를 끌고 초원에 도착해 겨울 목초지를 막고 초원을 갈아엎었다. 훈족[흉노를 지칭하는 것으로 보인다]이 정착 농민들을 공격하고 살해했지만, 한나라 토벌대에게는 중과부적이었다. 유목민들은 자기들도 정착해 농사를 짓고 한나라 납세자가 될 것인지 아니면 새로운 여름 목초지를 찾아 이주할 것인지를 정해야 하는 갈림길에 섰다. 정착해 한나라에 흡수된 사람들도 있었고 서투르키스탄으로 내려간 사람들도 있었다.

훈족의 서진

이러한 훈족의 서진은 서기전 200년부터 계속되었다. 훈족은 아리아인을 서쪽으로 몰아붙였고, 아리아인은 약점만 보이면 바로 로마 국경을 뚫고 들어갈 기세였다. 한편 스키타이족과 몽골족이 섞인 것으로 보이는 파르티아인들이 서기전 1세기 무렵 유프라테스 강까지 남하했다. 이들이 동방 원정을 나온 폼페이우스 대장군과 맞서 싸웠다. 크라수스를 패퇴시키고 죽인 것도 이들이었다. 파르티아인들은 페르시아에서 셀레우코스 왕가의 자리를 차지하고 아르사케스 왕조Arsakes Dynasty라는 파르티아 왕조를 세웠다.

하지만 굶주린 유목민들이 한동안 가장 수월하게 전진한 경로는 서쪽도 동쪽도 아니었다. 바로 중앙아시아를 통과해 남동쪽으로 카이버고개를 넘어 인도로 들어가는 경로였다. 로마와 한나라의 힘이 막강하던 이 시기에 몽골족의 진입을 감수한 곳이 인도였다. 정복자들이 연달아 펀자브 지방을 통과해 인도 대초원으로 몰려들어 약탈과 파괴를 일삼았다. 아소카 왕국이 분열되며 인도의 역사도 한동안 암흑기를 거쳤다. 침략 부족의 하나인 '인도-스키타이족'이 세운 쿠샨 왕조Kushan Dynasty가 인도 북부를 다스리며 한동안 나름대로 질서를 유지하기도 했다. 유목민의 침략은 이렇게 몇 세기 동안 이어졌다. 5세기에 인도는 에프탈Ephthal에게 내내 시달렸다. 백흉노족White Huns인 이들은 인도의 작은 제후국들에 공물을 바치라고 강요하며 인도를 공포로 몰아넣었다. 에프탈은 매년 여름이면 서투르키스탄에서 가축을 방목하다가 가을이 되면 어김없이 카이버고개를 넘어와 인도를 공포에 떨게 했다.

2세기 로마와 한나라에 크나큰 불행이 닥치며 야만족에 대한 두 나라

▲ 스웨덴의 동쪽인 발트 해에 있는 작은 섬인 고틀란드. 고트족의 기원지다. 247년 고트족은 현재 세르비아 지역에서 전투를 벌여 로마군을 물리치고 데키우스 황제를 죽였다. ⓒPeter Fuchs/Shutterstock.com

의 저항력이 약해졌다. 유례없이 지독한 전염병이 몰아닥쳤던 것이다. 한나라는 11년간 역병에 시달리며 사회 구조가 심각하게 훼손되었다. 한나라가 무너지고, 새로운 분열과 혼란의 시대가 열렸다. 중국은 7세기 당이라는 위대한 왕조가 들어설 때까지 그 분열과 혼란의 시대에서 제대로 벗어나지 못했다.

전염병은 아시아를 넘어 유럽으로 퍼졌고 164년부터 180년까지 로마제국에서 맹위를 떨쳤다. 전염병이 로마 제국의 틀을 심각하게 약화했던 것은 분명한 사실이다. 이때부터 로마 속주들의 인구가 감소했고 정부의 힘이나 능률도 분명히 떨어졌기 때문이다. 아무튼 로마의 국경은 더는 난공불락의 장벽이 아니었다. 여기저기 계속해서 국경이 뚫렸다.

스웨덴의 고틀란드에서 기원한 새로운 북유럽 인종인 고트족이 러시아를 넘어 볼가 강 유역과 흑해 연안으로 이주했다. 그리고 바다로 진출해 해적이 되었다. 이들도 2세기 말엽부터 훈족의 서진을 감지하기 시작했을 것이다. 247년 고트족은 대대적으로 다뉴브 강을 건너 육지를 습격했고, 현재 세르비아 지역에서 전투를 벌여 로마군을 물리치고 데키우스Gaius Messius Quintus Trajanus Decius 황제를 살해했다. 236년 또 다른 게르만족인 프랑크족Franks이 라인 강 하류를 뛰어넘었고, 알라만족Alemans이 알자스 지방으로 쏟아져 들어왔다. 갈리아 지역의 로마 군대가 이들의 침입은 막아냈지만, 발칸 반도에서의 고트족의 침략은 그치지 않았다. 그리고 다키아 속주가 로마 역사에서 사라졌다.

자부심과 확신에 가득 찼던 로마도 등골이 오싹해졌다. 270년부터 275년까지 아우렐리아누스Lucius Domitius Aurelianus 황제는 300년 동안 활짝 열린 안전한 도시였던 로마에 성벽을 쌓았다.

35

노예 제국

평민의 삶

서기전 2세기와 서기전 1세기에 확립되어 아우구스투스 시대부터 200년 동안 평화와 안정 속에서 번영했던 로마[팍스 로마나Pax Romana]가 혼란에 빠지고 분열된 과정을 이야기하기에 앞서 이 위대한 제국 내에서 살았던 보통 사람들의 삶을 살펴보는 것이 좋을 것 같다. 로마의 평화기인 팍스 로마나와 한나라의 평화기인 팍스 시니카Pax Sinica[중국에 의한 동아시아 평화기]를 산 문명인의 삶은 이미 그 후손인 현대인의 삶과 점점 더 분명하게 닮아가기 시작했다.

서양에서는 이제 동전이 흔하게 사용되었고 신관의 세상을 벗어나면 정부 관료나 신관이 아니라도 일을 안 해도 먹고 살 수 있을 만큼 재산을 가진 사람들이 많았다. 사람들은 전보다 더 자유롭게 여기저기 여행 다녔고 이를 가능하게 한 큰 도로와 숙박업소들도 생겼다. 서기전 500년 이전의 과거와 비교할 때 삶이 훨씬 더 자유로워졌다. 그 이전의 문명인들은 일정 지역이나 지방에 묶여있었고, 전통에 얽매여 아주 좁은 범주에서 생활했다. 여행하며 교역을 하는 것은 유목민뿐이었다.

하지만 팍스 로마나와 한나라의 팍스 시니카가 드넓은 통치 지역 전반에 걸쳐 문명이 고르게 분포했음을 의미하는 것은 아니다. 지역마다 엄청난 격차가 있었으며 문화의 차이나 불평등도 심각했다. 팍스 브리태니커Pax Britannica[19세기 영국의 식민통치를 이르는 말. 영국에 의한 세계 평화기다] 시절, 인도에 엄청난 지역 격차가 존재하는 것과 마찬가지이다.

로마의 수비대와 식민지는 드넓은 제국 여기저기에 점점이 퍼져 로마의 신을 섬기며 라틴어를 사용했다. 하지만 로마인이 도착하기 전부터 이미 마을이나 도시가 형성되어있던 곳은 로마에 정복된 후에도 자율적으로 일을 처리하고, 적어도 한동안은 고유의 방식으로 고유의 신을 섬길 수 있었다. 그리스와 소아시아, 이집트, 그리스화 된 동양 지역 대부분에서는 라틴어가 널리 사용되지 않았다. 그리스어의 지배력이 절대적이었다. 훗날 사도 바울이 된 타르수스의 사울Saul of Tarsus은 유대인이며 로마 시민이었지만 그가 말이나 글에 사용한 언어는 히브리어가 아닌 그리스어였다. 페르시아에서 그리스인의 셀레우코스 왕조를 몰락시켰고 로마 제국의 경계에서 꽤 멀리 떨어진 파르티아 왕궁에서도 그리스어를 사용하는 것이 유행이었다.

스페인의 일부 지역과 북아프리카에서는 카르타고가 멸망한 후로도 오랫동안 카르타고어를 사용했다. 로마라는 이름이 등장하기 오래전부터 번성했던 세비야Sevilla 같은 도시는 로마 퇴역 군인들이 불과 몇 킬로미터 떨어진 이탈리카Italica에 식민지를 세웠음에도 수 세기 동안 셈족의 여신을 모시고 셈족의 언어를 사용했다. 그뿐만 아니라 로마 황제 셉티미우스 세베루스Septimius Severus(193~211 재위)도 모국어인 카르타고어를 사용했고, 나중에 외국어로 라틴어를 배웠다. 기록에 따르면, 세베루스의 누이도 라틴어를 배우지 않고 카르타고어로 로마 왕실의 안살림을 이끌었다고 한다.

하지만 로마 제국은 갈리아와 브리튼 지방, 다키아[현재 루마니아]와 판노니아Pannonia[현재 다뉴브 강 이남의 헝가리] 속주처럼 기존 대도시나 신전, 문화가 없는 곳은 '라틴화'했다. 로마는 우선 이 지역들을 문명화했다. 처음부터 라틴어를 지배 언어로 사용하고 로마의 신을 섬기며 로마의 관습과 풍습을 따르는 도시와 마을을 만들었다. 루마니아어와 이탈리아어, 프랑스어, 스페인어 등 라틴어를 변형하고 수정해서 탄생한 모든 언어에서 라틴어와 라틴 관습의 확장을 확인할 수 있다. 마침내 북서아프리카 대부분도 라틴어권이 되었다.

그렇지만 이집트와 그리스, 로마 제국 동쪽 지역은 절대 라틴화되지 않았고, 문화나 정신적으로 변함없는 이집트와 그리스로 남았다. 그뿐만 아니라 로마에서도 교양인들은 귀족의 언어로 그리스어를 배웠고 라틴 문학이나 학문보다 그리스 문학과 학문을 당연하게 우선시했다.

노예제 위에 세운 경제

이처럼 다양한 제국에서는 자연히 작업이나 사업 방식도 아주 다양했다. 정착 세계에서 중요한 산업은 여전히 농업이었다. 초기 로마 공화정을 뒷받침한 이탈리아의 강인한 자유농민들이 포에니 전쟁 후 노예 노동력으로 운영되는 사유지 생산물과의 경쟁에서 밀려난 과정은 이미 앞에서 이야기했다. 모든 자유 시민이 직접 노동을 하는 아르카디아 방식에서부터 노동은 불명예라며 헬롯이라는 특별한 노예 계급에 농사를 맡

▲ 검투사들의 대결과 호화로운 구경거리가 펼쳐지던 거대한 로마의 원형 경기장 콜로세움
© Veronika Galkinaa / Shutterstock.com

기는 스파르타 방식까지 과거 그리스의 영농법은 아주 다양했다. 하지만 이제는 모두 옛날이야기이고 그리스화 된 세계 대부분에 사유지 제도와 노예 집단이 확산되었다. 세습 노예나 포로로 잡혀 온 노예들이 농사를 지었다.

포로로 잡혀 온 노예들은 언어가 달라 서로 의사소통이 되지 않았다. 이들은 억압에 맞설 연대감도 없었고 권리에 관해 들은 바도 없었으며 지식도 없었다. 읽고 쓸 줄 몰랐기 때문이다. 지역 인구의 대다수가 노예였지만 노예들의 반란이 성공한 적은 한 번도 없었다. 서기전 1세기 스파르타쿠스의 반란은 검투 경기를 위해 특별히 훈련된 노예들이 일으킨 반란이었다. 공화정 후반기와 제국 초기 이탈리아의 농업 노예들은 끔찍한 생활을 했다. 도망치지 못하게 밤에는 사슬을 채웠고 머리

절반을 밀어 달아나기 힘들게 했다. 정해진 아내도 없었다. 주인은 마음대로 노예를 폭행하고 불구로 만들고 죽이기도 했고 노예를 팔아 경기장에서 맹수와 싸우게 하기도 했다. 만일 어떤 노예가 주인을 살해하면 그 노예뿐만 아니라 그 집에 있는 모든 노예를 십자가에 매달았다. 그리스 일부 지역, 특히 아테네의 노예는 이처럼 끔찍한 정도는 아니지만 마찬가지로 험악한 처우를 받으며 생활했다. 그러다보니 이들이 보기에 당시 로마 군대의 저지선을 뚫고 침입한 야만족은 적군이 아니라 해방군이었다.

노예 제도는 집단으로 작업하는 거의 모든 일과 산업으로 스며들었다. 갤리선 노꾼, 광산과 제련, 도로공사, 대규모 건설 사업 등에 노예가 동원되었다. 가사 일꾼도 노예들이었다. 도시와 시골에는 자기 일을 하거나 품삯을 받고 일하는 해방된 노예들도 있었다. 기술자나 감독관 등으로 일하는 이들은 돈을 받고 일하는 새로운 노동자로 등장했다. 이들이 전체 인구에서 어느 정도나 되었는지는 알 수 없다. 시기와 장소에 따라 그 비율이 많이 달랐기 때문이다.

노예의 형태도 아주 다양했다. 밤에 사슬에 묶이고 채찍을 맞아가며 농장이나 채석장으로 끌려가는 노예에서 주인에게 만족스러운 보상만 되돌려준다면 땅을 받아 자유민처럼 자기 재량껏 농사를 짓고 결혼도 할 수 있는 노예도 있었다.

무기를 다루는 노예도 있었다. 과거 노예들이 목숨을 걸고 싸우던 에트루리아인의 검투 경기가 포에니 전쟁이 발발하던 서기전 264년 로마에서 부활해 유행처럼 급속히 번져나갔다. 그리고 곧 로마의 큰 부자는 모두 검투사 무리를 수행원으로 거느리고 다녔다. 이들은 간혹 경기장에서 검투 경기를 하기도 했지만 불량배를 막는 것이 주된 임무였다.

학식이 있는 노예도 있었다. 공화정 후기 로마는 그리스와 북아프리카, 소아시아 등 문명이 앞선 도시들을 정복하며 많은 지식인을 포로로 끌고 왔다. 이름난 로마 가문의 자녀를 가르치는 가정교사가 대개 이런 노예였다. 부자는 그리스 노예를 사서로 두고 노예 비서들과 노예 학자들을 두곤 했으며, 묘기를 부리는 강아지 대하듯 시인을 귀하게 대했다. 이러한 노예 제도 기반에서 현대적인 문학 비평의 전통이 싹텄다. 하지만 장점과 함께 문제점도 있었다. 명석한 어린 노예를 사서 되팔 용도로 교육하는 장사꾼이 있었기 때문이다. 이들은 노예들에게 필경사나 보석세공사 등 많은 직종의 기술을 가르쳤다.

노예 학대 금지령

부자들의 로마 공화정이 정복을 시작하던 시기부터 대역병 이후 제국이 분열되던 시기까지 400년 동안 노예의 지위는 매우 많이 변화했다. 서기전 2세기에는 전쟁 포로가 넘쳐났고 노예를 거칠고 잔인하게 다루었다. 노예들은 아무 권리가 없었고 우리가 상상할 수 있는 온갖 종류의 폭행이 당시 노예들에게 가해졌다.

하지만 1세기에 이미 노예 제도를 대하는 로마의 태도 개선이 감지되기 시작했다. 전쟁 포로가 줄어들면서 노예가 귀해진 것이 한 가지 이유였다. 노예 주인들도 이 불쌍한 노예들의 자존심을 높여주는 것이 더 이익이고 얻을 게 많다는 것을 깨닫기 시작했다. 또 한 가지 이유는 사회 공동체의 도덕성이 높아지며 정의감이 살아나기 시작한 것이다. 그리스의 숭고한 정신이 로마의 무자비함을 진정시켰다. 노예 학대를 금지하는 규정이 제정되었다. 주인이라도 노예를 맹수와 싸우는 투사로 팔지 못하게 되었다. 또한 노예도 '페쿨리움peculium', 즉 개인 재산에 대한 소유권을 인정받았고 격려와 자극제로 임금을 받게 되었다. 노예들의 결혼도 공식적으로 인정되었다.

농업은 집단 노동이 부적합하거나 특정 시기에만 집단 노동이 필요한 형태가 아주 많다. 이런 형태의 농업이 주를 이루는 지역에서는 노예가 곧 농노가 되었다. 농노는 주인에게 생산물 일부를 바치거나 특정 시기에 주인을 위해 노동력을 제공했다.

1~2세기 라틴어와 그리스어를 사용한 이 거대한 로마 제국은 기본적으로 노예 국가였다. 아주 극소수의 사람만이 삶의 자부심과 자유를 누렸다는 사실만 봐도 로마가 부패하고 멸망하게 된 이유를 찾은 셈이다. 당시에는 가정생활이라고 할 만한 것이 거의 없었다. 절제된 삶을 꾸리고 적극적으로 사고하며 자발적으로 공부하는 가정은 아주 적었다. 학교나 대학도 드물었고 서로 너무 멀리 떨어져 있었다. 자유 의지나 자유로운 정신은 어디에서도 찾을 수 없었다.

로마가 남긴 거대한 도로와 찬란한 건물 유적, 법률과 권력의 전통은 우리 후세대들이 경탄할 만하다. 하지만 겉으로 드러난 그 모든 영광이 좌절된 의지와 억눌린 지성, 일그러진 욕망 위에 건설되었다는 사실을 잊지 말아야 한다. 통제와 강제 노역, 정복으로 이루어진 그 넓은 왕국 위에 군림한 소수의 사람조차 영혼은 불안하고 불행했다. 그런 환경에서는 예술과 문학, 과학, 철학 등 자유롭고 행복한 정신에서 만들어지는 열매는 열릴 수 없었다.

수많은 예술적 기능공들 사이에서는 복제와 모방이 판을 쳤고 독창적이지 못한 학자들은 맹목적으로 규칙만 고집했다. 서기전 2세기부터 서기 2세기까지 400년 동안 로마 제국은 작은 도시였던 아테네가 전성기

100년 동안에 이룬 대담하고 고귀한 지적 활동에 비할 성과를 전혀 내놓지 못했다. 로마의 지배를 받으며 아테네는 퇴락했다. 알렉산드리아의 과학도 쇠락했다. 더불어 당시 인간의 정신도 그렇게 썩어갔다.

36

콜로세움의 신들

숭배의 종교에서 구원의 종교로

1~2세기 라틴어와 그리스어를 사용하던 로마 제국에서 인간의 영혼은 당황하고 좌절했다. 강압과 잔인함이 가득했다. 자부심과 과시는 있었지만 명예는 없었다. 마음의 평정이나 확실한 행복도 없었다. 불운한 사람들은 비참하고 무시당했으며, 운이 좋은 사람들은 불안에 떨며 욕구 충족에 목말라했다. 사람이 맹수와 싸우고 고통 속에 죽어가는 피비린내 나는 경기장의 흥분을 중심으로 도시 삶이 돌아갔다. 원형경기장은 가장 독특한 로마의 유산이다. 이런 분위기에서 삶이 이어졌고 불안한 인간의 마음은 종교에도 반영되었다.

아리아인 무리가 처음 고대 문명을 침범한 날부터 이전의 신전과 신관이 모시던 신들은 큰 고통을 감수하며 적응하거나 사라져야 했다. 흑 갈색 백인종 문명의 농경민들은 수백 년 동안 신전을 중심으로 삶을 꾸리고 사상을 정리했다. 이들의 정신을 지배한 것은 일상이 깨어지는 것에 대한 두려움과 의식儀式, 희생 제물과 신비였다. 우리 현대인의 눈에는 이들의 신이 기괴하고 비합리적으로 보이지만 옛날 사람들에게 신은 강렬한 꿈에서 본 것처럼 선명하고 즉각적인 확신을 주는 존재였다. 수메르나 초기 이집트 시절에는 한 도시가 다른 도시 국가를 정복한다는 것이 신이나 여신을 바꾸거나 다른 이름으로 부른다는 것을 의미했다. 하지만 신을 섬기는 방식이나 정신은 보존되었다. 일반적인 종교의 속성은 변하지 않았다. 꿈속에 나타나는 모습들은 변했지만 계속 같은 종류의 꿈이 이어졌다. 초기 셈족 정복자들은 정신적으로 수메르인들과 아주 유사해서 정복 후에도 메소포타미아 문명의 종교를 크게 바꾸지 않고 거의 그대로 이어받았다. 사실 이집트는 정복을 당해 종교가 혁명적으로 변한 적이 없었다. 프톨레마이오스와 카이사르 시절에도 이집트의 신전과 제단, 신관은 본질에서 변함이 없었다.

한 민족이 사회적·종교적 습성이 비슷한 민족을 정복하면 집단화나 동화의 과정을 통해 양쪽 신전과 지역의 토착신들 간 충돌이 극복될 수 있었다. 두 신의 특성이 비슷할 경우에는 동일시되었다. 신관과 사람들은 두 신이 이름만 다를 뿐 사실은 같은 존재라고 말했다. 이러한 신의 융합을 제신諸神 혼합숭배theocracy라 한다. 서기전 1000년 대정복의 시대는 제신 혼합숭배의 시대였다. 보편적인 신이 광범위한 지역의 토착신을 대치하거나 집어삼켰다. 그리고 마침내 바빌론에서 히브리 예언자들이 모든 세상 사람의 마음에 공의의 신 하나만 있다고 선언했을 때 세상은 이런 생각을 받아들

▼ 오시리스의 아내이자 여동생이며 호루스의 어머니인 이시스
©Rama/wikipedia

일 만반의 준비가 되어있었다.

　하지만 두 신이 너무 이질적이어서 동화될 수 없는 경우도 많았다. 그럴 때면 그럴듯한 관계로 두 신을 묶었다. 그리스인이 도착하기 전 에게해 세계는 모신母神 숭배에 치중했다. 이럴 때는 여신을 남신과 결혼시켰다. 동물신이나 별신[星神]은 의인화했으며, 뱀이나 태양, 별처럼 동물적이거나 천문학적인 모습은 장신구나 상징으로 변화시켰다. 패배한 민족의 신은 더 빛나는 신들의 사악한 적대자가 되기도 했다. 신학의 역사에는 한때 한 지방의 토착신에 불과하던 신들이 이렇게 각색되고 타협하고 합리화하는 이야기가 즐비하다.

　이집트가 도시 국가에서 하나의 통일 왕국으로 성장하는 동안 이러한 제신 혼합숭배가 빈번했다. 이집트 최고의 신은 죽은 자들의 지배자이자 수확의 신이며 파라오로 지상에 현현한 오시리스Osiris였다. 오시리스는 죽음과 부활을 거듭하는 신이었다. 풍요를 상징하며 죽은 사람을 깨우는 신이라고 믿었다. 날개가 큰 신성투구풍뎅이khepri(왕쇠똥구리)와 찬란한 태양은 오시리스의 상징물이 되었다. 신성투구풍뎅이는 배설물에 파묻은 알에서 다시 소생하며 찬란한 태양은 지고 다시 뜨는 습성을 지녔기 때문이었다. 훗날 오시리스는 신성한 황소인 아피스Apis와도 동일시되었다.

　오시리스의 여신은 이시스Isis였다.

▼ 오시리스, 아누비스, 호루스가 나와 있는
호렘헤브 왕(이집트 제18왕조 마지막 파라오)
무덤의 프리즈 @wikipedia

이시스도 하토르Hathor[대지모신大地母神]로 암소의 머리를 한 여신이었고 초승달이자 항해자들의 수호신이었다. 오시리스가 죽고 이시스가 낳은 아들이 호루스Horus이다. 호루스는 매의 머리를 한 새벽의 신으로 자라서 다시 오시리스가 된다. 이시스 신상은 어린 호루스를 품에 안고 초승달 위에 서있는 모습이다. 오시리스와 이시스, 호루스의 관계가 논리적이지는 않지만 냉정하고 체계적인 사고가 발달하기 전에 인간이 고안해낸 이들의 관계에는 일종의 꿈과 같은 일관성이 있다.

이 세 명의 신 밑으로 이집트의 또 다른 어두운 신들이 있었다. 개의 머리를 하고 칠흑 같은 밤을 상징하는 아누비스Anubis, 악신, 걸신, 유혹자, 신과 인간의 적 등이다.

영생과 삼위일체

모든 신앙 체계는 시간이 흐르며 인간 영혼의 틀에 맞춰 적응하기 마련이다. 이집트인들은 틀림없이 이런 비논리적이고 기묘한 상징들에서 스스로 진정한 희생과 위안에 이르는 길을 발견했을 것이다. 이집트인들은 영생에 대한 강렬한 욕망을 품고 있었고 이 욕망이 신앙생활의 중심이었다. 이집트의 종교는 다른 종교에서 유례를 찾을 수 없는 영생종교였다. 이집트가 외세에 정복당하자 신들이 갖는 의미는 무기력해졌고 이에 내세 신앙적 특성은 더욱 강렬해졌다.

그리스가 이집트를 정복한 후, 새로운 도시 알렉산드리아가 이집트의 종교적 삶의 중심이 되었다. 사실 전 헬레니즘 세계의 종교적 삶의 중심이라는 게 맞겠다. 프톨레마이오스 1세는 세라페이온Serapeum이라는 거대한 신전을 짓고 삼위일체의 신을 모셨다. 삼위일체의 신은 세라피스

▲ 이집트 알렉산드리아의 세라피스 신전. 로마식 기둥을 두 마리의 스핑크스가 지키고 있다.
©mary416/Shutterstock.com

Serapis[오시리스와 아피스가 합해진 신]와 이시스, 호루스였다. 이들은 각각 다른 세 명의 신이 아니라 한 신의 세 가지 모습으로 이해되었다. 세라피스는 그리스의 제우스와 로마의 주피터, 페르시아의 태양신과 동일시되었다. 이러한 숭배 사상은 헬레니즘의 영향력이 미친 모든 곳으로 흘러들어 북인도와 중국 서부까지 확산되었다. 보상과 위안으로 영생을 얻는다는 영생 사상은 일상의 삶이 절망적인 세상에서 열렬한 환영을 받았다. 세라피스는 '영혼의 구원자'로 불렸고, 당시 찬미가는 "저세상에서도 세라피스의 섭리가 우리를 보호하네"라고 노래한다.

이시스를 열렬하게 숭배하는 사람들도 많았다. 이시스의 신전에 세워진 이시스 신상은 호루스를 품에 안은 하늘의 여왕Queen of Heaven이었다. 이시스 신상 앞에 촛불을 밝히고 봉헌물을 바치며 순결 서약을 한 신관들이 깨끗하게 면도를 하고 이시스의 제단을 모셨다.

이러한 숭배 사상은 로마 제국의 발전과 함께 서구 유럽 세계에 알려졌다. 세라피스와 이시스의 신전과 신관의 성가, 영생에 대한 희망 등이 로마군의 깃발을 따라 스코틀랜드와 네덜란드로 들어갔다. 하지만 그곳에는 세라피스와 이시스 숭배 신앙과 경쟁하는 종교가 많았는데, 그중 미트라교Mithraism가 대표적이다.

페르시아에서 기원한 미트라교는 이제는 잊혔지만 신성하고 자비로운 황소를 죽이는 미트라(황소)의 신비에 집중한 종교였다. 미트라교는 복잡하고 정교하다는 세라피스와 이시스 신앙보다 더 원시적인 신앙으로 보인다. 인류가 양석문화 단계에서 바치던 피의 제물과 직접 연결되기 때문이다. 미트라를 기리는 조각상에 등장하는 황소는 항상 옆구리에서 피가 흥건하게 흘러나오고 그 피에서 새로운 생명이 솟아오르는 모습이다. 미트라교 숭배자들은 실제 황소의 피로 목욕했다. 숭배자는 황소를 희생시키는 사다리 밑을 통과해 그 피를 뒤집어씀으로써 입회식을 치렀다.

국가 종교에서 개인 종교로

초기 로마 황제 치하에서 이와 비슷하게 노예와 시민의 충성을 구하던 다른 많은 숭배도 마찬가지지만, 이집트와 페르시아의 이 두 종교는 개인 신앙이었다. 개인의 구원과 영생을 목표로 했다. 하지만 이전의 종교들은 개인적이지 않았다. 사회적 종교였다. 고대 종교에서 첫째는 도시의 신(남신 또는 여신)이나 국가의 신이었고, 개인의 신은 부차적인 것에 불과했다. 제물을 희생시키는 것도 공적 행사였지 개인적인 행사가 아니었다. 고대 종교는 우리가 사는 이 세상이 실제로 필요로 하는 공동의 것을 중시했다. 하지만 그리스인을 필두로 로마인들이 정치에서 종교를 분리했고, 이집트 전통대로 종교는 내세로 후퇴했다.

이 새로운 개인적 영생 종교는 고대 국가 종교를 믿던 모든 이의 마음과 감정을 사로잡았지만 실제 국가 종교를 대체하지는 못했다. 초기 로마 황제 치하의 도시에는 전형적으로 온갖 종류의 신을 모시는 신전이 많았다. 로마의 위대한 신인 카피톨리누스의 주피터를 모시는 신전이 있었을 것이고, 카이사르를 모시는 신전도 있었을 것이다. 카이사르가 파라오에게서 신이 되는 가능성을 배웠기 때문이다. 이런 신전에서 냉정하고 근엄하게 정치적 숭배가 이루어졌다. 사람들은 그곳에 가서 봉헌물을 바치고, 한 줌 향을 살라 충성심을 보이곤 했다.

하지만 개인적인 문제를 짊어진 채 조언과 위안을 구하던 사람들이 찾던 곳은 하늘의 여왕 이시스의 신전이었다. 기이한 토착신들도 있었을 것이다. 예를 들어, 세비야는 오랫동안 카르타고의 비너스를 섬겼다. 동굴이나 지하 신전에는 반드시 미트라를 모신 제단이 있었고 로마 군단의 병사들이나 노예들이 신전을 찾았다. 유대인들이 모여 성경을 읽고 보이지 않는 만유의 신에 대한 믿음을 지키던 유대교 회당 시너고그 synagogue도 있었을 것이다.

가끔 국가 종교의 정치적 성향과 관련해 유대인들과 문제가 발생하기도 했다. 유대인들은 하나님은 질투가 많아서 우상숭배를 용납하지 않는다고 주장하며 카이사르에게 희생 제물을 바치는 공공 행사에 참석하지 않겠다고 하곤 했기 때문이다. 유대인들은 우상숭배가 두려워 로마군의 깃발에도 경례하지 않았다.

석가모니가 등장하기 훨씬 전부터 동양에는 남녀 고행자들이 있었다. 이들은 삶의 쾌락 대부분을 포기한 채 결혼과 사유재산을 거부했다. 이들은 금욕과 고통과 고독 속에서 세상의 근심과 굴욕을 벗어나 영적인 힘을 얻고자 하는 사람들이었다. 석가모니 자신은 지나친 금욕을 외면했지만 그의 많은 제자는 매우 혹독한 수도자의 삶을 따랐다. 잘 알려지지 않은 그리스 종교 집단 중에는 금욕의 계율을 자해의 수준까지 수행한 집단도 있었다. 서기전 1세기 유다 왕국과 알렉산드리아의 유대인 공동체에서도 금욕주의가 등장했다. 세상을 버리고 금욕적인 생활과 신비적인 명상에 몰두하는 남자들의 공동체가 여럿 있었다. 에세네파Essenes가 그런 부류였다.

1~2세기 거의 전 세계가 쾌락적인 삶을 거부했고, 당시의 근심으로부터 '구원'을 갈구했다. 확립된 질서의 낡은 의미와 신관, 신전, 법률, 관습에 대한 낡은 확신이 사라졌다. 노예 제도와 잔인함, 공포, 걱정, 낭비, 과시, 광적인 방종이 판을 치는 세상 속에서 자기혐오와 정신적 불안이 확산되었다. 금욕과 자해의 대가로 평화를 얻고자 하는 고통스런 갈구가 전염병처럼 퍼져나갔다. 세라페이온 신전에 눈물로 참회하는 사람들이 가득 찼던 이유가 이것이며, 개종자들이 어둡고 피비린내 나는 미트라교의 동굴로 모여든 이유도 이것이다.

37

예수의 등장

지상에 지은 하늘나라

그리스도[유대인들은 메시아라고 하는 구세주가 하늘로에서 내려와 자기 민족을 구원해 주리라 믿고 기다렸다. 메시아를 그리스어로 옮긴 것이 '그리스도'이다]라고 하는 예수는 로마의 첫 황제인 아우구스투스의 통치 시기에 태어났다. 그가 태어난 유대 땅은 로마 제국의 변방에 지나지 않았지만 장차 그의 이름을 따라 큰 종교가 일어나고 그 종교는 전체 로마 제국의 국교가 될 운명이었다.

여기에서는 역사와 신학을 따로 떼어놓는 것이 대체로 더 편리하겠다. 그리스도교 세계의 대부분 지역에서는 유대인들이 먼저 믿고 있었던 유일신이 육화肉化하여 인간이 된 존재가 바로 예수라고 믿고 있다. 단지 역사가의 역할에만 충실하려는 입장에서는 예수에 대한 그리스도교의 해석을 수용할 수도 없고 부인하기도 어렵다. 하지만 예수는 분명히 육체를 지닌 인간으로 이 세상에 살았던 인물이다. 역사가가 다루어야 할 예수는 인간으로서의 예수인 것만은 확실하다.

예수가 활동을 시작한 것은 티베리우스 황제 치세 때였다. 그는 예언자였으며 유대인 예언자들의 방식을 따라 설교했다. 활동을 시작했을 때의 나이가 서른 살 정도였는데 그 이전에 그가 무엇을 하며 어떻게 살았는지에 대해서는 알려진 것이 없다.

예수의 삶과 가르침을 직접 기록한 책은 신약성경의 네 복음서밖에 없다[신약성경의 마태, 마가, 누가, 요한 복음서를 말한다]. 네 복음서 모두 한 인간의 모습을 매우 뚜렷하게 그려내고 있다

▲ 예수는 사람들이 흔히 이야기하는 강력한 인간적 매력을 가진 사람이었을 것이다.
©Ernst Christen/Shutterstock.com

는 점에서 일치한다. 따라서 복음서를 읽고 나면 예수라고 하는 '한 남자가 실제로 있었으며, 절대 허구로 꾸며낸 인물은 아니다'라는 점을 인정할 수밖에 없다.

그러나 보통 예수라고 할 때 떠오르는 것은 야위었지만 결연해 보이는 젊은 남자의 이미지이다. 하지만 이런 이미지는 예수의 진짜 모습을 오히려 알기 어렵게 만든다. 고타마 싯다르타의 이미지가 뻣뻣하게 가부좌를 틀고 있는 금색 부처상으로 고정된 것과 마찬가지다. 현실과 맞지 않는 신심에서 비롯된 그리스도교 예술의 비현실적이고 관습적인 표현들이 예수의 고정된 이미지를 만들어냈다.

사실 예수는 무일푼의 가난한 스승이었다. 그는 태양이 내리쬐고 흙

먼지가 이는 유대 땅을 계속해서 돌아다녔으며 그때그때 주어지는 음식을 먹고 살았다. 그런데도 그의 이미지는 언제나 말끔한 모습으로 그려진다. 머리카락은 빗질이 잘 되어 매끄럽게 윤이 나고, 옷에는 얼룩 하나 없으며, 자세는 반듯하다. 마치 미동도 하지 않는 무언가가 그를 감싸고 있는 것 같고, 그는 공중으로 미끄러지듯 소리 없이 움직이는 듯 보인다. 이렇게 재현된 이미지 때문에 많은 사람이 예수를 실재하지 않았다고 믿거나 믿을 수 없는 인물이라고 생각하게 되었다. 대부분의 사람은 지적으로 성찰하지 않고 신심으로만 장식해놓은 어리석은 이미지들을 보면서 핵심이 되는 이야기를 가려낼 줄 모르기 때문이다.

이렇게 방해만 되는 장식적 이미지들을 걷어내고 나면 매우 인간적이고, 매우 신실하고 정열적이며, 분노할 줄도 아는 한 존재만이 남는다. 예수가 가르친 새로운 교의는 간명하면서도 심오했다. 유일신 하나님이 우리 인류의 아버지로서 보편적 사랑을 베풀어주신다는 것과 하나님의 하늘나라가 이 땅에 곧 오리라는 것이었다.

예수는 분명히 사람들이 흔히 이야기하는 강력한 인간적 매력을 가진 사람이었을 것이다. 많은 이들이 그에게 매혹되어 그를 따랐고, 그 또한 많은 사람에게 사랑과 용기를 듬뿍 채워주었다. 약하고 병든 사람들이 그에게서 용기를 얻고 치유를 받았다. 그러나 십자가에 못 박혔을 때 얼마 버티지 못하고 숨진 것을 보면 그는 몸이 약했던 것 같다. 관례에 따라 처형 장소까지 십자가를 지고 가던 길에 기절했다고도 전해진다.

그는 3년 동안 이곳저곳을 두루 돌아다니며 자신의 가르침을 설파했다. 그가 마지막으로 예루살렘에 당도했을 때 유대 땅에 새로운 왕국을 세우려 한다는 혐의로 고발당했다. 곧바로 심문이 이어지고 결국 그는 다른 두 강도와 함께 십자가형에 처해졌다. 그런데 이 두 강도가 죽기 훨

▲ 나사렛에서 티베리아로 가는 길 ©COLOR STORY/Shutterstock.com

씬 전에 그의 고통은 이미 끝나 있었다고 한다.

예수의 주된 가르침이었던 하늘나라에 대한 교의는 이제껏 인류의 사고를 휘저어놓은 가장 혁명적인 교의 중 하나다. 하지만 당시 사람들은 그 교의가 지닌 함의를 온전히 이해하지 못했다. 다만 그것이 인류의 기성 제도와 관습에 어마어마한 타격을 가하리라는 것만을 대강 이해했을 뿐이다. 하지만 그들이 그것만으로도 두려워서 움찔했다는 것은 그리 놀랄 일이 아니다. 예수가 설파했듯이 하늘나라 교의는 우리 인류의 삶 전체를 안팎으로 완전히 바꾸고 깨끗이 하자는 단호한 요구였기 때문이다. 이 엄청난 가르침에 대한 모든 기록을 찾아보고자 한다면 신약성경의 복음서들을 찬찬히 읽어보아야 한다. 그러므로 여기서는 예수의 가르침이 기존 사상들에 충격을 가하며 불러일으킨 파장에 대해서만 살펴보도록 하겠다.

착한 사마리아인

유대인들은 세상에 신은 오직 한 분 하나님만 있으며 이 하나님은 의로운 신이라고 믿었다. 이 하나님은 인간과 약속을 하는 신이었고 그들의 조상 아브라함을 택하여 상호 계약을 맺었다. 그리고 이 계약에 따라 아브라함의 후손인 유대인들은 장차 이 지상에서 가장 탁월한 민족이 될 것이었다. 유대인들은 예수가 자기 민족의 소중한 특권을 모두 쓸어버리려 한다고 오해했고 경악과 분노를 느꼈다. 예수는 하나님이 인간과 거래하는 신이 아니라고 가르쳤다. 하늘나라에는 선택받은 민족이나 총애받는 사람들이 따로 있는 것이 아니다.

하나님은 모든 살아있는 존재를 사랑하는 아버지다. 태양이 사람을 가리지 않고 모두에게 빛과 열을 쪼여주듯이 하나님은 누구를 편애하지 않는다. 그리고 모든 사람은 똑같이 죄인이고 하나님 아버지에게서 난 똑같은 자녀이며 서로의 형제이다. 예수는 착한 사마리아인 이야기[강도 당해 죽어가는 사람을 유대인들은 모두 모른 척 지나갔지만 이방인이었던 사마리아 사람만이 도와주었다는 예화]를 통해 우리가 모두 자기 민족은 찬양하면서 다른 민족과 그들의 믿음은 얕잡아보는 자연적 본성을 따르고 있다고 비판했다.

포도밭 일꾼들의 이야기[포도밭의 주인이 먼저 온 일꾼들과 나중에 온 일꾼들에게 차별을 두지 않고 모두 같은 품삯을 지급했다는 예화]에서는 유대인들이 완강하게 주장하는 그들만의 특권을 일소해버렸다. 하나님은 하늘나라

▲ 예루살렘에 있는 다윗의 성루와 성벽 ©Sean Pavone/Shutterstock.com

에 모두를 들이며 모두를 똑같이 대한다고 예수는 가르쳤다. 하나님은 한계가 없으므로 모두를 차별 없이 대하신다. 더욱이, 묻어두었던 달란 트의 비유[주인이 맡겨둔 돈을 땅에 묻어두고 달리 아무 일도 하지 않은 종을 꾸짖는 예화]와 아주 적은 헌금을 바친 과부의 일화가 더욱 강하게 확신시켜 주듯이 예수는 사람들 각자에게 최선을 다해달라고 요구했다. 하늘나라에는 권리에 대한 어떤 특전도 없고 의무에 대한 감면이나 면제도 없기 때문이라고 했다.

예수가 유대인들의 강력한 민족애에 대해서만 분노했던 것은 아니다. 유대인들은 집안에 대한 집착도 지나치게 강한 사람들이었다. 예수는 하나님의 넘쳐흐르는 사랑으로 편협하고 제한적인 가족애마저 쓸어버리고자 했다. 하늘나라에서는 예수를 따르는 이들이 모두 한 가족이 될 것이었다. 성경에는 이렇게 기록되어있다.

> 예수님께서 아직 군중에게 말씀하고 계시는데, 그분의 어머니와 형제들이 그분과 이야기하려고 밖에 서 있었다. 그래서 어떤 이가 예수님께, "보십시오, 스승님의 어머님과 형제들이 스승님과 이야기하려고 밖에 서 계십니다." 하고 말했다. 그러자 예수님께서 당신께 말한 사람에게, "누가 내 어머니고 누가 내 형제들이냐?" 하고 반문하셨다. 그리고 당신의 제자들을 가리키시며 이르셨다. "이들이 내 어머니고 내 형제들이다. 하늘에 계신 내 아버지의 뜻을 실행하는 사람이 내 형제요, 누이요, 어머니다."
>
> – 마태복음 12장 46~50절

예수가 아버지 하나님과 온 인류의 이름으로 유대인들의 민족주의와 가족애만을 공격한 것은 더더욱 아니었다. 그의 가르침은 경제 제도 안에 있는 모든 계급적 차이와 사유재산 및 개인적 특권들을 분명히 규탄하고 있다. 모든 사람이 하늘나라에 속해 있으며 모든 소유물 또한 하늘나라에 속한 것이다. 그러므로 모든 이가 살아야 할 단 하나의 의로운 삶이란 우리의 모든 소유와 우리의 온 존재로 하나님의 뜻을 따르는 삶이다. 예수는 사적으로 축재하는 것, 그리고 사적인 생활을 하나님으로부터 떼어내 유보해두는 것을 끊임없이 강하게 비난했다.

예수님께서 길을 떠나시는데 어떤 사람이 달려와 그분 앞에 무릎을 꿇고, "선하신 스승님, 제가 영원한 생명을 받으려면 무엇을 해야 합니까?"하고 물었다. 그러자 예수님께서 그에게 이르셨다. "어찌하여 나를 선하다고 하느냐? 하느님 한 분 외에는 아무도 선하지 않다. 너는 계명들을 알고 있지 않으냐? 살인해서는 안 된다. 간음해서는 안 된다. 도둑질해서는 안 된다. 거짓 증언을 해서는 안 된다. 횡령해서는 안 된다. 아버지와 어머니를 공경하라." 그가 예수님께 "스승님, 그런 것들은 제가 어려서부터 다 지켰습니다."라고 대답했다. 예수님께서는 그를 사랑스럽게 바라보시며 이르셨다. "너에게 부족한 것이 하나 있다. 가서 가진 것을 팔아 가난한 이들에게 주라. 그러면 네가 하늘에서 보물을 차지하게 될 것이다. 그리고 와서 나를 따라라." 그러나 그는 이 말씀 때문에 울상이 되어 슬퍼하며 떠나갔다. 그가 많은 재물을 가지고 있었기 때문이다. 예수님께서 주위를 둘러보시며 제자들에게 말씀하셨다. "재물을 많이 가진 자들이 하나님 나라에 들어가기는 참으로 어렵다!" 제자들은 그분의 말씀에 놀랐다. 그러나 예수님께서는 그들에게 거듭 말씀하셨다. "얘들아, 하느님 나라에 들어가기는 참으로 어렵다! 부자가 하느님 나라에 들어가기보다 낙타가 바늘귀로 빠져나가기가 더 쉽다."

– 마가복음 10장 17~25절

예수, 세상의 빛으로

예수는 모든 이가 하나님 안에서 하나가 되는 하늘나라에 대해 놀라운 예언을 했을 뿐 아니라 종교가 형식화되어 의로움을 가지고 흥정을 일삼는 것을 강하게 비판했다. 복음서에서 예수의 말을 직접 기록했다고 하는 부분들을 보면 많은 경우에 예수는 율법을 지나칠 정도로 세심하게 지키는 자들을 겨냥하여 비판하고 있다.

예루살렘에서 온 바리사이[율법과 전통을 엄격하게 지켰던 지식인 계층의 유대교 분파와 그에 속한 사람을 이르는 말이다. 바리새라고도 한다]와 율법 학자 몇 사람이 예수님께 몰려왔다가, 그분의 제자 몇 사람이 더러운 손으로, 곧 씻지 않은 손으로 음식을 먹는 것을 보았다. 본디 바리사이뿐 아니라 모든 유대인은 조상들의 전통을 지켜서 한 움큼의 물로 손을 씻지 않고서는 음식을 먹지 않았으며, 장터에서 돌아온

▼ 예루살렘의 길. 예수 그리스도가 십자가를 지고 처형 장소까지 걸어갔던 길이다.

뒤에 몸을 씻지 않고서는 음식을 먹지 않았다. 이 밖에도 지켜야 할 관습이 많은데, 잔이나 단지나 놋그릇이나 침상을 씻는 일들이다. 그래서 바리사이들과 율법 학자들이 예수님께 물었다. "어째서 선생님의 제자들은 조상들의 전통을 따르지 않고 더러운 손으로 음식을 먹습니까?" 예수님께서 그들에게 이르셨다. "이사야가 너희 위선자들을 두고 옳게 예언했다. 성경에 이렇게 기록되어있다. '이 백성이 입술로는 나를 공경하지만 그 마음은 내게서 멀리 떠나있다. 그들은 사람의 규정을 교리로 가르치며 나를 헛되이 섬긴다.' 너희는 하느님의 계명을 버리고 사람의 전통을 지키는 것이다." 또 이어서 그들에게 말씀하셨다. "너희는 너희의 전통을 고수하려고 하느님의 계명을 잘도 저버린다."

– 마가복음 7장 1~9절

예수가 선포하고자 했던 것이 단순히 도덕적인 변혁이나 사회적인 혁명이었던 것만은 아니다. 여러 암시를 통해서 그의 가르침이 명백히 정치적인 성향을 띠고 있었다는 사실을 분명히 알 수 있다. 물론 그는 자신의 왕국, 곧 하늘나라는 이 세상에 속한 것이 아니며, 세상의 왕좌에 놓인 것이 아니라 사람들의 마음속에 있는 것이라고 말했다. 하지만 그 왕국이 어떻게든 사람들의 마음속에 세워지고 나면 외부 세계 역시 그러한 방식으로 혁명을 겪고 변화하리라는 것 또한 분명하다.

예수의 말을 듣고 있으면서도 당시 사람들은 중요한 내용을 모두 놓치고 있었다. 하지만 그들 역시 세상에 큰 변화를 일으키려는 예수의 결연한 의지만큼은 느낄 수 있었다. 이러한 사실은 예수를 반대한 이들이 그를 고발한 이유와 그를 심문하고 처형한 과정에서 잘 드러난다. 당시 사람들에게 예수는 온 인류의 삶을 바꾸어보자는 제안을 하는 듯 보였고 실제로 그런 제안을 하고 있었다.

예수가 말한 내용을 고려해보면 돈 많고 성공한 사람들이 그의 낯선 말에서 공포를 느끼고 그가 가르친 하늘나라 교의에 경악했다는 사실이 그리 놀랄 일은 아닐 것이다. 그들은 개인의 내면을 사회적 의무에서부터 분리하여 감추어두고자 했지만, 예수는 그 모두를 끄집어내어 보편적 종교 생활의 조명 아래 낱낱이 밝혔다. 예수는 사람들을 아늑했던 토굴에서 끄집어내어 도덕이라는 햇볕을 쬐게 하려는 듯했다. 하얗게 타오르며 빛을 내뿜는 그의 왕국에서는 어떠한 재산도, 어떠한 특전도, 어떠한 우월감도, 우선권도 없으며 사랑 말고는 어떠한 동기와 보상도 주어지지 않는다. 눈이 멀 만큼 밝은 그 불빛에 사람들이 소리치며 그를 비난했다는 것 역시 그리 놀랄 일은 아니다.

예수의 제자들조차 예수가 자신들을 향해 그 불빛을 비추었을 때는 울부짖었다. 당시의 유대교 사제들이 예수와 자신들 중 어느 한쪽이 죽어 없어지는 것 말고는 다른 선택이 없음을 깨달았다는 것 또한 그리 놀랍지 않다. 로마 병사들까지도 자신들이 이해할 수 있는 한계 너머까지 기존의 규율을 모두 흔들어놓는 예수를 마주했을 때 당혹스러웠을 것이다. 그들이 거친 웃음으로 속마음을 감추며 예수에게 가시관을 씌우고 자주색 옷을 입힌 채 '네가 정말 유대인의 왕이냐'며 조롱했다는 것 역시 이상할 게 없다. 예수를 진지하게 여긴다는 것은 낯설고도 경이로운 삶으로 들어서는 것이었기 때문이다. 그것은 옛 습관들을 버리는 것, 육욕과 충동을 억제하는 것, 믿기지도 않는 행복을 시도하는 것이었다.

38

그리스도교의 나라

사도 바울, 교리를 전하다

신약성경의 네 복음서를 읽어보면 예수라는 인물과 그의 가르침에 대해 알 수는 있지만 그리스도교의 교리에 대한 직접적인 내용은 거의 찾아볼 수 없다. 예수가 죽은 뒤 그를 따르던 이들이 주고받은 일련의 편지로 그리스도교 신앙의 굵직한 틀이 잡히기 시작했기 때문이다.

그리스도교 교리를 만든 사람 중에서도 으뜸가는 사람은 사도 바울이었다. 하지만 그는 예수를 직접 보거나 예수의 설교를 직접 들은 적이 없었다. 게다가 그의 원래 이름은 사울이었다. 사울은 예수의 십자가 처형 이후 얼마 되지도 않던 제자들의 무리를 박해한 것으로 유명했다. 그러던 그가 어느 날 갑자기 회심하여 그리스도교 신자가 되었고, 이름도 바울이라고 바꾼 것이다.

지적 활기가 넘치던 바울은 당대 여러 종교 운동에도 열정적인 관심이 있었다. 그래서 유대교는 물론 미트라교에도 조예가 깊었으며 당시

▲ 아테네에서 설교하는 바울. 라파엘 작품 ©Raphael/wikipedia

알렉산드리아의 종교에 대해서도 잘 알고 있었다. 그는 이들 종교에서 나온 여러 개념과 용어를 그리스도교에 옮겨놓았다. 사실 바울이 예수의 본래 가르침, 곧 하늘나라에 대한 가르침 자체를 확장하거나 발전시킨 것은 아니다. 하지만 이 땅에 오기로 약속되어 있어서 유대인들이 오랫동안 기다려온 구원자 그리스도가 바로 예수라고 선언한 것은 바울이었다. 그는 고대 문명에서 바쳤던 희생 제물과 같이 예수의 죽음이 온 인류의 죄를 대신 짊어진 것이라고 가르쳤다.

여러 종교가 어깨를 나란히 하며 동시에 번성할 때는 의례를 비롯한 외적 특징들을 서로에게서 취하는 것이 보통이다. 이를테면, 중국 불교의 사원과 승려는 노자의 가르침을 따르는 도교의 사원과 승려의 모습을 닮았다. 그러나 불교와 도교의 본래 가르침은 분명히 서로 다르다. 그리스도교 역시 미트라교와 알렉산드리아의 종교에서 성직자의 삭발[초기 그리스도교에서는 결연한 자기 헌신의 의미로 삭발하는 사람들이 있었다. 바울도 삭발했다]이나 봉헌물, 제대, 촛불, 성가, 성화聖畵 등 외적 형식들을 빌려왔다. 그뿐만 아니라 기도문이나 신학 개념까지도 차용했다. 하지만 이러한 사실이 그리스도교 교리의 핵심사항에 어떤 의심이나 의혹을 드리우는 것은 아니다. 이들 종교는 서로 이웃하여 번성하고 있었으며 그 주변엔 이들보다 뒤떨어지는 소규모 신흥 종교들도 많았다.

각 종교는 신자들을 모으려고 애썼고 이 종교에서 저 종교로 개종하는 사람들 또한 언제나 많았다. 때로는 정부가 이들 중 한 종교에 더 호의적이기도 했다. 그러나 그리스도교는 다른 경쟁 종교들보다 로마 정부로부터 많은 의심을 샀다. 유대인들과 마찬가지로 그리스도교 신자들 또한 황제를 신으로 숭배하기를 거부했기 때문이다. 예수 자신이 가르쳤던 혁명적 영성과는 별개로 그리스도교는 반란을 선동하는 종교가 되었다.

신학 논쟁, 갈라지는 교파

바울은 그를 따르는 신자들에게 예수가 오시리스처럼 죽었다가 다시 살아났고, 그래서 인간에게 불멸의 생명을 가져다 준 신이라는 생각을 주지시켰다. 그런데 예수 역시 신이라고 한다면 유일신인 하나님과 어떠한 관계를 맺고 있는가라는 문제가 발생한다. 이 문제를 두고 복잡한 신학 논쟁이 전개되었다. 이 때문에 그리스도교는 여러 갈래로 나뉘기 시작했다.

고대 아리우스Arius파에서는 성자 예수가 신성을 가지고 있긴 하지만 성부 하나님과는 거리가 멀며 그보다 열등하다고 가르쳤다[4세기 알렉산드리아 교회의 사제였던 아리우스는 예수 역시 하나님에 의해 창조된 피조물이지만 하나님의 양자로 선택받아 피조물과 하나님 사이의 중개자가 되었다고 주장했다. 니케아 공의회와 콘스탄티노폴리스 공의회에서 이단으로 단죄받은 뒤에는 주로 게르만족에게 퍼져나갔다]. 사벨리우스Sabellius주의[사벨리우스는 3세기의 신학자로 삼위일체론을 부정하여 이단으로 단죄받았다]는 예수가 단지 성부 하나님의 한 양태일 뿐이라고 가르쳤다. 한 사람이 아버지이면서 동시에 장인匠人일 수 있는 것처럼 하나님은 성부이자 동시에 예수라는 주장이었다.

이보다 더욱 미묘한 삼위일체론에서는 하나님은 하나면서 동시에 셋(성부, 성자, 성령)이라는 교리를 가르쳤다. 한동안은 아리우스의 이론이 우세한 듯했지만 논쟁을 거듭한 끝에 삼위일체론이 전체 그리스도교 세계의 공식 교리로 받아들여졌다. 이를 가장 완전하게 표현한 것이 아타나시우스Athanasius 신경信經이다[아타나시우스는 니케아 공의회에서 아리우스를 논박하여 이단으로 단죄하고 삼위일체론을 정립한 것으로 유명하다. 아타나시우스 신경은 그가 직접 쓴 것이 아니라 후대에 그의 신학을 바탕으로 작성된 것이라고 한다].

이 책에서는 이러한 논쟁들에 대해 논평은 하지 않을 것이다. 이 논쟁들 역시 역사를 흔들어놓긴 했지만 예수의 본래 가르침이 역사를 뒤흔든 것과는 비교할 차원이 못 된다. 예수의 가르침은 우리 인류의 도덕과 영성에 새로운 국면을 열어주었다. 예수는 하나님이 모든 인류의 아버지가 되고, 그로써 모든 사람이 한 형제가 되며, 하나님의 살아있는 성전聖殿으로서 모든 개인이 거룩한 존재라고 가르쳤다. 이러한 가르침은 이후에 등장하는 인류의 사회와 정치에 매우 심오한 영향을 끼쳤다.

예수의 가르침이 그리스도교를 통해 널리 전파됨으로써 이 세계에는 모든 인간을 인간으로서 존중하는 새로운 생각이 등장했다. 물론 바울은 노예가 주인에게 복종해야 한다고 설교한 적이 있고, 그리스도교에 적대적인 사람들은 이 사실을 늘 비판했다. 하지만 복음서에 기록된 예수의 본래 가르침은 인간이 인간에 종속되는 것에 반대한다. 그리고 더욱 분명한 점은 원형 경기장에서 벌어진 검투사들의 격투처럼 인간의 존엄성을 짓밟는 일에 그리스도교가 대항했다는 사실이다.

박해를 딛고 국교로

서기후 첫 두 세기에 걸쳐 그리스도교는 로마 제국 전역으로 퍼져나갔고 점점 더 많은 개종자를 끌어들여 새로운 사상과 의지의 공동체를 엮어갔다. 황제들은 그리스도교에 대해 저마다 다른 태도를 보여주었다. 어떤 황제들은 적대적이었고 다른 황제들은 관용을 베풀었다. 2~3세기에는 새롭게 등장한 그리스도교 신앙을 진압하려는 시도들이 있었다. 디오클레티아누스 황제 치세였던 303년과 그 이후 몇 년 동안은 대박해가 행해졌다. 많은 교회 재산이 몰수되었다. 성경책과 종교 서적들이 압수되어 파기되었다. 그리스도교 신자들은 법의 보호를 받을 수 없게 되었고 그중 다수는 처형당했다.

여기서 그리스도교의 책들을 파기한 행위는 특히 주목할 만하다. 신앙을 고수하는 데 도움을 주는 글의 힘을 정부 당국이 파악하고 있었다는 이야기다. '책으로 이루어진 종교'라고 할 수 있을 만큼, 그리스도교와 유대교에서는 글을 통한 교육을 중시했다. 두 종교가 존속할 수 있었던 것은 글을 읽을 줄 알고 교리 개념들을 이해할 수 있는 사람들 덕분이었다. 이들보다 더 오래된 고대 종교에서는 이와 같이 개인의 지성에 호소하는 일이 없었다. 그런 점에서 그리스도교는 특별했다. 머지않아

▲ 크로아티아의 디오클레티아누스 궁전 ©LMspencer/Shutterstock.com

야만인들이 침입하여 서유럽 전체가 혼돈의 시기에 접어들 때도 그리스
도교는 학문의 전통을 보존하는 데 중요한 역할을 하게 된다.

　디오클레티아누스 황제는 그리스도교를 박해했지만 성장하고 있던
그리스도교 공동체를 제압하는 데 완전히 실패했다. 여러 속주에서 박
해가 제대로 효과를 발휘하지 못했기 때문이다. 이미 상당수의 속주민
과 수많은 관료가 그리스도교 신자가 되었다. 이후 그리스도교는 로마
제국의 공인된 종교로 자리를 잡는다. 311년 막시미아누스 갈레리우스
Valerius Maximianus Galerius는 그리스도교를 허용하는 칙령을 반포했다
[285년 디오클레티아누스 황제가 갈레리우스를 부황제로 삼았다가 이듬해 공동 황
제로 삼은 것을 시작으로 로마 제국 말기에는 여러 황제가 제국을 나누어 다스리는
일이 자주 일어났다]. 324년에는 그리스도교에 호의적이었던 콘스탄티누

272

스 대제가 로마 제국의 단독 통치자로 등극했다. 그는 다른 신들에 관한 모든 의식을 버리고 그리스도교의 상징을 자기 군대의 깃발과 방패에 새겨넣은 뒤 내전에서 승리함으로써 황제가 될 수 있었다. 계속해서 그리스도교의 오랜 친구로 남아있던 황제는 임종 때 세례를 받고 그리스도교 신자가 되었다.

그로부터 몇 해가 지난 뒤 그리스도교는 제국의 공식 국교가 되었다. 경쟁 관계에 있던 다른 종교들은 빠른 속도로 사라지거나 그리스도교에 흡수되었다. 테오도시우스Theodosius 대제는 이교 의식을 모두 금지하는 칙령을 내렸다. 곧이어 알렉산드리아에 있던 거대한 주피터 세라피스 신상神像이 파괴되었다. 5세기 이후 로마 제국 안에서는 그리스도교가 아닌 다른 종교의 사제나 사원을 아예 찾아볼 수 없게 되었다.

39

로마 제국의 분열

다가오는 재앙

3세기 전반에 걸쳐 부패와 도덕적 해이로 해체되고 있던 로마 제국은 이제 야만족과 맞서야 하는 상황에까지 이르렀다. 이 시기에 등장한 황제들은 군인 출신의 호전적인 전제군주들이었으며, 제국의 수도는 군사 전략의 필요에 따라 이전되었다. 황제의 사령부는 북부 이탈리아의 밀라노, 오늘날의 세르비아에 있는 시르미움이나 니시, 그리고 소아시아의 니코메디아로 옮겨 다녔다. 이탈리아의 중간에 있는 로마는 수도이긴 했지만 군사적 관심이 집중되어야 할 지역에서 너무 멀리 있었기 때문에 황제가 주재할 장소로 적합하지 않았다.

이제 로마 제국은 쇠락하고 있었다. 여전히 제국의 대부분 지역은 평화로웠고 사람들은 무기를 지니지 않고도 돌아다닐 수 있었다. 하지만 군대가 권력을 장악했고 황제는 자신의 군단에 의지하여 제국의 나머지 부분까지 차츰차츰 전제적 방식으로 통치했다. 로마의 국정은 점점 더

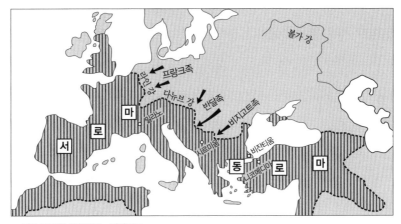

▲ 로마 제국을 압박해오는 야만족들

페르시아나 동방의 다른 군주 국가들처럼 변했다. 디오클레티아누스 황제는 왕관을 쓰고 동방의 어의御衣까지 입었다[형식적으로 계속 공화정을 유지하고 있던 로마 황제는 동방의 세습 군주처럼 왕관을 쓰지 않고 월계수 잎을 엮어 머리에 얹었다].

대체로 라인 강과 다뉴브 강을 따라 형성된 로마 제국의 경계 전역에서 적들이 압박해오고 있었다. 프랑크족을 비롯한 게르만 부족들은 라인 강까지 바짝 다가와 있었다. 북부 헝가리에는 반달족이 있었고 현재의 루마니아인 다키아 지방에는 비지고트족이라고도 하는 서西고트족이 있었다. 그리고 이들의 후방인 남부 러시아에는 오스트로고트족이라고 하는 동東고트족이, 그리고 더 멀리 볼가 강 유역에는 알란족이 있었다. 그런데 이제 훈족들까지 유럽을 향해 몰려오기 시작했다. 그들은 이미 알란족과 오스트로고트족에게 공물을 요구하면서 서쪽으로 몰아붙이고 있었다.

위험한 거래, 제국을 삼키다

아시아에서 새롭게 부활한 페르시아 제국이 압박해오자 로마 제국의 경계가 무너졌고 로마 병사들은 후퇴를 거듭했다. 새로운 페르시아, 곧 사산 왕조Sassanid의 페르시아 제국(이하 사산조 페르시아)은 이후 300년 동안 로마 제국과 아시아에서 경쟁하며 전반적 성공을 거둔다.

당시의 유럽 지도를 한 번만 흘긋 보더라도 로마 제국이 지닌 특이한 약점을 알아볼 수 있다. 동쪽으로 흐르던 다뉴브 강은 현재의 보스니아와 세르비아 지역에서 방향을 바꾸어 아드리아 해로부터 대략 320km 정도 떨어진 곳까지 남쪽을 향해 흘러간다. 이 때문에 이 지역의 로마 영토는 튀어나온 직각을 이룬다. 로마인들은 바다를 통한 연락망을 제대로 유지한 적이 없었다. 그래서 320km의 좁은 띠 모양을 한 땅이 라틴어를 사용하는 제국의 서쪽과 그리스어를 사용하는 동쪽 사이의 통신선이 되었다. 야만인들은 다뉴브 강이 직각을 이루는 이 취약 지점을 가장 강하게 압박해 들어왔다. 결국 그들이 그곳을 뚫고 들어왔을 때 제국은 두 동강 날 수밖에 없었다.

로마 제국에 기력이 좀 더 남아있었더라면 적들을 몰아내고 다키아 지방을 탈환할 수 있었겠지만 이미 로마 제국에는 그럴 여력이 없었다. 콘스탄티누스 대제는 분명히 위대한 신앙과 지성을 갖춘 군주였다. 하지만 다뉴브 강을 따라 난 제국의 경계를 유지할 만한 힘은 그에게 없었다. 제국 내부의 문제들에 몰두하느라 여념이 없었던 탓이다. 그는 그리스도교의 연대성과 도덕적 힘을 가져와 기울어가는 제국의 정신을 되살리고자 했다. 그리고 다르다넬스 해협에 면한 비잔티움에 영구 수도를 세우기로 했다. 새 수도 비잔티움은 이후에 황제의 이름을 기려 콘스탄티노

▲ 영국 요크에 있는 콘스탄티누스 대제 동상 ©chrisdorney/Shutterstock.com

폴리스[오늘날 터키의 수도 이스탄불]라 명명되지만 황제가 죽을 때까지도 여전히 건설 중에 있었다.

이런 일들로 몹시 바빴던 콘스탄티누스 대제의 치세가 끝나갈 무렵 주목할 만한 거래가 이루어졌다. 고트족에 떠밀려갈 곳이 없게 된 반달족이 자신들을 받아들여 달라고 로마 제국에 요청한 것이다. 이에 황제는 오늘날 헝가리에 속하는 판노니아Pannonia 땅을 반달족에게 할당하고 반달족의 병사들도 명목상이긴 하지만 로마 제국의 군단으로 편성했다. 그러나 이 새로운 군단은 여전히 그들 부족장의 지휘를 받았다. 결국 로마는 이 새로운 이민자들을 동화하는 데 실패하고 만다.

콘스탄티누스 대제가 자신의 거대한 영토를 재조직하던 도중에 죽자, 곧이어 제국의 경계가 다시 무너져내렸다. 콘스탄티노폴리스 근처까지 침략해온 비지고트족은 에디르네Edirne[현재 터키의 가장 서쪽에 있는 도

▲ 테오도시우스 황제의 오벨리스크 기단. 이집트에 있던 오벨리스크를 테오도시우스 황제가 콘스탄티노
폴리스로 옮겨 와서 이 받침대 위에 세웠다. ⓒKiev.Victor/Shutterstock.com

시. 오늘날까지도 군사 및 교통의 요충지이다]에서 발렌스Valens 황제군과 싸워 승리를 거두었다. 그리고 반달족이 판노니아에 정착한 것처럼 현재의 불가리아 지방에 자리를 잡았다. 그들은 명목상 황제의 백성이 되었지만 황제를 정복한 것이 바로 그들이었다.

테오도시우스 황제가 다스린 379~395년에는 형식적인 로마 제국의 외형만큼은 여전히 유지되고 있었다. 하지만 이탈리아와 판노니아의 군대는 반달족의 스틸리코Stilicho가 장악했고, 발칸 반도의 군대는 고트족의 알라리크Alaric가 지휘하고 있었다. 이런 상황에서 4세기가 끝나갈 무렵 테오도시우스 황제가 두 아들 아르카디우스와 호노리우스를 남긴 채 죽었다. 그러자 알라리크는 콘스탄티노폴리스에서 아르카디우스를 황제로 옹립하고, 스틸리코는 이탈리아에서 호노리우스를 황제로 옹립하는 일이 벌어졌다. 다시 말하자면, 알라리크와 스틸리코가 각기 전임 황제의 아들을 꼭두각시로 내세워 제국을 차지하려는 싸움을 시작한 것이다. 결국 둘 사이의 싸움은 알라리크가 이탈리아로 진군하여 단기간에 로마를 포위 공격한 후 점령하는 것으로 끝이 났다(410).

해체되는 로마

5세기 전반기에는 로마 제국의 유럽 영토 전체가 강도 떼와 같은 야만족들의 먹이가 되어버렸다. 혼란스러워진 당시 세계 정황을 한눈에 볼 수 있도록 설명하기란 여간 어려운 일이 아니다. 프랑스, 스페인, 이탈리아, 발칸 반도에서 번성했던 도시들은 여전히 존재하긴 했지만 가난해진 데다 인구까지 감소하여 쇠락하고 있었다. 이들 도시에서 살아가는 사람들은 천박하고 인색해졌으며 언제나 불안했다.

하지만 지방 관리들은 자신들의 권위를 강화하고 그들의 양심에 따라 일을 계속해나갔다. 황제는 너무나 멀어졌고 중앙 정부와 접촉하는 일이 어렵게 되었지만, 지방 관리들은 분명히 황제의 이름을 내걸고 일을 했다. 교회 역시 계속 존재하긴 했지만 이 시기의 사제들은 대체로 문맹이었다. 책을 읽는 일은 거의 사라져버리고 미신과 공포만이 팽배했다. 그러나 약탈자들이 파괴한 곳을 제외하고는 여전히 어디에서든 책과 그림과 사원 등 예술을 접할 수 있었다.

시골 지역 또한 퇴락했다. 로마인의 세계는 이제 어디나 지저분해지고 여기저기 잡초가 우거졌다. 어떤 지역은 전쟁과 전염병으로 폐허가 되었다. 도로와 숲엔 강도가 들끓었다. 그런 지역으로 야만인들이 아무런 저항도 받지 않은 채 진군해 들어왔다. 이들은 자신들의 부족장을 통치자로 세웠고 이 새로운 통치자들은 로마 제국의 직함을 그대로 사용했다. 다행히도 반쯤 문명화된 야만인 정복자들은 피정복민이 견뎌낼 수 없을 만큼 많은 것을 요구하지는 않았다. 이들은 도시를 점유한 뒤에 자신들이 정복한 로마인들과 교제하고 혼인관계를 맺었으며 억양이 이상하긴 했지만 라틴어도 배웠다. 그러나 현재의 영국인 브리타니아 속주를 점령한 주트족, 앵글족, 색슨족은 농사만 짓던 사람들이었기에 도시는 별 쓸모가 없었다. 그들은 남부 브리타니아에 살던 로마에 동화된 주민들을 싹 쓸어버리고 언어 역시 자신들의 게르만 계통 방언들로 갈아치웠다. 이것이 영어라는 언어가 태어나는 계기가 되었다.

게르만족과 슬라브족에 속하는 다양한 부족들의 이동 경로를 모두 파악하는 것은 불가능하다. 그들은 약탈할 대상과 쾌적한 주거지를 찾아 해체된 제국의 영토를 이리저리 마구 돌아다녔기 때문이다. 그러니 여기서는 반달족의 예만 살펴보도록 하자.

반달족이 처음 역사에 등장한 곳은 동부 독일이다. 앞에서 말한 대로 그들은 판노니아에 정착했는데 계속 거기에 머무르지 않고 425년 무렵 로마의 여러 속주를 거쳐 스페인까지 이동했다. 하지만 그곳에는 이미 남부 러시아에서 이주해온 비지고트족과 다른 게르만 부족들이 자신들의 영주와 왕을 두고 살아가고 있었다. 그래서 반달족은 게이세리쿠스 Genseric 왕의 지휘 아래 다시 스페인을 떠나(429) 북아프리카까지 항해해 이동했다. 그들은 이내 카르타고를 점령하고(439) 함대를 조성하여 해상 지배권을 확보했다. 그리고 다시 한번 바다를 건너 이미 알라리크에게 유린당한 뒤에 겨우 회복 중이던 로마를 점령하여 약탈했다(455).

그 뒤에는 시칠리아, 코르시카, 사르디니아를 비롯해 서부 지중해 대부분 섬을 차례로 정복했다. 477년 최고 전성기에 이른 반달족은 700 년 전 카르타고에 필적하는 해상 제국을 건설했다. 역사에서 이 넓은 지역을 모두 손에 넣은 정복자는 그리 많지 않았다. 하지만 반달족의 전성기는 오래 가지 못했다. 다음 세기가 되면 비잔틴 제국의 유스티니아누스 황제가 짧은 시간 안에 이 지역 대부분을 점령한다.

반달족의 이야기는 수없이 많았던 비슷한 원정들의 한 예에 불과하다. 그러나 이제 이 모든 파괴자 중에서도 가장 이질적이면서 가장 가공할 만한 부족이 유럽으로 몰려오고 있었다. 바로 몽골 계통의 훈족이었다. 이들은 유럽인들이 이제껏 만나본 적 없는 활기차고 능력 있는 아시아의 황인종들이었다.

40

서로마 제국의 멸망

유럽사에 등장한 훈족

훈족이 유럽에 등장한 일은 인류 역사가 새로운 단계에 진입했음을 알리는 신호였다. 이전 세기까지 혹은 그리스도교 시대 이전까지 몽골계 부족은 북유럽 민족과 접촉한 적이 없었다. 다만, 몽골 계통의 라프 족이 서쪽을 향해 천천히 이동해 와서 북구 삼림지대 저 너머의 얼어붙은 땅 라플란드Lapland[핀란드와 스칸디나비아 반도 북부 및 러시아의 콜라 반도를 포함하는 유럽 최북단 지역]까지 와있기는 했다. 하지만 이들은 당대 역사의 주된 흐름에 아무런 역할도 하지 못했다. 수천 년 동안 서구에서는 아리아인, 셈족, 흑갈색의 백인종 사이에 극적인 상호작용이 이루어지긴 했지만 (에티오피아인들이 이집트를 침략한 것을 제외하고는) 남방의 흑인이나 동아시아의 몽골인들이 서구 역사에 간여한 일은 거의 없었다.

유목민인 훈족이 서서히 서쪽으로 이동한 데에는 두 가지 주요 원인이 있었던 것 같다. 한 가지는 중국의 확장이었다. 한나라가 중국 전체를 통일하면서 북쪽으로 영토를 확장하며 번성했고 이에 인구도 증가했다. 다른 한 가지 원인은 기후의 변화다. 어떠한 형태로 기후가 변화했는지 정확히 알기는 어렵지만 기후 변화가 있었던 것만은 확실해 보인다. 강수량이 줄어 늪과 숲이 사라졌거나 반대로 강수량이 늘어 가축이 풀을 뜯을 수 있는 초원이 확장되었을 것이다. 그렇지 않았다면 이 두 가지 현상이 서로 다른 지역에서 동시에 발생했을 수도 있다. 어찌 되었든 기후 변화의 영향으로 훈족이 서쪽으로 이동하기가 쉬워졌을 것이다.

제3의 부차적 원인으로 로마 제국의 쇠락을 꼽을 수 있다. 당시 로마는 경제적으로 파산 상태에 있었고 내부적으로 부패했다. 그리고 인구마저 줄어들고 있었다. 로마는 이미 공화정 후기부터 부유층의 전횡으로 그 생명력을 잃기 시작했다. 제정 후기에 등장한 군인 황제들의 세관원들은 그나마 남아있던 마지막 생명력까지 모두 소진해버렸다. 외부로부터 압력을 받아 살던 곳을 떠나야 할 상황에 놓여있던 훈족에게는 다른 곳으로 떠날 기회가 주어진 셈이었다. 동쪽에서는 중국이 압박했고 서쪽에서는 로마가 쇠락해가고 있었는데 때마침 양쪽 사이의 길이 열린 것이다.

훈족은 이미 1세기경에 유럽 대륙에 속한 러시아의 동쪽 경계까지 당도해있었다. 그러나 이 기마 민족이 스텝 지대에서 우위를 점하게 된 것은 4~5세기 무렵의 일이었다. 그리고 5세기는 그야말로 훈족의 시대였다. 그들 중에 처음 이탈리아 안으로 들어간 이들은 로마의 용병이 되었다. 호노리우스Honorius 황제의 섭정이었던 반달족의 스틸리코가 이들을 고용했다. 훈족 용병들은 비어있던 반달족의 옛 둥지 판노니아를 금세 자신들의 땅으로 만들었다.

훈족의 아틸라, 유럽을 분열하다

5세기 전반, 훈족에서는 뛰어난 장수 아틸라Attila가 등장했다. 우리는 그에 대해 감질날 만큼 희미한 지식을 단편적으로만 알고 있을 뿐이다. 그는 훈족의 여러 부족을 연합하여 다스렸을 뿐 아니라 게르만 부족들에게서 조공을 받기도 했다. 그리고 그는 라인 강에서 유럽 평원을 지나 중앙아시아까지 펼쳐진 제국을 건설했다. 중국과도 사신을 교환했다. 그의 지휘 막사는 다뉴브 강 동쪽의 헝가리 평원에 있었다. 그는 이곳에서 다른 나라 사신들을 접견하곤 했다. 콘스탄티노폴리스 궁정에서는 프리스쿠스Priscus를 특사로 보내 아틸라를 예방하게 한 적이 있는데, 바로 이 프리스쿠스가 오늘날까지 전하는 아틸라 제국에 관한 기록을 남겼다.

이들 몽골계 부족의 생활 방식은 로마인들이 이전에 축출한 원시 아리아인들의 생활 방식과 매우 비슷했다. 평민들은 오두막이나 천막에 살았고 부족장들은 방책을 두른 멋진 통나무 저택에 살았다. 사람들은 곧잘 술을 마시며 축제를 벌였고 소리꾼들은 노래를 불렀다. 호메로스의 영웅들이나 알렉산드로스 대왕의 마케도니아 동료들이라면 당시 콘스탄티노폴리스에서 통치하고 있던, 아르카디우스의 아들 테오도시우스 2세 황제의 세련되고 퇴폐적인 궁정보다는 아틸라의 막사에서 더 편안함을 느꼈을 것이다.

아틸라가 이끌던 훈족 유목민들이 지중해 지역의 그리스-로마 문명에 끼친 영향은 오래전 미개의 그리스인들이 에게 문명에 끼친 영향과 같았을 것이다. 다만 무대가 더욱 커졌을 뿐, 같은 역사가 반복해서 공연되는 것처럼 보일 정도다. 하지만 초기 그리스인들은 진짜 유목생활을 했다기보다는 가축을 이목移牧[여름에는 산에서 방목하고 겨울에는 건초를 먹

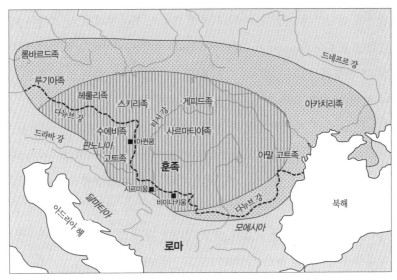

▲ 아틸라 통치 시기의 훈족 세력권

여 사육하는 목축 형태]으로 키웠을 뿐이었다. 그와 비교하면 훈족은 훨씬 더 제대로 된 유목생활을 했다고 볼 수 있다. 그들은 습격하고 약탈했지만 정착하는 법은 없었다.

아틸라는 여러 해 동안 작심한 듯 테오도시우스 2세를 괴롭혔다. 아틸라의 군대는 파괴와 약탈을 일삼으며 콘스탄티노폴리스의 성벽 바로 아래까지 진군했다. 아틸라는 발칸 반도에서만 70여 개 도시를 파괴했다. 이에 테오도시우스 황제는 아틸라에게 조공을 바쳐 그의 마음을 사려고 했다. 반면에 비밀요원들을 보내 아틸라를 암살하여 영원히 제거하려고도 했다.

451년 라틴어를 사용하는 로마 제국의 다른 반쪽 지역으로 관심을 돌린 아틸라는 갈리아 지방을 침공했다. 이때 북부 갈리아 지방의 거의 모든 도시가 약탈당했다. 프랑크족과 비지고트족 그리고 황제의 군대가 연합하여 아틸라에 맞섰고, 마침내 현재 프랑스 북동부의 도시 지역에 해당하는 트루아Troyes에서 그를 무찔렀다. 광대한 지역에 분산되어 벌어진 이 전투에서 죽은 병사의 수가 15만~30만 명에 달했다고 한다. 그러나 로마는 이번 승리로 아틸라를 잠시 저지할 수 있었을 뿐 그가 지닌 엄청난 군사적 지략을 완전히 소진시킬 수는 없었다. 이듬해 아틸라는 베네치아로 통하는 길을 따라 이탈리아로 쳐들어가서 아퀼레이아와 파두아를 불태우고 밀라노를 약탈했다. 이때 북부 이탈리아의 도시들, 특히 파두아에서 도망 나온 수많은 사람이 아드리아 해 입구의 석호에 있는 섬으로 들어가 몸을 숨겼다. 중세 시대에 가장 큰 무역 중심지가 되는 베네치아의 기초를 놓은 사람들이 바로 이들이다.

453년 아틸라는 젊은 신부를 얻어 결혼식을 성대하게 치른 뒤 갑자기 죽었다. 그리고 약탈을 주업으로 삼았던 훈족의 부족 연합 체제도 그의 죽음과 함께 조각나 버렸다. 사실상 훈족은 역사에서 사라졌고 아리안 계통의 언어를 사용하는 다수의 주변 민족에 섞여 들어갔다. 그러나 서로마 제국이 실제로 멸망하게 된 것은 이 뛰어난 훈족 전사들의 습격 때문이었다.

▼ 로물루스 아우구스툴루스의 하야. 19세기 그림
@wikipedia

아틸라가 죽은 뒤 로마에서는 10명의 황제가 왕위에 올랐지만 모두 반달족이나 용병군단이 옹립한 이들이었다. 455년에는 카르타고에 있던 반달족이 바다를 건너와 로마를 약탈했다. 476년에는 로물루스 아우구스툴루스 Romulus Augustulus라는 인상적인 이름을 달고 스스로 황제 노릇을 하던 판노니아 사람을 용병 대장 오도아케르가 제압했다. 그는 이제 더는 서로마 제국의 황제가 없음을 콘스탄티노폴리스의 궁정에 공지했다. 결국 서로마 제국은 이렇게 명예롭지 못하게 종말을 맞았고, 493년 고트족의 테오도리쿠스가 로마의 왕이 되었다.

실제로는 도둑 떼나 다름없던 야만족의 우두머리들이 왕과 영주가 되어 군림하기 시작한 지 오래였다. 서유럽과 중앙유럽 전역에 새로이 등장한 통치자들의 수는 수백, 어쩌면 수천에 이르렀다. 이들은 대부분 황제에게 충성을 서약하긴 했지만 모두 허울뿐이었고 실제로는 제각기 독립해있었다. 사용하는 언어도 달라졌다. 갈리아, 스페인, 이탈리아 및 루마니아에서는 여전히 라틴어가 우세했지만 지역적으로 변형되었다. 라인 강 동쪽 지역에서는 라틴어가 사용되지 않고 게르만 계통의 언어들이(또는 보헤미아 지역에서처럼 오늘날의 체코어와 같은 슬라브 계통의 언어가) 공용어가 되었다. 성직자와 소수 지식인만이 라틴어를 읽고 쓸 줄 알았다. 어디서나 삶은 불안했고 재산은 강자들의 차지가 되었다. 수많은 성채가 솟아올랐고 도로는 허물어졌다. 6세기 초는 분열의 시대였다. 서구 전역에서 지성은 암흑에 휩싸였다. 그리스도교의 수사들과 선교사들이 없었더라면 라틴어로 이루어진 학문 전체가 모두 사라질 뻔했다.

시민 정신을 버린 서로마 제국의 최후

그토록 강대했던 로마 제국이 이토록 완전하게 쇠망했다는 사실이 놀라울 따름이다. 그렇다면 로마 제국이 강대해진 이유는 무엇이었을까? 그리고 강대했던 로마 제국이 쇠망하게 된 이유는 무엇일까? 로마가 강대할 수 있었던 건 시민권 개념이 제국을 하나로 유지했기 때문이다. 로마가 팽창하던 공화정 시기부터 제정 초기까지는 로마 시민권을 중요시하는 사람들이 많았다. 이들은 로마 시민이 된다는 것을 특권이자 의무라고 느꼈다. 로마법 아래에서 누리는 그들의 권리를 당연하게 여겼으며 로마를 위하여 희생할 각오도 되어있었다. 정의롭고 위대한 국가로서 로마의 위신은 국경 너머까지 미쳤다. 그러나 포에니 전쟁이 벌어지면서 부富가 증대되고 노예의 수가 늘자 시민권의 의미는 퇴색했다. 시민권은 더 많은 사람에게 부여되었지만 정작 그 의미는 커지지 못했다.

사실 로마라는 나라는 한편으론 매우 원시적인 조직이었다. 당시의 국가는 교육을 하지 않았다. 새로 시민권을 획득한 사람들은 급격히 늘어났지만 정부가 이들에게 국가가 하는 일에 대한 설명을 해주지 않았다. 그리고 국가의 결정 사항에 시민들의 협조를 구하지도 않았다. 공공의 이해를 위한 학교 네트워크도 없었고 공동 행동을 유지하기 위한 뉴스 배급망도 없었다. 마리우스와 술라[로마 공화정 말기에 원래 장군과 부하의 관계였던 두 사람은 각기 민중파와 보수파의 대표가 되어 권력 쟁취를 위해 무력 충돌까지 일으켰다] 시대 이후에는 권력을 쟁취하려던 야심가들조차 제국의 정사에 관하여 여론을 형성하고 사람들을 끌어들인다는 생각을 하지 못했다. 시민권 정신은 아사해버렸지만 누구도 그 죽음을 지켜보지 않았다. 인간 사회의 모든 제국과 모든 국가, 모든 조직은 결국 이해와 의지의 문제로 귀결되는 법이다. 그렇지만 이제 더는 로마 제국을 유지하려는 의지가 남아있지 않았다. 그래서 로마 제국은 종말을 맞았다.

그러나 라틴어권의 서로마 제국이 5세기에 멸망하긴 했어도 제국의 명성과 전통을 크게 활용한 조직이 있었다. 전체 그리스도교 세계의 절반, 곧 라틴어를 사용하는 로마 가톨릭교회였다. 서로마 제국이 죽어가는 동안에도 가톨릭교회가 살아남을 수 있었던 것은 교회가 사람들의 정신과 의지에 호소한 덕분이다. 또한 책으로 교회를 유지해줄 훌륭한 교사와 선교사 조직을 갖추고 있었던 덕분이다. 이러한 것은 그 어떤 법률이나 군단보다 강력하다.

제국이 쇠락해가고 있던 4세기와 5세기 전반에 걸쳐 그리스도교는 계속 멀리 퍼져나가 유럽 전역을 지배했다. 그리스도교는 야만인 정복자들까지도 정복했다. 아틸라가 로마로 진군하기로 마음을 정한 듯했을 때, 그를 가로막은 로마의 대주교는 어느 군대도 할 수 없는 일을 해냈다. 그는 순전히 도덕의 힘만으로 아틸라를 돌려보낸 것이다.

로마의 대주교는 자신이 전체 그리스도교 교회의 수장, 곧 교황임을 선언했다[초기 그리스도교에는 다섯 개의 대교구가 있었고 로마는 그중 하나에 지나지 않았다. 그러나 예수의 수제자이며 교회의 반석이라 일컬어지는 베드로 사도를 계승했다는 신학적 주장, 로마라는 도시의 특수한 정치적 입지, 서로마 제국의 권력 공백 덕분에 교황으로 자리매김할 수 있었다]. 서로마 제국에는 이제 더는 황제가 존재하지 않았으므로 교황은 제국의 직위와 권한을 자신에게 귀속시켰다. 교황이 택한 폰티펙스 막시무스Pontifex Maximus라는 칭호는 로마 제국의 제사를 주관하던 최고 제사장을 부르는 말이었다. 이 제사장직은 역대 황제들이 즐겼던 직위 중에서도 가장 역사가 오랜 것이었다.

6부

침체된 중세 유럽과
번성하는 아시아

41

비잔틴 제국과
사산조 페르시아 제국

끊임없는 전쟁, 쇠락하는 문명

그리스어를 사용한 동로마 제국[이후 비잔틴 제국이라 불린다. 수도 콘스탄
티노폴리스의 본래 이름인 비잔티움에서 나온 말이다]은 라틴어를 사용한 서로
마 제국보다 정치적으로 훨씬 더 강한 끈기를 보여주었다. 5세기에 닥친
재난들로 제국의 서쪽이 무너졌지만 동쪽은 시련을 견뎌냈다. 아틸라가
황제 테오도시우스 2세에게 위협을 가하면서 콘스탄티노폴리스 성벽 바
로 앞까지 침입했어도 제국의 수도는 그대로 보전되었다. 누비아 흑인
Nubian들이 나일 강을 따라 내려와 상上이집트를 약탈하는 일도 있었지
만, 하下이집트와 알렉산드리아는 여전히 번영을 누렸다. 그리고 소아시
아 지역은 사산조 페르시아 제국의 공격이 이어졌지만 계속해서 동로마
제국의 땅으로 남아있었다.

6세기에 라틴어권의 서쪽은 암흑기를 보내고 있었다. 하지만 그리스
어권의 동쪽은 위기에서 상당히 회복되었다. 이 시기에 등장한 황제 유

▲ 콘스탄티노폴리스의 성 소피아 대성당. 이슬람 사원으로 쓰이다가 1935년 이후로는 박물관으로 쓰이고 있다. ©Mehmet Cetin/Shutterstock.com

스티니아누스 1세Justinianus I(527-565 재위)는 대단한 야망과 정력을 지닌 통치자였다. 그와 결혼한 황후 테오도라는 한때 배우로 일한 이력이 있긴 하지만 황제와 대등한 능력을 가진 인물이었다. 유스티니아누스 황제는 반달족으로부터 북아프리카를, 고트족으로부터 이탈리아 대부분을 수복했으며 남부 스페인까지 탈환했다. 게다가 그는 자신의 기력을 군사 원정에만 쏟지 않았다. 콘스탄티노폴리스에 대학을 설립하고 성 소피아 대성당을 지었으며, 로마법을 집대성한 《로마법대전》을 간행했다. 그러나 그는 플라톤이 창설하여 1,000년 가까이 이어오던 아테네의 철학 학교들을 폐쇄해버리기도 했다. 자신이 세운 대학과 경쟁하게 될 것을 염려했기 때문이었다.

한편, 페르시아 제국은 3세기부터 비잔틴 제국과 꾸준히 경쟁했다. 두 제국의 계속되는 충돌 때문에 소아시아와 시리아, 이집트는 불안과 불모의 땅이 되어버렸다. 1세기에 이들 지역은 문명 수준이 높고 물질적으로 부유하며 인구도 많은 곳이었다. 그러나 계속해서 군대 여럿이 휩쓸고 지나가면서 살육과 약탈이 벌어지고 전쟁을 위한 세금 징수가 지속되자 이 지역의 문명도 점차 쇠락했다.

결국 시골에서는 농민들이 뿔뿔이 흩어졌고, 그런 시골을 배경으로 폐허처럼 변한 도시만이 드문드문 남아 있었다. 다만 빈곤과 무질서가 퍼져나가는 이 우울한 상황에서도 하下이집트는 그나마 사정이 조금 나았다. 규모가 줄긴 했지만 알렉산드리아에서는 콘스탄티노폴리스처럼 동서 교역이 계속되고 있었다.

전쟁을 일삼으며 쇠락해가는 두 제국에서 과학과 정치철학은 숨이 끊어지는 듯 보였다. 아테네의 마지막 철학자들은 탐구욕과 경외심으로 과거의 위대한 저술들을 보존했다. 그러나 이제 이들은 압제를 받아 사라져버렸다. 그들이 지켜온 저술들에 체현되어있는 숨김없는 진술과 질문의 전통을 이어나갈 대범하고 독립적으로 사유하는 자유로운 유한계급은 더는 남아있지 않았다.

이런 상황에 이르게 된 가장 큰 원인은 사회와 정치의 혼돈이었다. 그러나 이 시기에 인류의 지성이 이토록 척박하고 불안해진 데는 또 다른 이유가 있었다. 페르시아 제국과 비잔틴 제국 모두에서 관용이 사라진 것이다. 두 제국 모두 새로운 방식으로 종교에 매진했고 이는 인간 정신의 자유로운 활동을 저해했다.

야만의 시대

　물론 세계에서 가장 오래된 고대 제국들은 모두 종교에 몰두했고 신이나 신격화된 군주를 섬기는 데 집중했다. 알렉산드로스 대왕은 신으로 추앙받았으며 로마에는 황제들을 위한 제단과 신전이 있었다. 로마 정부는 충성심을 시험하기 위해 사람들에게 황제의 제단에 향을 피우고 봉헌하게 했다. 그러나 이들의 종교는 사실과 행위의 종교였기에 사람의 내면까지 침범하지는 않았다. 한 사람이 신에게 제물을 바치고 절하기만 한다면 자신이 원하는 것을 자유롭게 생각하고 말할 수 있었다.

　그러나 이러한 세계에 침투해 들어온 새로운 여러 종교, 그중에서도 특히 그리스도교는 인간 내면을 지향했다. 이 새로운 신앙은 단지 행동으로 순응할 것만 강요한 것이 아니라 믿음에 대해 이해를 요구했다. 두 제국의 새로운 종교는 모두 신앙고백이 중심이 되는 종교였다. 따라서 믿음의 내용과 그 의미를 두고 격렬한 논쟁이 일어난 것은 어쩌면 자연스러운 일이었다. 이제 세계는 '정교正教'라는 새로운 개념, 곧 이미 설정된 교리의 제약 속에 행동뿐 아니라 말과 생각마저 단단히 가두어두려는 종교와 대면하게 되었다. 잘못된 믿음을 다른 사람들에게 전파하는 것은 지적 결함을 의미할 뿐 아니라 영혼을 영원한 파멸로 이끄는 도덕적 잘못으로 간주되었다.

　3세기에 페르시아의 사산 왕조를 창시한 아르다시르 1세Ardashir I와 4세기에 로마 제국을 재건한 콘스탄티누스 대제는 모두 종교 조직으로부터 도움을 얻고자 했다. 두 황제는 자신들이 택한 종교에서 인간의 의지를 이용하고 통제할 수 있는 새로운 방법을 보았던 것이다. 그리고 4세기가 끝나기 전부터 두 제국 모두 자유로운 대화와 종교적 혁신을 억

▲ 라벤나의 모자이크화. 유스티니아누스 황제와 그 대신들 ©Samot/Shutterstock.com

압했다. 아르다시르 황제는 고대 페르시아의 종교인 조로아스터교가 국가 종교로 사용될 만하다고 보았다. 조로아스터교에는 사제와 신전이 있었고, 특히 제단에는 신성한 불꽃이 간직되어있었다[조로아스터교에서는 세상을 선과 악의 대결로 이해했고 선을 상징하는 불을 소중히 다루었다. 이런 이유로 중국에서는 불을 숭배하는 의미에서 배화교라고 불렀다].

국가 종교가 된 조로아스터교는 3세기가 채 끝나기 전부터 그리스도교를 박해하기 시작했다. 277년에는 마니교의 창시자인 마니를 십자가에 처형한 뒤 시신의 가죽을 벗기기까지 했다. 페르시아 제국에서 이런 일이 진행되는 동안 콘스탄티노폴리스는 그리스도교 이단을 사냥하느라 바빴다. 마니교의 관념들이 그리스도교를 물들였으므로 가장 강력한 수단을 동원하여 이단을 축출해내야 했다. 그런데 그리스도교 역시 조로아스터교에 침투하여 그 교의의 순수성을 흐렸다. 결국 모든 사상이 의심의 대상이 되었다. 관용이 사라진 이 시기에 과학은 완전히 그 빛을 잃고 말았다. 과학이 발전하려면 무엇보다도 방해받지 않는 자유로운 정신 활동이 보장되어야 하기 때문이다.

당시 비잔틴 제국 안에서 살아가는 삶은 전쟁과 가혹한 신학, 그리고 인간의 통상적인 악행들로 이루어졌다. 그곳에서의 일상은 그림처럼 멋져 보이고 낭만적이기까지 했지만 거기에 행복이나 광명은 거의 없었다. 비잔틴 제국과 페르시아 제국은 음울하고 파괴적인 전투를 계속하면서 소아시아와 시리아를 유린했다. 북쪽에서 내려오는 야만인들의 공격이 심해졌을 때 비로소 두 제국 간의 전쟁은 중단되었다. 하지만 두 제국이 단단히 연합해서 야만인들을 몰아내고 예전의 번영을 회복하기는 어려운 상황이었다. 이때쯤 역사에 처음 등장하는 튀르크족[돌궐을 지칭하는 것으로 보인다]이 어떤 때는 비잔틴 쪽에, 또 어떤 때는 페르시아 쪽에 붙어서 싸웠기 때문이다. 6세기가 되자 두 제국은 다시 충돌하기 시작했고, 싸움을 이끈 양쪽의 주인공은 비잔틴의 유스티니아누스 황제와 페르시아의 호스로 1세Khosroes I였다. 이어서 7세기 초에는 헤라클리우스 Heraclius 황제가 호스로 2세와 맞붙었다(580).

폭풍전야

호스로 2세는 즉위하자마자 처음부터 전세를 장악했다. 610년 헤라클리우스 황제가 제위에 오른 뒤에도 비잔틴 제국은 콘스탄티노폴리스 목전까지 진격해 들어오는 호스로 2세를 막지 못했다. 그는 안티오키아, 다마스쿠스, 예루살렘을 점령한 뒤 콘스탄티노폴리스 바로 맞은편 소아시아의 칼케돈까지 도달했다. 그리고 619년에는 이집트까지 정복했다. 그제야 헤라클리우스 황제는 페르시아 제국 본토에 반격을 가하기 시작했다. 그는 칼케돈에 있는 적의 군대를 그대로 둔 채, 니네베에서 페르시아 군대를 궤멸하였다(627). 628년 호스로 2세는 아들 카바드Kavadh에게 폐위된 뒤 살해당했다. 그때 비로소 기력을 모두 소진한 두 제국 사이에 잠정적인 평화가 찾아왔다.

이것이 비잔틴과 페르시아 두 제국이 맞붙은 마지막 싸움이 되었다. 하지만 이미 사막 저편에서 일기 시작한 폭풍이 이들의 오래되고 무의미한 싸움을 끝내버릴 거로 생각한 사람은 그때까지 아무도 없었다.

시리아에서 질서를 회복하고 있던 헤라클리우스 황제는 한 통의 전갈을 받는다. 이 전갈은 다마스쿠스의 남쪽 보스트라에 있는 제국의 전초기지로 보내졌는데 황제에게 전하는 것이었다. 하지만 모호한 셈족 계열 언어였던 아랍어로 작성된 탓에 역관이 황제에게 내용을 읽어주었다. 전갈의 작성자는 자신을 '신의 예언자 무함마드Muhammad'라고 칭했으며, 황제에게 참된 유일신을 인정하고 섬기라고 요구했다. 이에 대해 황제가 뭐라고 대답했는지는 기록되어있지 않다.

비슷한 전갈이 크테시폰에 있던 카바드 황제에게도 도착했다. 황제는 화를 내며 편지를 찢었고 전령에게 당장 꺼지라고 소치쳤다고 한다. 두 황제에게 전갈을 보낸 무함마드라는 사람은 베두인족의 지도자였으며 그 근거지는 작고 초라한 사막 도시 메디나였다. 그는 참된 유일신을 믿는 새로운 종교를 설파하고 있었다.

그는 말했다. "그러니, 주님! 그 왕국을 카바드에게서 빼앗아주소서."

42

수나라와 당나라

문명을 꽃피우다

5~8세기에 몽골계 부족들[돌궐을 지칭하는 것으로 보인다]은 꾸준히 서쪽으로 이동했다. 아틸라의 훈족은 이 대규모 이동의 전조에 불과했다. 이 몽골계 부족들은 핀란드, 에스토니아, 헝가리, 불가리아에 자리 잡았다. 오늘날까지도 이들 지역에는 그들의 후손들이 터키어족 언어를 사용하며 살고 있다. 아리아인들이 장악한 유럽, 페르시아, 인도 문명에 몽골 유목민들이 끼친 영향은 그보다 1,000~1,500년 전에 에게 문명과 셈족 문명에 아리아인들이 끼친 영향과 같았다.

중앙아시아의 튀르크족은 오늘날 서西투르키스탄 지역에 뿌리를 내렸다. 페르시아에서는 이미 많은 튀르크족 장교와 용병을 고용하고 있었다. 파르티아인은 역사에서 사라져 페르시아의 주민들 속으로 흡수되었다. 중앙아시아 역사에 이제 더는 아리아인 유목민은 존재하지 않았다. 튀르크족이 그들을 대체한 것이다. 튀르크족이 중국에서 카스피 해에 이

▲ 당 태종 @wikipedia

르는 아시아의 지배자가 되었다.

2세기 말에 한나라가 무너졌다. 로마 제국이 멸망한 것과 같은 이유에서였다. 그 뒤에 이 지역은 다시 분열되었다. 하지만 유럽보다는 더 빨리, 그리고 더 완벽하게 회복되었다. 6세기가 끝나기 전에 수隋나라가 중국을 재통일했다. 헤라클리우스 황제가 비잔틴 제국을 통치할 무렵에는 당唐나라가 수나라를 대체했다. 그리고 당나라는 또 다른 번영의 시대를 열었다.

7~9세기 내내 중국은 전 세계에서 가장 안정되고 문명화된 나라였다. 북쪽 영토는 이미 한나라 때 확장했고 수나라와 당나라 때는 남쪽으로 확대하여 오늘날의 중국 영토를 확보했다. 중앙아시아에서는 더욱 멀리까지 세력을 뻗어서 튀르크 부족[돌궐을 지칭하는 것으로 보인다]에게서 조공을 받고, 그 너머 페르시아와 카스피 해까지 이르렀다.

수나라와 당나라는 한나라와는 매우 달랐다. 새롭고 활력 넘치는 문단이 등장했고 시가 크게 부흥했다. 불교가 들어와 철학과 종교적 사유에 혁명을 일으켰다. 기술과 예술 그리고 생활의 모든 편의가 크게 진보했다. 중국인들이 처음 차를 마시기 시작한 것도 이 시기였다. 종이 생산이 늘었고 목판으로 인쇄한 책도 간행되었다. 인구가 줄어든 유럽과 서아시아에서 사람들이 성벽으로 둘러싸인 작은 도시나 도적 떼의 음산한 요새 속에 오두막을 짓고 살 때, 중국에서는 수백만 명이 한데 모여 우아한 삶을 질서 있게 영위하고 있었다. 서구의 정신이 신학에 대한 집착으로 암울해졌을 때 중국의 정신은 개방적이고 관용적이며 탐구적인 방향으로 나아갔다.

그리스도교와 이슬람교 받아들인 당 태종

당나라 황제인 태종은 헤라클리우스 황제가 니네베에서 승리를 거두었던 627년에 즉위했다. 헤라클리우스 황제는 태종에게 사절단을 보냈다. 비잔틴 제국의 황제는 아마도 페르시아의 등 뒤에 있는 당나라와 동맹을 맺으려고 했을 것이다. 페르시아에서는 그리스도교 선교사 한 무리가 찾아왔다(635). 태종은 그들에게 그리스도교 성경을 설명하게 했으며, 그들이 중국어로 번역한 성경을 검토했다. 그런 뒤에 태종은 이 낯선 종교를 수용할 만한 것이라 선포하며 교회와 수도원 설립도 허가했다.

무함마드의 전령들도 이 중국 황제를 찾아왔다(628). 그들은 아라비아에서 인도 해안을 따라 항해하는 무역선을 타고 광둥으로 들어왔다. 태종은 헤라클리우스 황제나 카바드 황제와 달리 이 사절단을 정중하게 접견했다. 그는 이들의 신학적 관념에 관심을 보였으며 이들이 광둥에 모스크(이슬람 사원)를 짓도록 후원하기도 했다. 이 모스크는 세계에 현존하는 가장 오래된 모스크라고 한다.

43

이슬람 제국

아라비아의 베두인족

7세기 초의 세계정세를 탐구했던 역사가라면 수 세기 안에 유럽과 아시아 전체가 몽골의 지배하에 들게 되리라는 예측을 할 수 있을 것이다. 당시 서유럽에서는 사회 질서가 회복되고 통합이 이루어질 조짐이 전혀 보이지 않았다. 비잔틴과 페르시아 제국은 서로를 파괴하며 무너지고 있었다. 인도 역시 분열되고 황폐해져 갔다.

반면에 중국은 꾸준히 커지고 있었다. 중국 인구는 유럽 전체 인구보다도 많았다. 중앙아시아에서 성장하고 있던 튀르크족은 중국과 보조를 맞추어 세력이 커지고 있었다. 그리고 몽골인이 세계를 지배하리라는 예측은 빗나가지 않았다. 13세기가 되면 몽골인 지배자가 다뉴브 강에서부터 태평양에 이르는 광활한 영토를 통치하고, 튀르크의 왕조들이 비잔틴과 페르시아 전체 그리고 인도 대부분과 이집트 위에 군림하기 때문이다.

▲ 히라 산 동굴에서 명상하던 중 천사 가브리엘의 계시를 받는 무함마드. 14세기 그림 @wikipedia

그러나 이러한 예측은 라틴어권 유럽의 회복력을 저평가하고, 아라비아 사막에 잠재해있던 세력들을 무시하는 오류를 범할 가능성이 매우 높다. 7세기까지 아라비아는 오랫동안 서로 다투어온 소규모 유목민 부족들의 피난처가 되어주었다. 1,000년이 넘는 세월 동안 셈족은 아라비아에서 제국을 건설한 적이 한 번도 없었다.

그런데 이제 베두인족이 갑자기 불같이 타올라 한 세기 동안 짧은 영광을 누리게 되었다. 그들은 스페인에서 중국의 경계에 이르기까지 자신들의 계율과 언어를 퍼뜨리며 새로운 문화를 선사했다. 그들은 하나의 종교를 창조했고 이 종교는 오늘날까지 세계에서 가장 중요한 세력 중 하나로 남아있다.

신의 사명을 받은 마지막 예언자

아랍의 불길에 최초의 불을 붙인 사람은 무함마드였다. 메카에서 부자 상인의 과부와 젊은 나이에 결혼한 무함마드는 마흔 살이 될 때까지 세상에 드러날 만한 일은 한 적이 없었다. 하지만 종교에 관한 논의에는 상당한 관심이 있었던 것 같다. 그 당시 메카는 이교도의 도시였으며, 특별히 카바Kaaba라는 검은 바위를 숭배하는 곳이었다. 이 바위가 아라비아 전역에서 이름이 높았기 때문에 메카는 순례의 중심지가 되었다. 그러나 아라비아에는 유대인들도 많이 살았다. 특히 남부 지방에는 유대교를 믿는 사람도 많았다. 그리고 시리아 지방에는 그리스도교 교회가 많았다.

무함마드는 마흔 살 즈음부터 예언자의 성향을 드러내기 시작했다. 그가 예언하는 모습은 1,200년 전에 살았던 히브리 선지자들과 비슷했다. 그는 먼저 아내에게 오직 한 분이신 유일신에 관해 이야기했고, 선행과 악행에 따른 상과 벌에 관해서도 이야기했다. 확실히 그의 생각은 유대교와 그리스도교의 관념에서 크게 영향을 받은 것이었다. 어쨌든 그의 주변에는 차츰 추종자들이 모여들어 작은 집단을 이루었다. 그는 이제 시내에 나가 설교하며 그곳에 팽배해있던 우상숭배를 비판했다. 이 때문에 무함마드는 메카의 이웃들에게 극도의 반감을 샀다. 카바에 오는 순례객들이 메카에 번영을 가져다주는 주요 수입원이었던 것이다. 하지만 그는 더욱 대담해졌고 가르침도 더 분명해졌다.

무함마드는 자신이 신의 선택을 받은 마지막 예언자이며, 완벽한 종교를 세우라는 사명을 신으로부터 받았노라고 천명했다. 아브라함과 예수는 그보다 앞서 왔던 예지자들일 뿐이고, 자신이 진정 신의 계시를 완성하도록 선택받은 인물이라는 것이다. 무함마드는 천사를 통해 받았다는 구절들을 밝히고, 환시 속에서 하늘나라 유일신 앞에 이끌려 자신의 사명에 대한 계시를 받았다고 말했다.

무함마드의 가르침이 힘을 더해갈수록 메카의 이웃들이 그에게 갖는 적대감 또한 커졌다. 결국 그를 죽이려는 음모까지 진행되었다. 다행히 그는 충실한 친구이자 제자인 아부바크르Abū Bakr와 함께 메카를 빠져나올 수 있었다.

메디나로 도망간 그들에게 그곳 사람들은 호의적이었고 무함마드의 교의를 받아들였다. 이 때문에 메카와 메디나 사이에는 일시적으로 적대감이 형성되었지만 상호 조약을 통해 해소했다. 메카는 오직 한 분이신 유일신에 대한 숭배를 채택하고 무함마드를 신의 예언자로서 수용하되, 이 새로운 종교의 신자들은 이전에 신자가 아니었을 때와 마찬가지로 메카에 순례를 가야 한다는 것이 조약의 내용이었다. 이로써 무함마드는 메카에 오는 순례자들을 막지 않으면서도 그곳에 유일신 신앙을 뿌리내릴 수 있었다. 629년 그는 지배자로서 메카에 귀환했다. 헤라클리우스, 카바드, 태종을 비롯한 지구 위의 모든 통치자에게 사신을 보낸 지 1년 만이었다.

무함마드는 632년에 죽기까지 남은 4년 동안 아라비아 전역에 권력을 행사했다. 말년의 그는 수많은 부인을 거느렸다. 오늘날의 기준으로 볼 때 대체로 그다지 교훈적인 삶을 살지 않았다. 그는 허영과 탐욕, 간계와 기만, 신실한 종교적 열정이 혼합된 사람이었던 것 같다. 그가 유일신으로부터 전해 받았다고 하는 명령과 해설을 구술하여 묶은 책,《쿠란》역시 문학작품이나 철학 서적으로 보자면 성스러운 권위를 지닐 만한 가치가 있어 보이지는 않는다.

▲ 무함마드가 첫 번째 계시를 받은 곳인 히라의 동굴 @wikipedia

일어서는 이슬람

그러나 무함마드의 생애와 저술이 지닌 명백한 결점들을 고려한다 하더라도 그가 아랍인에게 심어놓은 이슬람이라는 종교에는 여전히 많은 힘과 영감이 남아있다. 이슬람이 지닌 첫 번째 힘은 타협하지 않는 유일신 신앙이다. 무슬림은 유일신 알라가 인류의 아버지이며 세상을 다스린다는 것을 단순하고도 열정적으로 믿는다. 이런 믿음은 복잡한 신학적 논의들과 상관없이 확고하다. 이슬람의 두 번째 힘은 희생 제사를 드리는 사제나 성전과 완전히 결별했다는 점이다. 이슬람은 완전히 예언자적 종교이기 때문에 희생 제물의 피를 흘리던 관습으로 돌아갈 가능성이 완벽히 봉쇄되었다. 《쿠란》에는 메카로 가는 순례의 본질이 제한적인 의례일 뿐이라는 점을 분명히 밝히고 있다. 또한 무함마드는 사후에 자신을 신격화하는 것까지 엄격히 금했다. 마지막으로, 이슬람이 지닌 세 번째 힘은 유일신 알라 앞에서 모든 신자이 인종이나 출신, 지위를 막론하고 모두 형제이며 평등하다고 주장하는 점이다.

이슬람이 인류 역사의 주요 세력이 될 수 있었던 것은 이런 점들 덕분이었다. 이슬람 제국의 진정한 창립자는 무함마드가 아니라 그의 친구이자 조력자인 아부바크르라고 한다. 영리한 무함마드가 초기 이슬람의 정신과 상상력을 불러일으켰다면, 아부바크르는 이슬람의 양심이며 의지로서 행동했다. 무함마드가 흔들릴 때면 언제나 아부바크르가 지탱해주었다. 무함마드가 사망했을 때는 아부바크르가 초대 칼리프Caliph['계승자'라는 뜻. 무함마드를 계승한 이슬람의 지도자를 일컫는 말이다]가 되었다. 그에게는 3,000~4,000명의 아랍인으로 구성된 작은 군대밖에 없었지만 산을 옮길 만한 믿음을 가지고 단순하고도 분별력 있게 온 세계를 알라에 복종시켜나갔다. 결국 628년 메디나에서 예언자 무함마드가 세상의 모든 군주에게 써 보낸 편지의 내용이 그대로 실현되고 있었다.

44

이슬람, 새로운 문명을 낳다

뻗어 나가는 제국

이제 인류 역사에 가장 놀라운 정복 활동이 펼쳐진다. 634년 비잔틴 군대는 야르묵 강[요르단 강의 지류]에서 완전히 무너졌다. 수종dropsy[복부에 물이 차서 심장, 신장, 간장 등을 압박하고 몸이 붓는 병]에 걸린 헤라클리우스 황제는 모든 기력을 잃었다. 그가 지닌 자원들도 페르시아와 전쟁을 하느라 모두 소진한 상태였다. 결국 별다른 저항도 하지 못한 채 시리아, 다마스쿠스, 팔미라, 안티오키아, 예루살렘을 비롯해 나머지 지역들까지 무슬림에게 내주고 말았다. 그러자 많은 사람이 이슬람으로 개종했다.

무슬림은 동쪽으로 방향을 틀었다. 페르시아는 루스탐Rustam이라는 뛰어난 장수를 찾아냈으며, 막강한 코끼리 부대까지 있었다. 그들은 카데시아에서 아랍인들에 맞서 사흘간 전투를 벌였다(637). 하지만 적들의 저돌적인 공격에 결국 완패하고 말았다. 곧이어 아랍인들은 페르시아 전역을 정복했으며 서西투르키스탄까지 밀고 올라갔다가 동쪽으로 진출하

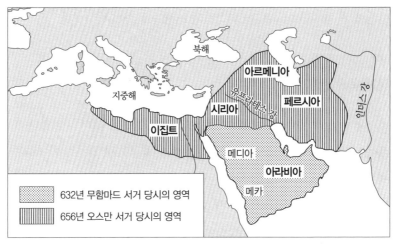

▲ 첫 25년 동안 무슬림의 정복 활동이 만들어낸 이슬람의 세력권 지도

여 중국에 닿았다.

서쪽에서는 이집트가 제대로 저항해보지도 못한 채 새로운 아랍의 정
복자들에게 무릎을 꿇었다. 이집트를 점령한 무슬림은 《쿠란》만으로 충
분하다는 광적인 믿음에 사로잡혀 알렉산드리아 도서관에 남아있던 모
든 서적과 필사 작업의 흔적까지 없애버렸다. 정복의 물결은 아프리카의
해안을 따라 밀려가서 지브롤터 해협을 건너 스페인까지 몰아쳤다.

무슬림은 710년에 스페인 침략을 시작하여 720년에 피레네 산맥에
닿음으로써 스페인 전역을 모두 정복했다. 그리고 공격을 계속하여 732
년에는 피레네 산맥을 넘어 프랑스의 중심까지 진격하는 성과를 올렸다.
하지만 투르·푸아티에 전투에서 패배한 뒤 곧바로 피레네 산맥 이남까
지 후퇴했고 그 뒤로는 다시 이 산맥을 넘지 못했다. 한편 지중해 동부에
서는 이집트를 정복함으로써 해상 함대를 손에 넣은 무슬림들이 콘스탄
티노폴리스 정복을 노리고 672년에서 718년까지 여러 차례 해상 공격을

단행했다. 하지만 이 위대한 비잔틴의 도시는 끝까지 버텨냈다.

폐허 속에 문명의 싹을 틔우다

아랍인은 정치에 소질이 거의 없었고 정치 경험은 더더욱 없었다. 그래서 다마스쿠스에 수도를 두고 스페인에서 중국까지 펼쳐진 이 광대한 제국은 빠른 속도로 분열되었다. 사실 맨 처음부터 교리상의 차이 때문에 통일 제국의 기초에는 금이 가 있었다. 이 대목에서 관심을 가지고 다루려는 것은 이슬람 제국이 정치적으로 분열되는 과정이 아니라 인류의 정신과 보편적 운명에 미친 영향이다. 아랍의 지성은 그보다 1,000년 전에 존재했던 그리스의 지성보다도 훨씬 더 짧은 시간에 더 극적인 충격을 던져주었다. 아랍인들은 중국의 서쪽 세계에서 과거의 낡은 사상들과 결별하고 새로운 사상이 발전하게끔 엄청난 지적 자극을 주었다.

▼ 750년 무렵 이슬람 제국의 판도

새로이 각성한 아랍의 정신은 페르시아에 이르러 마니교, 조로아스터교, 그리스도교의 교리뿐만 아니라 과학적인 그리스 문헌들과도 접촉할 수 있었다. 이 문헌들은 이미 그리스어 원문 외에도 시리아어로 번역되어 있었다. 아랍인들은 이집트에서도 그리스 학문과 조우했으며 스페인에서는 특히 활동적인 유대인들의 사색과 토론의 전통을 발견했다. 중앙아시아에서는 불교와 조우하고 중국 문명이 이룬 기술의 발전을 수용했다. 특히 중국으로부터 제지 기술을 배움으로써 책을 인쇄하여 제작할 수 있게 되었다. 그리고 마지막으로는 인도의 수학과 철학도 받아들였다.

《쿠란》만이 유일한 책이라고 믿었던 편협한 자기 만족적 신앙은 빠른 속도로 폐기되었다. 아랍의 정복자들이 가는 곳마다 학문의 새싹이 돋아났다. 8세기 무렵에는 아랍화 된 세계 전역에 교육기관이 생겨났다. 9세기에는 스페인 코르도바에 있는 여러 학교의 지식인들이 카이로, 바그다드, 부하라, 사마르칸트의 지식인들과 교류했다. 유대인의 정신은 기꺼이 아랍의 정신에 동화되었다. 같은 셈족 계열의 두 민족 사이에 한동안 아랍어를 매개로 한 협력관계가 성립되었다. 아랍인들이 정치적으로 분열하고 쇠퇴한 후에도 아랍어를 사용하는 세계 지식 공동체는 오래도록 유지되었다. 이는 13세기까지 상당히 중요한 결과물들을 생산해냈다.

사실을 체계적으로 축적하고 비판하는 일은 그리스인들이 처음 시작했다. 이것이 셈족의 놀랄 만한 부흥을 통하여 되살아났다. 아리스토텔레스와 알렉산드리아 박물관이 품고 있던 씨앗은 오랫동안 활동하지 못한 채 묻혀 있었지만 이제 싹을 틔우고 성장하여 열매를 맺게 되었다. 수학과 의학, 자연과학에서 엄청난 발전이 이루어졌다. 사용하기 불편했던 로마 숫자가 오늘날 우리가 사용하는 아라비아 숫자로 대체되었다. 이[주]

이라는 기호도 처음 등장했다. 대수학代數學을 나타내는 영어 단어 '알제 브라algebra'나, 화학을 나타내는 단어 '케미스트리chemistry'는 아랍어에서 왔다. '알골Algol', '알데바란Aldebaran'과 같은 별의 이름이나 목동자리를 나타내는 '보오티즈Boötes'와 별자리 이름은 아랍인들이 하늘에 남긴 흔적이다. 또한 아랍의 철학은 프랑스와 이탈리아를 비롯한 중세 시대 그리스도교 세계 전체에서 철학이 부활하는 데 큰 역할을 했다.

근대 과학의 문을 연 연금술사

아랍의 실험하는 화학자들을 가리켜 연금술사alchemist라고 부른다. 연금술사들은 가능한 한 자기의 실험 방법과 결과를 공개하지 않고 비밀로 유지하려고 했다는 점에서 무척 미개했다고 할 수 있다. 하지만 그들은 자신들이 발견하게 될 지식이 그들에게 엄청난 이득을 주고 인류의 삶에 막대한 영향을 미치리라는 것을 처음부터 잘 알고 있었다. 그들은 합금, 염색, 증류 등 엄청난 가치를 지닌 기술과 장비를 개발했다. 또한 팅크[알코올에 혼합하여 약제로 쓰는 물질], 에센스, 광학 렌즈와 같은 물질 및 도구를 발명했다.

그러나 그들이 추구했던 두 가지 목표는 결국 이룰 수 없었다. 하나는 '철학자의 돌'을 만드는 것이었다. 이 돌은 한 가지 금속을 다른 것으로 바꿀 수 있는 상상의 매개체다. 연금술사들은 이것을 이용해 인공적으로 금을 만들고자 했다. 또 한 가지 목표는 노인에게 젊음을 돌려주고 수명을 연장하는 불로장생의 영약을 만드는 것이었다.

끈기를 필요로 하는 아랍 연금술사들의 난해한 실험방식은 그리스도교 세계 안으로 퍼져 들어왔다. 그들의 연구에 열광하는 사람들도 많았

▲ 바위 사원. 이스라엘 예루살렘 구시가지에 있는 모스크로 '오마르 모스크Mosque of Omar' 또는 지붕이
황금으로 되어 있어 '황금 사원'이라고도 불린다. ⓒSean Pavone/Shutterstock.com

다. 그러는 사이 연금술사는 차츰 여러 사람이 협력하는 방식으로 활동
하기 시작했다. 서로의 생각을 교환하고 비교하는 것이 유리하다는 것을
알게 된 것이다. 그들이 이러한 변화를 의식했던 것은 아니다. 하지만 점
차 변화가 계속되면서 마지막 세대의 연금술사들은 첫 세대의 경험 철
학자가 되어있었다.

옛 연금술사들은 염기성 금속을 금으로 변화시켜줄 철학자의 돌과 불
로장생의 영약을 만들기 위해 애썼지만 실패했다. 그러나 그 과정에서
실험 실증적 방식들을 발견해낸 것이 바로 그들이다. 인류에게 세계와
인류의 운명을 좌우할 수 있는 제한 없는의 권력을 선사하리라 약속한
근대 과학은 바로 여기에서 시작되었다.

45

신성로마 제국

봉건 제도로 일어서는 유럽 왕국

아리아인의 지배 아래 남아있던 지역들이 7~8세기에 극도로 줄었다는 점에 주목할 만하다. 그보다 1,000년 전에는 아리아 계통 언어를 사용하는 민족들이 중국 서쪽의 문명권에서 승승장구했다. 그런데 이제는 몽골이 헝가리까지 밀고 들어왔다. 아시아에는 아리아인이 지배하는 땅이 하나도 남지 않게 되었다. 다만 비잔틴 제국의 영토가 소아시아에 조금 남아있을 뿐이었다. 아리아인들은 아프리카 전체와 스페인의 거의 전부를 빼앗겼다. 위대한 헬레니즘 세계는 콘스탄티노폴리스라는 무역 도시를 중심으로 해서 그 주변에 흩어져 있는 얼마 안 되는 영지들로 축소되었다. 로마 제국에 대한 기억은 라틴어를 사용하는 서방의 그리스도교 사제들에 의해서만 명맥을 유지하고 있었다. 아리아인의 쇠퇴와는 너무나 대조적으로 셈족의 전통은 1,000년 동안 어둠 속에서 다시 부상했다.

그렇다고 북구 유럽인들의 생명력이 완전히 소진된 것은 아니었다.

유럽인들은 아직 유럽의 중부와 북서 지방에 갇힌 신세였고 자신들의 사회·정치적 관념 속에서 혼란스러워하고 있었다. 하지만 차츰차츰 새로운 사회질서를 구축하면서 이전에 누렸던 것보다 훨씬 더 큰 권력을 되찾을 준비를 하고 있었다.

6세기 초 서유럽에는 전 지역을 아우르는 중앙 정부가 더는 남아있지 않았다. 이 과정에 대해서는 앞에서 이미 이야기했다. 수없이 많은 군소 통치자가 등장해서 서유럽 전체를 조각조각 나누어놓았다. 이 지역 통치자들은 힘이 약했기 때문에 자신을 간신히 유지하고 있었다. 이런 상황은 너무나 불안정해서 오래 지속될 수 없었고 혼돈 속에서도 서로 협력하고 제휴하는 체계가 자라나기 시작했다. 이 체계가 바로 오늘날까지 유럽인들의 생활에 흔적이 남아있는 봉건 제도다.

봉건 제도는 구성원 간의 권력을 구체화하여 사회를 재조직한 체계라고 할 수 있다. 당시에는 각 개인이 안정된 정치 공동체에 속하지 못하고 홀로 떨어져 있었기 때문에 어디에서나 심한 불안감을 느낄 수밖에 없었다. 그래서 원조와 보호를 얻기 위해서라면 개인의 자유 중 일부를 내놓을 준비가 되어있었다. 영주가 되어 자신을 보호해줄 더 강력한 인물을 찾고, 그에게 군역軍役을 제공하고 세금을 바치는 대신 그 대가로 자기 재산에 대한 소유권을 인정받았다. 그러면 이 영주는 더 강력한 영주에게 가서 그의 신하가 됨으로써 안전을 도모했다. 한 개인이 그러했던 것처럼 한 도시 전체가 봉건 영주를 보호자로 삼는 것이 편리하고 안전하다는 것을 알게 되었다. 수도원과 교회 영지들 또한 비슷한 방식으로 결속했다. 물론 영주에 대한 충성은 자발적으로 제공되기 전에 강요되는 경우가 많았다.

봉건 제도는 아래에서 위로 성장한 만큼이나 위에서 아래로도 성장했다. 따라서 일종의 피라미드형 권력 체계가 자라나 완성되었는데 각 지방마다 구체적인 형태는 서로 달랐다. 처음에는 개인 사이에 폭력을 행사하고 집안 간에 전쟁을 벌이는 것이 허용되었지만 이후에는 질서를 유지하고 법이 지배하는 체계가 되었다. 각 지역마다 봉건 피라미드가 제각기 자라나 그중에 어떤 것들은 왕국이 될 만큼 커졌다. 이미 6세기 초에 현재의 프랑스와 네덜란드 지역에는 클로비스 왕이 세운 프랑크 왕국이 존재했으며 비지고트족, 롬바르드족, 고트족이 세운 왕국들도 속속 등장했다.

프랑크 왕국, 서로마 제국을 꿈꾸다

720년 무슬림이 피레네 산맥을 넘어왔을 때, 프랑크 왕국을 실질적으로 지배하던 인물은 카롤루스 마르텔Carolus Martel(690-741)이었다. 그는 프랑크 왕국의 실권을 지닌 궁재mayor of the palace[중세 초기 프랑크 왕국의 재상을 지칭한다]였다. 클로비스Clovis 왕의 후손이 여전히 왕위에 있었지만 권력이 쇠약해진 상태였다. 투르·푸아티에Tours-Poitier 전투에서 무슬림 군대에 결정적 패배를 안긴 사람이 바로 카롤루스 마르텔이었다(732). 그는 피레네 산맥에서 헝가리에 이르는 알프스 이북 전역을 지배했다. 당시에 이미 중세 프랑스어로 변화된 라틴어를 구사하는 영주들은 물론 고지高地 독일어[북부보다 지대가 높은, 독일의 남부와 중부에서 쓰는 독일어. 자음 일부가 저지 독일어와 다르다] 및 저지低地 독일어를 사용하는 영주들 대다수가 그의 지배를 받았다. 카롤루스 마르텔의 아들 피핀Pippin은 클로비스의 마지막 자손들을 멸하고 왕위를 차지했다.

그 뒤 768년 왕위에 오른 피핀의 아들 샤를마뉴Charlemagne[742-?814.

▲ 투르·푸아티에 전투를 지휘하는 카롤루스 마르텔. 1837년 샤를 스투뱅이 그린 작품 @wikipedia

카롤루스 대제라고도 옮긴다]는 서로마 제국의 황제라는 직함을 되살려내도 될 만큼 넓은 지역의 주인이 되었다. 실제로 그는 북부 이탈리아를 정복한 뒤 스스로 로마의 지배자가 되었다.

유럽의 역사에 접근할 때 서로마 제국의 전통이 얼마나 억압적이고 끔찍했는지 분명히 보기 위해서는 개별 국가를 중심으로 보기보다는 세계사의 넓은 지평에서 보아야 한다. 허상에 불과한 권세를 차지하기 위해 아슬아슬하고도 격렬한 투쟁이 이어졌으며, 이 때문에 1,000년에 걸쳐 유럽의 기력이 소모되었다. 미친 사람이 정신적 강박 때문에 지쳐 쓰러지고 말듯이 1,000년 동안 꺼지지 않고 지속된 적대감 때문에 유럽의

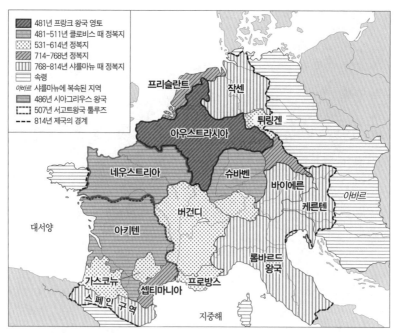

▲ 481~814년의 프랑크 왕국 영토 확장

재기才氣는 모두 말라버리고 말았다.

이런 현상을 주도한 폭력적 힘의 원천은 샤를마뉴('위대한 샤를'이란 뜻)로 대표되는 성공한 통치자들의 욕망, 곧 로마의 황제가 되겠다는 야망이었다. 샤를마뉴의 왕국은 여러 개의 게르만족 봉건 국가가 모여있는 복합체였다. 이들 봉건 국가의 미개한 정도는 서로 달랐다. 라인 강 서쪽 지역['새로운 땅'이라는 의미의 '네우스트리아Neustria'라고 불렸다]의 게르만족은 라틴어가 변하여 형성된 여러 방언을 사용하고 있었는데, 이 방언들이 합쳐져 결국 프랑스어가 되었다. 인종적으로 더욱 동질적이었던 라인 강 동쪽['동쪽 땅'이란 의미의 '아우스트라시아Austrasia'라고 불렸다]의 게르만족은 그들의 언어를 고수했다. 따라서 라인 강 양편의 게르만족 사이에 의사소통이 쉽지 않았으며 결국 샤를마뉴가 이룬 제국은 분열되었다.

프랑크족의 관습에서는 왕의 임종 후 그 아들끼리 나라를 나누어 갖는 것이 당연했기에 제국의 분열은 더 쉬웠다. 이후 유럽의 역사는 샤를마뉴와 그 가족들의 이야기가 먼저 나온 다음, 주도권을 놓고 다투는 여러 왕과 왕자, 공작, 주교, 그리고 여러 도시 이야기로 한동안 흘러간다. 그러는 동안에 프랑스어권과 독일어권 사이의 적대감 또한 모습을 달리하며 꾸준히 깊어 갔다.

결국 황제를 선출하는 공식 절차가 마련되었다. 매번 황제로 선출된 이들이 품었던 최고의 야망은 옛 로마 제국의 수도를 탈환하여 그곳에서 대관식을 하는 것이었다. 하지만 로마는 이미 퇴락할 대로 퇴락하여 옛 영광을 잃은 지 오래였다.

유럽의 황제가 되고픈 교황

유럽의 정치적 혼란을 가져온 또 다른 요소는 세속 군주가 아니라 로마의 교황을 사실상 황제로 세우고자 하는 로마 가톨릭교회의 결연한 의지였다. 교황은 이미 로마 제국의 최고 사제를 의미하는 '폰티펙스 막시무스pontifex maximus'라는 칭호를 사용하고 있었다. 게다가 쇠락해가는 도시 로마를 지키고 있다는 사실은 여러 가지 목적에 실제로 유용하게 작용했다. 교황에겐 군대가 없었지만 적어도 라틴 세계 전역에 퍼져 있는 사제들로 구성된 방대한 선전 조직이 있었다. 또한 교황은 사람들의 육체를 속박할 권한은 없었지만 사람들의 마음속에 있는 천국과 지옥의 열쇠를 쥐고 있었다. 교황은 사람들의 영혼에 큰 영향력을 행사할 수 있는 권력자였다.

중세 시대 내내 군주들 사이에서는 한 군주가 다른 군주에 맞서 온갖 계책을 부렸다. 처음에는 동등한 지위를 얻기 위해서, 그다음에는 우월한 지위를 얻기 위해서, 그리고 마침내는 최고의 지위에 오르기 위해서. 군주들이 그러는 동안 대부분 노인이고 재임 기간도 2년 남짓밖에 되지 않는 로마의 교황은 때로는 대담하게, 때로는 교묘하게, 때로는 미약하게나마 묘책을 마련하여 그리스도교 세계의 궁극적 지배자인 자신 앞에 모든 군주를 굴복시키고자 애를 썼다.

서유럽에서 있었던 군주와 군주, 황제와 교황 사이의 이러한 적대 관계가 유럽을 혼란하게 만든 이유 전부는 아니었다. 샤를마뉴 대제가 되살려낸 제국은 로마 제국 시절 라틴어 사용 지역으로 한정됐다. 콘스탄티노폴리스에는 그리스어를 사용하는 또 다른 황제가 건재해 있었다. 그리고 이 황제 또한 온 유럽이 자신에게 충성해야 한다고 주장했다. 그러므로 라틴어권 제국과 그리스어권 제국이 서로에 대한 경쟁심을 키우게 된 것도 당연한 일이었다. 그리스도교 안에서 더 오래전부터 형성된 그리스어권과 새로운 라틴어권 사이의 오래된 경쟁 관계는 이제 거칠 것 없이 자라났다.

로마의 교황은 자신이 그리스도의 수제자인 사도 베드로의 후계자이며, 어느 곳에서나 그리스도교 공동체의 수장임을 선언했다. 물론 콘스탄티노폴리스의 황제나 대주교가 이를 인정할 리 없었다. 마침 삼위일체 교리라는 예민한 사안을 두고 일어난 논쟁은 양쪽 교회의 길고 긴 불화로 이어졌다. 두 교회는 결국 1054년 최종적으로 갈라섰다. 이후 라틴 교회[로마 가톨릭교회]와 그리스 교회[동방 정교회]는 서로 뚜렷이 구별되었으며 현재까지 적대 관계로 남아있다. 중세 시대에 라틴 그리스도교 세계를 헛되이 소모시킨 분쟁들을 평가할 때는 다른 여러 적대관계와 함께 동·서 교회 간의 이러한 적대관계도 반드시 포함해야 한다.

침입자들

이렇게 분열된 그리스도교 세계를 세차게 공격한 침입자가 셋 있었다. 첫 번째는 발트 해와 북해 주변에 살고 있던 북유럽인들이었다. 이들은 매우 느리게, 그것도 거의 억지로 그리스도교 세계로 편입되었다. 가장 북쪽에 살았기 때문에 노르드Nord인[프랑스 북서부와 잉글랜드에 침략하여 정착한 노르만족]라고 불린 이들은 바다에 나가 주로 해적질을 하며 살았다. 그들은 이제 그리스도교 세계의 모든 해안을 습격하며 계속 남쪽으로 내려가 스페인까지 도달했다. 또 배를 타고 러시아의 강들을 따라 올라가 중앙 지역을 고립시킨 뒤 다시 남쪽으로 흐르는 강을 따라 내려와서 카스피 해와 흑해에 닿았으며 그곳에서도 약탈을 일삼았다. 여기서 형성된 노르드-러시아인들은 콘스탄티노폴리스까지 내려가서 도시를 거의 손에 넣을 뻔했다.

노르드인은 잉글랜드도 침략했다. 잉글랜드는 9세기 초에 샤를마뉴 대제의 보호를 받는 에그버트Egbert가 왕이 되어 저지 게르만족을 이끌고 나라를 이룬 상태였다. 노르드인은 에그버트 왕의 후계자인 앨프레드Alfred 대왕으로부터 왕국의 절반을 빼앗았다(886). 그리고 마침내는 크누트Canute 대왕의 지휘 아래 잉글랜드 전 지역을 정복했다(1016). 두목이라고 불리던 롤로Rollo는 또 다른 노르드인 무리를 이끌고 내려와 노르망디라고 불리는 북부 프랑스 지역을 점령했다(912).

크누트 대왕은 잉글랜드뿐만 아니라 노르웨이와 덴마크에 이르는 넓은 지역을 다스렸다. 하지만 노르드인은 정치를 잘하지 못했고 크누트 대왕의 제국은 오래가지 못했다. 대왕이 죽은 뒤에 그의 아들들이 제국을 여러 조각으로 나누어 가졌다. 잠깐 존재했던 노르드인의 연합체가 계속 있었더라면 어떤 일이 벌어졌을지 생각해보는 것은 흥미로운 일이다. 노르드인은 놀라운 용기와 기력을 지닌 민족이었다. 그들은 갤리선을 타고 아이슬란드와 그린란드까지 항해했다. 유럽인으로는 최초로 아메리카 대륙에 발을 디뎠다. 그 뒤에도 노르드인의 모험은 계속되어서 사라센인에게서 시칠리아를 빼앗고 로마를 습격하여 약탈하기까지 했다. 크누트 대왕의 왕국에서 자라난 위대한 해양세력이 어쩌면 아메리카에서 러시아에 이르는 광대한 지역을 다스릴 수도 있었다.

두 번째 침입자는 마자르족the Magyars이었다. 당시 게르만족과 라틴화 된 유럽인의 동쪽에는 슬라브족과 튀르크족에 속하는 여러 부족이 서로 이웃해서 살고 있었다. 이들 중에 두드러지는 부족이 바로 마자르족, 곧 헝가리 사람들인데 이들은 8~9세기 내내 서쪽을 향해 다가오고 있었다. 샤를마뉴 대제가 한동안 이들의 이동을 저지했지만 그가 죽자 현재의 헝가리 땅에 들어와 자리를 잡았다. 그들의 친척이 되는 훈족의 선례를 따라 마자르족 역시 매년 여름이면 유럽의 정착민을 습격했다. 이들은 938년에 독일을 통과하여 프랑스까지 갔고 알프스 산맥을 넘어 북부 이탈리아까지 갔다. 그리고 방화와 파괴와 약탈을 일삼으며 원래의 본거지로 돌아왔다.

마지막으로, 사라센인the Saracens이 남쪽에서부터 로마 제국의 흔적들을 짓밟고 올라왔다. 이전에 그들은 대체로 해상에서 활동하던 세력이었다. 물 위에서 그들을 대적할 만한 상대는 서쪽의 노르드인과 흑해의 노르드-러시아인밖에 없었다.

서로마 제국의 부활

샤를마뉴 대제와 그 뒤를 이은 패기만만한 후계자들은 더욱 강력하고 공격적인 민족들에 둘러싸인 형국이었다. 하지만 그들은 위협을 가하는 세력들을 이해할 수도, 자신들이 처한 위험을 가늠해볼 수도 없었다. 그들은 오직 신성로마 제국이라는 이름 아래 서로마 제국을 재건하겠다는 허황한 드라마를 써나가고 있을 뿐이었다. 샤를마뉴 대제 이후 계속해서 이러한 야망이 서유럽을 사로잡고 있었다. 반면에 동쪽에 있는 로마 제국의 또 다른 반쪽도 세력이 약해지고 영토도 줄어들고 있었다. 결국에는 모든 것이 사라지고 다만 퇴락해버린 무역 도시 콘스탄티노폴리스와 그 주변 몇 킬로미터만이 옛 제국의 영역으로 남았다. 정치적인 면에서 유럽 대륙은 샤를마뉴 대제 이후 1,000년 동안이나 전통을 고수하며 창조력을 잃은 채로 남아있었다.

샤를마뉴라는 이름은 유럽 역사에 비중 있게 등장하지만 그가 어떤 사람이었는지는 분명하지 않다. 그는 글을 읽고 쓸 줄 몰랐지만 학문을 존중하는 마음만은 컸다. 식사 때는 크게 책 읽는 소리를 듣고 싶어 했고, 특히 신학에 관한 토론을 즐겼다. 겨울에는 아헨이나 마인츠의 막사에 지식인들을 불러 모아 그들의 대화에서 많은 것을 배웠다. 여름에는 사라센인, 슬라브족, 마자르족, 작센족, 그리고 여전히 이교도로 남아있던 다른 게르만 부족들에 맞서 전쟁을 했다.

샤를마뉴는 로물루스 아우구스툴루스[서로마 제국의 마지막 황제]를 계승하여 로마 황제가 되겠다는 생각을 품었다. 하지만 북부 이탈리아를 점령하기 전부터 이러한 생각을 하고 있었던 것인지는 확실하지 않다. 라틴 교회를 콘스탄티노폴리스로부터 독립시키고자 노심초사하던 교황

▲ 샤를마뉴 대제 초상 ©Marzolinol/Shutterstock.com

레오 3세Leo III(?-816)가 권유했을 가능성도 크기 때문이다.

로마에서는 교황이 샤를마뉴에게 황제의 관을 씌워주는 것처럼 보이게 할 것이냐를 두고 교황과 예비 황제가 서로 기이한 계략을 폈다. 교황은 800년 성탄절에 성 베드로 성당에서 그의 방문자이자 정복자인 샤를마뉴에게 예고 없이 갑자기 황제의 관을 씌우는 데 성공했다. 황제의 관을 앞으로 내밀어 샤를마뉴의 머리 위에 씌우고는 카이사르와 아우구스투스라고 부르며 환호해주었던 것이다. 사람들 사이에서도 갈채가 쏟아졌다. 샤를마뉴는 이 모든 일이 진행된 방식이 마음에 들지 않았으며 이 일은 그의 마음에 패배로 새겨졌다. 그래서 그는 아들에게는 절대로 교황이 황제의 관을 씌우게 두지 말고 직접 관을 머리에 쓰라고 권고했다. 제국은 부활했지만 그 출발점에서부터 서로 우위를 차지하려는 교황과 황제 사이의 반목이 시작된 것이다. 그러나 샤를마뉴의 아들, 경건왕 루트비히Louis the Pious(778-840)는 아버지의 권고를 저버리고 교황에게 완전히 순종했다.

경건왕 루트비히가 죽자 샤를마뉴 대제가 세운 제국은 무너졌고 프랑스어를 말하는 프랑크족과 독일어를 말하는 프랑크족 사이의 틈은 더욱 커졌다. 매사냥꾼 왕 하인리히의 아들 오토Otto가 다음 황위를 이어받았다. 하인리히는 원래 작센의 공작이었는데 919년 독일 영주들과 고위 성직자들로 이루어진 의회에서 독일의 왕으로 선출되었다. 그의 아들 오토는 962년 로마로 가서 황제의 관을 받았다. 그러나 이 작센 계통의 왕가는 11세기에 일찍 끝이 나고 다른 게르만 통치자들에게 자리를 내주었다. 다양한 프랑스어 방언을 사용하는 서쪽 지역의 봉건 영주들과 귀족들은 샤를마뉴 대제로부터 내려오는 카롤링거 왕조가 끝난 이후로는 게르만 황제들의 지배를 받지 않았고, 잉글랜드 역시 신성로마 제국 안에 편입되지 않았다. 노르망디 공작, 프랑스 국왕 그리고 다수의 하위 봉건 영주들도 신성로마 제국의 경계 바깥에 남아있었다.

카롤링거 왕조의 지배에서 벗어난 프랑크 왕국의 서쪽 지역에서는 987년 위그 카페Hugues Capet가 권력을 잡고 프랑스 왕국의 원형을 형성했다. 이후 18세기까지 프랑스를 다스린 왕들은 모두 위그 카페의 후손들이다. 하지만 위그 카페가 프랑스의 국왕으로서 다스렸던 지역은 파리 주변의 비교적 작은 영토에 불과했다.

1066년 하랄드 하르드라다Harald Hardrada['엄혹한 통치자'라는 의미이다] 왕이 지휘하는 노르웨이의 노르드인과 노르망디 공작이 이끄는 라틴화한 노르만족이 거의 동시에 잉글랜드를 공격했다. 잉글랜드의 해럴드 왕은 스탬퍼드 브릿지Stamford Bridge 전투에서 노르드인을 격퇴했지만 헤이스팅스에서는 노르만족에게 패했다. 결국 잉글랜드는 노르만족에게 점령되고 이로써 스칸디나비아인과 튜튼족 그리고 러시아와 맺고 있던 관계는 모두 끊어진다. 그 대신 프랑스와 가장 가까운 관계를 맺으면서 분쟁 또한 겪게 된다. 이어지는 400년 동안 잉글랜드는 프랑스 봉건 영주들이 일으킨 분쟁에 휘말려 프랑스의 들판에서 헛되이 목숨을 잃게 될 운명이었다.

46

십자군 전쟁

비잔틴 제국을 위협하는 셀주크튀르크

《아라비안나이트》로 유명한 하룬 알라시드Hārūn al-Rashīd 칼리프와 샤를마뉴 대제가 서신을 주고받았다는 사실은 무척 흥미롭다. 하룬 알라시드가 바그다드에서(당시 이슬람 제국의 수도는 다마스쿠스에서 바그다드로 옮겨 갔다) 사신들을 보내면서 화려한 텐트와 물시계, 코끼리와 성묘Holy Sepulchre[예수가 죽은 후 묻혔다는 무덤으로 그리스도교의 중요한 성지이다]의 열쇠를 함께 보냈다는 기록이 남아있다. 사실 성묘의 열쇠를 보낸 데는 새로 생긴 신성로마 제국이 예루살렘의 그리스도교 신자들의 진정한 보호자 자리를 두고 비잔틴 제국과 서로 다투게 하려는 정치적 계산이 깔려 있었다.

9세기의 유럽은 아직 전쟁과 약탈의 혼돈 속에서 비틀거리고 있었다. 하지만 위와 같은 선물들을 보면 그 당시 이집트와 메소포타미아에 펼쳐진 아랍 제국은 유럽보다 훨씬 문명화되어 크게 번성하고 있었음을 알 수 있다. 아랍 제국은 문학과 과학이 여전히 살아있었고 예술이 꽃을 피웠다. 그리고 인간의 정신은 공포와 미신에서 벗어나 진보할 수 있었다. 스페인과 북아프리카에서는 지배자 사라센인들이 정치적 혼란에 빠져있었지만, 지적 생명력만큼은 왕성했다. 유럽의 나머지 지역이 암흑기를 보내는 동안 이곳에서는 유대인들과 아랍인들이 아리스토텔레스를 읽고 토론했다. 그들 덕분에 유럽에서 잊힌 과학과 철학이 보존될 수 있었다.

한편, 칼리프의 지배 영역 동북쪽에는 다수의 튀르크 부족이 살고 있었다. 이미 오래전에 이슬람으로 개종한 튀르크인은 남쪽의 아랍인과 페르시아인보다 더 단순하면서도 맹렬한 신앙을 지니고 있었다. 10세기에 아랍의 지배력이 분열되고 쇠락해가는 동안 튀르크인은 더 강해졌다. 그리하여 튀르크인과 칼리프 제국의 관계는 1,400년 전 메디아인과 바빌로니아 제국의 관계와 매우 비슷해졌다.

11세기에는 튀르크 부족 중 하나인 셀주크튀르크가 메소포타미아로 내려와 칼리프를 명목상의 통치자로 두면서 실제로는 포로이자 도구로 삼는 일이 발생했다. 곧이어 셀주크튀르크는 아르메니아를 정복했다. 그들은 소아시아에 남아있던 비잔틴 제국의 흔적들을 모두 지우면서 유럽을 향해 전진했다. 마침내는 니케아의 요새를 함락하고 좁다란 해협 건너편에서 콘스탄티노폴리스를 마주 보며 공격을 준비하기에 이르렀다.

비잔틴의 황제 미카엘 7세는 공포에 사로잡혔다. 당시 비잔틴 제국은 이미 두러스Durrës[오늘날 알바니아의 항구도시]를 손에 넣은 노르만족 무리와 전쟁 중이었고 또 다뉴브 강을 넘어 습격해오고 있던 사나운 튀르크 계열의 페체네그족Petschenegs과도 교전을 벌이고 있었다. 궁지에 몰린 미카엘 7세는 도움을 청하기 위해 서유럽으로 눈을 돌렸다. 그런데 그가 신성로마 제국의 황제가 아니라 라틴 그리스도교 세계의 수장인 교황에게 도움을 요청했다는 점은 주목할 만하다. 미카엘 7세는 교황 그레고리우스 7세Gregorius VII(1073-1083 재위)에게 편지를 보냈고, 그다음 황제인 알렉시오스 콤네노스는 훨씬 더 다급한 편지를 교황 우르바누스 2세Urbanus II에게 보냈다.

사실 이 시기는 라틴 교회와 그리스 교회가 완전히 갈라선 지 25년도 되지 않았을 때다. 분열 당시 일었던 논란은 사람들의 마음속에 아직도 생생히 살아있었다. 비잔틴 제국에 닥친 재난을 보면서 교황은 그리스 교회에 대한 라틴 교회의 우위권을 확보할 절호의 기회로 여겼다. 게다가 교황은 이 기회에 서유럽 그리스도교 세계를 괴롭히고 있던 두 가지 문제까지 해결할 수 있다고 보았다. 첫째는 사회 전체의 질서를 무너뜨리는 '사적私的 전쟁'[중세는 기사들의 시대이기도 했다. 개인 간에 폭력을 행사하는 일이 많았으며, 특히 집안 간의 싸움이 빈번했다]이었다. 둘째는 저지 게르만족과 그리스도교화한 노르드인, 그리고 특히 프랑스 지역의 프랑크족과 노르만족의 넘쳐나는 호전적 에너지였다.

성전을 선포하다

결국 교황은 예루살렘을 장악해버린 튀르크인들을 물리치기 위한 종교 전쟁, 곧 십자군 전쟁을 선포한다. 교황은 그리스도인 사이에서 벌어지고 있던 모든 전쟁을 중지할 것을 호소했다(1095). 그리고 십자군 전쟁의 목적은 이교도로부터 예수의 성묘를 탈환하는 것이라고 선언했다. 그리고 얼마 후 '은수자隱修者 베드로'라고 불리는 사람이 나타났다.

그는 프랑스와 독일 전역을 돌아다니며 대중적인 언어로 선전 활동을

▲ 유대인의 바빌론 유수를 그린 작품 '포로들의 대이동'. 제임스 티소 작품 @wikipedia

벌였다. 낡은 옷을 걸친 채 신발도 신지 않고 나귀를 타고 다녔고 거리나 시장, 교회에 커다란 십자가를 지고 나타나 군중에게 장광설을 늘어놓았다. 튀르크인이 그리스도교 성지 순례자들에게 가하는 가혹한 행위들을 비난했으며 예수의 성묘가 이교도의 손아귀에 놓여있다는 것은 큰 수치라고 떠들었다. 수백 년 동안 진행된 그리스도교 포교 활동의 성과는 군중들의 응답에서 확인되었다. 열광의 물결이 서유럽 전체를 휩쓸었다.

단일한 하나의 사상을 위해 보통 사람들이 이토록 광범위하게 들고 일어난 것은 인류 역사에 처음 있는 사건이었다. 로마 제국은 물론 인도나 중국의 이전 역사에서도 이에 상응할 만한 일은 없었다. 유대인들이 바빌론 유수에서 해방되어 돌아왔을 때 비슷한 일이 있었고 그보다 후대에 이슬람에서 이와 같은 집단 정서가 형성되긴 했다. 하지만 이때와 비할 바가 아니었다.

이러한 현상은 확실히 선교를 중시하는 종교들이 발달하면서 형성된 새로운 정신과 관련된다. 히브리 민족의 선지자들, 예수와 그 제자들, 마니, 무함마드는 모두 개인의 영혼에 호소하는 이들이었다. 그 이전의 종교들은 개인의 양심보다는 주물呪物에 집착하고 그럴듯하게 세상을 설명하는 이론 체계에 가까웠다. 비법을 전수한 사제가 신전에서 신비로운 희생 제사를 바치는 방식으로 사람들을 두려움의 노예로 만들어 다스렸다. 그러나 새로이 등장한 종교들은 한 개인을 새로운 사람으로 만들어 내는 일을 했다.

십자군 참여를 독려하는 설교는 유럽 역사에 처음 있었던 민중 선동 활동이었다. 이것을 두고 근대 민주주의의 탄생이라고 부르는 것은 지나친 일이지만, 여기에서 근대 민주주의가 태동한 것만은 확실하다. 그리고 오래 지나지 않아 민주주의가 다시 태동하여 사회와 종교를 향해 충격적인 의문들을 제기할 것이었다.

성지로 향하는 십자군

물론 첫 번째 민주주의의 태동은 매우 슬프고 애처롭게 끝나버렸다. 군대라기보다는 오합지졸에 가까운 일반 민중들이 프랑스와 라인란트 Rheinland 그리고 중부 유럽에서 몰려나와 성지를 탈환하기 위해 동쪽으로 떠났던 것이다. 지도자도 없고 적당한 무기도 없었던 이들은 이를테면 '민중 십자군'이었던 셈이다.

이들 가운데 두 무리는 실수로 헝가리에 들어가서는 그리스도교로 개종한 지 얼마 되지 않은 마자르족을 이교도로 착각하여 온갖 잔혹 행위를 벌이다 몰살해버렸다. 은수자 베드로가 직접 지휘하고 있던 또 다른

▲ 이스라엘의 항구 도시 카이사레아에 남아있는 십자군이 만든 아치 ©irisphoto1/Shutterstock.com

두 무리는 콘스탄티노폴리스에 당도하여 보스포루스 해협을 건넜다. 하지만 그곳에서 셀주크튀르크와 제대로 싸워보지도 못하고 학살당했다. 이렇게 유럽인들의 민중으로서의 첫 움직임은 시작과 함께 끝이 났다.

이듬해(1097)에야 무기를 제대로 갖춘 군대가 보스포루스 해협을 건넜다. 이들 중에 사기가 드높고 지도력을 발휘하는 핵심 세력은 노르만족이었다. 그들은 니케아를 휩쓸아친 뒤 1,400년 전에 알렉산드로스 대왕이 지났던 길을 따라 행진하여 안티오키아에 이르렀다. 그리고 마침내 1099년 6월 예루살렘을 포위했다. 안티오키아 포위 공격에는 1년이 걸렸지만 예루살렘 함락에는 한 달밖에 걸리지 않았다.

예루살렘 함락 뒤에는 끔찍한 살육이 이어졌다. 거리마다 피로 얼룩진 남자들이 말을 타고 돌아다녔을 정도였다고 한다. 7월 15일 밤이 되자 십자군은 성묘 교회를 향해 나가며 전투를 벌였고 그곳에 있던 적군들을 모조리 제압했다. 그들은 모두 피투성이가 된 채 지쳤지만 기쁨에 넘쳐 소리 내어 울며 무릎을 꿇고 기도했다.

그러나 라틴 세계와 그리스 세계 사이의 구태의연한 반목이 곧장 되살아나고 말았다. 십자군은 라틴 교회를 섬기는 이들이었다. 그리스 교회에 속하는 예루살렘의 대주교는 튀르크족의 지배를 받았을 때보다 승리한 라틴 교회 사람들의 지배를 받는 것이 훨씬 불행하다는 것을 곧 깨달았다.

한편 십자군은 이제 비잔틴과 튀르크 사이에 끼어버렸고 양쪽 모두와 싸워야 하는 상황에 부닥쳤다. 비잔틴 제국이 소아시아의 대부분 지역을 수복하자 십자군으로 참여한 라틴 영주들은 튀르크와 그리스 사이의 완충재 역할만 떠맡게 되었다. 그들에게 남겨진 것은 에데사Edessa를 중심으로 하는 시리아의 몇몇 작은 공국과 예루살렘뿐이었다. 하지만 이들 지역에 대한 장악력도 매우 위태로워서 1144년에는 결국 에데사가 무슬림의 수중에 떨어지고 말았다. 제2차 십자군이 파견되었지만 에데사를 탈환하는 데 실패했고 같은 운명을 겪어야 할 처지에 있었던 안티오키아만 지켜낼 수 있었다.

1169년에 이집트를 정복한 쿠르드족 장수 살라딘Saladin 휘하에 이슬람 세력이 집결했다. 살라딘은 그리스도인에 대한 성전聖戰을 주장하며 1187년 예루살렘을 탈환했다. 이로써 제3차 십자군 전쟁이 촉발되었다. 하지만 이번엔 유럽의 십자군이 예루살렘을 수복하는 데 실패했다.

제4차 십자군 전쟁(1202-1204)에서는 라틴 교회가 노골적으로 비잔틴 제국 쪽으로 공격의 방향을 틀었고 십자군은 튀르크인과 싸우는 시늉조차 하지 않았다. 결국 베네치아에서 출발한 제4차 십자군은 1204년 콘스탄티노폴리스를 함락했다. 빠르게 성장하고 있던 무역 도시 베네치아

▲ 성 마르코 성당의 말. 원래는 콘스탄티노폴리스의 트라야누스 황제 개선문에 있었던 것을 제4차 십자군 원정을 지휘한 베네치아의 총독 엔리코 단돌로Enrico Dandolo가 베네치아로 가져왔다. 한때 나폴레옹이 파리로 옮겨갔다가 1815년 베네치아로 반환되었다. ©Paul Wishart/Shutterstock.com

가 이번 십자군 원정에 앞장섰고 결국 비잔틴 제국의 해안과 섬 대부분을 차지해버렸다. 콘스탄티노폴리스에는 '라틴' 황제(플랑드르의 보두앵)가 옹립되었으며 라틴 교회와 그리스 교회의 재통합이 선언되었다. 하지만 라틴 황제들이 콘스탄티노폴리스에서 통치할 수 있었던 것은 고작 1261년까지였다. 그리스 세계가 다시 떨쳐 일어나 로마의 지배에서 벗어났다.

교황, 유럽을 지배하다

10세기에는 노르드인이 우세했다가 11세기에는 셀주크튀르크가 우세했던 것과 마찬가지로 12세기에서 13세기 초까지는 교황의 권력이 우세했다. 교황의 지배 아래 통합된 그리스도교 세계가 실제로 구현된 일은 그 이전에도 없었고 이후에도 없었다.

바로 이 시기에 소박한 그리스도교 신앙이 실제로 유럽 전역에 광범위하게 전파되었다. 그런데 로마는 그때까지 어둡고 명예롭지 못한 시절을 보내야 했다. 10세기에 재위한 교황 요한 11세와 요한 12세의 삶을 변호해줄 작가는 아마 거의 없을 것이다. 그만큼 이 두 교황은 참으로 역겨운 인물들이었다[교황 선출에 직접 간여하며 이른바 '창부 정치'를 펼친 인물로 악명 높은 마로치아가 요한 11세의 어머니이자 요한 12세의 할머니이다].

그러나 라틴 그리스도교 세계의 가슴과 몸통은 여전히 진솔하고 소박한 상태로 남아있었다. 일반 사제들과 수사들은 대체로 모범이 되게 살았다. 교회 권력은 이들의 모범적인 삶에 의해 형성된 신뢰라는 자산에 기대어있었다. 과거의 위대한 교황 중에는 대교황이라 불리는 그레고리우스 1세Gregorius I(590-604 재위)와 샤를마뉴를 초대하여 로마 황제의 관을 씌워준 레오 3세가 있다. 11세기 말에는 훌륭한 성직 정치가인 힐데브란트Hildebrand가 등장하여 교황 그레고리우스 7세(1073-1085 재위)가 되었다. 그리고 그다음 다음 교황에 우르바누스 2세Urbanus II(1088-1099 재위)가 선출되어 제1차 십자군 전쟁을 시작했다. 이 두 명의 교황에 의해 교황이 황제 위에 군림하는 교황권의 전성기가 마련되었다. 교황은 불가리아에서 아일랜드까지, 노르웨이에서 시칠리아와 예루살렘까지 모든 지역을 아우르는 최고 권력자가 되었다.

교황 그레고리우스 7세는 신성로마 제국의 황제 하인리히 4세가 카노사 성까지 찾아와 용서를 빌게 하였다. 황제는 눈 쌓인 성의 안뜰에서 맨발에 삼베옷만 입고 참회하며 사흘 밤낮 용서를 빌었다[1077년의 '카노사의 굴욕'이라고 부르는 사건이다. 1076년 세속 군주의 성직자 서임권을 교황이 환수하자 황제가 반발했다. 이에 교황이 황제를 파문했고 결국 황제는 교황을 찾아와 용서를 빌었다]. 1176년 베네치아에서는 신성로마 제국의 프리드리히 1세 바르바로사 황제Friedrich I Barbarossa(1122?-1190)가 교황 알렉산더 3세 Alexander III에게 무릎을 꿇고 충성을 서약했다[프리드리히 황제는 이탈리아 원정에 나서면서 교황과 대립했고, 파문을 당하자 대립 교황을 세우는 방식으로 저항했지만 제6차 원정에서 완전히 패하여 결국 교황 앞에 무릎을 꿇었다].

권력에 취한 교황

11세기에 확립된 강력한 교회 권력은 사람들의 의지와 양심에 기초해 있었다. 하지만 교회는 그 권한의 기초가 되었던 도덕적 위신을 유지하는 데 실패했다. 14세기 초반에 이르러 교황의 권력은 모두 증발해버리고 말았다. 그리스도교 세계의 평범한 신자들이 교회를 향해 지니고 있던 순수한 신뢰가 무너진 것이다. 교회의 호소에도 사람들은 모이지 않았고 교회가 내세우는 목표를 위해 봉사하지도 않았다. 상황을 이렇게까지 몰고 간 원인은 대체 무엇이었을까?

문제는 교회가 축적한 재산이었다. 교회는 절대 죽어 없어지는 법이 없었지만, 세상에는 후사를 보지 못하고 죽는 사람들이 많았다. 이들의 토지는 모두 교회에 기부해야 했다. 참회하는 죄인들 또한 그렇게 하도록 권고받았다. 그 결과 유럽의 많은 나라에서 토지의 4분의 1이 교회 소유가 되었다.

교회의 재산이 늘어날수록 재산에 대한 교회의 욕망은 더욱 커졌다. 13세기에는 이미 사제는 좋은 사람이 아니었다. 언제나 돈만 밝히고 유산을 가로챌 생각만 한다는 말이 어디서나 들려왔다. 왕과 영주들은 이런 식으로 토지가 교회에 넘어가는 것을 몹시 싫어했다. 군사 지원을 해줄 수 있는 봉건 제후들 대신에 수도원과 그 안에 사는 수사들을 부양하는데 자기 땅이 쓰이고 있음을 깨달은 것이다. 게다가 실제로 토지를 지배하는 자가 그곳에 살지 않는 외지인이 되었다는 것도 문제였다.

교황 그레고리우스 7세 이전부터 군주와 교황 사이에 '서임권敍任權'에 관한 논쟁, 곧 누가 주교를 임명할 권한을 갖느냐를 둘러싸고 말이 많았다. 그 권한을 왕이 아니라 교황이 갖게 됨으로써 왕은 자기 백성의 양심을 통제할 수 없게 되었을 뿐 아니라 지배권역의 상당 부분을 잃게 되었다. 성직자들은 세금을 로마에 내고 왕에게는 면세를 요구했기 때문이다. 게다가 교회는 평신도들이 영주에게 내는 세금과는 별도로 십일조를 징수할 수 있는 권한까지 요구했다.

11세기 라틴 그리스도교 세계의 거의 모든 국가의 역사는 서임권을 둘러싼 교황과 군주 사이의 투쟁사다. 그리고 일반적으로 투쟁은 교황의 승리로 이어진다. 교황은 영주를 파문할 수 있는 권한, 영주에게 충성해야 할 의무로부터 그 백성들을 풀어줄 수 있는 권한, 영주의 후계자를 승인할 수 있는 권한을 갖게 되었다. 또한 한 국가에 성무정지聖務停止를 명령할 수 있는 권한, 곧 그 국가 안에서 세례 성사, 견진 성사, 고백 성사를 제외한 나머지 모든 성사 집행을 막을 수 있는 권한도 교황에게 있었다. 성무 정지가 내려지면 사제는 그곳에서 미사도 주례할 수 없고, 혼례를 주관할 수도 없으며, 장례식을 거행할 수도 없게 되었다.

이 점을 무기로 12세기 교황들은 말을 듣지 않는 영주들을 제압하고 고집 센 평민들을 억압할 수 있었다. 사실 이것은 어마어마한 힘이어서 아주 특별한 경우에만 사용해야 했다. 하지만 교황들이 이를 자주 사용하게 되자 그 효과마저 진부해졌다. 12세기 후반 30년도 안 되는 기간에

▲ 세계에서 가장 큰 성당인 밀라노 대성당 ©Boris Stroujko/Shutterstock.com

스코틀랜드, 프랑스, 잉글랜드에 차례로 성무 금지령이 내려질 정도였다. 게다가 교황들은 공격적인 영주들에 맞서 십자군을 일으키려는 유혹을 참지 못했다. 결국 열렬히 타오르던 십자군 정신의 불꽃마저도 모두 꺼지고 말았다.

타락하는 교회

만약 로마 가톨릭교회가 단순히 영주들하고만 싸우고 인간의 정신에 관한 지배력을 유지하려고 했더라면 아마도 그리스도교 세계 전체를 영구적으로 장악할 수도 있었을 것이다.

교황은 사제들에게도 영주들에게 했던 것 같은 과한 명령을 내렸고 이는 결국 교회의 교만을 불러왔다. 11세기 이전 로마 가톨릭교회의 사제들은 결혼할 수 있었다. 그들은 교회 공동체에서 함께 살아가는 보통 사람들과 매우 가까이 연결되어있었다. 그들 역시 민중의 일부였던 것이다. 그런데 교황 그레고리우스 7세가 사제들의 독신 생활을 명령했다. 사제들이 평신도들과 지나치게 친밀해지지 않게 하려는 것이었는데, 이는 사제들을 로마에 더욱 가깝게 묶어두기 위해서였다. 그 결과 교회와 보통 사람들 사이에 틈이 벌어지기 시작했다.

또한 교회는 자체 법정을 가지고 있었다. 이 법정에는 사제만이 아니라 수도자, 학생, 십자군 외에 과부나 고아 같은 무의탁자 관련 송사도 맡겨졌다. 유언, 혼인, 서약에 관한 사건과 마법, 이단, 신성모독에 관한 모든 사건을 이 교회 법정에서 다루었다. 평신도가 사제와 분쟁을 겪게 되었을 때도 교회 법정에 가야 했다. 사제들은 전쟁을 끝내고 평화를 이끌 의무를 나 몰라라 했다. 이러한 문제는 온전히 평신도가 짊어져야 했다. 그리스도교 세계에서 사제들에 대한 시기와 증오가 자라난 것은 그리 놀랄 일이 아니었다.

로마 교황은 자신의 권력이 보통 사람들에게서 나온다는 사실을 깨닫지 못했던 것 같다. 오히려 교회는 자신의 편으로 두어야 할 그들에 맞서 싸웠다. 그리고 신앙을 의심하거나 교회와 다른 의견을 내는 사람들에게 무조건 정통 교리만 강요했다. 교회는 도덕적 문제에 관여할 때는 보통 사람들 입장에서 다루었지만 교리 문제에 대해서는 그렇게 하지 않았다.

이때 신앙과 생활에서 예수의 단순 소박함으로 돌아가자고 가르치는 이가 나타났다. 남부 프랑스의 발도Waldo라는 사람이었다. 그러자 많은 이들이 그를 따랐다. 이에 교황 인노켄티우스 3세Innocentius III(1198-1216 재위)는 십자군을 일으켰다. 그는 이 십자군이 불, 칼, 강간 등 가장 끔찍한 방법을 동원하여 발도의 추종자들을 진압하게 했다.

아시시의 성 프란체스코d'Assisi Francesco(1182-1226)가 그리스도를 따라 가난과 봉사의 삶을 살아갈 것을 가르쳤을 때도 그의 추종자들은 매 맞고 투옥되는 등 박해를 받다 해산했다. 이들 중 네 사람은 1318년에 마르세유에서 산 채로 화형을 당하기까지 했다.

반면에 성 도미니크Dominic(1170-1221)가 설립한 도미니크 수도회는 무서울 정도로 정통 교리를 추구한 덕분에 교황 인노켄티우스 3세의 강력한 지지를 받았다. 교황은 도미니크회의 도움을 받아 종교재판 제도를 마련하여 이단 사냥에 나섰으며 자유 사상을 억압하기 위해 애썼다.

교회는 이제까지 살펴본 것과 같이 지나치게 자기 권한을 주장하고 의롭지 못한 특권을 누리며 합리적이지 못하고 관용적이지 못한 태도로 일관했다. 그것은 교회 권력의 근원이 되는 보통 사람의 자유로운 신앙을 파괴했다. 교회의 몰락에 관한 이야기에는 교회 내부의 지속적인 타락 이외에는 이렇다 할 적군이 등장하지 않는다.

47

교황의 몰락

교황 선출 문제

로마 가톨릭교회는 전체 그리스도교 세계에 대한 지배권을 확보하기 위해 노력하는 과정에서 치명적인 약점을 드러냈다. 바로 교황을 선출하는 방식이었다.

실제로 교황 제도가 전체 그리스도교 세계에 하나의 통치, 하나의 평화를 성립시키기 위해 존재하는 것이라면, 교황은 강력하고 안정된 지도력을 갖추고 이를 유지할 수 있어야 했다. 이를 위해서는 권좌에 오른 교황이 유능한 인물이어야 하고 자신의 일생에서 가장 왕성한 시기에 교황이 되어 재위 기간에 후계자를 미리 지명해두고 교회의 정책을 논의해나갈 수 있어야 한다. 그리고 교황 선출 형식과 과정이 분명하고 확실하며, 교체 불가능하고 흠잡을 데 없어야 한다. 교황권이 전성기에 이르렀을 때 이러한 조건들을 갖추어야 한다. 그렇지만 불행히도 그 어느 것도 이루어지지 않았다. 심지어 누가 교황 선출에 참여하여 투표할 수 있는지, 비잔틴 제국이나 신성로마 제국의 황제에게 교황 선출을 두고 목소리를 낼 수 있는 권리가 있는지조차 분명하지 않았다.

그래서 훌륭한 정치가이자 교황이었던 힐데브란트(교황 그레고리우스 7세)는 교황 선출 방식을 정례화하기 위하여 많은 노력을 쏟았다. 그는 교황 선출에 참여하여 투표할 수 있는 사람을 로마 가톨릭교회의 추기경으로 제한했다. 그리고 황제의 몫을 축소하여 오직 교회가 황제에게 양도한 사후 승인권만을 행사할 수 있도록 제한했다. 그러나 힐데브란트 역시 후계자에 대한 조항은 만들지 않았으며 추기경들이 교황 자리를 공석으로 비워둘 수 있는 여지를 남겨두었다. 이 때문에 실제로 교황 자리가 1년이나 그 이상 비어있는 경우가 발생하기도 했다.

이처럼 교황 선출에 관한 확실한 규정이 마련되지 않은 데서 비롯된 문제는 16세기에 이르기까지 교황의 역사 전반에서 드러난다. 처음부터 교황 선출을 둘러싸고 논란이 이는 경우가 있었다. 때때로 둘 혹은 그 이상의 교황이 난립하여 자신이 진짜 교황임을 주장하기도 했다. 그럴 때면 교회는 황제나 다른 외부 중재자에게 분쟁 해결을 의뢰해야 하는 치욕스러운 상황에 빠질 수밖에 없었다. 위대한 교황들조차 모두 자신의 재위 기간을 불확실한 결말로 끝맺었다. 위대한 교황 하나가 죽으면 교회는 수장을 잃은 채, 머리가 잘려나간 몸통처럼 아무것도 할 수 없는 상태가 되기 일쑤였다. 그렇지 않으면 죽은 교황의 오랜 경쟁자가 그 자리를 차지하고는 전임자가 해놓은 일들을 모두 원래대로 되돌려놓으려 했다. 어떤 경우에는 비틀거리며 무덤으로 들어갈 힘밖에 남지 않은 이가 교황 자리를 승계하기도 했다.

교황 제도의 이런 약점 때문에 세속 군주들의 간섭은 피할 수 없는 일이었다. 다양한 독일 지역 영주들과 프랑스의 왕, 잉글랜드를 지배한 노르만 왕들까지도 교황 선출에 영향력을 행사하려고 했다. 왕들은 자기 입맛에 맞는 교황을 로마의 라테라노Lateran 궁전에 옹립하고자 애를 썼다. 게다가 유럽의 정세에서 교황이 더 강력하고 중요한 인물이 되어감에 따라 교황청에 개입해야 할 이유도 더 절박해졌다. 이러한 상황에서 다수의 교황이 나약하고 무능해졌다고 해서 놀랄 일은 아니다. 진짜 놀라운 일은 그러함에도 능력 있고 용기 있는 교황도 많았다는 점이다.

황제를 파문하다

교황 인노켄티우스 3세는 교황권의 전성기에 있었던 가장 흥미롭고 활동적인 교황 중 한 사람이다. 그는 서른여덟 살이 되기도 전에 교황이 되는 행운을 누렸다. 그와 그의 후임 교황들은 훨씬 더 흥미로운 인물과

▲ 성 베네딕도가 살았던 거룩한 동굴 사끄로 스뻬꼬 Sacro Speco 회랑에 그려진 교황 인노켄티우스 3세 @wikipedia

경쟁해야 했는데, 그가 바로 '스투포르 문디Stupor mundi', 곧 '세상의 경이'라고 불렸던 신성로마 제국 황제 프리드리히 2세Friedrich II(1194-1250)이다. 로마에 대항해서 벌인 프리드리히 2세의 투쟁은 역사의 전환점이 되었다. 로마는 그를 굴복시키고 그의 왕조를 무너뜨렸다. 하지만 교회와 교황의 위신 또한 심각한 상처를 입었다. 결국 이 상처가 곪아터지면서 교회는 쇠락의 길을 걷게 되었다.

프리드리히 2세는 황제 하인리히 6세의 아들이었으며 그의 어머니는 시칠리아의 노르만족 왕 루지에로 1세의 딸이었다. 1198년 네 살이었던 프리드리히가 시칠리아 왕국을 물려받았을 때 교황 인노켄티우스 3세가 그의 후견인이 되었다. 당시는 노르만족이 시칠리아를 정복한 지 얼마 되지 않았을 때였다.

시칠리아의 궁정은 거의 반쯤은 동방의 궁정과 같았으며 교육 수준이 높은 아랍인들로 채워져 있었다. 이들 중 일부는 프리드리히를 교육하는 일에 관여했다. 물론 이 어린 왕에게 그들의 관점을 분명히 전달하는 일이 쉽지는 않았을 것이다. 하지만 이들의 교육 덕분에 프리드리히는 그리스도교에 대해서는 무슬림의 시각을, 이슬람에 대해서는 그리스도교의 시각을 가질 수 있었다. 하지만 이렇게 이중적인 체계로 진행된 교육은 불행한 결과를 가져왔다. 특별하게 신앙이 중요했던 그 시대에 프리드리히는 결국 모든 종교란 사기에 불과하다는 견해를 갖게 된 것이다. 그는 종교에 대해 자유롭게 이야기했으며 그 이야기들은 모두 이단과 신성모독으로 기록되고 있었다.

프리드리히 2세는 청년으로 성장하면서 그의 후견인과 마찰을 빚었다. 인노켄티우스 3세가 너무 많은 것을 원했던 것이다. 프리드리히에게 신성로마 제국의 황제 자리를 계승할 기회가 찾아왔을 때 교황이 끼어들어서 몇 가지 조건을 내걸었다. 그 조건에 따르면 프리드리히는 독일 지역의 이단을 완력으로라도 진압해야 했다. 그리고 시칠리아와 남부 이탈리아에 걸쳐있는 왕국의 왕관은 내려놓아야 했다. 그렇지 않으면 프리드리히의 권력이 교황이 감당하기에는 너무 강해질 것이었다. 그리고 독일 지역 사제들은 모두 세금을 면제시키라는 조건도 포함되었다. 프리드리히는 모든 조건에 동의했지만 자신의 말을 지킬 생각은 전혀 없었다.

교황은 이미 프랑스 왕을 끌어들여 프랑스 국민을 상대로 전쟁을 벌이게 만들어놓았다. 발도파派에 맞서 십자군을 일으키게 한 것이었다. 교황은 프리드리히 역시 독일 지역에서 같은 일을 해주길 바랐다. 그러나 교황의 반감을 샀던 그 어떤 단순한 경건주의자들보다 훨씬 더 이단자였던 프리드리히는 십자군을 일으킬 마음이 전혀 없었다. 인노켄티우스 3세가 무슬림에게서 예루살렘을 수복하기 위해 십자군을 일으키라고 했을 때도 프리드리히는 바로 약속했지만 행동은 미적거렸다.

프리드리히 2세는 황제의 관을 안전하게 확보하고 난 뒤에도 여전히 시칠리아에 머물렀다. 그는 독일 지역보다는 시칠리아에 머무르는 것을 더 좋아했다. 그리고 인노켄티우스 3세에게 했던 약속을 지키기 위한 일은 아무것도 하지 않았다. 결국 좌절한 교황은 1216년에 숨을 거두었다.

인노켄티우스 3세의 뒤를 이은 교황 호노리우스 3세Honorius III 역시 프리드리히 황제와의 관계에서 더 나을 것이 없었다. 교황 그레고리우스 9세는 즉위하자마자(1227) 어떤 대가를 치르더라도 담판을 지어야겠다고 결심하고는 황제를 파문해버렸다. 프리드리히 2세에게는 종교가 주는 모든 안위가 금지된 것이다. 하지만 반쯤은 아랍에 속했던 시칠리아의 궁정에서는 이것이 그다지 큰 불편이 되지는 않았다.

황제의 반격

교황 그레고리우스 9세는 황제의 악덕과 이단과 비행을 읊어대는 (반박의 여지가 없는) 공개편지를 발표하기도 했다. 이에 대한 응답으로 프리드리히 또한 악마적 재능을 발휘하여 문서 하나를 작성했다. 유럽의 모든 영주를 수신인으로 한 이 문서는 교황과 영주들 사이에 분쟁을 일으킨 사안에 대하여 명확하게 기술한 최초의 문서였다. 황제는 전 유럽의 절대 통치자가 되려는 교황의 야심을 폭로함으로써 교황에게 큰 타격을 입혔다. 그리고 이러한 교황의 권력 찬탈에 맞서 모든 영주가 단결할 것을 제안했다. 특히 영주들이 교회의 재산에 주목하게 했다.

치명적인 폭탄을 쏘아 올린 프리드리히는 12년 묵은 교황과의 약속을 실행하겠다며 십자군 원정을 떠났다. 이것이 제6차 십자군 전쟁이다(1228). 하지만 이번 전쟁은 십자군으로서는 하나의 희극이었다. 이집트에 간 프리드리히 황제는 무슬림 군주인 술탄 알-카밀Al-Kamil을 만나

▲ 1228년 프리드리히 2세(왼쪽)가 이슬람을 공격해왔을 때 이집트 왕 알-카밀(오른쪽)은 성지 예루살렘을 양도하며 화해했다. @wikipedia

정사를 논했다. 교양 있는 신사였던 두 사람은 모두 회의적 입장에서 공통된 의견들을 교환하고 상호 간의 이익을 위해 무역 협정을 맺었다. 그리고 술탄은 예루살렘을 프리드리히 황제에게 양도하는 데 합의했다.

이렇게 개인 간의 조약이라는 방식으로 이루어진 십자군 원정은 정말 새로운 사건이었다. 정복자의 손에 묻은 피도 없었고 '기쁨에 겨워 흘리는 눈물'도 없었다. 하지만 프리드리히 황제는 예루살렘의 왕이 되었다. 하지만 황제 자신이 직접 제대에서 왕관을 들어 올려 머리에 쓰는 세속적 대관식에 만족해야만 했다. 놀라운 결과를 이끈 십자군 지도자였지만 교황에게 파문당한 상태였으므로 성직자들이 그를 피했기 때문이었다.

이탈리아로 돌아온 프리드리히 2세는 자신의 영토를 침범한 교황의

군대를 교황의 영역으로 내쫓아버렸다. 이로써 교황은 황제에 대한 파문을 풀어줄 수밖에 없게 되었다. 결국 13세기에는 한 명의 영주가 교황을 대적해도 좋은 상황이 되었다. 그리고 그러한 영주에게 복수하겠다는 민중들의 폭풍 같은 분노도 이제는 일지 않았다. 그러한 날들은 모두 지나가버렸다.

1239년 교황 그레고리우스 9세는 황제 프리드리히 2세와의 싸움을 재개했다. 황제를 재차 파문한 것이다. 이전 교황들이 심하게 홍역을 치른 적이 있었음에도 황제를 향한 공개적인 비난의 포문을 다시 열었다. 그레고리우스 9세가 죽고 인노켄티우스 4세가 교황 자리에 오르자 교황과 황제 간의 논쟁은 또다시 살아났다. 마침내 프리드리히 황제는 교회를 초토화하고, 그래서 모든 이가 기억하게 될 편지를 또 써 보냈다. 그는 오만하고 불경스러운 성직자들을 비난하고 당대의 모든 부패의 원인을 거만하고 부유한 성직자들 탓으로 돌렸다. 그리고 동료 영주들에게는 교회 재산을 일괄적으로 몰수하자고 제안했다. 그는 그것이 오히려 교회를 위하는 일이라고 피력했다. 이 제안은 당장에 실현되지 않았지만 그 뒤로 오랫동안 유럽 영주들의 마음에 맴돌았다.

여기에서 프리드리히 황제의 말년까지 다루지는 않겠다. 그의 개인사에 일어난 특정한 사건들은 그 시대의 전반적인 사건에 비하면 훨씬 덜 중요하기 때문이다. 황제가 시칠리아에서 보낸 궁정 생활 일부를 대강 그려볼 수는 있겠다. 프리드리히 황제는 자기 방식대로 호화로운 삶을 누렸으며 아름다운 것들을 좋아했다. 그는 음탕한 인물로 묘사되기도 하지만 호기심이 많고 탐구 정신이 강한 사람이었음이 분명하다. 그는 그리스도교 철학자들뿐만 아니라 유대인과 무슬림 철학자들까지 자신의 궁정에 불러들였다. 그것은 사라센의 영향이 이탈리아에 전수되는 데 큰 역할을 했다.

황제는 아라비아 숫자와 대수학을 그리스도교 학생들에게 소개했다. 궁정에 있던 철학자 중 미카엘 스코투스Michael Scotus는 아리스토텔레스의 저작과 아랍의 위대한 철학자인 코르도바의 아베로에스Averroes가 쓴 아리스토텔레스 주해집 일부를 번역하기도 했다. 1224년 프리드리히 황제는 나폴리 대학교를 설립했으며 살레르노 대학교 의과 대학을 확장했다. 또한 동물원을 만들기도 했다. 그는 매사냥에 관한 책을 한 권 남기기도 했는데, 이 책을 통해 그가 새의 습성을 날카롭게 관찰했음을 알 수 있다. 그리고 그는 이탈리아어로 운문을 쓴 최초의 작가 중 한 명이기도 했다. 이탈리아 시가는 바로 그의 궁정에서 태어났다. 어떤 재능 있는 작가가 그를 '최초의 근대인'이라고 부른 적이 있다. 그것은 편견 없이 초연한 그의 지적인 면모를 적절히 나타내주는 표현이다.

추락하는 교황권

한편, 교황권의 생명력을 유지하려는 노력에 훨씬 더 큰 타격을 주면서 그 퇴락을 앞당기게 된 또 다른 위협이 다가오고 있었다. 이번에는 성장하고 있던 프랑스 국왕과 교황이 갈등을 빚게 된 것이다. 황제 프리드리히 2세가 살아있는 동안에 독일 지역이 분열되자 그간에 호엔슈타우펜Hohenstaupen 왕가[12~13세기 독일 지역과 시칠리아를 지배한 왕가. 프리드리히 황제의 집안이다]가 했던 역할을 프랑스 왕이 맡았다. 이제는 프랑스 왕이 교황을 보호하고 후원하다가 나중에는 교황과 경쟁하게 된 것이다. 여러 교황이 한동안 프랑스의 군주들을 지지하는 정책을 폈다. 시칠리아-나폴리 왕국에는 로마의 승인과 지지를 받아 프랑스인 영주가 왕으로 옹립되었다. 프랑스 왕은 샤를마뉴의 제국을 다시 살려낼 가능성이 자신 앞에 펼쳐졌다고 보았다.

그러나 호엔슈타우펜 왕가의 마지막 상속자였던 프리드리히 2세가 죽은 뒤 잠시 공석으로 남아있던 독일 지역 최고 지도자의 자리를 합스부르크 왕가의 루돌프가 차지해버렸다(1273). 합스부르크 왕가 출신이 신성로마 제국의 황제에 선출된 것은 처음 있는 일이었다. 이렇게 되자 로마의 정책은 프랑스와 독일 사이에서 우왕좌왕하고, 교황이 바뀔 때마다 교황의 마음이 기우는 대로 방향이 틀어지곤 했다.

이런 와중에 1261년 동방에서는 그리스인들이 라틴 황제들에게서 콘스탄티노폴리스를 재탈환하는 일이 벌어졌다. 미카엘 팔라이올로고스 Michael Palaeologus가 미카엘 8세Michael VIII로 등극하면서 새로운 그리스 왕조를 열었다. 그는 교황과 화해하려는 비현실적인 노력을 몇 번 시도한 뒤, 결국 로마와의 관계를 완전히 끊어버렸다. 이로써 아시아에 남아있던 라틴 왕국들은 종말을 맞았고 교황이 누렸던 동방에 대한 지배력도 막을 내렸다.

▼ 교황 보니파키우스 8세 @wikipedia

1294년 보니파키우스 8세Bonifacius VIII(1235-1303)가 교황이 되었다. 이탈리아 사람이었던 그는 프랑스에 적대적이었으며 위대한 로마의 전통과 사명에 대한 생각으로 가득 차 있었다. 한동안 그는 모든 일을 완력으로 밀어붙였다. 1300년 교황은 희년禧年[로마 가톨릭교회에서 신자들이 한 해 동안 특별히 잘못을 뉘우치고 하나님께로 돌아가겠다는 결심을 할 수 있도록 마련되는 특별한 1년을 말한다]을 선포하고 대규모의 순례자들을 로마로 모아들였다.

교황의 금고 속으로 몰려든 돈의 양이 엄청났다. 성 베드로 사도의 무덤에 있던 두 명의 보조자들은 신자들이 내고 가는 봉헌금을 갈퀴로 쓸어모으느라 쉴 새 없이 바빴다.

- J. H. 로빈슨

아나니 사건

그러나 희년을 선포함으로써 거둔 교황의 승리는 환영에 불과했다. 보니파키우스 교황은 1302년 프랑스 왕과 갈등을 빚기 시작했고, 이듬해 1303년에는 프랑스 왕 필리프 4세Philippe IV(1268-1314)를 파문하려고까지 했다. 그런데 로마 근교 아나니Anagni에서 파문 칙서를 발표하려던 교황이 자기 집안의 성에서 프랑스 왕의 대리자 기욤 드 노가레Guillaume de Nogaret에게 체포당하는 놀라운 일이 벌어졌다. 기욤 드 노가레는 강제로 성문을 열고 들어가 십자가를 손에 쥐고 침대에 누워서 공포에 떨고 있던 교황을 찾아내 위협을 가하고 모욕을 주었다. 교황은 이틀 뒤에 도시 주민들이 풀어줘 로마로 돌아오긴 했지만 다시 오르시니 가문에 의해 체포되어 감옥에 갇히는 신세가 되었다. 결국 몇 주가 지난 뒤 충격과 환멸에 사로잡힌 이 늙은 교황은 오르시니 가문의 죄수로 숨을 거두었다[보니파키우스 교황 납치 사건을 '아나니 사건'이라고 한다].

아나니의 사람들은 분노하여 기욤 드 노가레에 맞서 일어나 보니파키우스 교황을 풀어주었지만 이것은 어디까지나 아나니가 교황의 고향이었기 때문에 가능한 일이었다. 여기서 주목해야 할 핵심은 그리스도교 세계의 수장을 이토록 함부로 다루는 프랑스 왕을 백성들이 완전히 지지하고 있었다는 점이다. 프랑스 왕은 일을 끝까지 밀어붙이기 전에 이미 삼부회의[귀족, 성직자, 평민 세 계급 대표가 모이는 회의]를 소집하여 합의를 끌어냈다. 이탈리아나 독일, 혹은 잉글랜드 그 어디에서도 최고 권력자인 교황을 이처럼 다루어서는 안 된다는 최소한의 견해 표명조차 없었다. 그리스도교 세계의 이상은 이미 퇴락하여 사람들의 정신을 지배하던 교회의 마지막 힘조차 사라져버렸다.

서방 교회의 대분열

14세기 내내 교황은 도덕적 지배력을 회복하기 위한 일은 아무것도 하지 않았다. 다음번 교황으로 선출된 클레멘스 5세Clement V는 프랑스인이었다. 프랑스 왕 필리프 4세에 의해 선택된 새 교황은 로마에 내려가지 않았다. 그는 당시에 교황청에 속하긴 했지만 프랑스 영토 안에 있는 아비뇽에 교황궁을 세우고 그곳에 머물렀다. 이후 1377년 그레고리우스 11세가 로마의 바티칸 궁으로 돌아올 때까지 교황들은 줄곧 아비뇽에 머물렀다['아비뇽 유수'라고 한다]. 그레고리우스 11세가 로마로 돌아올 때도 교회 전체로부터 동의를 얻었던 것은 아니다. 프랑스 출신의 추기경들이 많았고 사회적 관계는 모두 아비뇽에 깊이 뿌리박고 있었기 때문이다.

1378년 그레고리우스 11세가 죽고 이탈리아 출신의 우르바누스 6세가 교황으로 선출되자 이에 반대한 추기경들은 이번 선거를 무효로 선언하고 클레멘스 7세를 또 다른 교황으로 선출하여 대립 교황으로 세웠

▲ 프랑스 아비뇽에 있는 교황궁 ©Julia Kuznetsova/Shutterstock.com

다. 이렇게 해서 쪼개지게 된 교회의 상황을 두고 '서방 교회의 대분열'이라고 부른다. 신성로마 제국 황제를 비롯하여 잉글랜드, 헝가리, 폴란드, 그리고 북유럽의 왕들은 모두 로마에 있는 교황에게 충성했는데 이들은 모두 프랑스에 맞서는 세력들이었다. 반면, 계속해서 아비뇽에 남아 있던 대립 교황들은 프랑스 왕과 프랑스의 동맹인 스코틀랜드, 스페인, 포르투갈 및 여타 독일 지역 제후들의 지지를 받았다. 교황과 대립 교황은 계속해서 상대의 지지 세력들을 파문하고 저주를 퍼부었다 (1378-1417). 이런 상황에 직면하여 유럽 전역의 사람들이 종교에 대해 스스로 생각해보기 시작했다는 것은 그리 놀라운 일이 아니다.

앞서 프란체스코회와 도미니크회의 창립에 대해서 살펴보았다. 당시 그리스도교 세계 안에서는 수많은 신진 세력이 부상하고 있었다. 각 세력은 그들이 추구하는 이상에 따라 교회를 단결시키려고도 했고 분열시키려고도 했다. 처음에는 두 수도회 또한 당시의 수많은 신진 세력들의 일부일 뿐이었다. 그런데 교회가 이 두 수도회를 완전히 흡수하여 이용했다. 프란체스코회를 끌어들이는 데에는 약간의 강제력을 동원하기도 했다. 그러나 다른 신진 세력들은 교회에 복종하지 않고 비판을 가했다.

한 세기 반이 지난 뒤에 한 사람이 등장한다. 존 위클리프John Wycliffe (1320-1384)다. 옥스퍼드에서 공부한 학식 있는 신학자였던 위클리프는 꽤 늦은 나이에 부패한 성직자와 어리석은 교회를 비판하며 등장했다. 그리고 수많은 가난한 사제들이 따르기 시작하자 이들을 조직하여 잉글랜드 전역에 자기 생각을 퍼뜨렸다. 사람들은 이 사제들을 '위클리피트Wycliffites'라고 불렀다.

위클리프는 사람들이 스스로 판단 내릴 수 있게 하고자 라틴어 성경을 영어로 번역하기도 했다. 사실 그는 성 프란체스코나 성 도미니크보다 훨씬 더 학식이 높고 유능한 인물이었다. 높은 지위에 있던 사람들도 그를 지지했으며 민중이 무리를 지어 그를 따랐다. 로마에서는 이에 분노하여 그를 투옥할 것을 명령했지만 그는 자유인으로 죽었다. 하지만 로마 가톨릭교회를 파멸로 이끌던 당시의 어둡고 낡은 정신은 그의 유골이 무덤 안에서 안식을 취하게 내버려 두지 않았다. 1415년 콘스탄츠 공의회에서 그의 시신을 파내어 불사르라는 칙령을 내렸고 결국 이 칙령은 교황 마르티노 5세Martin V의 명령으로 1428년 플레밍 주교에 의해 실행되었다. 이러한 모독 행위가 어떤 광신도들에 의해 저질러진 것이 아니라 교회의 공식 법령에 따라 행해진 것이다.

48

세계 최대 제국, 몽골

몽골족의 부상과 서방 정벌

13세기 유럽에서는 교황의 통치 아래 그리스도교 세계를 통합하려는 기이하고 힘든 분투가 계속되다가 결국 실패했다. 그 사이에 아시아에서는 훨씬 더 중대한 사건들이 일어나고 있었다. 중국의 변방과 북부 지방에 걸쳐있던 튀르크족이 갑자기 세계의 주요 세력으로 등장한 것이다. 튀르크족은 유례없는 정복 활동을 벌였다. 몽골족인 이들은 13세기 초까지도 훈족처럼 말을 타고 유목생활을 했다. 이들은 주로 고기와 말 젖을 먹고 가죽 텐트에서 살던 무리에 지나지 않았다. 하지만 중국의 지배를 떨치고 나와 자유를 얻은 뒤에는 수많은 튀르크 부족이 하나의 군사적 동맹으로 결집했다. 이들의 지휘 막사는 몽골의 카라코룸Karakorum에 세워졌다.

이때 중국은 분열된 상태였다. 위대했던 당나라는 10세기 무렵 퇴락했고, 중국은 여러 개의 작은 나라로 나뉘었다. 이들은 서로 전쟁을 일삼

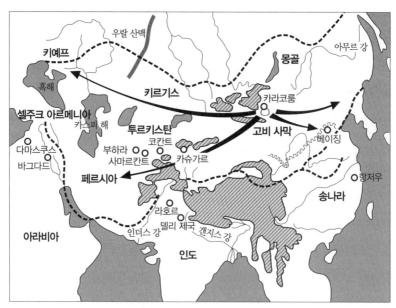

▲ 칭기즈 칸 사망 당시의 몽골 제국(1227)

다가 세 개의 제국으로 재편되었다. 북쪽에 베이징을 수도로 삼은 금, 남쪽에 난징을 수도로 하는 송, 그리고 중앙에 서하가 자리 잡았다. 1214년 몽골인 연합의 지도자 칭기즈 칸Chingiz Khan(1167?-1227)이 금나라와 전쟁을 벌여 베이징을 점령했다. 그리고 다시 서쪽으로 방향을 틀어 서투르키스탄, 페르시아, 아르메니아, 인도를 정복하고 라호르[현재 파키스탄 펀자브 지방의 도시]에 이르렀으며, 남부 러시아를 정복하여 키예프에 닿았다. 그는 태평양에서 드네프르 강[우크라이나를 거쳐 흑해로 흘러드는 강]에 이르는 광대한 제국을 형성하고 숨을 거두었다.

칭기즈 칸의 후계자 오고타이 칸Ogotai Khan[1185-1241. 칭기즈 칸의 셋째 아들] 또한 계속해서 놀라운 정복 활동을 이어나갔다. 그의 군대는 매우 효율적으로 조직되어 중국의 새로운 발명품이었던 화약을 소형 야포에 사용하고 있었다. 금나라를 정복한 그는 군대를 이끌고 놀라울 만큼 빠른 속도로 아시아 대륙을 거슬러 러시아까지 휩쓸었다(1235). 1240년 키예프가 무너지고 러시아 전역이 몽골의 조공국이 되었고 폴란드도 이들에게 유린당했다. 폴란드인과 독일인으로 구성된 연합 군대는 1241년 슐레지엔 전투에서 전멸했다. 당시 신성로마 제국의 황제였던 프리드리히 2세는 밀려오는 파도를 막기 위해 아무런 노력도 기울이지 않았던 것 같다.

에드워드 기번Edward Gibbon의 《로마 제국 쇠망사The History of the Decline and Fall of the Roman Empire》의 주석에서 베리J. B. Bury[1861-1927. 아일랜드 출신의 역사학자. 주로 케임브리지 대학에서 가르치고 연구했다. 서구에서 소홀히 다루었던 비잔틴 역사 연구를 되살린 것으로 특히 유명하다]는 이렇게 썼다.

> 몽골의 군대가 1241년 폴란드를 괴멸시키고 헝가리를 점령했던 것은 단지 수적인 우세 때문이 아니라 완벽한 전략 덕이었다. 이러한 사실을 유럽의 역사학계는 최근에 와서야 알았다.

그러나 이러한 사실은 아직 유럽인이라면 누구나 아는 상식이 되지는 못했다. 대부분의 유럽인은 여전히 타타르인을 저평가하고 있으며, 그들이 떼로 몰려다니며 아무런 전략도 없이 말을 타고 동유럽을 누볐거나 장애물을 만나면 무조건 덤벼들어서 완력으로 정복한 민족이라고 생각한다.

비스툴라 강 하류에서부터 트란실바니아에 이르는 지역에서 펼쳐진 작전이 얼마나 시간을 잘 지켜 효과적으로 수행되었는지를 보면 정말 놀랍다. 그러한 군사 작전은 당시 유럽에 있던 어떤 군대의 능력으로도 실행할 수 없었고 그 어떤 유럽의 장수도 생각해낼 수 없었다. 프리드리히 2세는 물론 휘하의 모든 장군은 수부타이Subutai[1176-1248. 칭기즈 칸의 선봉장 중 한 명으로 서쪽 정벌에서 큰 공을 세운 것으로 유명하다]에 비하면 초보자에 불과했다. 몽골인들이 헝가리의 정황과 폴란드의 상태를 완전히 파악한 뒤에 원정을 시작했다는 점 또한 주목해야 한다. 그들은 정보를 얻기 위해 주의를 기울였으며 잘 조직된 첩보 체계를 운영했다. 그들과 비교하면 헝가리인을 비롯한 그리스도교 세력은 마치 유치한 야만인 같았고 적에 대해 거의 아무것도 알지 못했다.

몽골인은 레그니차Liegnitz[현재 폴란드 남서부의 도시]에서도 승리했지만 더는 서쪽으로 전진하지 않았다. 그들의 전술에 적합하지 않은 삼림과 구릉지에 접어들었기 때문이었다. 그들은 이제 남쪽으로 방향을 틀어 헝가리에 정착할 준비를 했다. 몽골인은 인종적으로 유사한 마자르족을 학살하고 남은 이들은 완전히 흡수해버렸다. 사실 그 이전에 마자르족은 스키타이족과 아바르족이 섞여 있던 이 지역의 주민들을 학살하고 흡수해버렸으며, 마자르족 이전에는 훈족이 같은 일을 벌였다. 9세기에 헝가리인이, 그리고 7세기와 8세기에는 아바르족이, 5세기에는 훈족이 그러했던 것처럼, 몽골인 역시 헝가리 평원에서 서쪽과 남쪽으로 습격을 가하곤 했을 것이다. 그러나 오고타이 칸이 갑자기 죽자 1242년부터 제국의 상속을 둘러싼 분쟁이 일어났다. 이 때문에 패배를 모르던 몽골 군대는 헝가리와 루마니아를 가로질러 동쪽으로 서둘러 퇴각했다.

그 이후부터 몽골은 아시아의 정복 지역에 관심을 집중했으며, 13세기 중반에 이르러 송나라를 완전히 정복했다. 1251년 몽케 칸Möngke Khan이 오고타이 칸의 뒤를 이어 대칸의 자리에 올랐고, 자신의 형제 쿠빌라이 칸Khubilai Khan(1215-1294)에게 중국을 다스리게 했다.

▲ 쿠빌라이 칸. 몽골 제국의 제5대 대칸이자 원의 초대 황제이며, 칭기즈 칸의 손자이다.
@wikipedia

제국의 분열

1280년 쿠빌라이 칸은 마침내 중국의 황제로 공식 인정을 받았고, 이로써 1368년까지 계속되는 원나라를 열었다. 송나라 지배 세력의 마지막 잔당들이 중국의 남쪽으로 퇴각하고 있는 동안에, 몽케 칸의 또 다른 형제인 훌라구Hulagu(1218-1265. 일한국의 시조)는 페르시아와 시리아를 정복하고 있었다. 당시 몽골인들은 이슬람에 대해 강한 적대감을 드러냈다. 바그다드를 함락시켰을 때 도시 주민들을 학살했을 뿐만 아니라, 오래전 수메르 시대부터 메소포타미아의 번영과 인구를 지탱해주었던 관개 시스템을 파괴했다. 메소포타미아는 그 뒤에 폐허가 되었으며 현재까지 인구가 빈약한 사막으로 남아있다. 몽골은 이집트도 공격했지만 절대로 뚫고 들어갈 수 없었다. 1260년 훌라구의 군대는 팔레스타인에서 이집트 술탄의 군대와 맞붙어 완패했다.

이집트에 패한 뒤 몽골의 승세도 크게 꺾였다. 대칸의 지배 영역은 여러 개의 분리된 국가로 나뉘었다. 동쪽의 몽골인은 중국인처럼 불교 신자가 되었고, 서쪽의 몽골인은 무슬림이 되었다. 1368년 중국인들은 결국 원나라를 전복하고, 1644년까지 번성하는 명나라를 세웠다. 러시아는 남동쪽 스텝 지대의 타타르족에게 계속 조공을 바치고 있었는데, 1480년 모스크바 공국의 대공이 충성 관계를 깨면서 독립, 근대 러시아의 기초를 마련했다.

14세기에는 칭기즈 칸의 자손인 티무르Timur[1336-1405]의 지휘 아래 몽골의 활력이 잠시 되살아나기도 했다. 티무르는 1369년 서투르키스탄에서 기반을 잡고 스스로 대칸이라 칭한 뒤 시리아에서 델리에 이르는 지역을 정복했다. 그는 몽골인 정복자 중에 가장 야만적이고 파괴적이었다. 그래서 그의 제국은 황량하기만 했으며 그가 죽은 뒤에는 유지되지 못했다. 하지만 1505년 티무르의 자손인 바부르Babur[1483-1530. 인도 무굴 왕조의 창시자]가 등장하여 대포를 갖춘 군대를 조직하고 인도 평원까지 평정해나갔다. 그의 손자 아크바르Akbar(1542-1605)는 이 정복 사업을 완수하고 델리를 지배했다. 인도 대부분을 차지한 이 몽골[아랍인들은 '무굴'이라 불렀다] 제국은 18세기까지 이어졌다.

오스만튀르크를 깨우다

13세기 몽골의 세계 제패가 남긴 결과 중 하나는 튀르크족의 한 부류인 오스만튀르크족[간단히 오스만이라고 부르기도 한다. 오늘날 터키의 기원이다]을 투르키스탄에서 몰아내어 소아시아로 이동하게 하였다는 것이다. 소아시아에서 힘을 펼치고 강화한 이들은 다르다넬스 해협을 건너가 마케도니아, 세르비아, 불가리아를 점령했다. 결국 콘스탄티노폴리스는 오스만튀르크의 지배 영역에서 섬처럼 고립되고 말았다. 1453년 오스만튀르크의 술탄 무함마드 2세는 유럽 쪽에서 다량의 포탄을 쏟아부으며 콘

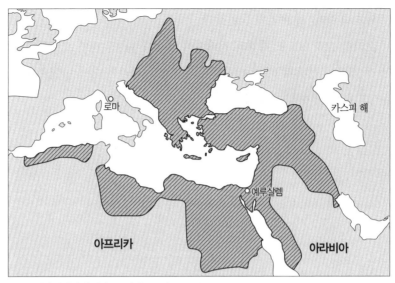

▲ 술레이만 대제 사망 당시 오스만튀르크 제국(1566)

스탄티노폴리스를 공략하여 함락시켰다. 이 사건은 유럽에 강렬한 긴장
을 초래했고, 십자군에 대한 논의가 일기도 했지만 십자군 원정은 이미
과거의 일이 되어버린 지 오래였다.

16세기가 흘러가는 동안 오스만튀르크의 술탄들은 바그다드, 헝가리,
이집트 그리고 북아프리카 대부분을 정복했다. 그들은 함대를 조직하여
지중해를 지배했다. 결국 오스트리아의 빈마저 함락될 위기에 처하자 신
성로마 제국 황제는 술탄에게 조공을 바쳐야 했다.

15세기에 썰물처럼 가라앉고 있던 그리스도교 세계의 지배력을 만회
시켜줄 사건은 두 가지였다. 하나는 모스크바가 다시 독립하게 된 것이
었고(1480), 다른 하나는 스페인이 점차 이슬람의 지배에서 벗어난 것이
었다. 1492년 이베리아 반도에 마지막으로 남아있던 무슬림의 본거지
그라나다까지 아라곤의 페르난도 왕(1452-1516)과 카스티야의 이사벨

여왕(1451-1504)의 손안에 들어왔다.

그러나 그리스도교 세계의 지배력이 온전히 회복되려면 오만했던 오스만 제국이 레판토 해전에 패하여 지중해의 패권이 다시 넘어오게 되는 1571년까지 기다려야 했다.

7부

근대 유럽의 형성과
제국주의 시대

49

유럽 지성의 부활

십자군 전쟁 이후 찾아온 안정

12세기 전반에 걸쳐 유럽의 지성이 용기와 여유를 회복하고, 그리스의 과학 연구와 이탈리아의 루크레티우스Lucretius[서기전 1세기에 활동한 로마의 시인·철학자]처럼 다시 사색할 준비를 하고 있다는 많은 징후가 나타났다. 이렇게 지성의 부활이 가능해진 이유는 많고도 복잡하다. 무엇보다 사적인 전쟁이 억제되고, 십자군 전쟁이 끝나면서 생활이 편안해지고 안정되었다. 그리고 원정 경험을 통한 정신적 자극이 지성의 부활에 필요한 예비 조건들을 마련해주었다. 무역이 되살아나고 있었고 여러 도시의 생활환경이 다시 편리하고 안전해졌다. 성직자들의 교육 수준이 높아지면서 나타난 효과는 평신도 사이에도 번져나갔다.

13세기와 14세기에는 완전히 독립되었거나 반쯤 독립한 도시들이 빠르게 성장했다. 예를 들면, 베네치아, 피렌체, 제노바, 리스보아, 파리, 브루게Brugge[벨기에의 도시], 런던, 안트베르펜, 함부르크, 뉘른베르크, 노브고로드Novgorod[러시아의 오래된 도시], 비스뷔Visby[스웨덴의 도시], 베르겐Bergen[노르웨이의 도시] 등이 그런 도시다. 이 도시들은 많은 여행자가 찾는 무역 도시였다. 그곳에서 사람들은 거래하고 여행하며 이야기하고 생각했다. 사람들은 교황이 영주들과 격렬한 논쟁을 벌이고, 이단을 야만적이고 사악한 방법으로 박해하는 모습을 보았다. 그러면서 교회의 권위를 의심하고 세계의 근원에 의문을 제기하며 토론하기 시작했다.

이미 살펴보았듯이 아리스토텔레스 철학이 유럽에서 되살아난 데는 아랍인들이 견인차 역할을 했다. 아랍의 철학과 과학이 유럽의 정신에 영향을 미치게 한 것은 프리드리히 2세의 공이 컸다. 하지만 유럽인의 정신에 이보다 더 많은 자극을 준 것은 유대인들이었다. 그들은 존재 자체가 당연해 보이던 교회의 주장에 의문을 제기했다[유대인들은 그리스도교와 같은 유일신을 믿었지만 예수 그리스도를 인정하지 않았다]. 그리고 연금술사의 비밀스럽고도 흥미로운 연구 결과가 널리 보급되면서 사람들은 아직 작고 미미하지만 유익한 결과를 얻는 실험 과학을 재개할 준비가 되고 있었다.

인류의 정신에 일어난 이러한 자극이 다만 독립적이고 교육을 잘 받은 사람들에게만 한정되었던 것은 아니다. 인류 역사에 유례가 없을 만큼 보통 사람들의 정신 또한 각성하였다. 그리스도교는 그 가르침이 도달하는 곳이라면 어디에나 정신의 효모를 뿌려놓았던 것 같다. 사제라는 매개자가 존재하고, 때때로 개인에게 박해를 가하기도 했지만, 그리스도교에서는 인간 개인의 의식과 의로운 유일신 사이에 직접적 관계가 성립했다. 따라서 필요할 때면 한 개인이 용기를 내어 영주나 성직자 혹은 신앙에 대하여 스스로 판단을 내릴 수 있었다.

도전하는 지성, 베이컨의 등장

철학적 토론은 이미 11세기 유럽에서 재개되었으며 파리, 옥스퍼드, 볼로냐 등에는 대학이 설립되어 성장하고 있었다. 그리고 이들 대학에서 중세의 스콜라 철학자들이 어휘의 의미와 가치에 관하여 일련의 의문을 제기하며 논의를 이어가고 있었다. 이러한 과정을 통해 다가올 과학의 시대에 필수적인 '명징한 사고'가 준비되었다. 옥스퍼드에서는 로저 베이컨Roger Bacon(1214-1294)이라는 뛰어난 프란체스코회 수사가 스스로 길을 개척하여 근대 실험과학의 아버지가 되었다. 그의 이름은 인류 역사에서 아리스토텔레스에 버금가는 명성을 누릴 자격이 있다.

베이컨의 저술들은 무지를 공격하는 하나의 길고 긴 연설이다. 동시대 사람들을 향하여 '무지한 세대'라고 꾸짖은 그의 저술은 당시로서는 믿을 수 없을 정도로 대담한 것이었다. 누군가 오늘날 이 세상이 침통할 만큼이나 무식하다고 말하거나, 이 시대의 모든 방식이 여전히 유아적이고 미숙하며, 사람들이 고수하는 신조란 것도 모두 유치한 가정에 불과할 뿐이라고 비판한다면 어떨까? 어쩌면 사람들로부터 신체적 위해를 당하고 말지도 모른다.

중세 사람들은 언제나 자신이 믿고 있는 것이 지혜롭고 완전하며 최종적인 것임을 '열정적으로' 확신했다. 그리고 자신의 믿음을 의심하는 사람에게는 언제든지 '격렬하게' 분개했다. 그들이 자신의 믿음을 의심할 때는 자신이 학살당하거나, 굶주리거나, 전염병으로 죽어갈 때뿐이었다. 로저 베이컨의 저술은 깊고 깊은 어둠에 내리비추는 한 줄기 빛과도 같았다. 그는 동시대인들의 무지를 공격하는 동시에 지식을 증대할 여러 방안도 제시했다. 그가 실험과 지식 축적의 필요성을 열정적으로 주장하

는 데서 아리스토텔레스의 정신이 되살
아났다. '실험, 실험', 그것이야말로 로
저 베이컨이 늘 고민하던 것이었다.

그러나 베이컨은 아리스토텔레스의
저작물에 그다지 좋은 감정이 아니었
다. 당시 사람들이 대범하게 사실 자체
를 대면하는 것이 아니라 방 안에 앉아
서 아리스토텔레스의 조잡한 라틴어 번
역본에만 골몰했기 때문이었다. 물론
그것이 당시로서는 아리스토텔레스에
대해 구해볼 수 있는 전부이긴 했다.

베이컨은 그에 대해 이렇게 거침없는
말을 써놓았다.

▲ 옥스퍼드에서 별을 관찰하고 있는 베이컨.
19세기 판화 @wikipedia

> 내가 할 수만 있다면 아리스토텔레스의 책을 모두 불살라버릴 것이
> 다. 그것을 공부함으로써 시간을 낭비하고, 오류를 낳고, 무지를 늘리
> 기 때문이다.

베이컨이 말한 대로 아리스토텔레스의 책들은 아주 끔찍하게 번역되
었을 뿐 아니라 사람들 사이에서 읽히기보다 숭배되고 있었다. 아리스
토텔레스가 중세로 돌아와 이런 상황을 직접 보았더라면 같은 심정으로
베이컨에게 화답했을 것이다.

투옥되거나 더 심한 일을 당할지도 모른다는 두려움 때문에 정통 교
리에서 벗어나지 않도록 약간 위장해 놓긴 했지만 로저 베이컨이 자신

의 책 전체를 관통하여 인류에게 외치는 것은 이것이다.

'교리와 권위의 지배를 멈추라. 그리고 세상을 바라보라!'

그는 사람들을 무지하게 만드는 근본 원인 네 가지를 꼽았다. 권위에 대한 존경, 관습, 무지한 군중 심리, 그리고 허영과 자만으로 가득 차 새로운 것을 배우려 하지 않는 태도다. 이것들만 극복한다면 새로운 세계가 인간에게 활짝 열릴 것이다.

> 노 젓는 사람 없이 항해할 수 있는 기계를 만드는 것도 가능하다. 강이나 바다에 적합하게 만들어진 대형 선박에 그 기계를 장착하여 한 사람이 조종하게 된다면, 배에 많은 사람이 있을 때보다 더 빠른 속도로 항해할 수 있을 것이다. 이와 마찬가지로 자동차도 만들 수 있다. 상상 속에 등장하는 고대의 전차처럼 끌고 가는 짐승 없이도 '한없는 동력으로cum impetu inœstimable' 수레가 움직이게 될 것이다. 그리고 날아다니는 기계도 만들 수 있다. 사람이 가운데 앉아서 어떤 기기를 돌리면 새가 날아가는 방식대로 인공 날개를 공중에 펄럭이게 될 것이다.
>
> — 로저 베이컨

로저 베이컨이 이렇게 쓸 수 있었던 것은 지리멸렬한 인간사의 표면 아래 힘과 이득을 가져다줄 비밀창고가 숨어있음을 분명히 깨달았기 때문이다. 하지만 그것을 탐사하려는 체계적인 시도가 이루어지기까지는 300년이란 시간이 더 지나야 했다.

사라센인이 전해준 종이와 인쇄술

사라센인은 철학자들과 연금술사들의 지적 자극만이 아니라 종이 또한 유럽에 전해주었다. 유럽 지성의 부활을 가능하게 한 것이 바로 종이라고 해도 절대 지나치지 않다. 종이가 중국에서 처음 만들어진 것은 서기전 2세기까지 거슬러 올라간다. 751년 중국인들이 사마르칸트[오늘날 우즈베키스탄에 있는 오아시스 도시]를 공격했다가 격퇴당하는 일이 있었다. 이때 포로로 잡힌 중국인들 가운데 숙련된 제지업자들이 있었고, 이들로부터 기술이 전수되었다. 아랍의 종이 필사본들은 9세기부터 현재까지 전해오고 있다.

제지법이 그리스도교 세계에 전해진 것은 그리스를 통해서였거나 아니면 스페인을 탈환하는 과정에서 차지하게 된 무어인들의 종이 제작소를 통해서였을 것이다. 그러나 다시 그리스도교 세계에 편입된 스페인에서 생산한 종이는 불행하게도 품질이 떨어졌다. 양질의 종이가 유럽에서 생산되기 시작한 것은 13세기 말부터였으며 이를 주도한 것은 이탈리아였다. 그리고 14세기가 되어서야 독일에서도 종이가 생산되었고, 14세기가 끝나갈 즈음에는 출판업을 실제 사업으로 할 수 있을 만큼 종이 생산량도 늘고 가격도 낮아졌다.

이에 따라 인쇄술의 발명은 당연하고 필연적인 일이 되었다. 인쇄술이 발명되자 세계의 지적 활동은 훨씬 더 원기 왕성한 새로운 단계에 접어들었다. 그 전까지 지식의 흐름이 한 사람에서 다른 한 사람에게 이어지는 가느다란 물줄기였다면 이제는 수천 명이, 그리고 오늘날에는 수백만 명이 참여하는 폭넓은 강물이 된 것이다.

인쇄술이 발명되면서 나타난 즉각적 결과는 성경책이 많아졌다는 것

▲ 활판 인쇄 초기 모습 @wikipedia

이다. 학교 교과서 또한 저렴해졌고 독서를 통해 지식이 급속히 퍼져나갔다. 단지 세상에 존재하는 책의 양이 늘어난 것만이 아니라 이전보다 읽기 편하고 이해하기 쉬운 책들이 제작되었다. 독서가 점점 더 쉽고 편해지면서 일반 독자층이 자라났다. 이제 책이란 화려하게 장식된 애장품이나 학자들이 지니고 있는 신비로운 물건이 아니었다. 작가들은 보통 사람들이 바라보기만 하는 것이 아니라 직접 읽을 수도 있는 책을 쓰기 시작했다. 곧 라틴어가 아닌 일상 언어로 글을 썼던 것이다. 14세기와 함께 진정한 유럽 문학의 역사가 시작되었다.

지식과 방법의 전달자, 몽골인

이제까지는 유럽의 부활에서 사라센인이 했던 역할만을 다루었다. 이제 몽골의 정복자들이 끼친 영향에 대해서도 살펴보겠다. 몽골인들은 유럽 사람들의 지리적 상상력에 어마어마한 자극을 주었다. 서유럽은 대칸의 지배 아래 있던 아시아 전체와 열린 대화를 할 수 있었다. 일시적이긴 했지만 모든 도로가 개방되었으며, 모든 국가와 민족 대표들이 카라코룸의 궁정에 참석했다. 그리스도교와 이슬람의 종교적인 반목 때문에 생겼던 유럽과 아시아 사이의 장벽들이 모두 낮아졌다.

그러자 교황은 몽골인들을 그리스도교로 개종시킬 수 있으리라는 원대한 희망을 품었다. 그때까지 몽골인이 믿었던 유일한 종교는 원시 형태의 무속 신앙밖에 없었다. 교황이 보낸 사절단은 인도에서 온 불교 승려, 파리와 이탈리아 그리고 중국에서 온 장인, 비잔틴과 아르메니아의 상인, 아랍의 행정 관료, 페르시아와 인도의 점성술사 및 수학자와 어우러져 몽골의 궁정에 머물렀다.

　역사에서 몽골이 벌인 전쟁과 학살은 자주 거론되지만 그들이 학문에 대해 품고 있던 호기심과 욕구에 대해서는 충분히 다루어지지 않는다. 그다지 독창적인 민족은 아니었을지 몰라도 몽골인이 지식과 방법의 전달자로서 세계 역사에 끼친 영향은 막대하다. 칭기즈 칸이나 쿠빌라이 칸의 모호하고 낭만적인 성격에 관해 알 수 있는 모든 것을 동원하여 짐작해보면, 이들이 유럽의 위대한 황제들 못지않았음을 분명히 알 수 있다. 정치적 환영들을 불러일으킨, 대담하지만 독선적이었던 알렉산드로스 대왕이나, 원기가 넘치고 문맹이면서도 신학에 정통했던 샤를마뉴 대제만큼 몽골의 황제들도 이해력이 좋고 창의력이 넘치는 군주들이었다.

　몽골의 궁정을 방문했던 인물 중 가장 흥미로운 사람은 자기 이야기를 책으로 써서 남긴 베네치아 출신의 마르코 폴로Marco Polo(1254-1324)다. 그는 1271년 무렵 자신의 아버지, 삼촌과 함께 중국[원나라]에 갔다. 아버지와 삼촌은 그 전에 이미 중국에 간 적이 있었는데, 그때 처음으로 '라틴' 사람들을 보게 된 쿠빌라이 칸은 이들에게서 깊은 인상을 받았다. 쿠빌라이 칸은 이 두 사람을 돌려보내면서 그리스도교에 관한 질문과 함께 자신의 호기심을 자극한 유럽의 다른 문물에 대한 질문도 함께 보냈다. 그래서 이 두 사람은 마르코 폴로를 동반하여 두 번째 중국 방문 길에 오르게 된 것이다.

마르코 폴로 일행은 첫 번째 여행 때와 마찬가지로 크리미아가 아닌 팔레스타인에서 출발하는 길을 택했다. 쿠빌라이 칸이 그들에게 선사한 황금 명판과 다른 증명서들 덕분에 여행이 훨씬 편해졌을 것이다. 쿠빌라이 칸이 예루살렘의 예수 성묘에서 타고 있는 램프의 기름을 조금 가져와 달라는 부탁도 했기 때문에 폴로 일행은 우선 예루살렘에 들러야 했다. 그런 다음, 킬리키아를 거쳐 아르메니아로 향하는 길을 택했다. 이집트의 술탄이 몽골을 습격하고 있었던 터라 북쪽으로 멀리 돌아갈 수밖에 없었다.

그다음에는 메소포타미아에서 페르시아 만에 면한 호르무즈Hormuz 해협으로 이어지는 길을 따라갔다. 호르무즈에서는 인도에서 온 상인들을 만났다. 어떤 이유에서인지 그들은 거기에서 배를 타지 않고, 그 대신 북쪽으로 방향을 틀어 페르시아의 사막을 관통한 다음, 발흐Balkh[아프가니스탄 북부의 오아시스 도시]를 거쳐 파미르 고원으로 올라가 카슈가르

▼ 마르코 폴로 ©Everett Historical/Shutterstock.com

Kashgar[중국 신장 타림 분지 서쪽의 오아시스 도시로 파미르 고원을 넘기 전에 채비하고 거래하는 장소다]까지 갔다. 그리고 다시 호탄Khotan[중국 신장 타림 분지의 남변과 쿤룬 산맥의 북쪽 기슭에 자리한 오아시스로 남쪽 요지]과 로프노르Lop Nor[중국 신장 타림 분지 동단의 내륙 호수]를 차례로 지났다. 마침내 황하를 따라 베이징에 도착했다. 쿠빌라이 칸은 베이징에서 그들을 기쁘게 맞이했다(1274).

마르코 폴로 여행기의 영향

쿠빌라이 칸은 특히 마르코 폴로를 마음에 들어 했다. 마르코 폴로는 젊고 영리했을 뿐 아니라, 분명히 타타르어에 완전히 통달했을 것이다. 그에게는 공식 관직이 주어졌고 중국의 남서쪽으로 서너 차례 파견되기도 했다. '여행자를 위한 훌륭한 숙소'와 '질 좋은 포도밭과 경작지와 정원', 불교 승려의 '수많은 사원', '비단과 금, 질 좋은 태피터taffeta 옷감'을 생산하는 작업장, '계속해서 이어지는 도시와 성채' 등 마르코 폴로는 드넓게 펼쳐진 명랑하고 풍요로운 이 나라의 이야기를 들려주고 싶은 마음을 참을 수 없었을 것이다.

마르코 폴로의 여행기에 관해 사람들은 처음에 믿을 수 없다는 반응을 보였다. 하지만 오래지 않아 전 유럽의 상상력이 불타오르기 시작했다. 그는 미얀마에 관해 이야기하면서 수백 마리의 코끼리 군대를 언급한다. 그리고 몽골의 궁수들이 이 짐승들을 어떻게 쓰러뜨렸는지를 자세히 묘사하면서 몽골인들이 페구Pegu[미얀마의 옛 수도이자 불교 유적지]를 정복한 이야기도 전한다. 일본 이야기에서는 그곳에 있는 금의 양을 엄청나게 과장하기도 한다.

마르코 폴로는 관리로 파견되어 3년 동안 양저우를 다스리기도 했다. 중국인 주민들은 그를 타타르인들보다 더 낯선 외국인으로 느끼지는 않았을 것이다. 그는 인도에 파견되기도 했던 것 같다. 중국에는 1277년 황제의 조정에 참여한 폴로라는 사람에 관한 기록이 남아있어서 폴로의 이야기가 대체로 사실이었음을 증명해주고 있다.

마르코 폴로의 여행기는 유럽인들의 상상에 깊은 영향을 끼쳤다. 유럽의 문학, 특히 15세기 유럽의 모험 소설에는 마르코 폴로 여행기에 나오는 인명과 함께 케세이Cathay['거란족'이 세운 나라라는 뜻의 중국을 말한다]나 캠불락Cambulac(베이징)과 같은 지명들이 그대로 등장했다.

콜럼버스와 잇따른 해외 원정

200년이 지난 뒤 마르코 폴로의 여행기 독자 중에는 유명한 탐험가인 크리스토퍼 콜럼버스Christopher Columbus(1451-1506)라는 제노바 출신의 선원도 있었다. 세비야[스페인 남부 도시]에는 마르코 폴로 여행기가 한 부 보관되어있는데 그 여백에 콜럼버스가 쓴 메모들이 남아있다. 그는 서쪽으로 항해하여 지구 전체를 돌아 중국에 이르겠다는 멋진 생각을 품었다.

이 제노바 사람, 콜럼버스가 서쪽으로 고개를 돌려야 했던 데는 여러 가지 이유가 있다. 1453년에 함락되기 전까지는 콘스탄티노폴리스가 동방과 서방 어느 쪽에도 치우치지 않는 무역 시장으로 존재했다. 제노바 사람들은 그곳에서 자유롭게 거래할 수 있었다. 그러나 제노바의 지독한 경쟁자인 '라틴' 계열의 베네치아가 그리스에 맞서 오스만튀르크와 동맹을 맺고 튀르크 사람들을 지원하기 시작했다. 이제 튀르크의 지배를 받게 된 콘스탄티노폴리스에서 제노바 사람들은 홀대받기 시작했다. 그리고 오랫동안 잊었다 다시 발견된, 지구가 둥글다는 사실은 사람들의 마음을 흔들어놓았다. 서쪽으로 항해해서 중국에 이른다는 생각은 이제 아주 분명해졌다.

이러한 고무적인 생각을 하게 한 데에는 두 가지 요소가 작용했다. 하나는 항해용 나침반의 발명이다. 나침반을 사용하게 되면서 더는 맑은 날 밤하늘의 별들에 의지하여 항로를 결정하지 않아도 되었다. 그리고

▲ 1492년 스페인 항구에서 출발하는 콜럼버스. 1892년 리카르도 발라카(Ricardo Balaca 작품
©Everett Historical/Shutterstock.com

다른 하나는 대서양 진출이다. 노르만, 카탈루냐, 제노바, 포르투갈 사람들은 이미 대서양에 진출해서 카나리아 제도, 마데이라 제도, 아조레스 제도까지 나가 있는 상태였다.

그러나 콜럼버스는 배를 얻어 자기 생각을 시험해볼 수 있게 되기까지 유럽의 여러 궁정을 전전하며 많은 어려움을 겪었다. 그러다 마침내, 이제 막 무어인들에게서 탈환한 그라나다에서 페르난도 왕과 이사벨 여왕을 만나 후원을 약속받고 세 척의 작은 배를 얻어 출항할 수 있었다.

콜럼버스는 두 달하고도 9일 동안 대양을 가로질러 항해한 끝에 육지에 닿았다. 그는 그곳이 인도라고 생각했지만 실제로는 이제까지 구세계에서는 그 존재를 생각해본 적도 없었던 신대륙이었다. 콜럼버스는 금과 면화, 낯선 동물과 새를 가지고 스페인으로 돌아왔다. 그가 돌아올 때 몸에 칠을 하고 거친 눈매를 지닌 인디언 두 명도 데려와 세례를 받게 했

▲ 스페인에서 서쪽으로 항해하여 인도까지 가는 방법을 찾아 나섰던 마젤란은 필리핀에서 살해당하고 만다.

다. 이들이 인디언이라고 불린 것은 콜럼버스가 죽는 날까지 자신이 발견한 곳을 인도라고 믿었던 탓이다. 하지만 유럽인들이 그곳이 전혀 새로운 대륙임을 깨닫고 아메리카라는 이 신대륙을 세계의 자원 목록에 추가하는 데는 그 후로 불과 몇 년밖에 걸리지 않았다.

콜럼버스가 성공하자 해외 원정이 봇물 터지듯 이어졌다. 1497년 포르투갈인들이 아프리카를 돌아서 진짜 인도에 도착했다. 1515년에는 자바 섬에도 포르투갈 배가 도착했다. 1519년 스페인에 고용된 포르투갈 선원 페르디난드 마젤란Ferdinand Magellan(1480?-1521)은 빅토리아호를 타고 세비야 항을 출발했다. 계속해서 서쪽으로 항해한 빅토리아호는 1521년 마침내 세비야의 강을 거슬러 항구에 귀환함으로써 최초로 세계 일주를 완성했다. 하지만 함께 출항했던 네 척의 배는 돌아오지 못했다.

280명 선원 중 살아서 돌아온 사람은 31명밖에 되지 않았다. 마젤란 또한 필리핀에서 살해당해 귀환하지 못했다.

인쇄된 종이책, 어떤 곳이든 도달할 수 있는 둥근 지구에 대한 새로운 깨달음, 그리고 낯선 땅과 동식물, 낯선 관습과 풍물, 해양과 천체 및 생활 방식과 재료의 새로운 발견들이 유럽인의 정신에 한꺼번에 찾아왔다. 이윽고 오랫동안 빛을 보지 못하고 있던 그리스 고전들이 재빠르게 출간되어 연구되었다. 이로써 사람들의 사고는 플라톤의 이상과 자유와 존엄성이 지켜지던 공화정 시대의 전통에 물들었다. 물론 로마의 통치 방식을 통해 서유럽에서 법과 질서가 성립되었으며 그것을 다시 복구한 것은 라틴 교회였다. 하지만 그리스도교화되기 이전이든 이후든, 로마 제국에서는 조직의 질서가 우선이었기 때문에 호기심과 혁신은 배척되었다. 그러나 라틴 정신이 지배하던 시대는 이제 서서히 끝나가고 있었다. 13~16세기에 유럽의 아리아인들은 셈족과 몽골인에게 자극을 받고 그리스 고전을 다시 발견한 덕분에 라틴 전통에서 벗어나 지적으로나 물질적으로 인류를 이끌 수 있는 자리에 다시금 올라서게 되었다.

50

종교개혁

분열하는 라틴 교회

유럽 지성이 부활하면서 가장 크게 영향을 끼친 곳은 서방의 라틴 교회였다. 라틴 교회 자체가 해체되었다. 설령 살아남았다 해도 광범위한 개혁을 경험해야 했다.

교회와 관련된 이전의 변화들은 앞 장에서 이미 살펴보았다. 11~12세기에는 라틴 교회가 전체 그리스도교 세계를 향해 독재자와 같은 지도력을 발휘했다. 그러다가 14~15세기에는 정신활동과 일상생활 모두에서 교회의 지배력은 약해졌다. 교회가 오만해지고 권력을 집중화하는 한편 이단에 대한 박해를 강화하자, 이전 시대에 교회 권력의 버팀목이 된 민중들의 열광적 신심마저도 교회를 등지게 되었다. 교회에 대한 프리드리히 2세의 회의적 태도가 교묘하게 퍼져나가자 영주들은 교회의 예속 관계에서 벗어나기 시작했다. 라틴 교회의 대분열이 발생하면서 교회가 지니고 있던 종교 및 정치에 관한 특권들은 무시해도 좋을 만큼 줄어들었다. 그리고 이제는 종교와 정치 양쪽에서 반란 세력이 일어나 교회를 덮쳤다.

잉글랜드의 위클리프가 설파한 가르침은 유럽 전역에 널리 퍼져나갔다. 1398년 체코의 지식인 얀 후스Jan Hus(1372?-1415)가 프라하 대학에서 위클리프의 가르침에 대한 일련의 강의를 진행했다. 위클리프의 가르침은 이제 지식인 계층을 뛰어넘어 급속히 퍼졌으며 민중들로부터 대단한 열광을 불러일으켰다.

▲ 얀 후스 초상 @wikipedia

때마침 교회의 대분열을 수습하기 위해 1414년에서 1418년까지 콘스탄츠에서 공의회가 개최되었는데 후스 역시 초대를 받았다. 후스는 황제로부터 안전한 여행길을 보장받고 공의회에 참석했다. 하지만 공의회에 도착하자마자 체포되어 이단 혐의로 재판을 받은 뒤 산 채로 화형당했다(1415). 하지만 이는 보헤미아 사람들을 진정시키려던 의도와는 정반대의 결과를 낳고 말았다. 후스의 추종자들은 반란을 일으켰다. 이것이 라틴 교회를 분열시키는 일련의 종교 전쟁을 촉발하는 계기가 되었다. 콘스탄츠 공의회에서는 재결합한 라틴 그리스도교 세계의 단일한 수장으로서 교황 마르티노 5세가 선출되었다. 이 신임 교황은 후스파의 반란을 진압하기 위하여 십자군을 일으켰다.

후스파는 소수였지만 강했다. 이들을 제압하기 위해 모두 다섯 개 부대가 조성되었지만 목적을 이루지 못했다. 13세기에 발도파를 제압할 때처럼 유럽의 모든 할 일 없는 불량배까지 15세기의 보헤미아에 달려들었다. 하지만 그때와는 달리 이 당시 체코 사람들은 무력을 사용하여 항쟁할 줄 알았다. 후스파 군단의 마차 소리가 들리고 멀리서 그들이 부르는 찬송가가 울려 퍼지자 보헤미아의 십자군은 뿔뿔이 흩어져 도 망가버렸다. 그들은 실제 전투가 벌어질 때까지 기다릴 수조차 없었던 것이다[도마슐리체 전투, 1432]. 결국 1436년 바젤에서 새로운 공의회가 열렸고 로마 가톨릭교회와 후스파 사이에 협정이 체결되었다. 이 협정에서는 라틴 교회의 기존 관례에 반하는 여러 사항이 인정되었다.

성경의 보급과 루터의 등장

15세기에는 대규모 전염병이 돌면서 유럽 전역의 사회 조직이 해체되었다. 서민들은 끔찍한 참화를 겪었고 가슴에는 불만이 쌓여갔다. 잉글랜드와 프랑스에서는 농민들이 지주와 부호 들에 맞서 들고 일어났다. 후스 전쟁 이후 독일에서 엄청나게 증가한 농민 반란은 종교적인 색채까지 띠고 있었다.

인쇄술의 발달은 이러한 역사의 전개 과정에도 영향을 끼쳤다. 15세기 중반에 이르면 네덜란드와 라인란트에서도 활판 인쇄술이 들어왔고, 이탈리아와 잉글랜드로도 퍼졌다. 잉글랜드에서는 1477년 캑스턴W. Caxton이라는 사람이 웨스트민스터 성당 부근에서 이미 인쇄업을 하고 있었다. 인쇄술이 보급되면서 나타난 즉각적인 결과는 두 가지였다. 성경 보급량이 많이 증가했다는 것과 널리 퍼져있던 대중적 논쟁들을 다루기가 훨씬 수월해졌다는 것이었다. 과거 어느 사회에도 없었던 광범위한 독자들의 세계가 유럽에 도래한 것이다. 논밭에 물을 대듯, 더 명료한 사고와 접근하기 쉬워진 정보가 보통 사람들에게 갑자기 공급되면서 변화가 생기고 있었다. 그동안에 교회는 혼란스럽게 분열되어 자기 방어력을 잃었다. 게다가 많은 영주가 교회의 재산 지배권을 약화할 방안을 마

런하고 있었다.

독일에서는 전직 수사인 마르틴 루터Martin Luther(1483-1546)가 중심이 되어 교회를 공격했다. 루터는 1517년 비텐베르크에 등장하여 교회의 교리와 관례에 대한 반박문을 내걸었다[루터는 로마 가톨릭교회의 면죄부 판매를 비판하다가 전혀 개선되지 않자 '95개 조 반박문'을 교회 앞에 내걸고 본격적인 논쟁에 들어갔는데, 이것이 종교 개혁의 시작이 되었다].

처음에는 라틴어를 사용하여 당시 학자들 방식으로 논쟁을 벌였다. 하지만 얼마 되지 않아 인쇄술이라는 새로운 무기를 집어 들고는 보통 사람들을 향하여 독일어로 작성한 메시지를 더 멀리 퍼뜨렸다. 그러자 후스를 제거한 것과 같은 방식으로 루터를 진압하려는 시도가 이어졌다. 하지만 그러기에는 인쇄술의 보급으로 정황이 무척 달라져 있었다. 그리고 루터에게는 영주들 사이에 많은 친구, 특히 비밀 친구가 많아서 후스를 처단한 방식으로 그를 덮칠 수는 없었다.

지식이 확대되고 신앙은 약화되던 시대였다. 많은 통치자가 자신의 백성과 로마 사이의 종교적 유대를 끊기 위한 절호의 기회가 찾아왔다고 생각했다. 그들은 국가 교회를 만들고 자신들이 그 교회의 수장이 되고자 했다. 잉글랜드, 스코틀랜드, 스웨덴, 노르웨이, 덴마크, 북부 독일, 보헤미아가 차례로 로마 가톨릭교회에서 떨어져나갔다. 이들 지역의 교회는 그 이후로 현재까지 계속 분리된 채로 남아있다.

위에 언급한 여러 지역의 군주들이 자기 백성의 도덕과 지성의 자유를 고려했던 것은 아니다. 그들은 로마에 맞서 자신들의 권력을 강화하기 위해 백성들 사이에 퍼진 종교적 의심과 반감을 이용했을 뿐이다. 로마와의 관계 단절이 이루어지고 세속 권력의 통제를 받는 국가 교회가 성립되자마자 군주들은 민중의 움직임을 통제하려 들었다.

하지만 예수의 가르침에 깃든 신비로운 생명력은 변치 않았다. 의로움에 직접 호소하며, 평신도든 성직자든 그 어떤 충절이나 종속 관계보다 인간의 자존감을 우선시하라는 그의 가르침은 그대로 유지되었다. 로마와의 관계를 끊고 지역 군주의 지배를 받게 된 교회들은 군주든 교황이든 개인과 신 사이에 어떠한 매개자도 인정하지 않으려는 이단들과도 관계를 끊었다. 예를 들어, 잉글랜드와 스코틀랜드에서는 삶과 믿음의 유일한 안내자로서 오직 성경만을 인정하는 이단들이 많이 생겨났다. 이들은 국가 교회의 규율도 거부했다.

잉글랜드에서는 이러한 비국교도들Nonconformists이 17세기와 18세기 정치에서 큰 역할을 하게 된다[영국에서는 1534년 헨리 8세가 로마 교황으로부터 분리된 영국 성공회를 성립시키는데 이후 성공회를 국민 전체에 강요하는 법령들이 만들어졌다. 이에 저항하는 다른 교파의 프로테스탄트들을 비국교도들이라고 불렀다]. 그들은 국왕이 교회의 수장이 되는 것에 격렬히 반대하여 국왕 찰스 1세Charles I의 목을 베고(1649), 잉글랜드를 공화국으로 만들어 11년간 지배하기도 했다[청교도들이 혁명을 일으켜 찰스 1세를 처형하고 올리버 크롬웰이 호국경의 자리에 올라 공화국을 이끌었다].

로마 가톨릭교회의 변화

라틴 그리스도교 세계로부터 북유럽 전체가 떨어져나간 일을 두고 일반적으로 종교개혁이라 부른다. 그러나 이러한 손실에서 발생한 충격과 긴장 때문에 로마 가톨릭교회에도 근본적인 변화가 일어났다. 조직이 재편되었으며 새로운 정신이 들어와 새로운 생명을 불어넣었다.

로마 가톨릭교회가 되살아나는 데 가장 큰 역할을 한 인물 중에 스페인의 군인이었던 로페즈 데 레칼데Inigo Lopez de Recalde가 있다. 세상에는 이그나티우스 로욜라Ignatius De Loyola라는 이름으로 더 잘 알려진 인물이다. 그는 질풍노도의 젊은 시절을 보낸 뒤 사제가 되었고 (1538), 교황의 인가를 받아 예수회를 창립했다. 그는 관대하면서도 기사도 정신이 살아있는 군대 규율을 종교적 신심에 도입하려 했다. 제수이트Jesuit라고 불린 예수회 수사들은 이제까지의 수도회 중에 가장 큰 규모의 교육 및 선교 수도회를 이끌었다.

예수회 수사들을 통하여 인도, 중국, 아메리카 대륙에 그리스도교가 전파되었으며, 급속히 진행되던 로마 가톨릭교회의 붕괴도 멈추었다. 예수회는 로마 가톨릭 세계 전역에서 교육 수준을 끌어올렸다. 그리고 가톨릭교회의 지성을 향상시켰으며 그 양심에 생기를 불어넣었다. 유럽의 프로테스탄트 지역에서도 예수회의 활동에 자극을 받아 경쟁적으로 교육에 관심을 쏟았다. 오늘날 우리가 알고 있는 정력적이고 적극적인 로마 가톨릭교회는 예수회가 일으킨 부흥의 결과물이다.

51

신성로마 제국의 황제가 된
스페인 왕

막시밀리안 1세의 혼맥 정치

신성로마 제국은 카를 5세Karl V(1500-1558)의 치세 때 전성기였다. 카를 5세는 유럽 역사에서 가장 비범한 군주 중의 한 명이었다. 한동안 그 자신이 샤를마뉴 대제 이후 가장 훌륭한 군주로 행세하기도 했다.

카를 5세의 위상은 할아버지 막시밀리안 1세Maximilian I(1459-1519)가 만들어준 것이었다. 몇몇 유력한 가문이 전쟁을 벌이거나 술책을 부려서 세상의 권력을 잡아가고 있을 때였다. 합스부르크 왕가가 권력을 잡기 위해 택한 방식은 정략결혼이었다. 막시밀리안은 일단 오스트리아, 슈타이어마르크[오스트리아 동남부의 한 지방], 알자스를 비롯해 원래부터 합스부르크 왕가 소유인 영토만 가지고 출발했다. 그는 자신의 혼인을 통하여 네덜란드와 부르고뉴 지방도 손에 넣었다. 하지만 부인이 죽자 부르고뉴 땅 대부분이 그의 손에서 빠져나가고 네덜란드만 남게 되었다. 그는 다시 혼인을 통해 브르타뉴 지방을 확보하고자 했지만 실패했다.

1493년 아버지 프리드리히 3세의 뒤를 이어 황제가 된 막시밀리안은 다시 결혼했고 이번에는 밀라노 공국을 획득했다. 그리고 자기 아들을 페르난도 왕과 이사벨 여왕 사이에서 태어났으나 지적장애자였던 공주와 결혼시켰다. 페르난도 왕과 이사벨 여왕은 콜럼버스의 항해를 후원했던 스페인의 공동 통치자였다. 이들은 이제 막 통일한 스페인을 비롯해 사르디니아와 시칠리아 왕국뿐 아니라 브라질 서쪽의 아메리카 대륙까지 통치하고 있었다.

▲ 막시밀리안 1세. 알프레히트 뒤러 작품
@wikipedia

이렇게 해서 막시밀리안의 손자 카를 5세는 오스만튀르크가 차지하지 않고 남겨놓은 유럽 대륙의 3분의 1 또는 2분의 1에 달하는 영토에 아메리카 대륙까지 차지하게 될 상속자가 되었다. 1506년 카를 5세는 우선 네덜란드를 상속받았다. 그리고 1516년 외할아버지 페르난도 왕이 죽었을 때는 정신지체인 어머니를 대신해 그가 실제로 스페인 영토를 다스리는 왕이 되었다. 마침내 1519년 할아버지 막시밀리안 황제까지 죽자, 1520년 아직 어린 스무 살의 나이에 신성로마 제국의 황제로 선출되었다.

카를 5세는 그다지 지적으로 보이지 않는 얼굴에 두꺼운 윗입술과 어색해 보이는 긴 턱이 특징인 청년이었다. 그는 자신이 젊고 정력적인 인물들이 활동하는 세계에 들어와 있음을 금방 깨닫게 되었다. 당시는 카를 5세 외에도 비슷한 나이의 젊고 유능한 군주들이 활동하고 있었다. 프랑수아 1세François I는 스물한 살이 되는 1515년에 프랑스 왕위를 계

▲ 술레이만 대제. 티티안 작품 @wikipedia

승했다. 1509년 잉글랜드 왕이 된 헨리 8세는 당시에 불과 열여덟 살이었다. 인도에서는 바부르가, 오스만튀르크에서는 술레이만 대제Suleiman[1520-1566 재위. 오스만 제국의 10대 술탄으로 동유럽과 북아프리카를 점령하고 지중해의 패권을 장악하여 제국의 최전성기를 열었다]가 통치하던 시기였다. 두 군주 모두 다시 없을 정도로 유능했다. 그리고 비슷한 시기에 활동한 레오 10세 Leo X(1513-1521 재위) 역시 매우 뛰어난 교황이었다.

교황과 프랑스 왕은 카를 5세가 독일 황제가 되는 것을 막으려고 했다. 그토록 큰 권력이 한 사람의 손에 집중되는 것을 두려워했기 때문이다. 프랑수아 1세와 헨리 8세 두 사람 모두 직접 황제 선출권을 행사했다. 하지만 합스부르크 왕가에서 황제를 배출해온(1273년 이후 줄곧) 오랜 전통이 있는 데다가 뇌물이 활발히 오간 탓에 결국 카를 5세가 황제로 선출되었다.

이 젊은 황제는 처음엔 대신들 손에 쥐어진 멋진 꼭두각시에 불과했지만 서서히 자기 지위를 확고히 하면서 권력을 틀어쥐는 법을 알아갔다. 물론 그는 자신의 높은 지위에는 위협적일 만큼 복잡한 문제들이 있다는 사실도 깨달았다. 그의 자리는 화려한 만큼 불안했다.

교황 편에 선 카를 5세

카를 5세는 새 황제로 즉위하
자마자 독일에서 마르틴 루터가
일으킨 소요에 직면했다. 카를 5
세 입장에서는 자신이 황제로 선
출되는 데 교황이 반대했으므로
개혁가의 편에 설 이유가 충분
했다. 하지만 로마 가톨릭교회에
가장 충실한 국가인 스페인에서
성장한 카를 5세는 루터에 맞서
교황의 편에 섰다. 그래서 그는

▲ 카를 5세. 티티안 작품 @wikipedia

프로테스탄트 제후들, 그중에서도 작센의 선제후選帝侯[신성로마 제국의 황
제를 선출할 선거권이 있는 제후들]와 대립하게 되었다. 황제는 자신이 그리
스도교 세계의 신·구로 갈라진 틈에 끼어있다는 것, 그리고 이 틈이 더
욱 벌어져 결국 닳아빠진 그리스도교 세계의 뼈대가 두 진영으로 쪼개
지고 말리라는 것을 곧 깨달았다. 그 틈을 메우려는 노력은 완강하고 정
직했지만 효과적이지 못했다.

독일의 광범위한 지역에서 일어난 농민 반란은 정치와 종교 갈등이
뒤섞였다. 이러한 제국 내부의 상황은 동서 양방향에서 가해져 오는 외
부의 공격으로 더욱 복잡해졌다. 서쪽에는 기백이 넘치는 경쟁자 발루아
왕가의 프랑수아 1세가 버티고 있었다. 동쪽에는 이미 헝가리까지 진출
한 오스만튀르크가 프랑수아 1세와 제휴하여 전진해오면서 오스트리아
령의 일부 지역에 조공을 요구하고 있었다. 카를 5세는 마음대로 움직일

수 있는 스페인의 군대와 자금을 가지고 있었지만, 독일에서는 재정적 지원을 얻어내기가 매우 어려웠다. 이러한 재정난 때문에 그가 겪고 있던 사회적 문제와 정치적 곤경은 더욱 복잡해졌다. 그는 파산에 이를 수 있는 위험을 감수하고라도 돈을 빌려야만 했다.

결국 카를 5세는 헨리 8세와 연합하여 프랑수아 1세와 동맹한 오스만 튀르크[술레이만 1세]를 막아낼 수 있었다. 주된 전투가 벌어진 곳은 북부 이탈리아였다. 전투력은 양쪽 다 시원치 않았다. 전진할 것인지 후퇴할 것인지는 지원군의 도착 여부에 달려있었다. 독일 군대는 프랑스를 침공했지만 마르세유를 손에 넣는 데 실패하여 이탈리아로 퇴각했다가 밀라노마저 잃고 파비아에서 포위당했다. 프랑수아 1세는 파비아 공성에 오랜 시간을 들였지만 새로 투입된 독일군에게 사로잡혀 포로가 되었다. 그러나 교황과 헨리 8세는 카를 5세가 과도한 권력을 쥐게 되리라는 두려움을 떨쳐내지 못해 그에게서 등을 돌렸다. 밀라노에서 부르봉 공작의 지휘를 받고 있던 독일 군대는 급료를 받지 못하고 있었다. 그래서 그들의 지휘관을 강제로 몰고 가서 로마에 기습 공격을 가한 뒤 시내를 약탈했다(1527).

살육과 약탈이 진행되는 동안 산탄젤로 성에 피신해 있던 교황은 결국 40만 두카트ducats[중세 유럽의 금화]를 지급한 뒤에야 독일 군사들을 로마에서 내보낼 수 있었다. 이렇게 혼란스러운 전쟁이 10년간 계속되자 온 유럽이 피폐해졌다. 결국 황제가 이탈리아의 승자가 되어 1530년 볼로냐에서 교황으로부터 황제의 관을 받았다. 카를 5세는 이러한 방식으로 황제의 관을 받은 마지막 독일 황제가 되었다.

이러한 와중에도 오스만튀르크는 전진을 계속해서 헝가리에 입성했다. 1526년에 헝가리 왕을 처형하고 부다페스트를 차지했으며, 1529년에는 오스트리아의 빈을 공략해 함락 직전까지 간다. 이러한 상황에 대해서 카를 5세는 몹시 걱정했으며 오스만튀르크를 몰아내기 위해 전력을 쏟았다. 그러나 이렇게 위협적인 적군이 바로 국경 앞에 당도해있음에도 독일의 제후들을 통합해 전장에 나가게 하는 일은 쉽지 않았다. 프랑수아 1세 또한 한동안 저항해 카를 5세는 결국 프랑스와 다시 전쟁해야 했다. 그는 프랑스 남부를 짓밟은 끝에 1538년 마침내 프랑수아 1세로부터 좀 더 호의적인 태도를 얻어낼 수 있었다. 이제는 프랑수아 1세도 카를 5세의 편에서 오스만튀르크에 맞서 싸웠다.

신교와 구교의 갈등

하지만 제후들, 곧 로마와 관계를 완전히 끊어버리기로 단단히 결심한 독일 지역의 프로테스탄트 제후들은 슈말칼덴Schmalkalden 동맹을 맺어 황제에게 저항했다(1531). 이 때문에 카를 5세는 그리스도교 세계를 구하기 위한 헝가리 탈환 작전에 몰입하지 못하고, 독일 지역에서 증가하고 있는 내부 투쟁에 힘을 쏟아야 했다. 독일 내부에서 전쟁이 일어날 것이 확실해 보였다. 이 내부 투쟁이란 권력의 우위를 확보하기 위해 제후들끼리 피를 흘리며 다투는 어리석은 싸움이었다. 때로는 전쟁과 파괴로 불타오르기도 했고, 때로는 정치적 계략과 외교적 술책으로 잦아들기도 했다. 그건 마치 커다란 뱀들을 하나의 자루에 담아놓은 것과 같았다. 제후들은 계속해서 꿈틀거리며 싸움을 벌였고, 그 과정에서 중부 유럽이 유린당하여 폐허가 되는 일이 19세기까지 반복되었다.

점점 더 상황을 어렵게 만들던 세력들의 진상을 카를 5세가 완전히 파악한 적은 없었던 것 같다. 시대적 상황으로 봤을 때 그는 찾아보기 힘들 정도로 훌륭한 인품의 소유자였다. 그는 유럽을 조각내어 전쟁으로 몰아넣은 종교적 불화가 단지 순수한 신학적 견해 차이에서 발생한 것이라고 여긴 듯하다. 결과적으로는 모두 헛된 노력이 되고 말았지만, 그는 양측을 중재하려고 제국의회를 열고 공의회를 소집했다. 이 회의들에서 협정의 문구가 만들어지고 신앙고백문이 작성되었다. 독일 역사를 공부하는 학생이라면 이 시기에 등장하는 뉘른베르크 종교회의, 라티스본[레겐스부르크의 옛 이름] 제국의회, 아우크스부르크 협정의 세부사항들을 꼼꼼히 파악해야 할 것이다. 하지만 여기서는 전성기 황제의 걱정 가득한 생애에서 일어난 세부사항으로만 언급하고 넘어가겠다.

종교적 갈등이 확산되고 보통 사람들이 진리와 사회 정의를 요구하며 지식이 널리 보급되던 당시 상황은 다른 군주들에게는 외교적 수완을 발휘하기 위해 고려해야 할 요소에 불과했다. 잉글랜드의 헨리 8세는 이단을 비판하는 책을 쓰는 것으로 자신의 이력을 시작해서 교황으로부터 '신앙의 옹호자'라는 칭호까지 받았지만, 1530년에는 프로테스탄트 영주들 편에 섰다. 그는 젊은 연인 앤 불린과 결혼하기 위해 왕비와 이혼하고자 했으며, 잉글랜드 안에 있는 교회들의 엄청난 재산을 빼앗으려고 했기 때문이다. 스웨덴, 덴마크, 노르웨이는 이미 프로테스탄트 진영으로 넘어가 있었다.

1546년 마르틴 루터가 죽고 몇 달이 지나자 독일에서는 종교 전쟁이 일어났다. 전쟁에서 발생한 세세한 사건들까지 여기에서 다루며 골치를 썩이지는 않겠다. 프로테스탄트 진영인 작센의 군대는 로하우Lochau[오늘날 오스트리아의 서쪽 끝에 위치한 소도시]에서 크게 패했다. 카를 5세의 주요 적수였던 헤센Hesse의 필리프Philip는 자신의 신앙을 파기하다시피한 상태에서 생포되어 포로가 되었다. 그리고 오스만튀르크는 조공을 바치겠다는 약속에 매수되어 물러갔다. 1547년 프랑수아 1세까지 죽자 카를 5세는 크게 안도했다. 이 무렵 황제는 전반적으로 분쟁을 가라앉히는 데 성공했다. 아직 분쟁이 있는 곳에는 평화가 실현될 수 있도록 마지막 노력을 기울였다. 하지만 1552년 독일 전체가 다시 전쟁에 휘말렸다. 카를 5세는 인스부루크에서 황급히 피신하여 간신히 생포될 위기를 모면했다. 같은 해에 파사우Passau 조약이 맺어지면서 다시 한번 불안정한 평형 상태unstable equilibrium가 찾아왔다.

유스테 수도원으로 물러나다

여기까지가 30년에 걸친 신성로마 제국의 정치 여정을 개략적으로 정리한 내용이다. 누가 유럽을 지배할 것인지를 두고 벌어지는 싸움에 온 유럽의 정신이 어떻게 집중될 수 있었는지에 주목해보는 일은 무척 흥미롭다.

오스만튀르크나 프랑스, 잉글랜드나 독일 어느 곳에서도 아직은 아메리카라는 거대한 대륙이나 아시아를 향한 새로운 항로의 중요성에 관심을 보이지 않았다. 하지만 그러는 사이에도 아메리카 대륙에서는 위대한 사건들이 일어나고 있었다. 스페인의 코르테스Cortez가 소수의 부하만 데리고 가서 신석기 문명 단계에 있던 멕시코의 대제국을 정복했다. 그리고 피사로Pizarro는 파나마 지협을 횡단하고(1530) 또 다른 경이의 땅, 페루를 정복했다. 그러나 아직은 유럽에서 보기에 이 모든 사건이 의미하는 것은 많은 양의 은이 유입되어 스페인 재정에 도움을 주고 있다는 데 지나지 않았다.

파사우 조약이 맺어진 뒤에야 카를 5세는 독창성을 발휘하기 시작했

▲ 카를 5세가 동생과 아들에게 황제 자리를 물려주고 노년을 지냈던 스페인의 유스테 수도원
©Hans Geel/shutterstock.com

다. 그는 이제 자신의 광대한 제국에 환멸과 권태를 느꼈다. 유럽 군주
들 사이의 경쟁이 모두 헛된 것이었다. 그는 건강한 체질이 아니어서 천
성적으로 활동적이지 않았던 데다가 통풍으로 심한 고통을 겪고 있었다.
결국 그는 황제 자리에서 물러났다. 자신이 가졌던 독일에 대한 모든 권
한을 동생 페르디난트Ferdinand에게 양도하고, 스페인과 네덜란드는 아
들 펠리페Felipe II에게 물려주었다. 그러고는 유스테Yuste에 있는 수도
원으로 물러나 타구스 계곡 북쪽 언덕의 참나무와 밤나무 숲속에서 지
냈다. 1558년 그는 그곳에서 숨을 거두었다.

많은 이들이 카를 5세의 은퇴를 감상적으로 묘사하는 글을 썼다. 세파
에 지친 이 위대한 거인이 세상을 버리고 오직 가난과 고독 속에서 신과
함께하는 평화를 추구했다는 것이다. 하지만 그의 은퇴 생활은 고독하지

도 않았고 궁핍하지도 않았다. 그는 곁에 150명에 가까운 수행원을 두었다. 그가 머물던 숙소에서는 궁정의 권태로움만 빠졌을 뿐 온갖 사치와 도락을 누릴 수 있었다. 또한 펠리페 2세는 충직한 아들이어서 아버지의 충고를 명령처럼 따랐다.

카를 5세가 수도원으로 물러나 생활한 것은 유럽의 정세를 관장하는 일에 흥미를 모두 잃었던 탓이기도 하지만 그보다는 그에게 더 즉각적인 자극을 주는 다른 동기가 있었기 때문이었다. 19세기 미국의 역사가 프레스콧William H. Prescott은 이렇게 말한다.

키샤다Quixada 또는 가스텔루Gaztelu와 바야돌리드Valladolid의 국무장관 사이에 거의 매일 오간 서신에는 황제의 식사와 병환에 모든 관심이 집중되어 있다. 마치 중계방송을 하듯이 하나의 편지는 그다음 편지에 이어지고 있다. 국무성이 그러한 주제를 다루기 위해 연락을 계속 취해야 하는 부담을 진 것은 매우 드문 사례이다. 정치와 식도락의 문제가 그토록 기묘하게 뒤섞여있는 통신문을 엄숙하게 숙독하는 일이 국무장관에겐 절대 쉬운 일이 아니었을 것이다. 바야돌리드에서 리스본을 오가는 특사는 도중에 길을 돌려 하란디야Jarandilla에 들러서는 황제의 식사를 위한 보급품을 전달하라는 명령을 받았다. 그리고 매주 목요일이면 다음 날의 금육제를 지키기 위하여 식탁에 올릴 생선을 배달해야 했다. 카를 5세는 주변에서 잡은 송어가 너무 작다고 생각했기 때문에 바야돌리드에서 더 큰 송어를 보내야 했다. 그는 종류를 가리지 않고 모든 물고기를 좋아했다. 물고기에 가까운 것이라면 무엇이든 그의 입맛에 맞았다. 황제의 식사 차림표에선 장어, 개구리, 굴이 중요한 자리를 차지했다. 황제는 병조림 생선, 특히 멸치를 무척 좋아해서 저지대 지방[현재의 네덜란드, 벨기에, 룩셈부르크 지방을 이르는 말]에서 생산한 질이 더 좋은 병조림 생선들을 공급받지 못하는 것을 아쉬워했다. 또 장어 패스티[만두처럼 만든 파이]를 유별나게 좋아했다······.

– 스코틀랜드의 역사가 윌리엄 로버트슨의 책 《카를 5세의 역사》 부록

1554년 카를 5세는 교황의 허락하에 단식도 면하고, 영성체聖聖體를 해야 할 때도 아침 일찍 식사할 수 있도록 허락하는 특별 교서를 받아내기까지 했다.

음식을 먹고 돌봄을 받는 일! 그것은 원초적인 상태로 회귀하는 것이었다. 카를 5세는 책을 읽는 습관을 들인 적이 없었지만 샤를마뉴를 따라 하느라 식사할 때면 크게 책 읽는 소리를 듣곤 했다. 그럴 때면, 한 이야기꾼이 묘사한 대로 '천상의 것과 같은 다정한 논평'을 덧붙이기도 했다. 그는 기계장치를 이용한 장난감에도 흥미를 보였고, 음악이나 강론을 듣기도 했다. 그리고 여전히 그에게로 흘러들어오는 제국의 정사를 논하는 데 참여하면서 즐겁게 지냈다. 매우 사랑했던 황후가 죽은 뒤부터 종교에 마음을 쏟기 시작했고, 꼼꼼하게 전례典禮를 챙겼다. 사순절의 금요일마다 다른 수사들과 함께 피를 흘릴 정도로 자신을 채찍으로 때렸다[사순절은 부활절 이전 40일간의 기간으로 그리스도교 신자들은 예수의 수난을 기리고 동참하기 위하여 고행하도록 권장된다].

이러한 행동과 고통스러운 통풍 때문에 카를 5세의 심한 편협성이 풀려나오고 말았다. 정책에 대해 고려해야 할 여러 가지 사안 때문에 그때까지 억압했지만 이제 더는 참을 수가 없게 된 것이었다. 프로테스탄트의 포교 활동이 바야돌리드에서 손에 닿을 듯 가까운 곳까지 다가오자

그는 불같이 분노했다.

"종교재판소장과 내가 파견한 참사들에게 자신의 업무에 매진하여 사악한 세력이 더는 퍼져 나가지 않게끔 악의 뿌리를 도끼로 찍어내라고 전하여라. ……"

그는 이토록 사악한 사건에 대해서는 보통의 정상적인 사법 절차를 생략해도 좋으리라 생각했다. 그리고 '죄인들이 혹시라도 용서를 받아 같은 범죄를 다시 저지를 기회를 얻게 되지 않도록' 어떠한 자비도 베풀어서는 안 된다고 보았다. 그는 하나의 모범 사례로서 자신이 네덜란드에서 취했던 방법을 추천했다.

"그들의 오류를 끝까지 완고하게 지키려 하는 자들은 모두 산 채로 불태웠다. 마지못해 참회한 이들은 목을 베었다."

말년의 카를 5세가 장례식에 집착했다는 사실은 그가 역사에서 차지하고 있던 지위와 역할을 상징적으로 드러낸다. 그는 위대한 무언가가 유럽에서 죽어 없어졌으므로 늦었지만 마지막 고별사를 써야 할 필요가 있음을 직감적으로 느꼈던 듯하다. 그는 유스테 수도원에서 거행되는 모든 장례식에 참석했을 뿐만 아니라 망자가 없는 장례식을 거행하라고 명하기도 했다. 죽은 부인의 기일이 돌아올 때마다 그녀를 위한 장례 미사를 드리게 했고 마침내는 자기 자신의 장례식까지 거행했다.

성당에는 검은 휘장을 드리웠다. 수백 개의 작은 양초에서 불꽃이 피어올랐지만 어둠을 몰아내기에는 충분하지 않았다. 수도복을 입은 수사들과 깊은 슬픔에 빠진 황제의 집안 식구들이 모두 커다란 관 주위에 모였다. 역시 검은 천으로 덮여있는 관은 성당 중앙에 놓인 관대棺臺 위에 올려졌다. 그리고 망자를 위한 장례 미사가 진행되었다.

수사들의 슬픈 울음소리에 섞여 떠나간 영혼이 이제 복자福者들의 거처에 받아들여지기를 기원하는 기도가 하늘로 올려졌다. 슬픔에 복받친 조문객들은 눈물을 쏟았다. 통치자의 죽은 모습이 그들 마음에 떠올랐기 때문이다. 그게 아니면 인간의 나약함을 드러내는 이 구슬픈 장면에 연민을 느끼며 마음이 움직였기 때문일 것이다. 짙은 색깔의 망토를 두르고 촛불을 손에 들고 있던 카를 5세는 집안 식구들 속에 섞여서 자신의 장례식을 지켜보고 있었다. 마침내 황제가 자신의 영혼을 전능하신 분께 맡긴다는 뜻으로 사제의 손에 양초를 건넴으로써 이 애절한 예식은 마무리되었다.

가장假裝 장례식이 치러진 지 채 두 달이 되기 전에 황제는 숨을 거두었다. 그리고 신성로마 제국의 짧았던 영광도 그와 함께 막을 내렸다. 이미 그의 영지는 동생과 아들에게 나누어준 뒤였다. 이후 신성로마 제국은 나폴레옹 1세 때까지 유지되긴 하지만 이미 상처를 입고 죽어가고 있었다. 하지만 제국의 전통은 묻히지 않고 오늘날까지도 유럽의 정치 환경에 영향을 미치고 있다.

52

유럽, 격변의 시대로

변화의 바람

라틴 교회는 분열되고 신성로마 제국은 극도로 쇠퇴해가고 있었다. 16세기가 시작되자 유럽의 민중들은 새로운 정황에 맞는 정부 형태를 만들기 위하여 어둠 속에서 더듬더듬 길을 찾아 나섰다. 당시 역사는 이들의 이야기로 채워진다. 고대 세계에서는 오랜 시간에 걸쳐 왕조가 바뀌고 때로는 지배 민족과 언어가 바뀌었다. 하지만 정부 형태는 바뀌지 않고 군주와 신전을 기반으로 매우 안정적으로 유지되었다. 보통 사람들의 생활 방식보다 정부 형태가 훨씬 더 안정적일 정도였다. 하지만 16세기 이후 근대 유럽에서는 왕조의 변화는 더는 중요하지 않았다. 역사의 관심은 정치와 사회 조직을 중심으로 진행되는 다양한 형태의 실험에 모였다.

앞서 언급했듯이, 16세기 이후 세계 정치사는 정치와 사회 체계들을 새로운 정황에 맞게 조정하려는, 무의식적인 노력의 역사였다. 그런데 새로운 정황이 계속 바뀌고, 바뀌는 속도도 빨라져서 정치와 사회 체계들을 조정하려는 노력은 그만큼 복잡해질 수밖에 없었다. 그리고 이러한 노력은 대체로 의식 없이, 내키지 않아 하며 행해져서(사람들은 대체로 자발적인 변화를 원하지 않으므로) 정황 변화를 따라잡지 못하고 점점 뒤처졌다. 16세기 이후 이전의 모든 경험과는 완전히 다른 새로운 요구와 가능성이 대두되어 기존의 정치와 사회 제도는 새로운 환경에 맞지 않는 불편하고 성가신 것이 되었다. 그런데도 환경 변화에 맞추어 사회 체계 전체를 재구성해야 한다는 요구는 시간이 한참 흘러서야 실현되었다.

1만 년이 넘게 흘러온 구세계에서 인류의 역사는 제국, 사제, 농민, 상인이 이루고 있던 균형이 야만인들의 침입 때문에 주기적으로 다시 정립되는, 일정한 리듬으로 흘러왔다. 이러한 인류의 생활 조건에 어떤 변화가 일어났을까?

인간사 모든 일이 복잡하듯, 16세기에 일어난 변화는 다층적이었다. 그러나 주된 변화는 한 가지 원인에서 발생한 것 같다. 곧 사물의 본성에 대한 지식이 성장하고 확장한 데서였다. 지식의 확대는 처음에는 소수의 지식인 집단에서 시작되었다. 하지만 500년이란 세월이 흐르면서 그 속도가 빨라져서 지식이 더 많은 일반인에게로 퍼져나갔다.

인류의 정신에서 일어난 변화 때문에 인간의 생활 조건 또한 크게 변한 것이 사실이었다. 이런 변화는 지식이 증가하고 확장되는 현상과 궤를 같이했으며 서로 미묘하게 연결되어있었다. 그리고 기본적인 욕구 충족을 중시하는 삶에 만족하지 못하고 더욱 원대한 삶에 참여하여 헌신하려는 태도가 증가하기도 했다. 이러한 태도는 2,000여 년의 세월 동안 세계 전역으로 퍼져나간 불교, 그리스도교, 이슬람교와 같은 위대한 종교들에 공통으로 들어있는 특성이다. 이 종교들은 그 이전의 종교들과는 다른 방식으로 인간의 정신을 다루었다. 또한 이전 종교들과는 그 본질이나 효과 면에서도 상당히 다른 효력을 발휘했다. 이들 종교의 전신인 고대 종교들은 사제와 신전을 중심으로 피의 희생 제사를 바치는 수준이었다. 이러한 종교들을 부분적으로 수정하고 교체함으로써 탄생한 세계 종교들은 점차 개인의 자존감을 높이고 보편 인류에 대한 참여와 책임 의식을 발전시켰다. 이러한 관념은 그 이전의 고대문명에서 살았던 사람들에게는 존재하지 않았던 것들이다.

인류 역사상 큰 변화를 일으킨 첫 번째 변수는 인류가 글을 쓰게 되었다는 점이다. 여러 고대 문명에서 글쓰기 방식이 단순해졌고 점차 멀리까지 보급되었다. 그 덕분에 제국의 규모가 커지고 사람들이 정치를 좀더 폭넓게 이해할 수 있게 되었다. 그다음 변수는 교통의 발달이었다. 처음엔 탈것으로 말과 낙타가 차례로 도입되었고, 바퀴가 달린 탈것이 등장했다. 한편 도로도 확장되었다. 지구 상에서 철이 발견된 덕분에 군대의 효율성도 증대되었다. 그다음엔 화폐의 발명이다. 처음으로 화폐가 만들어지고 신용거래가 이루어지면서 심각한 경제 교란이 생기기도 했다. 편리하지만 위험하기도 한 제도 때문에 소유권 개념이 생겨나고 교역이 발생했다. 제국들은 영토와 통치 범위가 커졌으며, 사람들의 사고 역시 이러한 변화에 상응하여 성장했다. 지방의 작은 신들은 사라지고 신정神政 체제도 끝이 났다. 위대한 세계 종교들도 그 뒤를 따랐다. 이제는 기록되고 논증된 역사와 지리의 시대가 시작되었다. 인간 스스로 자신의 심각한 무지를 깨닫고 체계적으로 지식을 추구하는 시대가 열린 것이다.

그리스와 알렉산드리아에서 그토록 찬란하게 시작되었던 과학적 탐구 활동은 한동안 중단될 수밖에 없었다. 게르만족의 습격, 몽골인의 서진西進, 갑작스러운 교회의 분열, 전염병의 창궐 등이 이어지면서 정치 및 사회 질서에 엄청난 압박을 가했던 것이다. 이 같은 분쟁과 혼란의 시기가 지나고 문명이 다시 부흥하게 되었을 때 노예 제도는 이제 경제생활을 이루는 기초요소가 아니었다. 처음으로 등장한 제지 공장에서는 인쇄물을 통해 집단으로 정보를 모으고 협력하는 새로운 매체가 마련되고 있었다. 이즈음에는 지식을 추구하는 체계적인 과학적 탐구 활동이 점차 되살아나고 있었다.

그리고 이제 16세기부터는 체계적 사고의 필연적인 부산물로서 새로운 기술과 물건이 꾸준히 늘어났다. 이것들은 사람들 사이의 의사소통과 상호작용에도 영향을 끼쳤다. 대체로 사람들의 행동 범위를 넓히고 상호 간의 이해관계와 상호작용을 늘리는 경향이 있었다. 게다가 이들이 등장하는 속도는 점점 빨라졌다.

사람들의 정신은 아직 그러한 변화에 적응할 준비가 되지 않았다. 새로운 발명은 늘어갔지만, 그 때문에 등장한 새로운 정황들을 충족시키기 위해 지적으로 계획된 어떠한 시도들도 이루어지지 않았다. 인류의 정신은 결국 20세기 초에 일어난 거대한 참사들이 벌어진 뒤에야 각성하였다. 16세기 이후 지난 4세기 동안의 인류 역사는 위험과 기회에 의식적으로 깨어있는 사람의 역사라기보다는 감옥에 갇힌 채 잠들어있는 사람의 역사에 가까웠다. 잠든 그를 가두어두는 동시에 보호해주기도 했던 감옥에 불이 났지만 그는 어색하고 불편한 듯 뒤척이기만 할 뿐이었다. 그는 깨어나지 않은 채 불에서 나오는 열기를 느끼고 탁탁거리는 소리를 들으면서도 고대에 대한 꿈을 꾸고 있었다.

새로운 문명

역사란 개개인의 삶이 아니라 공동체의 이야기인 탓에 역사에 가장 두드러지게 기록된 발명은 소통과 통신에 관한 것이다. 16세기에 등장한 새로운 발명 중 우리가 주목해야 할 것은 인쇄용 종이와 대양을 항해하는 범선이었다. 인쇄용 종이는 저렴해지고 널리 보급되어 교육과 공공의 정보 전달 및 토론, 그리고 정치 활동의 근본 전략들을 혁명적으로 바꾸어놓았다. 그리고 항해사용 나침반을 사용하여 항해하는 새로운 범선들은 둥근 지구를 하나의 세계로 만들었다. 그러나 이들과 거의 동등한 중요성을 지닌 또 다른 변화가 있었다. 13세기에 몽골인들이 처음 서방에 가지고 왔던 대포와 화약이 더 많이 사용되었고 그 질도 개선되었다. 이 때문에 성곽을 두른 도시 안에 성채를 짓고 자신을 보호하던 지방 영주들의 방어 체계가 무너졌다. 대포가 봉건 제도를 부숴버린 것이다. 콘스탄티노폴리스도 대포 때문에 함락되었다. 멕시코와 페루 또한 스페인 정복자들의 무시무시한 대포 앞에서 몰락했다.

17세기에는 체계적이고 과학적인 출판 기술이 발전했다. 당시에는 그다지 눈에 띄지 않았지만, 미래에 대한 잠재력이 무엇보다도 큰 혁신이었다. 이 당시에 미래를 내다보고 커다란 걸음을 떼어놓던 지도자 중에서 가장 눈에 띄는 사람은 프랜시스 베이컨Francis Bacon(1561-1626)이었다. 나중에 베룰럼 경Lord Verulam이라 불리며 영국의 대법관이 될 인물이었다. 베이컨은 콜체스터Colchester의 경험주의 철학자 질베르 박사Dr. Gilbert(1540-1603)의 제자였다. 베이컨에 버금갈 만큼 뛰어난 영국인이었던 질베르 박사는 베이컨과 마찬가지로 관찰과 실험의 중요성을 설파했다. 베이컨이 저술한 《새로운 아틀란티스The New Atlantis》에는 과

▲ 프랜시스 베이컨
©Georgios Kollidas/shutterstock.com

학적 유토피아에 관한 고무적이고 유익한 이야기가 담겨있다. 그는 이 책을 통해 과학적 연구 활동이 가져다줄 커다란 효용에 관한 자신의 꿈을 표현했다.

런던 왕립협회와 피렌체 학술원과 같은 연구 활동을 장려하고 출판과 지식의 교류를 촉진하는 국가 기관들이 출현했다. 유럽의 과학협회들은 셀 수 없이 많은 발명품을 만들어낼 뿐 아니라 신학적 세계관을 비판하는 근거지가 되었다. 여러 세기 동안 터무니없는 신학적 세계관이 인류의 사고를 지배하며 불구로 만들어놓았기 때문이었다.

17세기와 18세기에는 인쇄용 종이나 대양을 항해하는 범선과 같이 인간 조건에 즉각적으로 혁명을 가져올 만큼 새로운 발명은 이루어지지 않았다. 그러나 지식과 과학에 대한 열기가 꾸준히 축적되고 있었기에 19세기에는 그 열매가 완전히 무르익었다. 세계를 탐험하며 지도를 제작하는 작업 또한 계속되고 있었다. 18세기 대영 제국에서는 석탄 코크스가 야금 작업용으로 사용되기 시작하면서 이전에 나무 조개탄을 사용할 때보다 철의 가격이 낮아졌고, 주물을 더 크게 만들 수 있게 되었다. 마침내 현대적 기계 문명의 새벽이 밝아오고 있었다.

마치 천국에 심은 나무처럼 과학은 싹을 틔우고 꽃을 피우고 열매를 맺는 일을 동시에, 계속해서 해나갔다. 19세기의 막이 오름과 동시에 과학의 진정한 열매들이 익기 시작했다. 우선은 증기기관이 등장했고 철

강, 철도, 대형 증기선, 대규모 교량과 빌딩, 거의 무한정한 힘을 지닌 기계들이 뒤를 이었다. 인간의 모든 물질적 필요를 풍족히 채워줄 가능성이 열린 것이다. 그리고 그 뒤에 훨씬 더 경이로운 전기 공학의 숨겨진 보물들이 인류에게 공개되었다.

앞서 우리는 16세기의 인류를 불타는 감옥 안에 잠들어 꿈만 꾸는 수인에 비유했다. 유럽은 여전히 라틴 제국, 곧 로마 가톨릭교회 아래 하나로 통합된 신성로마 제국에 대한 꿈에 젖어있었다. 하지만 현실에서는 잉글랜드 왕 헨리 8세와 마르틴 루터가 로마 가톨릭교회를 조각내고 있었다. 그러는 동안 유럽의 헛된 꿈속에는 카를 5세의 잠든 얼굴과 욕망이 넘치는 아랫배가 밀고 들어왔다. 마치 우리가 잠들어있을 때, 우리 안에 있지만 우리가 통제할 수 없는 어떤 요소들 때문에 어리석고 파괴적인 말들이 꿈속으로 밀려드는 것과 같은 상황이었다.

정치 체제 변화

17~18세기에 유럽의 꿈은 군주정으로 전환되었다. 이 시기의 역사는 유럽의 거의 모든 지역에서 제각기 똘똘 뭉쳐 군주 국가를 세우려는 세력과 이에 저항하는 세력에 관한 이야기다. 군주들은 자신의 권력을 절대적인 것으로 만들어 주변의 약한 지역으로 확장하려 했다. 그러자 처음에는 지주들이 저항했다. 이후에는 해외 무역과 국내 산업의 성장으로 부상한 부유한 상인 계층이 국왕의 징발과 간섭에 맞섰다. 하지만 그 어느 세력도 보편적 승리를 거머쥐지는 못했다. 한 곳에서는 왕이 우위를 점했지만, 다른 곳에서는 재산가들이 왕을 제압했다. 어떤 나라에선 왕이 태양과 같은 존재가 되어 국정의 중심이 되었지만, 국경을 맞댄 이웃

나라에서는 강건한 상인 계층이 공화정을 유지하기도 했다. 이 시기에 등장한 정부의 형태가 그토록 다양해진 이유는 각각의 정부가 그 지역의 상황에 따라 실험적으로 생겨났기 때문이다.

이렇게 다양하게 진행된 국가별 드라마에서 공통으로 등장하는 인물은 국왕 위에 선 사람들, 재상이었다. 여전히 가톨릭 국가로 남아있던 곳에서는 고위 성직자가 왕의 뒤에 서서 왕을 위해 봉사하는 동시에 왕을 지배하는 경우가 많았다.

여기에서는 지면의 한계로 다양한 국가의 개별적인 역사를 상세히 이야기할 수는 없겠다. 무역에 능한 네덜란드 사람들은 프로테스탄트가 되어 공화정을 수립, 황제 카를 5세의 아들인 스페인의 펠리페 2세의 통치에서 벗어났다. 잉글랜드에서는 헨리 8세와 그의 재상 울지Wolsey가, 그리고 그 이후로는 엘리자베스 여왕과 그녀의 재상 벌리Burleigh가 절대왕정의 토대를 다졌다. 하지만 어리석은 제임스 1세와 찰스 1세는 어렵게 마련한 절대왕정을 무너뜨리고 말았다. 찰스 1세가 백성을 배신했다는 죄목으로 효수된 사건(1649)은 유럽 정치사에 새로운 전환점이 되었다. 찰스 1세의 처형 이후 12년 동안(1660년까지) 잉글랜드는 공화정을 유지했다. 그 뒤에 왕정이 복귀하긴 했지만 왕권은 계속 불안정했다. 조지 3세George III(1760-1820 재위)가 애

▼ 찰스 1세의 재판 @wikipedia

를 써서 부분적이나마 왕권 강화에 성공하기까지 잉글랜드 왕은 의회의 그늘에 가려져 있어야 했다.

반면에 프랑스의 왕은 유럽의 왕 중에서 가장 성공적으로 군주정을 완성했다. 리슐리외Richelieu(1585-1642)와 마자랭Mazarin(1602-1661)이라는 두 훌륭한 재상이 프랑스의 왕권을 강력히 쌓아 올렸으며, 뛰어난 능력을 지닌 '대왕' 루이 14세Louis XIV(1643-1715 재위)가 장기간 통치하면서 이를 더 공고히 했다.

루이 14세는 실제로 유럽 국왕의 전형이었다. 개인적 한계가 있긴 했지만 그는 역사에 다시 없는 유능한 국왕이었다. 자신의 저열한 욕망을 더욱 위대한 야망으로 제압할 줄 알았던 그는 위엄과 기백이 넘치는 외교 정책들을 정교하게 기획하고 복합적으로 실행해 나갔다. 이러한 국왕의 모습은 오늘날까지도 끝없는 동경의 대상이 될 정도이다. 하지만 루이 14세는 결국 자신의 나라를 파산 상태에 빠뜨리고 말았다.

그가 당장 이루려 했던 것은 프랑스를 굳건히 하여 라인 강에서 피레네 산맥까지 확장하고, 스페인 지배 아래 있는 네덜란드를 흡수하는 것이었다. 그리고 좀 더 먼 미래까지 내다보면서 앞으로 프랑스의 왕이 샤를마뉴의 후계자로서 새롭게 정비된 신성로마 제국을 상속받는 꿈을 꾸었다. 그는 주요 인사들을 뇌물로 매수하는 일을 전쟁보다 더 중요한 국가 정책으로 여겼다. 잉글랜드의 찰스 2세를 비롯하여 폴란드의 귀족 대부분이 루이 14세의 뇌물을 받았다. 사실상 그의 돈, 아니 프랑스의 납세자들이 바친 세금이 가닿지 않은 곳이 없을 지경이었다. 게다가 그는 사치에 몰두했다. 베르사유의 궁전 내부에는 거울로 장식된 살롱과 복도로 꾸며졌고, 멋진 전망의 테라스와 곳곳에 분수가 설치된 정원이 궁전 밖에 펼쳐져 있었다. 베르사유 궁은 세계적인 질시와 동경의 대상

▲ 베르사유의 궁전 정원 ©Filip Fuxa/shutterstock.com

이 되었다.

곳곳에서 루이 14세를 모방하려는 열망이 일었다. 유럽의 모든 국왕과 약소국의 군주들조차 자신과 자국 백성들이 마련할 수 있는 재원을 훨씬 넘어설 정도로 무리해서 자신만의 베르사유 궁전을 짓고 있었다. 귀족들 역시 새로운 유행에 맞추어 성을 개축하거나 확장했다. 덕분에 아름답고 정교한 직물과 가구를 생산하는 제조업이 크게 발달했다. 여기저기에서 호화로운 예술 작품들이 꽃을 피웠다. 설화석고 조각상, 파이앙스 도자기faïence[프랑스어로 도자기라는 뜻. 프랑스를 중심으로 생산된 유약을 바르고 채색한 도자기를 말한다], 금박을 입힌 목공예, 금속 공예, 인두로 무늬를 새긴 가죽 제품, 풍부한 음악, 웅장한 회화, 아름다운 인쇄물과 제본 장식들, 우아한 식기류, 질 좋은 포도주가 생산되었다.

신사들은 파우더를 뿌린 높다란 가발을 쓰고, 실크와 레이스로 장식한 옷을 입고, 빨간색 하이힐을 신었다. 그리고 놀랄 만큼 화려한 지팡이에 의지하여 아슬아슬하게 선 채로 거울과 멋진 가구에 둘러싸여 멋 부리기 경쟁을 펼쳤다. 숙녀들의 모습은 훨씬 더 경이로웠다. 그들은 머리에 파우더를 뿌려 탑처럼 높이 세우고, 실크와 새틴 소재 드레스에 와이어를 넣어 커다랗게 부풀렸다. 루이 14세는 이 모든 아름다움과 진기함 한가운데에서 저 하늘의 태양처럼 도도한 자세를 잡고 서 있었다. 하지만 그는 햇빛도 뚫고 들어가지 못하는 저 낮고 어두운 곳에서 비쩍 야윈 얼굴들이 고통과 불만에 찬 시선으로 그를 바라보고 있다는 사실을 알지 못했다.

분열된 신성로마 제국, 다가오는 러시아

군주정과 실험적인 정부들이 등장하던 이 시대에도 독일인은 여전히 정치적으로 분열된 채 남아있었다. 상당수의 공작이나 영주의 궁정에서는 가능한 한 베르사유의 화려함을 모방했다. 하지만 30년 전쟁(1618-1648) 때문에 독일은 한 세기 동안 모든 기력을 잃고 폐허로 남았다. 독일과 스웨덴, 보헤미아 사람들이 독일 땅에서 서로 뒤엉켜 싸우는 동안 피해는 엄청났다. 이 전쟁을 끝맺은 베스트팔렌Westfalen 강화 조약[1648년 신성로마 제국 내부에서 발생한 가톨릭과 프로테스탄트 사이의 갈등이 유럽 강대국들의 이권 다툼으로 변질된 30년 전쟁을 종결하며 맺은 평화 조약]에 따라 유럽은 조각조각 나뉘었다.

당시 유럽의 지도는 터무니없을 만큼 복잡해 보인다. 여러 공국, 공작령, 자유국가 등이 어지럽게 얽혀있었다. 이들 중에는 신성로마 제국의

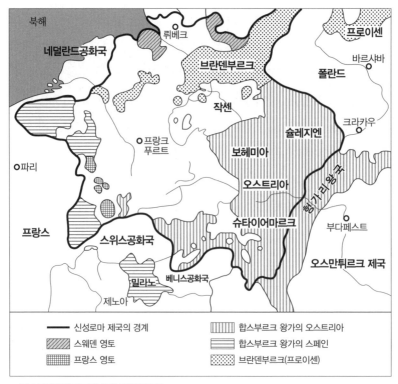

지도 내 레이블:
- 북해
- 뤼베크
- 프로이센
- 네덜란드공화국
- 브란덴부르크
- 바르샤바
- 폴란드
- 작센
- 크라카우
- 프랑크푸르트
- 슐레지엔
- 보헤미아
- 파리
- 오스트리아
- 부다페스트
- 슈타이어마르크
- 프랑스
- 스위스공화국
- 오스만튀르크 제국
- 밀라노
- 베니스공화국
- 제노아

범례:
- ── 신성로마 제국의 경계
- 스웨덴 영토
- 프랑스 영토
- 합스부르크 왕가의 오스트리아
- 합스부르크 왕가의 스페인
- 브란덴부르크(프로이센)

▲ 베스트팔렌 강화 조약 후의 유럽(1648)

영역 안에 들어와 있는 것들도 있었고, 부분적으로만 밖에 나가 있는 것들도 있었다. 스웨덴의 세력이 독일 안쪽까지 멀리 팔을 뻗치고 있다는 것도 눈에 띄었다. 프랑스는 제국의 경계 안에 섬과 같은 영토를 몇몇 가지고 있었지만, 여전히 라인 강으로부터는 멀리 떨어져 있다.

이 조각보 같은 지도의 한가운데 놓인 프로이센 왕국[1701년에 왕국이 되었다]이 꾸준히 성장하기 시작했다. 그리고 일련의 전쟁에서 계속 승리하면서 유럽의 주요 세력으로 부상했다. 프리드리히 2세(1740-1786 재위)는 포츠담에 자신만의 베르사유 궁을 건설했다. 그의 궁정에서 사람들은 프랑스어로 말하고, 프랑스 문학을 읽으며 프랑스에 필적하는 문화를 일구었다.

1714년 하노버의 선제후가 잉글랜드 왕이 되었다. 이로써 절반은 제국 안에 있고 절반은 제국 밖에 있는 불완전한 군주 국가가 하나 더 탄생했다. 카를 5세의 후손 중 오스트리아의 후손들은 계속 황제 직위를 지키고 있었고, 스페인의 후손들도 스페인 영역을 잘 유지하고 있었다. 그런데 이제 다시 동유럽에서도 황제가 등장했다. 콘스탄티노폴리스 함락(1453) 이후, 모스크바 대공이었던 이반 대제Ivan the Great(1462-1505 재위)가 비잔틴 제국 황제의 상속자임을 천명하고 비잔틴의 쌍두雙頭 독수리를 그의 문장紋章에 새겼다. 그의 손자이면서 폭군 이반이라 불린 이반 4세(1547-1584 재위)는 카이사르(차르)라는 황제 칭호를 사용하기 시작했다.

그러나 다른 유럽인들에게 러시아는 17세기 후반까지도 아시아에 가까운 외딴 오지처럼 느껴졌다. 그런 이미지가 바뀌게 된 것은 표트르 대제Pyotr I(1682-1725 재위)가 러시아를 이끌고 서유럽 국가들의 각축장 안으로 들어섰을 때부터였다. 그가 자신의 제국을 위하여 네바 강 강변에 건설한 새로운 수도 상트페테르부르크는 러시아와 유럽 사이의 창문 같은 역할을 했다. 그는 프랑스인 건축가를 고용하여 새 수도에서 30km 떨어진 페테르고프Peterhof라는 곳에 자신의 베르사유 궁을 건설했다. 그곳에는 테라스와 분수, 폭포, 회랑과 정원이 들어섰고, 황제의 위대함을 드러내는 가구와 장비들이 갖추어졌다. 프로이센과 마찬가지로 러시아에서도 프랑스어가 궁정 언어로 사용되었다.

분열과 다양성의 시대

불행히도 오스트리아와 프로이센 그리고 러시아 사이에 위치한 폴란드 왕국에서는 거대한 토지를 소유한 지주들이 지나치게 서로 뽐내고 질투하느라 바빴다. 그들은 자신들이 선출한 군주에게 명목상의 왕위 말고는 어떤 것도 허용하려고 하지 않았다. 그 때문에 폴란드는 국가 조직이 제대로 갖추어지지 않은 상태에 머물러 있었다. 이런 상황에서 폴란드가 맞이한 운명은 결국 주변 세 나라에 의해 분할되는 것이었다. 폴란드를 독립된 국가로 유지하여 동맹으로 삼고자 했던 프랑스의 노력도 소용이 없었다.

한편, 이 당시의 스위스는 공화정 형태의 여러 주州가 모여 집합체를 이루고 있었다. 베네치아는 하나의 공화국이었고, 이탈리아는 독일 대부분 지역과 마찬가지로 작은 공작들과 영주들 때문에 분할되어있었다. 교황 또한 한 명의 영주로서 교황령 영토들을 다스리고 있었다. 교황은 아직 가톨릭교회 안에 남아있는 영주들의 충성을 잃게 될까 봐 몹시도 두려웠지만, 그렇다고 해서 영주와 그 백성들 사이에 끼어들거나 그리스도교 세계의 공동선에 대해 상기시키는 일은 더는 할 수 없었다. 이제 유럽에는 공통된 정치적 이상이란 전혀 남아있지 않았다. 유럽 전체가 분열과 다양성의 시대에 접어든 것이다.

독립된 주권을 갖게 된 영주들과 공화국들은 서로에 맞서 세력을 확장하기 위한 계획을 추진해나갔다. 나라마다 이웃 나라들을 공격하고, 다른 나라들과는 적극적으로 동맹을 형성하는 외교 정책을 펼쳤다. 오늘날 유럽인들은 다양한 주권 국가들이 경쟁하는 마지막 단계에서 살고 있으며 국가 간의 증오, 적대, 의혹으로 고통받고 있다. 그저 잡다한 소문에 지나지 않게 된 이 시대의 역사란 현대 지성인들에게는 더욱 의미 없고 지루하게 느껴질 뿐이다. 이번 전쟁은 왕의 정부情婦 때문에 일어났고, 저번 전쟁은 왕의 대신들이 서로 질투하는 바람에 일어났다는 식의 이야기를 많이 들어보았을 것이다. 뇌물과 경쟁에 대한 이러저러한 이야기들이 지적인 학생들에게는 역겹게 느껴질 따름이다.

더욱 장기적인 관점에서 볼 때 이 시기에 일어난 더욱 의미심장한 변화는 이러한 뜬소문에 등장하는 사건들이 아니다. 정말 주목해야 할 사실은 극복하기 어려운 한계를 뚫고 논리적인 사유와 독서가 확산되고 증대되었다는 점이다. 그리고 새로운 발명이 몇 배로 늘어났다는 점에도 주목해야 한다. 18세기에는 당대의 궁정과 정책들에 대해 근본적으로 회의懷疑하고 비판하는 문학이 등장했다. 볼테르Voltaire의 소설 〈캉디드Candide〉와 같은 작품은 방향을 잃고 혼란에 빠진 유럽 세계에 대한 한없는 피로감을 드러냈다.

대항해시대

아메리카 대륙을 둘러싼 지배권 싸움

중부 유럽이 분열과 혼란을 겪는 동안 서유럽, 특히 네덜란드, 스칸디나비아, 스페인, 포르투갈, 프랑스, 영국은 그들의 싸움터를 바다 건너 세계 전역으로 확장하고 있었다. 활판 인쇄술이 보급되면서 새로운 정치사상들이 빠른 속도로 번져나갔고 유럽은 가늠할 수 없는 엄청난 소동 속으로 빠져들었다. 거기에 대양을 항해하는 범선과 같은 또 다른 혁신이 이어지자 유럽인들이 경험할 수 있는 한계는 바다 끝까지 거침없이 확장되었다.

네덜란드인을 비롯한 북대서양 연안 출신 유럽인들이 해외에 처음 정착하기 시작한 것은 식민지 개척 때문이 아니라 상품의 교역과 자원 채취를 위해서였다. 처음 나선 것은 스페인이었다. 스페인은 아메리카라는 신세계 전체에 대한 지배권을 주장했지만, 곧이어 포르투갈이 가세하여 자기 몫을 요구했다. 두 나라를 중재하려고 교황이 나섰다. 로마의 교황이 세계의 안주인으로서 행한 마지막 결정이었다. 교황은 신대륙을 둘로 나누어서 브라질을 포르투갈에 주고, 카보베르데Cabo Verde 제도에서 서쪽으로 1,800km 떨어진 지점을 경계로 동쪽 지역 전부와 그밖에 남은 지역 모두를 스페인에 주었다(1494, 토르데시야스 조약).

이 당시 포르투갈인은 남쪽과 동쪽으로 해외 사업을 확장해나가고 있었다. 1497년 바스쿠 다가마Vasco da Gama는 리스본에서 출항하여 희망봉을 돌아 잔지바르Zanzibar[동아프리카 탄자니아 앞바다에 있는 섬]를 거쳐 인도의 코지코드Kozhikode에 닿았다. 1515년에는 자바와 몰루카Moluccas 제도에도 포르투갈 선박들이 정박해있었다. 포르투갈인은 인도양의 해안을 따라 무역 거점을 세우고 방비를 강화했다. 모잠비크, 인도의 고아와 두 개의 작은 속령屬領, 중국의 마카오, 동티모르는 한때 포르투갈령이었다[고아와 인도 내에 있던 속령들은 1961년 인도에 병합되었고, 모잠비크는 1975년에, 동티모르는 2002년에 독립국이 되었으며, 마카오는 1999년 중국에 반환되었다].

다른 나라들은 교황의 결정에 따라 아메리카 대륙의 지배권 분쟁에서 배제되었고, 교황이 스페인과 포르투갈에 소유권을 나눠준 것에 대해서도 개의치 않았다. 그런데 잉글랜드와 덴마크, 스웨덴 그리고 네덜란드가 가세하여 북아메리카와 서인도 제도에 대한 권리를 주장하고 나섰다. 게다가 위풍당당하게 여전히 가톨릭 국가로 남아있던 프랑스마저 다른 프로테스탄트 국가들만큼도 교황의 결정에 주의를 기울이지 않았다. 유럽 국가들의 전쟁은 이제 신대륙에서의 권리 확보와 영토 확장 문제로 확대되었다.

해외 영토 확보 경쟁에서 가장 성공한 나라는 영국이었다. 덴마크와 스웨덴은 복잡한 독일 지역 문제에 지나치게 깊이 개입한 나머지, 해외

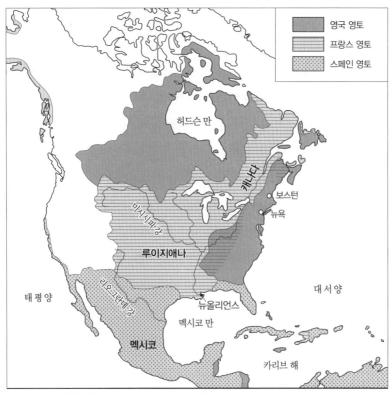

▲ 1750년 아메리카 대륙의 영국, 프랑스, 스페인의 영토. 표시된 영토는 실제로 사람이 정착하여 산 지역을 의미하는 것이 아니라, 일반적으로 각국이 자신들의 소유를 주장한 지역이다.

원정을 효과적으로 진행할 수 없었다. '북구의 사자'라고 불릴 만큼 멋있 었던 프로테스탄트 국왕 구스타브 아돌프Gustav Adolf 즉, 구스타브 2세 Gustav II(1611-1632 재위)가 이끈 스웨덴은 독일에서 모든 힘을 잃고 말 았다. 네덜란드는 스웨덴이 아메리카에 만들어놓은 아주 작은 정착지를 물려받았지만, 본국에 대한 프랑스의 공격이 임박하여 이를 지켜내지 못 하고 영국에 빼앗겼다. 동아시아에서는 영국, 네덜란드, 프랑스가 경쟁 을 벌였다. 아메리카에서는 영국, 프랑스, 스페인이 다투었다.

412

영국은 '은으로 된 띠'라고 불리는 영국 해협을 사이에 두고 유럽과 떨어져 있었기 때문에 유리한 점이 많았다. 유럽 전체를 로마 가톨릭교회 아래로 통일하려는 라틴 제국이라는 오래된 꿈에 얽히지 않을 수 있었다.

영국과 달리 프랑스는 언제나 유럽에 과도하게 신경을 곤두세웠다. 18세기 내내 유럽 안에서 스페인과 이탈리아를 제압하고 독일의 혼란을 평정하느라 동쪽과 서쪽으로 뻗어나갈 수 있는 기회를 놓쳤다. 17세기 영국에서는 종교와 정치 양쪽에서 일어난 갈등 때문에 본토를 떠나 아메리카에 정착하려는 이들이 많았다. 아메리카에 뿌리를 내리는 영국인 이민자가 늘어나자 영국은 아메리카 대륙을 둘러싼 경쟁에서 크게 앞서 갈 수 있었다. 1756년과 1760년 두 차례에 걸쳐 프랑스는 영국에 캐나다를 내주었다.

영국 동인도회사의 인도 장악

몇 년 뒤 영국의 무역회사는 프랑스, 네덜란드, 포르투갈의 경쟁자들을 제치고 인도에서 우위를 점했다. 바부르와 악바르, 그리고 그 후계자들의 위대한 무굴 제국은 이미 많이 쇠퇴해있었다. 하지만 런던의 무역회사인 영국 동인도회사가 이 제국을 실질적으로 함락한 이야기는 어떤 정복사에서도 볼 수 없는 기이한 것이었다.

영국 동인도회사는 엘리자베스 여왕 때 설립되었다. 처음에는 단순한 해양탐험 회사에 지나지 않았지만, 차츰 동인도회사만의 군단을 설립하고 선박을 늘려 대형 무역회사로 변모했다. 이제 동인도회사는 스스로 영역을 확장하여 향신료와 염료, 차와 보석을 다루는 데 그치지 않고 인

▲ 티푸Tipu 술탄(1782-1799 재위)의 여름 궁전. 영국군에게 끝까지 저항했던 이슬람 왕조의 후계자 티푸 술탄이 죽자 남인도는 영국의 식민지가 되었다. ⓒAlberto Loyo/shutterstock.com

도의 조세 제도와 지방 영주들의 영토 관리에서부터 인도 전체의 미래 운명까지 좌우하게 되었다. 처음에는 그저 물건을 사고팔기 위해 인도에 왔지만, 이후에는 어마어마한 해적질을 하고 있었던 셈이다. 동인도회사의 이러한 행위에 도전할 수 있는 상대는 아무도 없었다. 동인도회사의 사령관이나 장교는 물론 사무원이나 일반 병사들까지도 한몫 단단히 챙겨서 영국으로 돌아왔지만 그것이 그리 놀라운 일도 아니었다.

거대한 풍요의 땅을 마음대로 처리할 수 있게 된 상황에서 영국인들은 무엇은 해도 되고, 무엇은 하면 안 되는지 판단할 수 없었다. 그들에게는 낯선 땅이었고 햇살도 낯설었다. 인도의 신비로운 사원들이 지키고 있던 규율들은 기이하게만 보였다. 검은 피부를 가진 그곳 사람들은 전혀 다른 인종으로 보였기에 영국인들에게는 동정할 대상이 되지 못했다. 인도에서 돌아온 장군과 장교들이 그곳에서 재물을 강탈하고 잔인한 행위를 한 데 대해 서로를 비난하는 것을 보고 본국의 영국인들은 당황했다. 영국 의회는 로버트 클라이브Robert Clive[동인도회사에서 일하며 영국이 인도에서 패권을 장악하는 데 결정적 역할을 했다. 그 공로를 인정받아 남작 작위를 받았지만 부패와 만행으로 고발당했다]에 대한 불신임 투표를 통과시켰고, 1774년 클라이브는 자살했다. 또 한 명의 유능한 인도 행정가 워런 헤이스팅스Warren Hastings 또한 1788년 고발당했다가 1792년 무죄선고를 받았다.

영국의 인도 지배는 인류 역사에 전례가 없는 기이한 것이었다. 영국 의회는 런던의 한 무역회사를 경영하고 있었지만, 이 무역회사는 영국 국왕의 영토보다 훨씬 더 넓고 인구도 많은 제국을 지배하고 있었다. 다수의 영국인에게 인도는 아주 멀리 떨어진, 닿을 수 없는 신비의 땅으로 여겨졌다. 다만 가난한 젊은이들이 모험심에 가득 차서 인도로 떠났고, 수십 년이 지난 뒤에 성마른 부자 노신사가 되어 돌아오곤 했다. 동방의 태양 아래 살아가는 수백만 명이나 되는 검은 피부의 사람들의 삶이 어떠했는지 정확히 짐작하기란 영국인들에게 너무 어려운 일이었다. 영국인들은 스스로 상상해낸 인도의 이미지 때문에 정작 해야 할 일을 하지 못하고 있었다. 인도는 계속해서 낭만적이고 비현실적인 땅으로 남아있어야 했다. 따라서 영국인들은 동인도회사의 경영 방식을 효과적으로 감독하고 통제할 수 없었다.

서유럽 열강들이 신비로운 해외 제국들을 차지하기 위해 세계의 모든 바다에서 싸우고 있는 동안[15세기 후반부터 18세기 중반까지 유럽의 배들이 세계를 돌아다니며 항로를 개척하고 탐험과 무역을 하던 시기를 말한다] 아시아에서는 새로운 정복전이 펼쳐지고 있었다. 중국은 1360년에 이미 몽골의 굴레를 벗어던졌고, 1644년까지 명나라의 통치 아래 번영을 누렸다. 그 뒤에는 또 다른 몽골인의 일파인 만주족[여진족을 지칭하는 것으로 보인다]이 중국을 점령하여 1912년까지 중국의 지배자로 남았다.

러시아의 동진

한편 동진東進을 거듭하고 있던 러시아가 이제는 세계정세에 주요 세력으로 떠올랐다. 구세계 중앙에서 발흥하여 서방과 동방 어느 쪽에도 속하지 않았던 러시아는 이제 강대국이 되어 인류의 운명을 결정하는 주요 세력으로 성장했다. 러시아의 세력 확장은 대체로 그리스도교를 믿는 스텝 지대의 카자크kasack 집단이 부상한 데 따른 것이었다. 이들은 서쪽으로는 폴란드와 헝가리의 봉건 농민들과 경계를 이루고 동쪽으로는 타타르족과 맞닿았다.

당시 유럽의 동부는 많은 점에서 개척 시대 미국의 서부와 크게 다르지 않았다. 러시아에서 감당할 수 없었던 사람들, 이를테면 이유 없이 박해받던 이들, 반항적인 농노들, 다른 종파의 교회에 속한 사람들, 그리고 도둑, 부랑자, 살인범 같은 종류의 사람들이 러시아 남부의 스텝 지대에서 피신처를 마련하고 새 삶을 시작하고자 했다. 이들은 폴란드, 러시아, 타타르 등의 세력에 맞서 자신의 삶과 자유를 쟁취하기 위해 싸웠다. 동쪽에 면해있던 타타르족에서 도망 나온 사람들 역시 이곳의 혼성 공동체로 흘러들어왔다. 이들이 모여 카자크 집단을 이룬 것이다.

하지만 이 변방 집단은 서서히 러시아의 지배권 안으로 편입되었다. 마치 스코틀랜드 고지대 부족들이 영국 정부의 편제 아래로 전향했던 것과 비슷하다. 아시아의 새로운 영토가 카자크 사람들에게 제공되었다. 그들은 처음에는 투르키스탄에서, 다음에는 시베리아를 가로질러 아무르 강에서 쇠퇴하던 몽골 유목민 세력에 맞서는 무기가 되어주었다.

17세기와 18세기에 몽골의 기운이 쇠하게 된 경위를 제대로 설명하기는 매우 어렵다. 칭기즈 칸과 티무르의 시대로부터 200~300년이 흐르는 동안, 세계를 호령하던 중앙아시아는 정치 불능 상태에 빠져들고 말았다. 기후가 변했거나, 기록되지 않은 전염병이 돌았거나, 많은 사람이 일종의 말라리아에 걸렸거나 하는 여러 요인이 모두 부분적인 원인이 되어 중앙아시아인들이 결국 퇴락하게 되었을 것이다. 물론 보편적인 역사의 잣대로 보자면 단지 순간적인 퇴락에 불과하다. 중국에서 건너와 확산된 불교의 가르침이 그들의 정복 욕구를 순화시켰을 것이라고 생각하는 학자들도 있다. 어찌 되었든 16세기에 이르면 몽골, 타타르, 튀르크는 더는 밖으로 뻗어 나가지 못한다. 오히려 서쪽에서는 그리스도교를 믿는 러시아에 공격당하고 동쪽에서는 중국의 침략에 굴복하여 밀리는 형국이 되었다.

카자크인들은 17세기 내내 러시아에서부터 동쪽으로 퍼져나갔으며 농사를 지을 수 있는 곳이라면 어디에나 정착했다. 여전히 강력한 튀르크족이 활발히 움직이고 있던 남쪽으로는 그들의 요새와 주둔지가 줄을 이루어 카자크인 정착촌의 움직이는 경계가 되어주었다. 하지만 북동쪽으로는 아무런 경계도 없었으므로 러시아는 곧장 태평양까지 이르렀다.

식민지 전쟁

새로운 땅을 찾아서

18세기 후반으로 접어들자 유럽에서 놀랄 만한 동요가 일었다. 하나의 유럽이란 이상도 더는 존재하지 않았다. 통합적인 정치사상이나 종교가 존재하지 않게 되자 유럽은 분열했다. 그러나 인쇄된 책과 지도, 대양을 항해하는 새로운 범선이 가져온 기회는 인간의 상상력에 엄청난 자극을 주었다. 이에 고무된 유럽인들은 이제 세계의 모든 해안을 지배할 수 있는 능력을 갖게 되었다. 하지만 그것을 추진한 방식에 질서는 없고 분쟁의 소지는 많았다. 거의 우연에 가깝게, 일정 기간에 나머지 인류보다 갑자기 우월해진 덕분에, 유럽인들은 계획도 없고 조리도 없는 진취적 모험심에 불타올랐다. 주로 서유럽에서 건너간 사람들이 그때까지 대부분 비어있던 아메리카 대륙에 정착하기 시작했고 남아프리카, 호주, 뉴질랜드도 유럽인들의 미래 정착지로 낙점되었다.

콜럼버스가 아메리카에 가고, 바스쿠 다가마가 인도에 가게 된 동기는 무역 때문이었다. 이는 항해에 나서는 모든 사람의 변치 않는 동기였다. 이미 인구가 많고 생산력이 풍부한 동방으로 진출한 데는 무역을 하고자 하는 간절한 동기가 작동하고 있었기 때문이었다. 유럽인들은 주로 교역 거점이 되는 항구에서 잠시 체류했다가 고향으로 돌아가 번 돈을 쓰고 싶어 했다. 그런데 아메리카는 생산 수준이 매우 낮아서 거래할 것이 많지 않다 보니, 금과 은을 찾으려는 유럽인들이 쉴 없이 밀려들었다. 특히 스페인령 아메리카에 있는 광산은 은 채굴량이 많았다. 그래서 아메리카로 건너간 유럽인들 중에는 무장 상인[새로운 항로와 신대륙은 정부의 군사력이나 경찰력이 미치지 않는 무법천지와 같아서 당시 상인들은 스스로 무장해야 했다. 상인들의 조직은 군대와 같았고, 상선은 군함의 기능을 갖추었다]뿐 아니라, 광산 시굴업자와 광부가 많았다.

또한 사람들은 아메리카에서 여러 천연 산물을 찾았고, 농장을 경영하기도 했다. 북부 지방에서는 모피를 얻기 위해 사냥도 했다. 광산이나 플랜테이션 농장을 경영하려면 상주하는 인력이 필요했다. 사람들은 결국 바다 멀리 신대륙으로 건너가 영구 정착지를 이루어 살게 되었다.

17세기 초 영국의 청교도들이 종교 박해를 피하여 뉴잉글랜드 지방으로 가서 정착했다. 18세기 오글소프Oglethorpe 장군은 영국에서 빚을 지고 감옥에 갇힌 이들을 조지아로 보냈다. 18세기 말 네덜란드인들은 고아들을 모아 희망봉으로 보냈다. 유럽인들은 새로운 집을 찾아 영영 그곳에서 살기 위해 바다를 건너갔다. 19세기에 증기선이 등장한 이후 수십 년 동안 아메리카와 호주의 비어있는 땅으로 향하는 유럽 이민 인구가 많이 증가했다.

이처럼 해외에 영구적으로 정착하는 유럽인 수가 늘자, 유럽의 문화역시 그것이 자라난 유럽보다 훨씬 더 넓은 지역에 이식되었다. 그리고 기존의 문명을 신대륙에 가지고 온 이민 공동체들 또한 성장해나갔다. 이들 공동체가 처음부터 어떤 계획이나 정체성을 가졌던 것은 아니다. 유럽 각국 정부는 이러한 공동체들이 성장하리라 예상하지 못했다. 그러다 보니 이들을 다룰 방법에 대해서도 준비되어 있지 않았다. 본국 정부에서는 이 공동체들을 신대륙 탐험을 위한 기지나 새로운 수입원, 또는 '점령지'나 '속령屬領'으로 인식했다. 하지만 이미 오래전에 신대륙으로 이주한 사람들은 차츰 유럽과는 분리된 자기들만의 사회의식을 발전시켰다. 본국 정부에서는 계속해서 신대륙 이주자들을 본국에 종속될 수밖에 없는 자국 백성으로 다루었지만, 내륙 멀리까지 퍼져나간 이주민들을 본국에서 파견한 해상 병력으로는 더는 통제할 수 없었다.

19세기가 시작될 때까지도 해외 영토를 연결한 수단은 범선밖에 없었음을 잊지 말아야 한다. 지상에서는 여전히 말이 가장 빠른 교통수단이었으며, 말을 이용한 통신의 한계가 곧 정치 체계의 응집성과 통일성의 한계로 작용했다.

영국 식민지 주민의 불만

18세기 말로 접어들 즈음 북아메리카 북부 지방의 3분의 2는 영국의 지배 아래 놓여 있었다. 프랑스는 이미 아메리카를 포기한 상태였다. 포르투갈이 차지한 브라질과 프랑스, 영국, 덴마크, 네덜란드가 한두 개씩 나누어 가진 작은 섬들을 제외하고 플로리다, 루이지애나, 캘리포니아, 그리고 나머지 남아메리카 전부가 스페인의 차지였다. 해외 영토가 넓어짐에 따라 범선만 가지고는 해외 이주민들을 하나의 정치 체계 아래 계속 묶어둘 수 없다는 사실이 드러났다. 문제가 시작된 곳은 메인Maine과

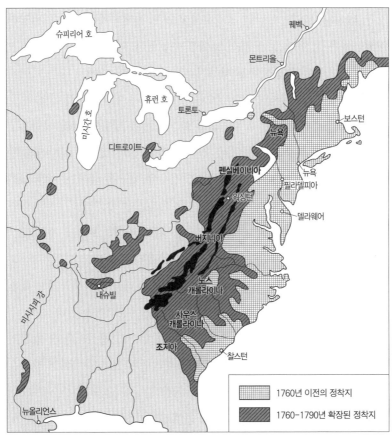

	1760년 이전의 정착지
	1760-1790년 확장된 정착지

▲ 1790년 당시 미합중국 정착지의 범위

온타리오Ontario 호수 남쪽에 있던 영국 식민지였다.

이곳 영국 식민지 주민들은 출신지도 서로 다르고 각자의 고유한 특성도 다른 사람들이었다. 영국만이 아니라 프랑스, 스웨덴, 덴마크 출신 사람들도 많았다. 메릴랜드Maryland에는 영국인 가톨릭 신자들이 많았고, 뉴잉글랜드에는 과격한 프로테스탄트들이 자리 잡았다. 직접 땅을 갈아 농사를 짓고 살았던 뉴잉글랜드 주민들은 노예제를 맹렬히 비난했지만, 버지니아와 그 이남에 정착하여 대규모 플랜테이션 농장을 경영한 영국인들은 점점 더 많은 흑인 노예를 수입했다. 이런 식으로 각 식민지 사이에는 공통된 통일성이 존재하지 않았다. 한 식민지에서 다른 식민지로 이동하는 것은 대서양을 건너오는 것만큼이나 머나먼 여정이었다.

　자연적인 조건도 다르고 주민들의 출신도 모두 달랐던 여러 식민지를 강제로 하나로 묶으려고 한 것은 런던에 있는 영국 정부의 이기심과 무지 때문이었다. 식민지 주민들은 영국 정부에 세금을 내야 했지만 정부의 세금 지출 방식에 대해서는 아무런 목소리를 낼 수 없었다. 또한 식민지 주민들은 무역할 때도 영국의 이익을 위해 자신의 이익을 희생해야 했다. 버지니아 주민들은 기꺼이 노예를 소유하고 부리고 있었지만, 흑인 인구가 지나치게 늘어나는 것을 우려했다. 그래서 노예무역에 반대했지만 영국 정부는 수익성 좋은 이 사업을 그만둘 생각이 없었다.

　당시 영국은 군주정을 더욱 강화하던 중이었고 고집스러운 성격의 조지 3세George III(1760-1820 재위)는 본국과 식민지 정부들 사이의 갈등을 과도한 강제력으로 해결하려 했다. 이러한 갈등이 결국 분쟁으로 터져나오게 된 것은 런던의 본국 정부가 아메리카의 해운업을 희생시키면서까지 동인도회사에 유리한 법률을 통과시켰을 때였다. 인디언으로 변장한 식민지 주민들이 새로운 법률 조항에 따라 수입된 차를 싣고 와서 보스턴 항구에 정박한 세 척의 화물선에 달려들어서 차를 모두 바다에 던져버리는 일이 벌어졌다(1773). 1775년 영국 정부가 보스턴 근교의 렉싱턴Lexington에서 이 사건의 주동자 두 명을 체포하려 하자 결국 양측 사이에 충돌이 벌어졌다. 영국군이 렉싱턴에서 첫 번째 총성을 울렸고, 콩코드Concord에서 첫 전투가 벌어졌다.

▲ 영국 군대가 미국 콩코드에 입성하는 모습 ©Amos Doolittle/wikipedia

미국의 독립선언

이렇게 해서 미국 독립전쟁이 시작되었다. 식민지 주민들은 1년이 넘도록 본국과의 유대를 끊으려는 의지가 전혀 없었다. 본국 정부에 맞서 들고 일어난 주州들이 의회를 구성하고 '독립선언문'을 발표한 것은 1776년 중반의 일이었다. 전쟁을 지휘할 총사령관 자리에는 조지 워싱턴George Washington이 선출되었다. 그는 당시 식민지 지도자 중 대부분이 그랬던 것처럼 이전에 프랑스와의 전쟁에 참여하여 군사 훈련을 받은 이력이 있었다. 1777년 영국의 버고인John Burgoyne 장군은 캐나다에서부터 뉴욕에 진입하려고 시도하던 중에 프리맨스 팜 전투Battle of Freeman's Farm에서 격퇴되어 결국 새러토가Saratoga에서 항복했다. 같은 해에 프랑스와 스페인은 영국에 선전포고하고 영국 정부의 해상 통신을 방해했다. 콘월리스Cornwallis 장군이 이끌고 온 두 번째 영국 군대는 버지니아의 요크타운 반도Yorktown peninsula에서 붙잡혀 오랫동안

▲ 조지 워싱턴. 길버트 스튜어트 작품
©Everett Historical/shutterstock.com

저항했지만 1781년에 항복했다. 결국 1783년 파리에서 조약이 체결되어 종전되었고, 메인에서 조지아에 이르는 13개 주가 연합하여 독립했다. 이로써 미합중국이 역사에 처음으로 등장했다. 한편 캐나다는 여전히 대영 제국의 깃발 아래 충성스럽게 남아있었다.

새로이 독립한 13개의 주는 초반 4년 동안은 연방 규약Articles of Confederation에 따라 조성된 매우 나약한 중앙 정부만을 두고 있었기 때문에 결국 제각각 분리 독립할 게 분명한 듯했다. 하지만 영국의 적대감과 프랑스의 공세 때문에 즉각적인 분리 독립은 계속 지연될 뿐 일어나지 않았다. 분열하게 될 경우 당장 위험이 닥칠 상황이었던 것이다. 결국 상당한 권력을 가진 대통령을 수반으로 하는 더욱 능률적인 연방정부를 구성하는 미합중국 헌법 초안이 작성되어 1788년 비준되었다. 그리고 1812년 영국과의 두 번째 전쟁이 발발하자 통일 국가에 대한 빈약한 정서마저 한층 강화되었다.

연방 통합의 조건

하지만 당시에도 각 주의 영역이 매우 넓었고 이해관계도 무척 다양했다. 그래서 당시에 사용할 수 있는 통신 수단만으로는 연방이 분리되어 유럽처럼 여러 개의 독립 국가가 들어설 것처럼 보였다. 변방 지역의 의원들이 워싱턴에 있는 연방의회에 참석하기 위해서는 길고 지루할 뿐 아니라 위험하기까지 한 여행을 감수해야 했다. 더욱이 공통된 교육, 공통된 문학과 지성을 확산하는 데는 셀 수 없이 많은 장애물이 놓여 있었다. 하지만 다행히도 분열을 막아줄 새로운 방안들이 연이어 발명되었다. 미합중국이 조각나지 않고 하나의 국가로 유지될 수 있었던 것은 새로운 교통 통신 수단이 등장한 덕분이었다. 증기선, 철도, 전신은 널리 흩어진 주민들을 서로 연결하여 으뜸가는 위대한 근대 국가의 국민으로 엮어주었다.

미국의 13개 주가 독립한 이후 22년이 지나자 아메리카에 남아있던 스페인의 식민지들 또한 미국의 선례를 따라 유럽에 대한 종속관계를 끊어버렸다. 하지만 훨씬 더 넓은 지역에 분산되어있었을 뿐 아니라 높은 산맥과 사막, 삼림으로 가로막혀 있고, 또 중간에는 포르투갈령 브라질이 있어서 서로 떨어져 있던 스페인의 식민지들은 미국처럼 한 나라를 이루지는 못했다. 이들은 마치 서로 분리된 채 나열되어 별자리를 이루는 별들처럼 여러 개의 공화국으로 나뉘어 독립했다. 그리고 독립 초기에는 자신들끼리 서로 전쟁을 벌이거나 내부 혁명에 시달려야 했다.

브라질은 조금 다른 경로를 거쳐 독립에 이르렀다. 1807년 본국 포르투갈이 나폴레옹 휘하의 프랑스군에 점령당하자 포르투갈 왕과 그 정부가 브라질로 피신하는 일이 벌어졌다. 그때 이후 최종적으로 서로 분리될 때까지 계속해서 포르투갈은 오히려 식민지 브라질에 종속된 처지로 남아있었다. 1822년 브라질은 독립된 제국이 되었음을 선포했고, 포르투갈 왕의 아들 페드로 1세Pedro I가 황제로 즉위했다. 하지만 1889년 브라질 황제가 조용히 유럽으로 건너가 버리자 브라질 합중국 역시 아메리카 대륙의 다른 공화국들과 같은 노선을 걷게 되었다.

55

프랑스대혁명과 권력의 이동

흔들리는 절대왕정

영국이 아메리카에 있던 13개 주를 잃고 나서 곧바로 유럽에서 가장 강력한 군주국가인 프랑스에서도 격변이 일어났다. 이 세상의 정치 질서라는 것이 그 본질부터 일시적인 것임을 온 유럽에 생생히 일깨워주는 사건이었다.

프랑스는 유럽에서 가장 성공한 왕정을 유지하고 있었다. 프랑스의 궁정은 유럽 다른 궁정들의 꿈의 모델이자 부러움의 대상이었다. 그러나 프랑스 왕실은 정의롭지 못한 기반 위에서 꽃을 피웠고 이 때문에 결국 극적인 파국을 맞았다. 프랑스 국왕은 개인적인 능력이 뛰어났지만 사치와 국고 낭비로 서민들의 삶과 나라의 근간을 흔들어놓았다[루이 16세는 7년 전쟁의 패배를 만회하기 위해 1775년 아메리카 독립혁명 전쟁에 개입한다. 1778년부터 아메리카 혁명군 편에서 참가하였으나 국익에는 큰 도움이 되지 못했다. 1783년 파리조약으로 북아메리카 13개 주는 독립을 했으나 프랑스는 옛 영토를 회복하는 데 실패하고 전비만을 지출하여 재정을 더욱 악화시켰다]. 고위 성직자와 귀족 계층은 세금 징수에서 면제되었으므로 그 부담은 중간층과 하위층이 고스란히 짊어져야 했다. 조세 체계의 가장 밑바닥에 놓인 농민들이 신음했고, 중간 계층 역시 귀족들의 지배 아래 고통받았다.

1787년 프랑스 왕실은 결국 파산했다. 부족한 세수와 과도한 세출 문제를 논의하고자 각 계층의 국민대표를 소집했다. 훨씬 이전에 만들어진 영국 의회와 비슷한 방식으로 귀족, 성직자, 평민 대표가 모이는 이른바 '삼부회의'가 베르사유에서 개최되었다. 1610년 이후 처음 열리는 것이었다. 그때까지 프랑스는 절대왕정을 이루고 있었고 백성들의 들끓는 불만은 쌓이기만 했다. 그런데 드디어 백성들이 불만을 표출할 기회가 생긴 것이다. 회의가 열리자마자 제3신분, 곧 평민 대표들은 회의를 장악하려 했다. 이에 다른 두 계층 대표들이 반발했고 분쟁이 일어났다. 평민 대표들은 분쟁의 기선을 잡고 삼부회의를 국민의회로 전환하여 영국 의회처럼 국왕을 통제하려 했다. 프랑스 국왕 루이 16세(1774-1792 재위)는 이에 저항하기 위하여 지방에 배치되어 있던 군대들을 파리로 불러모았다. 그 결과 프랑스는 혁명에 돌입했다.

▼ 마리 앙투아네트 왕비 ©lynea/shutterstock.com

절대왕정은 매우 빠르게 몰락했다. 성난 시민들이 바스티유 감옥을 습격하자 순식간에 프랑스 전역이 봉기했다. 프랑스 동부와 북서부에서는 농민들이 귀족들의 성에 불을 질렀다. 땅문서가 파괴되었고, 지주들은 살해되거나 추방되었다. 한 달 만에 오래되고 부패한 귀족 지배 체제가 무너졌다. 그러자 마리 앙투아네트 왕비(1755-1793) 측 고관대작들과 궁정 대신들은 나라 밖으로 달아났다. 파리와 여타 대도시에는 임시 시市 정부들이 세워졌고, 이들에 의해 새로운 무장 단체인 국민군이 결성되어 남아있는 왕실 세력을 소탕했다.

국민의회의 입헌군주정

국민의회는 새 시대에 맞는 새로운 정치·사회 체제를 창조해야 하는 소명이 있었다. 새로운 체제를 만드는 것은 국민의회의 능력을 극한까지 밀어붙여야 하는 과업이었다. 국민의회는 절대왕정에서 벌어진 불의한 일들을 모두 없앴다. 귀족과 성직자들의 세금 면제 조항은 물론, 귀족들의 작위와 여러 가지 특권이 폐지되고 농노들은 해방되었다. 국민의회의 목표는 파리에서 입헌군주정을 수립하는 것이었다[왕은 군림하나 통치하지 않는다]. 이제 루이 16세는 베르사유의 화려한 궁전과 그 모든 사치품을 포기하고 파리의 튀일리Tuileries 궁으로 옮겨져 축소된 지위만 유지할 수 있었다.

첫 2년 동안 국민의회는 어려운 상황 속에서도 효율적인 근대 정부를 구성할 수 있었다. 국민의회의 시책은 꽤 실험적이었다. 무척 건전한 정책도 있었고 일부는 지금까지 시행되고 있기도 하지만 대부분은 제대로 효과를 거두지 못했고 결국 원래대로 돌아갔다.

국민의회는 기존의 형법을 폐지하고, 고문과 감금, 이단에 대한 박해를 금했다. 그리고 노르망디, 부르고뉴와 같은 몇 개 주州로 나뉘어있던 프랑스의 지방 행정구역을 80개의 도道로 개편했다. 군대에서는 출신에 상관없이 누구나 최고 자리까지 진급할 수 있는 길이 열렸다. 간단하면서도 탁월한 사법 체계도 마련되었지만, 판사를 대중이 선출한다는 점과 그 임기가 매우 짧다는 점에서 한계가 있었다. 대중은 무조건 최종 법원까지 항소하고, 판사는 국회의원과 마찬가지로 대중의 인기에 영합하는 결과를 낳았다.

교회의 막대한 재산도 전부 몰수해서 국가에서 관리했다. 교육이나 자선활동을 하지 않는 종교 시설은 해체되었으며 성직자들의 봉급도 국가에서 지급했다. 사실 이러한 조치는 하위 성직자들에게는 그리 나쁜 일이 아니었다. 그들은 부유한 고위 성직자들과 비교했을 때 부끄러울 만큼 적은 봉급을 받고 있었다.

사제와 주교를 선거로 뽑게 한 것은 로마 가톨릭교회의 근간을 흔드는 조치였다. 가톨릭교회는 모든 중심에 교황이 있고 모든 권위가 위에서 아래로 내려오는 조직이었다. 국민의회가 실제로 원했던 것은 교리를 바꾸지 않더라도 프랑스의 가톨릭교회 조직을 프로테스탄트 교회처럼 만드는 것이었다. 이 때문에 국민의회가 만든 국가 사제들과 여전히 로마에 충성하면서 국민의회에 저항하는 사제들이 곳곳에서 충돌했다.

프랑스의 실험적 입헌군주정은 1791년 갑작스레 끝나버렸다. 루이 16세와 마리 앙투아네트는 국외 귀족과 왕정파와 협력하여 절대왕정의 회복을 도모했다. 프랑스의 동쪽 국경 밖에는 외국 군대들이 속속 집결하고 있었다. 그러던 6월의 어느 날 밤 왕과 왕비는 이미 해외에 망명해있던 귀족들과 합류하려고 자녀들을 데리고 튀일리 궁을 몰래 빠져나갔다. 하지만 국경을 넘지 못하고 프랑스 동북쪽 소도시 바렌Varennes에서 발각되어 파리로 송환되었다[바렌 도주 사건]. 이 사건으로 온 프랑스가 공화주의 열망이 들끓었다. 결국 프랑스에선 공화국이 선포되었고 (이에 공

▲ 루이 16세의 처형 @wikipedia

화주의의 열망이 자국으로 전염되는 것을 두려워한 오스트리아와 프로이센이 프랑스를 침공하기도 했다) 영국의 선례를 따라 국왕은 재판을 받고 국민에 대한 반역죄로 처형되었다(1793).

공화파의 주도권 장악

이러한 일련의 사태에 뒤이어 프랑스 역사는 기이한 국면에 접어들었다. 공화국을 향한 거대한 열정의 불꽃이 솟아올랐지만 공화파는 국내와 국외 모두에서 타협할 수 없는 현안을 안고 있었다. 국내에서는 왕정파를 비롯하여 어떤 형태로든 공화국에 충성하지 않는 이들의 싹을 잘라야 했다. 그리고 국외에서는 유럽 전역의 모든 혁명가를 수호해야 했다. 유럽 전체, 아니 세계 모든 국가가 공화국이 돼야 했다.

프랑스의 젊은이들은 공화국 군대에 대거 입대했다. 그리고 오늘날까지도 와인처럼 사람들의 피를 뜨겁게 만드는 〈라 마르세예즈La Marseillaise〉[1792년 스트라스부르의 공병대위가 작곡하여 혁명군 사이에서 불린 노래. 1879년 프랑스의 국가가 되었다]라는 새롭고 경이로운 노래가 프랑스 전역에 울려 퍼졌다. 이 노래와 함께 약진하는 프랑스의 대검 앞에서, 그리고 열정적으로 쏘아대는 프랑스의 장총 앞에서 외국 군대들은 물러났다. 1792년이 저물기도 전에 프랑스 군대는 루이 14세 때의 최대 영토를 넘어섰으며, 모든 전선에서 이국땅을 밟고 서 있었다. 프랑스 혁명군은 브뤼셀에도 도달했고, 사부아를 지나 마인츠를 공격했으며 네덜란드의 스헬더Schelde 강 일대를 점령했다.

하지만 프랑스 정부는 현명하지 못한 처신을 하고 말았다. 루이 16세가 처형당했을 때 영국이 프랑스 대사를 추방한 일이 있었는데, 이에 격분한 프랑스 정부가 영국에 선전포고한 것이다. 이것은 매우 어리석은 처신이었다. 혁명 때문에 프랑스에는 열정에 가득 찬 보병대와 귀족 장교에게서 풀려난 훌륭한 포병대가 있었지만, 반대로 해군의 기강은 완전히 무너져 있었다. 반면 영국 해군은 당대 최강이었다. 처음엔 프랑스혁명에 동조하여 영국에서도 자유주의 운동이 일었지만 프랑스가 도전해오자 이에 맞서 영국 전역이 단결했다.

이후 몇 년 동안 프랑스와 프랑스에 맞선 유럽 동맹이 벌인 전쟁에 대해 이곳에서는 개략적으로만 다루겠다. 프랑스는 벨기에에서 오스트리아를 완전히 몰아냈으며 네덜란드를 공화국으로 만들었다. 네덜란드 북쪽 텍설Texel 섬에서 얼어붙은 네덜란드 함대는 포 한 번 쏘지 못하고 얼마 되지도 않는 프랑스 기병대에 항복했다. 이탈리아에 침입한 프랑스 군대는 한동안 진군하지 못하고 있었다.

1790년 나폴레옹 보나파르트Napoléon Bonaparte(1769-1821)라는 새

로운 장군이 등장했다. 그는 지치고 굶주린 군대를 이끌고 승전을 거듭하여 이탈리아 북서부의 피에몬테Piedmont를 넘어 만토바Mantova와 베로나Verona까지 진군했다. C. F. 앳킨슨Atkinson은 이렇게 말했다.

무엇보다도 동맹군을 가장 놀라게 한 것은 프랑스 군대의 진격 속도였다. 이 급조된 군대를 지체하게 만드는 것은 아무것도 없었다. 자금도, 마차도 부족해서 야영 텐트를 조달하는 일이 불가능했다. 하지만 그들에게 그것은 꼭 필요한 것도 아니었다. 직업군인들이 야영 텐트 없이 자야 했다면 다수가 탈영했겠지만, 1793~1794년의 프랑스 병사들은 이런 어려움쯤은 기꺼이 견뎌냈다. 당시로서는 전대미문의 규모였을 엄청난 양의 보급품이 수송대에 의해 운반될 수 없는 상황이었지만 프랑스 군인들은 곧 '야영 생활'에 익숙해졌다.

1793년은 현대 전쟁 시스템이 탄생한 해이다. 기동력, 국가 역량의 총동원, 야영지 구축, 신중하고 능란한 적의 작전에 맞서기 위한 전략으로서 물자 및 병력 징발, 소규모 직업군인 부대 운영, 텐트와 완전한 배급 식량, 위장술 등이 이때 등장했다. 이는 첫째, 결정을 강제할 수 있는 정신과, 둘째, 위험 요소를 줄여 성과를 내는 정신을 나타낸다.

– C. F. 앳킨슨이 쓴 《브리태니커 백과사전》의 '프랑스혁명 전쟁' 항목

지치고 고단했지만, 열광에 가득 차서 〈라 마르세예즈〉를 부르며 조국을 위해 싸우는 동안 프랑스 병사들은 자신이 정복한 나라들을 약탈하고 있는 것인지, 해방하고 있는 것인지 명확히 알지 못했다. 그러는 동안에 파리에서 타오른 공화국에 대한 열정도 그다지 영광스럽지 않은 방식으로 소진되고 있었다.

로베스피에르의 공포정치

혁명은 이제 로베스피에르Robespierre(1758-1794)라는 광적인 지도자의 손에 좌우되었다. 이 인물에 관해서는 판단을 내리기가 쉽지 않다. 그는 체격이 볼품없고 본성적으로 소심한 데다 잰 체하는 사람이었다. 그러나 그에게는 권력을 얻는 데 가장 필요한 재능, 곧 신념이 있었다. 그는 자신이 생각했던 형태의 공화국을 구현하고자 노력했을 뿐 아니라, 공화국을 구원할 사람은 자신 말고는 아무도 없다고 생각했다. 그러므로 자신이 권력을 쥐는 것이 곧 공화국을 구하는 것이라 믿었다.

그가 보기에 공화국의 살아있는 정신은 왕정파를 학살하고 국왕을 처형한 데서 솟아 나왔다. 프랑스 내에서는 반란이 계속 일어나고 있었다. 프랑스 서부 방데Vendée에서는 귀족들과 사제들이 징병제와 성직

▼ 단두대로 끌려가는 마리 앙투아네트 @wikipedia

자 재산 몰수에 반대하여 봉기했다[방데의 반란]. 그 전에 이미 리옹과 마르세유에서도 반란이 일어났다. 프랑스 남부의 항구 도시 툴롱Toulon의 왕정파들은 영국과 스페인 군대를 불러들였다. 계속해서 왕정파들을 죽이는 것 말고는 더 효과적인 대응 방안이 있을 것 같지 않았다.

혁명 재판소가 가동되었고 학살이 시작되었다. 때마침 이러한 분위기에 맞추어 기요틴guillotine이라 불리는 단두대가 발명되었다. 왕비가 단두대에서 처형되었으며, 로베스피에르의 정적들도 대부분 단두대의 이슬이 되었다. 세상에 신과 같은 최고의 존재란 존재하지 않는다고 주장하는 무신론자들도 단두대를 피해 가지 못했다. 지옥에서 배달된 듯한 이 새로운 처형기구는 시간이 갈수록 더 많은 사람의 목을 베었다. 로베스피에르의 통치는 피를 마시며 생명을 유지하는 듯했고, 마치 아편 중독자가 점점 더 많은 아편을 원하듯 날로 더 많은 피를 원하는 듯했다.

총재정부와 나폴레옹

1794년 여름, 결국 로베스피에르도 권좌에서 밀려나 단두대에서 처형당했다. 그 뒤를 이어 5인의 총재로 구성되는 총재 정부가 들어섰다. 새로운 정부는 이후 5년간 대외적으로는 방어 전쟁을 계속하면서 대내적으로는 프랑스 전역을 하나로 단결시켰다. 총재 정부는 격렬한 변화의 시대에 잠시나마 휴지기를 만들어냈다는 점에서 흥미롭다. 5인의 총재는 현실을 있는 그대로 받아들였던 것이다.

혁명의 선동자로서 열정에 가득 찬 프랑스 군대는 네덜란드, 벨기에, 스위스, 남부 독일과 북부 이탈리아까지 진격해 들어갔다. 이 모든 곳에서 왕은 축출되고 공화국이 수립되었다. 이런 프랑스의 열정이 총재 정부에 활기를 불어넣었다. 하지만 그렇다고 해서 그 열정 때문에, 자신들이 해방한 다른 나라의 국민에게서 재산을 강탈하지 않은 것은 아니다. 프랑스 정부는 어떻게든 재정난을 타개해야 했다. 결국 프랑스의 전쟁은 자유를 향한 성전聖戰과는 거리가 멀어지는 대신, 구체제 아래에서 벌어진 침략 전쟁에 점점 더 가까워졌다. 프랑스가 끝까지 포기하지 못한 절대왕정의 요소는 바로 절대왕정의 전통적인 외교 정책이었다. 총재 정부 역시 이러한 외교 정책을 정력적으로 추진했다.

▲ 나폴레옹의 초상화
©Georgios Kollidas/Shutterstock.com

이 점에서만 보면 혁명이란 일어난 적이 없던 것처럼 느껴질 정도였다.

프랑스인들의 국가적 자기 중심주의를 가장 극적인 형태로 구현한 인물이 등장했다는 사실은 프랑스와 전 세계에 무척 불행한 일이었다. 그는 자신의 조국에 10년간 영광을 선사했지만, 결국에는 패배와 굴욕을 안겨주었다. 총재 정부의 군대를 이끌고 가서 이탈리아에서 대승을 거두었던 나폴레옹 보나파르트가 바로 그 인물이다.

총재 정부가 집권한 5년 동안 나폴레옹은 줄곧 자신의 입신양명을 위해 노력했다. 단계별 계획을 세우고 차근히 최고 권력에 다가갔다. 그는 이해력이 몹시 떨어졌지만 단순명쾌하고 활력이 넘치는 면도 있는 사람이었다. 처음에는 로베스피에르 수하의 과격한 극단주의자로 경력을 쌓았다. 그가 처음 진급할 수 있었던 것도 로베스피에르 덕분이었다. 하지만 그는 당시 유럽에서 일고 있던 새로운 기운을 제대로 파악하지

▲ 나폴레옹의 대관식. 1799년 나폴레옹은 실제로는 군주와 다름없는 프랑스의 초대 통령이 되었고, 1804
년에는 샤를마뉴를 모방하여 스스로 대관식을 치르고 황제가 되었다.
©Morphart Creation/shutterstock.com

못했다. 그가 꿈꾼 궁극의 정치는 서유럽 제국의 부활이었다. 겉으로는
화려해 보이지만 시대에는 한참 뒤떨어진 꿈이었다. 그는 옛 신성로마
제국의 잔재를 모두 버리고, 파리 중심의 새로운 제국으로 대체했다. 이
에 따라 빈에 있던 황제는 신성로마 제국 황제 자리를 내놓고 그저 오
스트리아의 황제로만 남게 되었다. 나폴레옹은 오스트리아 공주와 결
혼하기 위해 프랑스인 부인과 이혼했다.

1799년 나폴레옹은 실제로는 군주와 다름없는 프랑스의 초대 통령이
되었고, 1804년에는 샤를마뉴를 모방하여 스스로 대관식을 치르고 황제
가 되었다. 파리에서 열린 황제 즉위식은 교황이 주재하긴 했지만, 나폴
레옹은 샤를마뉴가 남긴 지시에 따라 교황으로부터 황제의 관을 받아서
직접 자기 머리에 썼다. 그는 자기 아들을 로마의 왕으로 삼았다.

나폴레옹은 권좌에 오른 뒤 몇 해 동안 계속해서 승리를 거두었다. 이 탈리아와 스페인 대부분을 정복했고 프로이센과 오스트리아를 격파했으며 러시아 서쪽의 유럽 전역을 지배했다. 그러나 영국의 해상 지배권을 빼앗는 데는 실패했다. 프랑스 함대는 트라팔가르Trafalgar 해전(1805)에서 영국의 넬슨 장군에게 결정적으로 패하고 말았다. 1808년 스페인이 다시 한번 나폴레옹에 맞서 일어나자 웰링턴 장군 휘하의 영국군이 파견되어 프랑스군을 서서히 이베리아 반도 북쪽으로 밀어 올렸다.

1811년 나폴레옹은 러시아의 차르 알렉산더 1세와 갈등하기 시작했으며, 이듬해인 1812년 60만 대군을 이끌고 러시아를 침공했다. 하지만 그와 군대는 러시아인들과 러시아의 겨울에 패하고 말았다. 이에 독일까지 나폴레옹에게 맞서 일어났으며 스웨덴은 그에게 등을 돌렸다. 프랑스군은 본국으로 퇴각했고 나폴레옹은 퐁텐블로Fontainebleau에서 퇴위당한 뒤(1814), 엘바 섬에 유배되었다. 나폴레옹은 재기를 노리고 1815년 유배지에서 탈출하여 프랑스로 돌아왔다. 하지만 결국 워털루Waterloo[벨기에의 브뤼셀 남쪽에 인접한 소도시]에서 영국, 벨기에, 프로이센 동맹군에게 패한 뒤 영국의 포로가 되어 세인트헬레나Saint Helena 섬으로 보내졌다. 1821년, 그는 그곳에서 사망했다.

프랑스혁명이 뿜어낸 기운은 결국 이렇게 소진되고 말았다. 승리를 거둔 동맹군의 국가 대표들이 빈에 모여서 회의를 열고, 이 거대한 폭풍이 휩쓸고 지나가며 부수어놓은 모든 것을 가능한 한 그 이전 상태로 복구할 것을 결의했다[1814-1815. 빈 회의]. 이때 모든 기력이 소진된 덕분에 이후 40년간 유럽에는 평화가 지속되었다.

나폴레옹의 몰락과 유럽

왕정복고

나폴레옹 몰락 이후 비교적 조용했던 40년 동안 유럽에 완전한 평화가 찾아온 것은 아니었다. 사실상 이 시기는 1854년에서 1871년까지 이어지는 일련의 전쟁들을 준비하는 기간에 지나지 않았다. 이렇게 된 데에는 두 가지 원인이 있었다. 첫째는 각국이 왕정으로 복귀하자 지난날의 불공정한 특권을 되살리고 사상의 자유와 저술 및 교육 활동의 자유에 간섭하려 한 것이다. 둘째는 외교관들이 빈에 모여[빈 회의] 그려놓은 국경선들이 실현 불가능한 것이었다.

군주정으로 돌아가려는 성향이 가장 먼저, 명백하게 드러난 곳은 종교재판까지 부활한 스페인이었다. 1810년 나폴레옹은 동생인 조제프Joseph를 스페인 왕으로 앉혔다. 그러자 대서양 건너 스페인의 식민지들은 미국처럼 유럽 열강에 맞서 봉기했다. 미국에서 조지 워싱턴이 했던 역할을 남아메리카에서 맡은 사람은 볼리바르 장군Simón

Bolivar[1783-1830. 스페인령 베네수엘라 출신의 군인. 남아메리카 독립운동을 이끌어 스페인을 몰아내고 1819년 현재의 콜롬비아, 베네수엘라, 에콰도르, 파나마 전체와 페루 북부를 포함하는 연방국가를 출범시켰다]이었다. 스페인은 이들의 반란을 진압할 수가 없었고 사태는 미국 독립전쟁 때처럼 질질 끌며 이어졌다. 결국 오스트리아가 나서서 신성동맹Holy Alliance[1815년 오스트리아, 프로이센, 러시아 세 나라가 공화주의와 세속주의의 확산을 막기 위해 맺은 협약]의 정신에 따라 유럽의 군주들이 곤경에 처한 스페인을 도와야 한다고 제안했다. 유럽 국가 중에서는 영국이 이에 반대했다.

하지만 군주정으로 복귀하려는 이들에게 아메리카에 대한 접근금지 조치를 내린 것은 미국의 먼로 대통령이었다. 먼로 독트린Monroe Doctrine으로 불리는 그의 외교 선언은 더는 아메리카 외부의 어떤 나라도 아메리카로 세력을 확장해서는 안 된다는 것이었다. 이에 따라 이후 거의 100년 동안 유럽 열강들은 아메리카에 손을 댈 수 없게 되었다. 스페인령 아메리카에서는 새로운 국가들이 탄생하여 스스로 각자의 운명을 결정할 수 있게 되었다.

스페인의 군주정은 아메리카에서 식민지를 잃긴 했지만 유럽 안에서는 원하는 대로 할 수 있었다. 유럽의 군주정 협의체가 각국의 왕실을 보호했기 때문이다. 1823년 스페인에서 일어난 민중봉기는 프랑스군이 진압했으며, 같은 시기에 나폴리에서 일어난 혁명은 오스트리아군이 진압했다.

1824년 프랑스의 루이 18세가 죽자 샤를 10세가 왕위를 이었다. 샤를은 언론과 대학의 자유를 폐지하고 절대왕정으로 복귀하기 위해 노력했다. 귀족들에게는 1789년 몰수된 재산과 혁명 기간에 불타버린 성과 저택에 대한 보상으로 10억 프랑이 지급되었다. 1830년 파리 시민은 구체제로의 복귀에 맞서 봉기했고, 결국 샤를 10세는 퇴위당했다. 그리고 공포정치 기간[로베스피에르가 집권했던 시기]에 처형되었던 오를레앙 공公 필리프의 아들 루이 필리프Louis Philippe(1773-1850)가 왕으로 옹립되었다. 이번에는 독일과 오스트리아를 비롯한 유럽의 다른 군주들이 프랑스 사태에 개입할 여유가 없었다. 이들 나라에서도 자유주의 봉기가 강력하게 일어나고 있었기 때문이었다. 영국은 공개적으로 혁명의 결과를 인정했다. 결국 프랑스는 여전히 군주국가로 남았고, 루이 필리프는 프랑스의 입헌군주로서 18년간(1830-1848) 왕위에 있었다.

빈 체제하의 유럽

빈 회의가 가져온 평화 체제가 이토록 불안하게 흔들리게 된 근본 이유는 군주정을 지지하는 이들이 펼친 반동 복고적 정책들 때문이었다. 외교관들이 빈에 모여서 그려놓은 비합리적인 국경선 때문에 국가 간에 긴장이 발생했다. 긴장이 심화한 데에는 각국 정부가 의도한 부분도 있었지만 결국 이 긴장 때문에 인류의 평화가 위협받는 상황에 이르렀다.

서로 다른 언어를 사용하며, 서로 다른 문학 작품을 읽고, 서로 다른 생각을 하는, 서로 다른 민족 사이에서 일어나는 일들을 함께 처리한다는 것은 무척 어려운 일이다. 특히 민족 간 차이가 종교 분쟁으로 심화할 때는 더욱 그렇다. 스위스의 서로 다른 산간 지역 주민들이 공동으로 나라를 방어해야 할 필요가 있는 것처럼, 강력한 공통의 이해관계가 성립될 때만 다른 언어와 신앙을 가진 민족들을 긴밀하게 연결할 수 있다. 하지만 스위스도 각 지방에 최대한의 자치권을 준다는 점을 잊지 말아야 한다. 마케도니아처럼 다른 주민들의 구역들로 짜깁기하듯 이루어진 나라에서는 자치권을 가진 작은 주州로 구성되는 연방제가 반드시 있어야 한다. 그러나 빈 회의에서 그린 유럽의 지도는 마치 각 지방 주민들의 분노를 최대한 돋우기 위해 그린 것처럼 보였다.

빈 회의의 결정에 따라 네덜란드 공화국은 해체되었다. 이전에 스페인령이었다가 이제는 오스트리아령이 된 남부 네덜란드[현재 벨기에 지역]의 프랑스어를 사용하는 가톨릭 주민들이 네덜란드의 프로테스탄트 주민들과 합쳐져서 하나의 왕국으로 재편되었다. 오래된 베네치아 공화국만이 아니라 밀라노까지 포함하는 북부 이탈리아 전체가 독일어를 사용하는 오스트리아에 넘어갔다. 프랑스어를 사용하는 사부아와 이탈리아의 몇몇 지역들과 결합한 사르디니아 왕국이 부활했다.

오스트리아 제국은 이미 독일, 헝가리, 체코슬로바키아, 유고슬라비아, 루마니아 사람들에 이제는 이탈리아 사람들까지 더해져 폭발할 지경이었다. 그런데 오스트리아 정부가 1772년과 1795년 두 차례에 걸쳐 폴란드 분할 점령[오스트리아, 프로이센, 러시아는 폴란드를 1772년, 1793년, 1795년 세 차례에 걸쳐 분할 점령하는데, 오스트리아는 프랑스혁명 전쟁으로 1793년에는 참여하지 않았다]에까지 참여하자 제국은 더더욱 통제할 수 없는 상황이 되었다.

폴란드는 가톨릭 신앙과 공화주의가 지배적이었지만 폴란드의 주요 지역들은 프로테스탄트인 프로이센에 넘어갔고, 나머지 지역은 폴란드보다 문명 수준이 낮고 동방 정교를 믿는 러시아가 차지했다.

러시아의 차르는 러시아인들과는 완전히 다른 핀족Finns[오늘날 핀란드 국민의 대부분을 구성하고 있는 민족]에 대한 지배권도 인정받았다. 또한 서로 전혀 다른 노르웨이와 스웨덴 역시 한 왕국으로 통합되었다.

독일은 특히나 위험하고 혼란한 상황에 처해있었다. 당시 독일은 다

▲ 빈 회의에 따른 유럽의 재편성

수의 소규모 국가들이 연방을 이루고 있었다. 하지만 이 연방에는 프로이센과 오스트리아도 부분적으로 속해있었다. 덴마크 또한 홀슈타인Holstein 지방을 점유하여 독일 연방 안으로 들어왔고, 네덜란드 왕의 지배를 받으면서 주민 대부분은 프랑스어를 사용하는 룩셈부르크도 독일 연방에 속했다.

각 민족이 각자의 언어로 당면 문제를 처리하면 편리할 텐데 이런 사실을 무시한 탓에 독일 연방은 복잡하게 구성될 수밖에 없었다. 독일어를 사용하고 독일 문학에 사고의 뿌리를 둔 사람들은 독일어로, 이탈리아어를 사용하고 이탈리아 문학에 사고의 뿌리를 둔 사람들은 이탈리아어로, 폴란드어를 사용하고 폴란드 문학에 사고의 뿌리를 둔 사람들은 폴란드어로 그들의 문제를 다루어야 한다. '독일어가 사용되는 곳이라면

442

어디든지 그곳은 조국'이라고 선언하는 노래가 그 무렵 큰 인기를 끌었다는 사실은 그리 놀라운 일이 아니다.

1830년 프랑스어를 사용하는 벨기에 주민들이 당시 프랑스 혁명에 고무되어 네덜란드 왕국에 맞서 봉기했다. 주변 열강들은 이 지역이 공화국으로 독립하거나 프랑스에 합병될지 모른다는 공포에 사로잡혀 서둘러 사태를 진정시킨 뒤, 작센-코부르크 고타 공국Saxe-Coburg Gotha[1826년에서 1918년까지 독일 작센 지방에 존재했던 작은 공국]의 레오폴 1세Leopold I를 벨기에의 왕으로 옹립했다. 1830년에는 이탈리아와 독일에서도 반란이 일어났지만 성공하지는 못했다. 훨씬 더 격렬하게 봉기한 곳은 러시아령 폴란드였다. 바르샤바에서는 공화국이 성립되어 1년 동안이나 차르 니콜라이 1세[1825년 알렉산드르 1세를 승계하여 황제가 되었다]에 맞섰다. 하지만 결국엔 무자비한 대규모 폭력에 의하여 진압되고 말았다. 그 결과 폴란드어 사용이 금지되었으며, 국교였던 로마 가톨릭은 동방 정교로 대체되었다.

1821년에는 그리스가 오스만튀르크에 맞서 반란을 일으켰다. 그리스는 6년에 걸쳐 필사적으로 싸웠지만 유럽의 다른 나라는 사태를 관망하기만 했다. 이를 비판하는 진보적 여론이 일자, 유럽 전역에서 지원병이 모여들어 그리스 반란군에 가담했다. 결국 영국, 프랑스, 러시아군이 합동 작전을 펼치게 되었다. 나바리노 해전(1827)에서 프랑스와 영국 해군이 튀르크 함대를 격파했고, 러시아는 오스만튀르크 본토를 침공했다. 마침내 아드리아노플Adrianople 조약(1829)이 맺어지고 그리스는 해방되었다.

하지만 고대 그리스의 공화정 전통은 허용되지 않았다. 바이에른의 독일인 영주 오토가 그리스의 왕이 되었다. 또한 다뉴브 강 유역의 속주

[현재의 루마니아]와 세르비아Serbia [유고슬라비아를 구성했던 공화국의 하나]에는 그리스도교를 신봉하는 통치자들이 옹립되었다. 하지만 이 지역에서 오스만튀르크의 세력이 완전히 축출되기까지는 아직도 더 많은 피를 흘려야 했다.

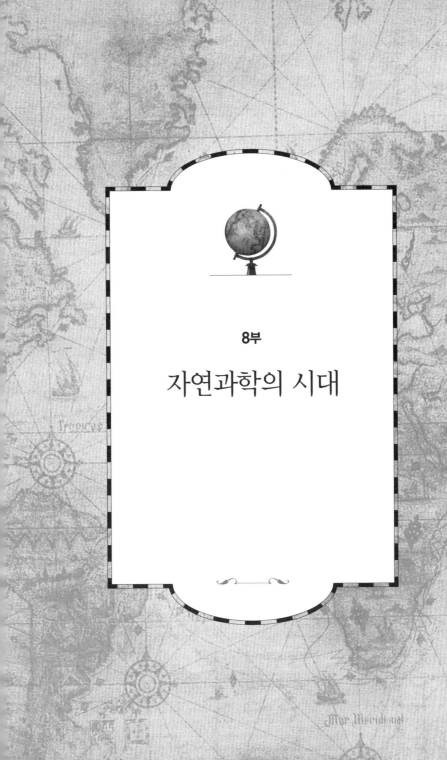

8부

자연과학의 시대

57

자연과학의 발전

지식 확장에 나선 영국 왕립학회

17~18세기와 19세기 초 몇 년 동안 유럽에서는 강대국들과 군주들 사이에 분쟁이 계속되었다. 30년 전쟁을 종결하며 맺은 베스트팔렌 조약(1648)에 따라 국경이 그어졌던 유럽의 지도는 처음엔 조각보 같았다가 차츰 만화경의 이미지처럼 어지럽게 변했다가, 결국 빈 조약(1815)에 의해 다시 정리되었다. 그러는 사이에도 범선들을 따라 유럽의 영향력이 전 세계로 확대되고 있었다. 그리고 유럽과 유럽화한 세계에서는 이 세상에 관한 인류의 지식이 꾸준히 성장하고 일반 개념들도 명확해지고 있었다.

지식의 확장과 개념의 명료화는 정치 상황과는 별개였다. 17~18세기 내내 지식은 확장하고 있었다. 하지만 정치에 즉각적인 영향을 줄 만한 별다른 결과를 내놓지 못했고 일반 대중의 생각에까지 영향을 끼치지는 못했다. 반응이 나타나기 시작한 것은 훨씬 뒤의 일로 19세기 후반이 되어서였다.

사실 지식의 확장은 경제적으로 번영하고 있던 나라의 독립적 기상이 강한 사람들이 만든 작은 세계에서 시작되었다. 영국인들이 '은밀한 신사private gentleman'라고 부르는 부류[영국 왕립학회를 private gentleman's club이라고 하는데 여기에 속한 지식인을 말한다]가 없었더라면 그리스에서도 과학적 사고과정은 시작될 수 없었을 것이며, 유럽에서 그것이 다시 살아날 수도 없었을 것이다. 대학이 일부 역할을 하긴 했지만 철학적·과학적 사고를 이끄는 데 주도적 역할을 한 것은 아니었다. 타인에 의한 학습은 소극적이고 보수적인 학습에나 부합할 뿐 독립적인 정신과 접촉하여 자극받지 못하면 독창성이 떨어지고 혁신하는 데도 저항적이기 쉽다.

1662년에 왕립학회가 설립되고 베이컨이 《새로운 아틀란티스》에 담긴 꿈(이상향)을 실현하기 위해 여러 활동을 펼쳤다는 것은 이미 이야기했다. 18세기 전체를 통하여 물질과 운동 개념이 명료하게 정의되었다. 또한 이 시기에 광학 렌즈를 사용하여 현미경과 망원경을 만드는 방식이 체계적으로 발전했다. 지구의 역사를 구분 짓는 자연사 연구가 다시 활발해지는 한편, 해부학 또한 크게 발전했다. 그리고 아리스토텔레스가 예시豫示하고 레오나르도 다 빈치Leonardo da Vinci(1452-1519)가 먼저 연구했던 지질학이 발달하여 암석 기록을 해석할 수 있게 되었다.

물리학의 발전은 야금술의 발전을 가져왔다. 야금술이 발전하자 금속 및 여타 물질들을 대량으로 과감하게 다루는 것이 가능해졌다. 야금술 덕분에 실용적인 발명들이 뒤를 이었다. 새로운 규모의 기계 장치가 전에 없이 많이 등장했고, 이것이 결국 근대 산업에 혁명을 일으키는 계기가 되었다.

▼ 1830년 9월 15일에 개통된 리버풀-맨체스터 철도. 세계 최초의 본격적인 증기기관차 철도이다.
©Everett Historical/shutterstock.com

증기기관과 교통수단의 발달

1804년 트레비식Trevithick은 와트Watt의 증기기관을 교통수단에 차용하여 최초의 기관차를 만들었다. 1825년에는 스톡턴과 달링턴을 잇는 최초의 철도가 개통되었고, 스티븐슨이 제작한 '로켓'이 13톤짜리 열차를 끌고 시속 71km의 속도로 달렸다. 1830년 이후 철도 이용은 빠르게 확산되었으며, 19세기 중반에는 유럽 전역에 철도망이 깔렸다.

인류 역사에서 오랫동안 변치 않았던 육상 교통수단의 속도가 비약적으로 빨라졌다. 러시아에서 대참사를 겪은 나폴레옹이 빌뉴스Vilnius[리투아니아 공화국의 수도] 근처에서 출발하여 파리까지 약 2,253km를 가는 데 걸린 시간은 312시간이었다. 시간을 단축할 만한 것은 무엇이든 동원했지만 평균 속도는 시속 8km에도 못 미쳤다. 그 당시 일반 여행자라면 그 시간의 두 배가 걸려도 도착하지 못했을 것이다. 나폴레옹이 낼 수 있었던 최고 속도는 1세기에 로마에서 갈리아까지 갔을 때의 최고 속도보다 조금도 빨라지지 않았다.

그런데 갑자기 엄청난 변화가 일어났다. 철도가 놓이자 일반 여행자도 이 거리를 48시간 안에 갈 수 있게 되었다. 다시 말하자면, 철도 덕분에 유럽의 거리가 10분의 1로 줄어든 셈이다. 이는 정부의 행정 업무가 미칠 수 있는 범위도 이전보다 열 배나 확장되었음을 의미한다.

이렇게 새롭게 열린 가능성이 가져올 진짜 효과는 유럽에서는 아직 실현되지 못하고 있다. 말과 도로의 시대에 그려진 국경을 중심으로 철도망이 건설되었기 때문이다. 하지만 미국에서는 그 효과가 즉각 나타났다. 서부로 영토를 확장하고 있던 미국에서 철도는 곧 대륙 저 너머 아무리 먼 변경이라도 단절 없이 워싱턴까지 연결할 수 있음을 의미했다. 이는 이제까지 어떤 교통수단으로도 달성할 수 없었던 규모의 통일 국가를 유지할 수 있다는 뜻이었다.

증기선은 초기 단계에서 증기 기관차보다 조금 앞서 등장했다. 1802년에 스코틀랜드 중부를 가로지르는 포스 앤드 클라이드 운하Forth and Clyde Canal에는 샬럿 던다스Charlotte Dundas라는 이름의 증기선을 처음 띄웠다. 1807년에는 미국인 로버트 풀턴Robert Fulton이 영국 산 증기기관을 장착한 증기선 클러몬트Clermont호를 뉴욕의 허드슨 강에 띄웠다. 처음으로 바다에 증기선을 띄운 사람 역시 미국인(존 스티븐슨John Stevens)이었다. 피닉스호가 처음으로 뉴욕(호보켄 항)을 출발하여 필라델피아까지 항해했다. 그 뒤에는 사바나Savannah호가 증기를 이용하는 배(돛도 달려있었다)로는 처음으로 대서양을 횡단했다(1819).

이때까지 나온 배들은 모두, 노를 젓듯이 물을 밀어 배를 추진시키는

▲ 1807년 미국의 풀턴이 제작한 세계 최초의 실용 증기선, 클러몬트호. 이로써 동력선의 시대가 열렸다.
©Everett Historical/shutterstock.com

외륜paddle-wheel을 이용하는 외륜선이었다. 그래서 거칠고 험한 바다
에서 항해하기에는 적절치 않았다. 외부에 장착된 외륜은 부서지기 쉬웠
고, 부서지면 항해할 수 없었다. 스크루가 달린 증기선이 나오기까지는
시간이 좀 걸렸다. 수없이 많은 난관을 거친 뒤에야 스크루를 실제로 사
용할 수 있게 되었다. 그리고 19세기 중반에 이르러 바다에서 항해하는
증기선의 전체 용적이 범선의 전체 용적을 넘어섰다. 그 뒤로는 해양 교
통수단의 발전이 급속도로 이루어졌다. 이제 역사상 처음으로 도착 날짜
를 확실히 정하고서 바다를 건너갈 수 있게 되었다. 과거에 대서양을 횡
단하는 여행은 여러 주, 많게는 여러 달이 걸릴 수도 있는 불확실한 모험
이었다. 하지만 1910년에는 그 속도가 점점 빨라져서 가장 빠른 배를 탈
경우 5일이 채 걸리지 않았다. 게다가 실제 도착시각까지도 미리 알 수
있는 편안한 여행이 되었다.

증기기관을 이용한 육상과 해상 교통수단이 나란히 발전하고 있는 동안 새로운 통신수단이 개발되었다. 볼타, 갈바니, 패러데이Faraday 같은 사람들이 전기 현상에 관해 밝혀낸 연구 결과를 바탕으로 얻어낸 성과였다. 1835년 전신 기술이 등장했고, 1851년에는 프랑스와 영국 사이에 첫 해저 케이블이 놓였다. 몇 년 지나지 않아 전신 체계가 전 세계로 퍼져나갔다. 그 결과, 이전에는 한 곳에서 다른 곳으로 천천히 전달되던 새로운 소식도 사실상 거의 동시에 지구 전역으로 전송할 수 있게 되었다.

증기 기관차와 전신 기술 같은 문명의 이기는 19세기 중반 대중이 상상할 수 있는 가장 인상적이고 혁명적인 발명이었다. 하지만 앞으로 훨씬 더 발전하게 될 기술의 미래를 생각할 땐, 눈에 잘 띄지만 여전히 서툴기만 한 첫 열매에 불과했다. 지식과 기술은 이전 시대보다 놀랄 만한 규모와 속도로 발전하고 있었다. 인간의 기술이 확장되어 다양한 소재를 다룰 수 있게 되었다는 사실이 처음에는 크게 체감되지 않았지만, 나중에는 일상생활 곳곳에서 중요한 변화를 가져왔다.

기술 혁명은 야금술의 발전을 낳고

18세기 중반까지는 목탄을 때서 철을 광석으로부터 제련했고 여기서 얻어진 작은 철 조각들을 해머로 두들겨서 여러 가지 형태로 만들었다. 그러니까 철은 한 사람의 기능공이 다루는 물질이었다. 철을 다루는 방식과 거기서 나온 상품의 질은 대장장이 한 사람의 경험과 역량에 따라 달라졌다. 이런 상황에서 처리할 수 있는 철의 최대량은 기껏해야 2~3톤밖에 되지 않았다. 시대마다 철로 만들 수 있는 물건의 최대 크기는 명확히 확인할 수 있다. 각 시대에 만들어진 대포의 크기가 그 시대에 철

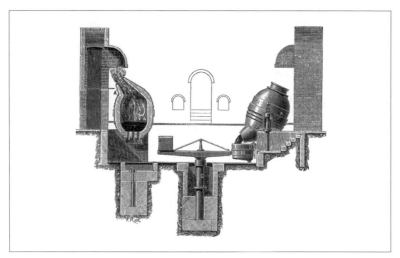

▲ 강철을 대량 생산할 수 있게 한 제강법 베서머법 ©Morphart Creation/shutterstock.com

로 만들 수 있는 한계치이기 때문이다. 18세기에 등장한 용광로는 코크스를 사용하게 되면서 더욱 발전했다. 둥글게 말아놓은 강판(1728)과 철근 및 철골(1783)이 등장한 것도 18세기였다. 네이스미스Naysmith의 증기 해머steam hammer[증기기관을 이용하여 철을 단조해내는 대형 기계]가 나온 것은 1838년이었다.

옛날에 증기를 이용할 수 없었던 것은 야금술의 수준이 떨어졌기 때문이다. 강판을 사용할 수 없었다면 증기기관의 가장 초기 형태인 펌프 엔진도 개발될 수 없었을 것이다. 초기 증기기관들은 오늘날의 눈으로 보기엔 한심하고 조악한 철물 조각들로 보이겠지만 당시의 야금 기술로 이룰 수 있었던 최고의 성과물이었다. 1856년에 베서머법Bessemer process[녹은 선철에서 강철을 대량 생산해낸 세계 최초의 제법]이 등장했다. 이후에 평로법平爐法이 개발되었는데(1864), 이 방법을 쓰게 되면서 모든 종류의 철을 녹여 정화할 수 있었고 이전에는 상상할 수도 없던 규모로 주

조까지 하여 사용할 수 있게 되었다.

　오늘날에는 전기 용광로 안에서 몇 톤이나 되는 강철이 마치 냄비에서 끓고 있는 우유처럼 소용돌이치며 백열광을 내는 모습을 볼 수 있다. 대량의 강철을 완벽히 다룰 수 있는 기술에 통달하면서 인류는 유례없는 문명의 진보를 이루었다. 철도와 기관차汽罐 제작은 새로운 야금술이 이루어낸 최초의 업적에 불과했다. 이제는 철선鐵船이 건조되고 광대한 교량을 비롯해 어마어마한 규모의 건축물이 강철로 지어지고 있다. 지난 시대에 그토록 소심한 태도로 철도를 건설하지 않았더라면 지금쯤 훨씬 더 큰 규모로 더욱더 안정적이고 편안한 여행을 할 수 있었으리라. 유럽인들은 이 사실을 뒤늦게 깨닫고 있었다.

　19세기 이전에는 적재량 2,000톤 이상의 배는 존재하지 않았다. 그런데 이제는 적재량 5,000톤의 정기선도 그리 놀랍지 않다. 이런 식의 발전에 대해 단지 크기가 커진 것에 불과하다고 코웃음 치는 사람들도 있다. 하지만 이렇게 비웃으며 즐거워하는 사람들은 자신의 지적 한계를 드러낼 따름이다. 대형 선박이나 철골 건축물은 단지 과거의 소형 선박이나 건축물의 크기만 늘려놓은 것이 아니라 완전히 다른 선박이고 건축물이다. 현대의 선박과 건물은 더 섬세하고 강력한 재료를 사용하여 더 가볍고 튼튼하게 만들어진다. 예전처럼 어림짐작으로 진행되던 제작과정이 이제는 복잡한 계산과정으로 대체되었다.

　옛날에 집을 짓고 배를 만들 때는 그 자재가 모든 것을 결정했다. 재료와 그 재료의 생리를 사람이 무조건 따라야만 했다. 그런데 이제는 사람이 재료를 손에 쥐고 원하는 대로 변화시키는 일이 가능해졌다. 광산에서 석탄과 철광석을 채굴하고 강둑에서 모래를 채취한 뒤 철과 모래를 가공하고 녹여서 원하는 모양의 강철과 유리로 만들어낸 다음, 복잡한 도시 위로 200m나 솟아올라 반짝반짝 빛나는 날씬한 고층빌딩을 만들어낸다는 사실은 생각만 해도 놀랍다.

이제까지 주로 강철을 제조하는 야금술의 발달과 그 결과에 대해서 알아보았다. 더불어 동이나 주석을 비롯한 여타 광물, 이를테면 19세기 이전에는 인류에게 알려지지도 않았던 니켈이나 알루미늄 같은 금속을 제련하는 기술도 이와 비슷한 과정을 거쳤다. 오늘날 기계혁명의 주요 성과를 거둘 수 있었던 것은 유리, 암석, 석고 등의 물질을 자유자재로 다루는 기술이 발전했기 때문이다.

그러나 우리는 아직 그 첫 열매가 열리는 단계에 있을 뿐이다. 우리에겐 힘이 생겼지만 아직 그 힘을 사용하는 방법에 관해서는 배울 것이 많다. 과학이 가져다준 이러한 선물들을 처음 사용하는 경우에 몹시 저열하고 저속하고 어리석고 끔찍한 일들이 벌어지곤 했다. 아직은 예술가처럼 새로운 기술을 다른 방식으로 바꾸어 사용할 수 있는 사람들이 다양한 재료들을 가지고 제대로 된 작업을 시작하지 않았기 때문이다.

전기공학이 처음으로 등장했고 기계공학의 발달과 함께 나란히 성장했다. 그리고 1880년대에 이르면 전기공학의 연구 성과들이 일반 대중에게까지 깊은 인상을 남길 만한 결과물을 내놓기 시작한다. 어느 날 갑자기 사람들은 전기로 불을 밝히고 동력을 생산할 수 있게 된 것이다. 게다가 전기 에너지를 다양한 형태로 전환하고 멀리까지 송출할 가능성이 열렸다. 전기 에너지 하나로 기계를 움직이고, 불을 켜고, 열을 내는 일이 가능해졌을 뿐 아니라 파이프를 통해 물을 흘려보내듯 구리선을 통해 전기 에너지를 멀리까지 송출할 수 있었다. 이제 일반인들까지 이러한 사실을 알게 되었다.

자연과학의 산실이 된 독일

지식의 확산을 초기에 주도했던 것은 영국과 프랑스였다. 그런데 이제는 독일이 그 역할을 하고 있다. 나폴레옹의 지배 아래서 겸손을 배운 독일인들은 과학 연구에서 엄청난 열정과 끈기를 발휘하여 영국과 프랑스를 앞지를 정도가 되었다. 영국의 과학은 대체로 잉글랜드와 스코틀랜드에서 학계의 중심 기관들이 아니라 그 외부에서 일하는 사람들이 창조해낸 것이었다.

당시 영국의 대학들은 대체로 현학적인 그리스·라틴 고전에만 몰두한 나머지 교육에서 퇴보를 거듭하고 있었다. 프랑스의 교육 방식 또한 예수회 학교들의 전통적인 고전 교육에 지배되고 있었다. 따라서 독일이 연구자들을 모아 연구기관을 설립하는 일이 그리 어렵지 않았다. 이들이 세운 기관은 그 발전 가능성에 비하면 규모가 작았지만, 영국과 프랑스의 발명가들이나 실험주의자들의 단체에 비하면 큰 것이었다.

영국과 프랑스는 소규모의 연구와 실험만으로도 당시 세계에서 막대한 부와 힘을 가질 수 있었다. 하지만 그런 연구와 실험을 했던 과학적이고 의욕에 찬 과학자들이 부와 권력을 가지게 된 것은 아니었다. 진정한 과학자에게는 세속에 물들지 않은 순수함이 있기 마련이다. 자신의 연구 활동에만 매진하다 보니 그것을 이용해 돈을 벌 계획은 세울 수조차 없는 것이다. 따라서 과학자가 발견한 새로운 사실을 응용하여 얻는 경제적 이득은 자연스레 더욱더 소유욕이 강한 사람들의 손에 떨어지기 쉽다. 과학과 기술이 발달하여 새로운 단계에 이를 때마다 영국에서는 새로운 부유층이 등장했다. 하지만 이들 역시 국가에 황금알을 낳아주는 거위가 굶어 죽을 상황인데도 신경 쓰지 않고 자기들끼리 흡족해하고 있었다. 새로운 사실을 발견하고 새로운 물건을 발명하는 이들은 원래부터 더 영리한 사람들의 돈벌이를 위해 존재한다는 게 그들의 생각이었다. 게다가 기존의 학자들이나 성직자들은 오히려 이 거위를 욕하고 죽이지 못해 안달이었다.

독일인들은 이런 문제를 좀 더 현명하게 다루었다. 독일의 '지식인들'은 새로운 학문에 대하여 그토록 증오하지는 않았다. 그들은 오히려 그 새로운 학문이 발전하도록 허용했다. 독일의 사업가들이나 제조업자들은 영국인 경쟁자들과는 달리 과학자에게 반감이 없었다. 그들이 '지식이란 비료를 주는 만큼 늘어나는 농작물과 같다'고 믿었다. 그래서 과학자들에게 기회를 주기로 한 것이다. 그들은 상대적으로 더 많은 공공자금을 과학 연구에 지출했고, 이로써 풍성한 성과를 거둘 수 있었다.

독일 과학자들의 성실한 연구 활동 덕분에 19세기 후반 과학 분야에서 최신 연구 성과를 놓치지 않고 공부하려는 학생들에게는 독일어가 필수 외국어가 되었다. 과학의 몇몇 분과들, 특히 화학 분야에서는 독일이 다른 나라들보다 월등했다. 독일이 1860년대와 1870년대에 과학에 쏟아부은 노력은 1880년대부터 성과를 드러내기 시작했다. 기술과 산업 측면에서도 독일은 번창했고 영국과 프랑스에 꾸준히 근접해갔다.

비행기의 등장

1880년대에 새로운 유형의 엔진이 실용화되면서 발명의 역사에 새로운 국면이 열렸다. 증기 대신 폭발성 합성물질을 사용하여 팽창력을 얻는 새로운 엔진이 나온 것이다. 이에 따라 가벼우면서도 효율성이 높은 엔진을 이용하여 자동차를 만들 수 있게 되었다. 그뿐만 아니라 더 가

▲ 1904년 라이트 형제의 플라이어 2호 모습 @wikipedia

볍고 더 효율적인 엔진이 계속 개발되면서 오랫동안 이론적으로만 가능하다고 알려졌던 비행기를 마침내 실제로 제작하는 단계에 이르렀다. 1897년 워싱턴의 스미소니언 협회 회장이었던 새뮤얼 랭글리Samuel Pierpont Langley 교수가 사람을 싣고 날 수 있을 만큼 크지는 않았지만 그래도 최초로 날아가는 기계를 만들었다[랭글리 교수는 비행에는 실패했지만, 며칠 뒤 라이트 형제가 인류 최초로 비행에 성공했다].

1909년에는 처음으로 사람을 태운 비행기가 하늘을 날았다. 철도와 자동차 전용 도로가 완벽한 수준에 이르기까지 인간 이동 속도의 발전 과정에 잠시 휴지기가 찾아온 듯했지만 비행기가 등장함으로써 다시 한 번 지구상의 실제 거리가 확연히 줄어들었다. 1918년 영국 항공 교통 위원회의 발표에 따르면, 몇 년 뒤에는 런던에서 멜버른까지, 곧 지구 반 바퀴를 여행하는 데 8일이면 충분할 것이다. 18세기에는 런던에서 에든버러까지 가는 데만 8일이 걸렸다.

한 지역에서 다른 지역으로 이동하는 데 걸리는 시간이 놀라울 정도로 줄었다는 사실만을 지나치게 강조해서는 안 될 것이다. 이동 속도의 향상은 인류가 지닌 잠재력이 더욱 의미심장하게 확장되어 실현되는 한 단면일 뿐이다. 이를테면 농학과 농화학 또한 19세기에 그에 상응하는 발전을 이룩했다. 사람들은 토지를 비옥하게 만드는 법을 알게 되었으며, 그렇게 함으로써 같은 넓이의 농지에서 17세기에 거두어들이던 소출의 4~5배가량을 수확할 수 있게 되었다. 의학에서는 훨씬 더 뛰어난 발전이 있었다. 인간의 수명이 늘었고, 일상생활의 능률도 향상되었으며, 질병으로 인한 조기 사망은 감소했다.

이것을 종합한 결과, 이제 우리 인류는 역사의 새로운 국면에 들어섰다. 한 세기가 조금 넘는 시간 안에 기계혁명이 일어났다. 그 짧은 시간 동안 인간은 이제껏 경험하지 못한 물적 조건의 변화를 이루었다. 이러한 변화는 구석기 시대에서 농경 시대로 접어들게 된 변화나, 이집트의 파라오 페피Pepi 시대(서기전 2335-2315 재위)에서 조지 3세(1760-1820 재위) 시대에 이르는 변화보다도 훨씬 더 컸다. 이에 따라 우리의 정치, 경제, 사회 운영 방식 또한 대대적으로 조정될 필요가 있다. 기계혁명의 전개 과정에 맞추어 정치, 경제, 사회 또한 변한 것이 사실이지만, 오늘날까지도 인류는 그러한 변화의 초기 단계에 머물러있기 때문이다.

58

기계혁명과 노동의 변화

기계혁명 대 산업혁명

우리가 앞서 '기계혁명'이라고 부른 것은 과학 발전이 조직화하면서
일어났다. 기계혁명은 인류 역사에서 완전히 새로운 경험이었으며, 농업
의 '발명'이나 금속의 '발견'과 같은 도약을 의미했다. 그런데 많은 역사
서에서 이 기계혁명을 '산업혁명'과 혼동하곤 한다.

산업혁명은 그 기원이 기계혁명과는 다르고, 이미 역사에 전례가 있
는 사회와 경제의 발전 현상이었다. 이 두 가지 혁명은 나란히 함께 진행
되며 상호 간에 계속해서 영향을 주고받기는 했지만 그 근원과 본질은
서로 다르다. 석탄, 증기, 기계가 등장하지 않았더라도 산업혁명은 어떤
형태로든 일어났을 것이다. 그러나 그렇게 일어난 산업혁명은 고대 로마
공화정 후기에 일어났던 사회와 경제의 발전 궤도를 따라갔다. 즉, 자영
농과 노동자들은 재산을 잃고 재산가들은 더 큰 토지와 더 많은 부를 소
유하게 되는, 사회를 파괴하는 과정이 되풀이되었을 것이다.

공장은 새로운 동력이나 기계의 발명보다 먼저 등장했다. 공장은 기계 때문에 만들어진 것이 아니라 '노동의 분업'에 따른 결과로 등장했다. 착취당하는 숙련 노동자들은 산업용 수차水車가 가동되기 이전부터 모자 보관용 골판지 상자나 가구, 채색된 지도와 도서 삽화 등을 만들고 있었다. 아우구스투스 황제 시대에도 로마에는 공장이 많았다. 예를 들어, 새로운 책을 만들 때는 도서 상인의 공장에서 필경사들이 줄지어 앉아서 내용을 받아 적고 필사했다. 다니엘 디포Daniel Defoe[《로빈슨 크루소》로 유명한 영국의 소설가]의 작품이나 헨리 필딩Henry Fielding[18세기 영국의 소설가·극작가]의 정치 팸플릿을 주의 깊게 살펴보면, 17세기 영국에서는 이미 가난한 사람들을 건물 속에 몰아넣고 그저 생계를 위해 집단 노동을 시키려는 생각이 실현되었음을 알 수 있다. 이와 비슷한 생각은 일찍이 토머스 모어Thomas More의 《유토피아Utopia》(1516)에도 들어있었다. 이러한 변화는 사회적 변화이지 기계의 발전과는 다른 것이다.

18세기 중반까지 서유럽의 사회와 경제는 사실상 서기전 마지막 3세기 동안 로마 공화정이 밟아간 길을 그대로 따라가고 있었다. 그러다가 갑자기 이전과 다른 길을 가게 된 데는 여러 가지 원인이 작용했다. 유럽은 정치적으로 분열되었고 군주정에 맞서 정치적 봉기가 있었으며 일반 민중의 반란도 늘었다. 서유럽 지성계는 기계에 관한 새로운 발상과 발명에 접근할 기회가 증가했다. 그리스도교 덕분에 생겨난 보편 인류의 연대 사상은 새로워진 유럽 안에서 더 멀리까지 퍼져나가 스며들었다. 정치권력은 이제 더는 과도하게 집중화되지 않았다. 그리고 부자가 되고자 하는 열망과 기력이 있는 사람들은 노예와 집단 노동이 아니라 기계를 이용한 노동을 생각하게 되었다.

기계의 등장으로 변화하는 노동력

기계의 발명 과정이라고 할 수 있는 기계혁명은 인류가 처음 경험하는 새로운 현상이었다. 기계혁명에서 정치, 경제, 사회, 산업 분야의 변화가 파생되었지만 기계혁명 자체는 그러한 변화와는 별도로 전개되었다. 반면에 산업혁명은 기계혁명의 영향으로 근본적인 변화를 겪고 진행 방향이 정해졌다. 기계혁명은 인간의 환경 자체를 계속 변화시켰으므로 인류의 생활은 크게 달라질 수밖에 없었다.

막대한 부가 축적되고 소규모 자영농과 상공인은 소멸하며 금융의 규모가 커지는 현상은 로마 공화정 후기에도 나타났다. 이와 비슷한 자본의 집중화 현상이 18세기와 19세기 유럽에도 나타났다. 하지만 이 시기에 일어난 변화가 이전의 변화와 근본적으로 다른 것은 기계혁명이 가져온 노동 형태의 변화 때문이다.

옛날의 동력은 사람의 힘이었다. 모든 것이 궁극적으로는 사람의 근육 즉, 노예의 힘에 의지했다. 여기에 소나 말과 같은 동물의 힘이 보태졌을 뿐이다. 무거운 물건을 들어 올려야 할 때면 사람이 들어 올렸다. 채석장에서 돌을 캐내야 할 때도 사람이 바위를 쪼았다. 밭을 갈아야 할 때면 사람이 소를 부려 쟁기질했다. 증기선에 상응하는 로마 시대의 갤리선은 수많은 사람이 힘들게 노를 저어 움직였다. 초기 문명의 인구 대부분은 순전히 단순하고 힘든 일을 해야만 했다.

외부 동력에 의해 움직이는 기계 설비가 처음 등장했을 때만 해도 기계가 사람들을 우둔한 노역에서 해방해줄 것처럼 보이지 않았다. 오히려 더 많은 노동자가 운하를 파고 철도를 놓는 일에 고용되었다. 광부의 수는 엄청나게 증가했다. 그러나 문명의 이기와 생산되는 상품의 수는 훨씬 더 늘어났다.

19세기에는 시간이 흘러감에 따라 새로운 상황 논리가 명확하게 확립되었다. 더는 무차별적이고 단순한 동력원으로 사람이 필요하지 않게 되었다. 사람이 기계적으로 했던 일을 기계가 더 빨리 더 훌륭하게 해낼 수 있게 된 것이다. 인간은 이제 의사결정 능력과 지성이 발휘되어야 하는 곳에서만 필요했다. 이전의 모든 문명은 두뇌가 쓸모없을 정도로 단순히 복종만 하면 되는 '막일꾼'에게 의존했지만 이제 그들은 인류의 안녕에 필요 없는 존재가 되었다.

이러한 현상은 최신식 제련공정뿐 아니라 농업 및 광업과 같은 오래된 산업에서도 마찬가지였다. 밭을 갈고, 씨를 뿌리고, 거두어들이는 일에도 재빠른 기계가 도입되어 사람을 대신했다. 로마 문명은 값싼 하층민의 노동력을 딛고 지어졌지만, 현대 문명은 값싼 기계 동력 위에 세워지고 있다. 지난 100년 동안 기계 동력은 값싸지고 노동력은 더 비싸졌다. 광산에서 기계를 사용하기까지 100년이 걸린 것은 단지 그동안 사람의 노동력이 기계보다 더 쌌기 때문이다.

단순 노동에서 지식 노동으로

이제 인류 역사에 가장 중요한 변화가 일어나고 있다. 옛 문명에서는 막일꾼을 꾸준히 공급할 수 있는지가 부자와 통치자의 주된 고민거리였다. 하지만 19세기가 되자 보통 사람도 막일꾼보다 나은 존재여야 하는 시대가 되었다. 사회를 이끄는 지식인들은 이러한 사실을 명확히 인식했다. '산업의 효율성을 확보하기 위해서라도 보통 사람들도 교육을 받아야 하고 자신이 무엇이 될지 고민해야 한다.'

유럽에서는 일찍이 그리스도교가 생겨나 사람들에게 포교할 때 처음으로 대중 교육에 대한 욕구가 생겼다. 아시아에서는 이슬람이 발흥하던 시기에 그와 같은 일이 있었다. 신자들에게 믿음으로 구원받게 되는 교리를 어느 정도 이해시키고, 그 믿음을 전달하는 경전을 읽게 할 필요가 있었던 것이다. 그리스도교 안에서는 계속 신학 논쟁이 일어났고, 논쟁에 참여한 사람들은 자기주장을 지지해줄 이들을 확보하기 위해 경쟁해야만 했다. 그러한 과정에서 대중 교육의 토대가 마련되었다.

예를 들어, 1840~1850년대 영국에서는 서로 갈등하며 경쟁하는 종파마다 어린 신자들을 확보하려고 경쟁적으로 어린이 교육기관을 설립했다. 그 결과 영국 국교회의 국립 학교, 이에 맞서는 다른 프로테스탄트 교회들의 영국British 학교, 그리고 로마 가톨릭 학교까지 수많은 초등교육 기관이 등장했다.

19세기 후반은 서구화한 세계에서 대중 교육이 급격히 발전했다. 상류층 교육도 발전했지만 대중 교육만큼은 아니었다. 이전에는 글을 읽는 소수와 그렇지 못한 다수의 대중 사이에 틈이 컸다. 이제 그 둘의 거리는 교육 수준 차이 정도로 줄어들었다. 또 문맹층도 사라지고 있다. 이런 변화를 제공한 것은 다른 사회 조건의 변화가 아니라 기계혁명이었다.

공화정 로마에서 일어난 경제혁명을 평범한 로마 시민들은 제대로 이해하지 못했다. 그들은 자신이 겪고 있던 변화를 오늘날 우리가 바라보는 것처럼 명료하고 종합적으로 볼 능력이 없었다. 그러나 19세기 말 산업혁명의 영향을 경험한 사람들은 산업혁명이 사회 전체의 혁명 과정임을 확인했다. 이제 보통 사람들도 읽고 토론하고 소통할 수 있게 되었다. 이전의 보통 사람들과는 달리 쉽게 돌아다니며 여러 가지 현상을 직접 볼 수 있게 되었기 때문이다.

근대 정치·사회 사상의 발전

사유의 빛

고대 문명의 제도와 관습 그리고 정치사상은 여러 세대를 거치며 서서히 자라났기 때문에 누구도 그것을 계획하거나 예측할 수 없었다. 인류가 스스로 서로의 관계에 대해 생각하고 처음으로 기존의 신앙과 법률, 정치에 질문을 던지며 그것들을 전환하거나 조정할 생각을 하게 된 것은 인류 역사의 청소년기와도 같았던 서기전 6세기였다.

이 책의 앞부분에서 그리스와 알렉산드리아에서 밝아온 인류 지성의 새벽이 얼마나 영광스러웠는지에 대해 이야기했다. 하지만 노예제에 기초했던 그리스 문명이 이후에 어떻게 몰락했는지, 그리고 뒤이어 등장한 종교적 배척과 전제적 정치가 어떻게 그 새벽의 빛에 구름을 드리웠는지에 대해서도 이야기했다. 두려움을 모르는 사유의 빛이 유럽의 어둠을 뚫고 들어오려면 15세기와 16세기까지 기다려야 했다. 아랍의 지적 호기심과 몽골의 정복 활동에서 불어온 거대한 바람이 유럽의 지성계에 끼어있던 구름을 차츰 몰아내는 데 일조했다는 사실도 앞에서 이미 확인했다.

처음에는 주로 사물에 대한 물리적 지식이 늘어났다. 인간에 관한 학문은 더디게 발전했다. 이 분야는 발전 과정에서 커다란 반대에 부딪히기도 했다. 인간관계에 관한 과학적 연구나 개인 또는 사회의 심리학, 교육학이나 경제학 같은 학문은 그 자체로 복잡하고 미묘할 뿐 아니라 인간의 감정 문제와도 긴밀하게 연결되기 때문이다. 항성이나 분자에 관한 다양한 의견은 사람들의 감정을 배제한 채 전달되고 수용될 수 있지만 삶의 방식에 대한 생각은 우리 모두의 마음에 자극을 주고 영향을 끼치기 마련이다.

고대 그리스에서 플라톤의 대담한 사유가 먼저 등장하고 그 뒤에 현실을 추구하는 아리스토텔레스의 학문이 나왔다. 마찬가지로 근대 유럽에서도 플라톤의 《국가》와 《법률》을 직접 모방하여 실재하지 않는 이상향인 '유토피아'에 대해 이야기하는 형식으로 새로운 국면의 정치적 연구 활동이 시작되었다. 토머스 모어의 《유토피아》는 플라톤을 모방한 흥미로운 작품이며, 이 작품은 당시 잉글랜드의 형편없는 법률 속에서 실제 결실을 보았다. 나폴리 사람 캄파넬라Tommaso Campanella[1568-1639. 이탈리아의 도미니크회 수사, 철학자]가 쓴 《태양의 도시City of the Sun》는 더욱 환상적인 작품이었지만 현실에서 별다른 성과를 거두지는 못했다.

17세기가 끝나갈 무렵에는 정치와 사회 과학 분야에서 많은 문헌이 생산되고 있었고 그 양은 점점 늘어갔다. 존 로크John Locke(1632-1704)는 이 분야의 개척자였다. 영국 공화주의자의 아들로 태어난 그는 옥스퍼드에서 공부하고 학자가 되었다. 그는 처음에 화학과 의학에 관심을

▲ 존 로크
©Georgios Kollidas/shutterstock.com

▲ 몽테스키외
©Everett Historical/shutterstock.com

두기도 했다. 정부, 관용, 교육을 주제로 쓴 논문들을 보면 그의 정신이 사회 재구성 가능성에 대해 완전히 깨어있었음을 알 수 있다.

영국의 존 로크보다 조금 늦게 등장했지만 프랑스에는 몽테스키외Montesquieu(1689-1755)가 있었다. 그는 사회·정치·종교 제도를 근원적으로 조사하고 분석했다. 그렇게 함으로써 프랑스의 절대왕정을 덮고 있던 마술과도 같은 명성을 모두 벗겨버렸다. 로크와 몽테스키외는 이제껏 인간 사회를 재구성하려는 의도적이고 의식적인 시도들을 방해했던 거짓 사상들을 일소하는 데 기여했다.

몽테스키외 이후 18세기 중·후반에 등장하는 사상가들은 그가 이루어놓은 업적에 기초하여 더욱 과감한 사유를 전개했다. 탁월한 예수회 학교를 졸업하고 대체로 반항 정신을 가진 뛰어난 저술가 집단이 등장했다. 이들은 이른바 '백과전서파'를 형성하고는 새로운 세계를 실현할 기획을 마련하기 시작했다(1766). 이 백과전서파와 나란히 등장한 근대 경제학자들과 중농학파는 식량과 재화의 생산 및 분배에 대해 아직 미숙하지만 대담한 초기 연구를 이어나갔다.

《자연 법전Code de la Nature》을 쓴 모렐리Étienne-Gabriel Morelly[18세기에 활동한 프랑스의 사상가이자 소설가]는 사유재산 제도를 맹렬히 비난하고 공산주의 사회 건설을 제안했다. 모렐리를 선구자로 하여 다양한 집산주의 사상가들이 대거 등장했고, 이들은 19세기에 한데 뭉쳐 사회주의 집단을 형성했다.

사회주의에 대한 정의는 백 가지나 되고, 사회주의 분파는 천 가지나 될 것이다. 그러나 사회주의의 핵심은 공공재라는 관점에서 사유재산이라는 개념을 비판하는 것, 그 이상도 이하도 아니다. 여기서는 아주 간단하게나마 시대에 따라 변하는 사회주의 사상의 역사를 훑어보려고 한다. 국제주의와 더불어 사회주의는 현대 정치의 방향을 돌려놓고 있는 가장 주요한 사상이기 때문이다.

사유재산 제도 비판

사유재산 개념은 인류의 전투적인 본성에서 나온 것이다. 인류가 오늘날의 인류가 되기 훨씬 전, 인류의 조상인 유인원들 역시 자기 것을 소유했다. 짐승들조차 원시적인 사유재산을 차지하기 위해 싸운다. 개와 뼈다귀, 암호랑이와 새끼, 기운찬 수사슴과 그 무리 사이에는 명백한 소유관계가 성립한다. 사회학에서 '원시적 공산주의'라는 용어보다 더 터무니없는 표현은 생각할 수조차 없다.

초기 구석기 시대에는 씨족의 족장이 자기 부인과 딸, 도구, 그리고 그의 눈에 들어오는 세계 전체에 대한 소유권을 주장했다. 다른 어떤 누구라도 그의 영역에서 어슬렁거리고 있다면 족장은 그와 맞서 싸웠고, 할 수 있다면 그를 죽였다. 앳킨슨이 《태초의 법》에서 설득력 있게 보여준 것처럼, 원시 씨족사회가 성장해나간 것은 시간이 흐름에 따라 족장이 차츰 관용을 베풀었기 때문이다. 더 젊은 세대의 청년들이 족장과 함께 씨족 안에서 살아가면서 그들이 외부에서 잡아 온 여자들은 물론 그들이 만든 도구와 장식품, 그리고 사냥한 짐승에 대한 소유권을 인정받게 된 것이다.

인간 사회는 이러저러한 개인들의 소유권을 절충함으로써 성장했다. 그것이 가능했던 것은 한 부족은 자신들의 세계에서 다른 부족을 쫓아내야 할 필요가 있었기 때문이다. 어쩔 수 없는 본능에 따라 한 부족 안의 개인들은 서로의 소유권에 대해 타협할 수밖에 없었다. 언덕이나 숲, 강물은 너의 것이거나 나의 것이 될 수 없고 우리의 것이 되어야 하기 때문이다. 우리 각자는 그것을 나의 것으로 소유하고 싶겠지만 그렇게 해서는 사회가 작동할 수 없다. 그러므로 사회는 처음부터 소유권의 완화에서 시작된다. 짐승이나 원시인류의 소유권은 오늘날 문명 세계의 소유권보다 훨씬 더 강렬한 것이었다. 소유권이란 우리의 이성보다는 본능에 더 강하게 뿌리내리고 있기 때문이다.

자연 상태의 원시인이나 오늘날 정식 교육을 받지 못한 사람이 지닌 소유 의식에는 거의 한계가 없다. 싸워서 얻을 수 있는 것은 무엇이나 소유할 수 있다는 것이다. 여자, 포로, 사냥한 짐승, 숲속의 빈터, 채석장 등 소유할 수 없는 것은 없다. 공동체가 성장함에 따라 공동체 안에서 벌어지는 갈등을 줄이기 위해 일종의 법률이 만들어졌고, 사람들은 소유권 문제에 대한 방법들을 나름대로 발전시켰다. 이를테면, 사람들은 자신이 처음 만들었거나 잡았거나 혹은 먼저 자기 것으로 선언한 것을 소유할 수 있었다. 빌린 것을 갚지 못하는 사람이 빌려준 이의 소유가 되는 것은 자연스러워 보였다. 마찬가지로 땅을 자기 것으로 만든 사람이 그 땅을 이용하려는 사람에게서 대가를 받는 것 또한 당연했다.

인류는 조직된 사회생활을 시작하면서 아주 천천히 제한 없는 사유재산 제도가 문제를 일으킬 수 있음을 인식하기 시작했다. 사람들은 자신이 무엇이든 소유하고 권리를 주장할 수 있는 세상에 태어났다고 생각했지만 오히려 자신이 누군가에게 소유되고 의무를 져야 할 운명에 처했음을 알았다. 초기 문명에서 일어난 사회적 투쟁들을 오늘날 추적하여 밝혀내기란 쉽지 않다. 하지만 앞에서 살펴본 로마 공화정의 역사에서 알 수 있듯이 고대 사회에서도 사람들은 부채가 공공의 문제가 될 수 있다는 것과 그렇게 되었을 때 공식적으로 채무를 면제해주어야 한다는 것, 그리고 제한 없는 토지 소유 역시 문제가 될 수 있다는 것을 깨달았다. 실제로 후기 바빌로니아에서는 노예 소유권을 엄격하게 제한했다.

혁명적 가르침을 설파한 나사렛 예수는 사유재산에 대해 그 이전에 일찍이 없었을 정도로 강력하게 비판했다. 낙타가 바늘구멍을 통과하는 것이 부자가 하늘나라에 들어가는 것보다 쉽다고 예수는 말했다. 지난 역사 동안 사유재산의 허용 범위를 둘러싼 비판이 꾸준히 제기되었다. 나사렛 예수 이후 많은 세월이 지나는 동안 인간은 사실상 아무것도 소유할 수 없다는 그리스도교의 가르침이 전 세계로 퍼져나갔다. '사람은 자기가 소유한 것으로 무엇이든 할 수 있다'라는 생각은 또 다른 종류의 소유권 개념 때문에 많이 흔들리게 되었다.

그러나 18세기가 끝나가던 무렵에는 이러한 문제에 대해서 여전히 의문만 제기하는 수준에 머물러 있었다. 이 문제에 대해 행동을 취할 수 있는 분명하게 정립된 기준이 없었다. 당시에 우선하여 추구한 것은 국왕의 탐욕과 낭비 그리고 귀족들의 착취에 맞서 개인의 사유재산을 보호하는 일이었다. 프랑스혁명은 세금 징수로부터 사유재산을 보호하려는 데서 시작되었다. 그러나 혁명의 평등주의 원칙은 오히려 원래 보호하고자 했던 사유재산 제도를 비판하는 방향으로 나아갔다. 다수의 사람이 딛고 일어설 땅도, 먹을 것도 없는 상황이었다. 그들은 고생해서 일하지 않으면 주인에게서 먹을 음식도 머물 집도 얻을 수가 없었다. 이런 상황에서 어떻게 온 인류가 자유롭고 평등해질 수 있겠는가? 가난한 이들은 가혹한 현실을 불평했다.

사회주의, 함께 나누는 사회

한 중요한 정치 집단에서는 이러한 현실에 대해 모든 것을 '나누어 갖자'는 대안을 제시했다. 그들은 사적 소유권을 강화하되 모두가 똑같이 소유하기를 원했다. 이와 똑같은 목표를 다른 경로를 통해 추구했던 사람들이 바로 원시적 사회주의자들, 혹은 더욱 정확하게는 공산주의자들이었다. 이들은 사유재산을 모두 없애기를 원했다. 국가(물론 민주주의 국가)가 모든 재산을 소유해야 한다는 것이었다.

자유와 행복이라는 같은 목표를 지향하면서도 한쪽에선 사유재산을 가능한 한 절대적인 가치로 만들려고 하고, 다른 쪽에서는 그것을 폐지해야 한다고 제안한다면 이는 모순이다. 하지만 현실에선 그런 일이 일어나고 있었다. 이러한 모순이 발생하게 된 원인은 소유권이란 것이 하나의 개념이 아니라 복합적 개념이기 때문이다.

19세기가 되어서야 사람들은 소유 제도가 그렇게 단순하지만은 않다는 사실을 깨닫기 시작했다. 서로 다른 가치와 중요성을 지닌 다양한 소유권이 복잡하게 얽혀서 소유 제도를 구성하고 있었다. 소유할 수 있는 것은 대부분(우리의 신체, 예술가의 도구들을 비롯해 옷가지나 칫솔 같은 것) 그 본질상 개인의 소유가 될 수밖에 없다. 하지만 철도나 기계, 주택, 농경지, 놀이용 보트 같은 것은 개인 소유를 얼마나 허용해야 하고 그것들이 공공 영역에 속하는 범위는 얼마큼인지 사안별로 결정해야 한다. 그리고 그 결정에 따라 집단의 이익을 위해 국가의 관리 아래 두거나 자유 방임에 맡겨야 한다.

실천적인 측면에서 이러한 것은 정치, 곧 효율적인 국가 행정 체제를 만들고 유지하는 문제로 귀결된다. 이와 관련하여 사회심리학의 논제들이 제기되었다. 교육학도 이런 문제와 상호 작용하고 있다. 소유에 대한 비판은 여전히 과학이 되지 못하고 광범위하고 열정적인 소요에 머물고 있다. 한편에는 우리가 소유한 것을 마음대로 할 수 있는 현재의 자유를 보호하고 확장하려는 개인주의자들이 있다. 또 다른 한편에는 여러 방면에서 많은 것을 공동으로 소유하고 사적인 소유권 행사를 제한하려는 사회주의자들이 있다. 양쪽 극단에는 사유재산에 세금 징수를 거부하고 어떤 종류의 정부도 지지하지 않는 극단적 개인주의자들[아나키스트들]과 사유재산을 인정하지 않는 공산주의자들이 있다. 그리고 양극단 사이의 다양한 입장 또한 현실에서는 쉽게 찾아볼 수 있다.

오늘날의 사회주의자는 보통 집산주의자로 불린다. 이들은 사유재산을 많은 부분 허용하면서도 교육, 교통, 광산, 토지 소유 및 주요 생필품의 대량생산 등은 조직화된 국가의 손에 맡기려 한다. 오늘날 합리적인 사람은 과학적으로 연구되고 계획된 온건한 사회주의로 수렴되는 경향이 있는 것 같다.

사기업으로부터 넘겨받은 모든 기능을 국가가 제대로 수행하기 위해서는 복잡한 정부 구조가 필요하다. 그러한 정부를 구성하려면 그에 상응하는 발전된 교육 제도가 마련되어야 한다. 교육을 받지 못한 사람일수록 큰 프로젝트를 맡았을 때 성공적으로 수행하지 못한다는 것이 증명되었기 때문이다. 정부에 적절한 비판과 통제를 가할 수 있는 조직 또한 반드시 있어야 한다. 현 상태의 정치와 언론 제도는 너무 조잡해서 더는 집산 활동을 확장하는 것이 불가능하다.

공산주의와 자유무역 철학

고용인과 피고용인 사이, 특히 이기적인 업주와 마지못해 일하는 노동자 사이에서 일어난 갈등 때문에 매우 거칠고 초보적인 형태의 공산주의가 마르크스의 이름을 달고 전 세계에 퍼져나갔다. 마르크스 이론은 다음과 같은 신념에 기초한다. 첫째, 사람의 정신은 경제적 필요 때문에 한정된다. 둘째, 현대 문명에서는 번영하는 고용인 계급과 다수의 피고용인 계급 사이에 이해관계가 상충하므로 갈등이 발생할 수밖에 없다. 그리고 기계혁명 때문에 필요해진 교육이 발전하면서 사회의 다수를 이루는 피고용인들이 더욱더 사회계급을 의식하게 되고 역시 계급의식이 있는 소수의 지배 계층에 대한 적대감을 공유하며 연대하리라는 것이 그의 이론이다.

마르크스는 계급의식을 지닌 노동자들이 권력을 잡고 새로운 사회주의 정부를 수립하리라고 예언했다. 적대 관계가 심화되어 반란과 혁명이 일어나리라는 것은 충분히 이해할 만하다. 하지만 현실에서 그러한 반란과 혁명 뒤에는 새로운 사회주의 정부 수립이 아니라 사회를 파괴하는 과정이 뒤따랐다. 러시아에서는 마르크스주의를 현실화한 바 있다. 거기서 드러난 사실은 마르크스주의가 전혀 창조적이지 않다는 것이었다. 이에 대해서는 뒤에서 다시 살펴보겠다.

마르크스는 국가에 대한 적대감을 계급 간 적대감으로 대체하고자 했으며, 이러한 생각에 따라 차례로 1차, 2차, 3차 인터내셔널[국제노동자협

회International Workingmen's Association
을 줄여서 부르는 말]을 조직했다. 그러
나 공산주의가 아니라 근대 개인주의
사상에서 출발해도 국제주의 사상에
이르는 것이 가능하다. 영국의 위대
한 경제학자 애덤 스미스 이후, 세계
적 번영을 위해서는 전 지구를 무대
로 아무런 장애 없이 자유로운 무역
이 이루어져야 한다는 사실을 사람들
이 차츰 깨닫게 되었다. 국가에 대해
반감이 있는 개인주의자들은 국경과
관세를 비롯하여 자유로운 거래를 제

▲ 칼 마르크스 @wikipedia

한하는 제약들과 국가 간 경계를 정당화하는 것으로 보이는 운동에 대
해서도 반대한다. 추구하는 정신도 구별되고, 그 실체도 완전히 다른 두
사상이 결국은 같은 주장을 했다는 점이 흥미롭다.

사회주의는 마르크스주의자들의 계급 갈등에 기초했던 데 반해, 개인
주의는 빅토리아 시대 대영 제국 사업가들의 자유무역 철학을 주장했다.
하지만 두 이론 모두 기존 국가들의 경계와 한계를 뛰어넘어 전 세계 차
원에서 인류사를 다루려 했다.

개인주의 이론과 사회주의 이론은 멀리 떨어져서 출발했지만 인류가
함께 일하기 위한 토대가 되는 더욱 포괄적인 사회·정치사상을 찾는 방
향으로 나아간다. 이러한 경향이 유럽에서 다시 시작되고 강화된 데는
두 가지 이유가 있다. 첫째, 신성로마 제국과 보편 그리스도교 세계에 대
한 사람들의 믿음이 사라졌기 때문이고, 둘째, 지중해 주변에 한정되었

던 유럽인들의 세계가 지리적 발견을 통해 세계 전체로 넓어졌기 때문이다.

정치·경제·사회 사상의 발전과 완성 과정에 관해 설명하면서 오늘날에 진행되고 있는 논의들까지 다루려고 한다면 이 책의 범위와 의도를 넘어서는 과도하게 논쟁적인 이슈들까지 소개해야 할 것이다. 하지만 세계사를 공부하는 학생들의 관점에서 그 사상을 다루고자 한다면, 아직 그 사상을 인간 정신에서 재구성하는 과업이 완성되지 않았다고 인정할 수밖에 없을 것이다. 현재 상황에서는 그 과업이 얼마만큼 진행되었는지도 가늠할 수 없다. 인류 공통의 신념이 등장하고 있는 듯 보이며, 그 신념이 미친 영향이 오늘날 정치적 사건과 공공 활동에서 잘 드러나고 있다. 하지만 현재로서는 그 신념이 매우 분명하고 설득력 있지도 않아서 이를 체계적으로 실현하는 방향으로 사람들을 이끌기는 어려워 보인다.

인간은 언제나 오래된 전통과 새로운 사상 사이에서 흔들리지만 대체로 전통에 기울기 마련이다. 그러나 한 세대 이전과 비교해보면 인류사에 새로운 질서가 모습을 드러내고 있다. 이 새로운 질서는 아직 대략적인 윤곽에 불과하다. 때로는 희미해서 보이지 않기도 하고, 형식과 세부사항은 계속 변화하고 있다. 하지만 계속해서 차츰차츰 분명해지고 있으며 주요한 윤곽이 되는 부분들에서는 변화가 줄어들고 있다.

인류 공동체를 향하여

전 인류가 하나의 공동체를 이루어가고 있음이 인류사의 더욱더 다양한 측면과 더욱더 넓은 영역에서 명확해졌다. 세계가 공동으로 통제하고 해결해야 하는 문제도 더 많아졌다. 예를 들어, 지구 전체가 이제는 하나의 경제 공동체가 되었다. 또 천연자원을 적절히 개발하기 위해서는 지구 차원의 종합적인 통제 체계가 필요해졌다. 과학의 발전은 인류에게 더 많은 힘과 더 다양한 영역을 안겨주었다. 따라서 현재의 분파적이고 논쟁의 여지가 많은 관리 방식을 계속 유지한다면 자원을 낭비할 뿐 아니라 인류를 위험에 빠뜨릴 수 있다. 이러한 점들이 현실에서 점점 더 뚜렷하게 드러나고 있다.

재정과 통화를 조절하는 방식 또한 세계적 관심사가 되고 있다. 전염성 질병과 이민자의 증가 역시 전 세계 차원에서 다루어야 할 근심거리가 되었다. 인간의 활동력이 커지고 그 영역이 넓어지는 것만큼 전쟁도 더 파괴적이고 복잡해졌다. 전쟁은 이제 정부와 정부, 민족과 민족 사이의 문제를 해결하는 방식으로 놓고 봐도 비효율적인 수단이 되었다. 따라서 오늘날에는 이제까지 존재했던 어떤 정부보다 포괄적으로 통제력을 발휘할 수 있는 권위 있는 기관이 필요하다.

그러나 오늘날 세계적 차원에서 다루어야 할 문제를 해결하기 위해 기존 정부들을 융합하거나 정복해서 전 세계를 지배하는 초월적 정부를 만들어야 한다는 이야기는 아니다. 처음에 사람들은 그런 생각을 했다. 대체로 기존의 제도나 기관으로부터 유추하여 인류 의회, 세계 국회 또는 지구 대통령이나 지구 황제 등을 떠올렸다. 이런 생각은 무척 자연스러워 보인다. 하지만 반세기 동안 그 생각에 기초하여 여러 가지 방안을 논의하고 시도해본 결과, 처음에 분명해 보였던 생각들을 실제로 실현하는 일은 불가능했다. 그런 생각에 기초하여 하나의 세계를 만들려는 계획에는 너무나 큰 저항이 따를 수밖에 없었다. 이제는 세상에 이미 존재하는 정부들이 권력을 양도하여 특별위원회나 기구 등 다수의 국제조직을 만드는 방향으로 생각이 기울고 있다. 이를테면 자연 자원의 개발 또는 소비, 노동 조건의 균등화, 세계 평화, 통화 정책, 인구와 보건 등에 특화된 국제 조직을 만들자는 것이다.

이제 인류 공동의 문제를 세계가 하나의 관심사로 함께 다루는 일이 실현되고 있다. 하지만 여전히 세계를 통제할 수 있는 단일한 정부를 만들어낼 수는 없다. 다른 무엇보다도 인류 공동의 정신이 먼저 마련되어야 하며 온 인류가 하나의 가족이라는 생각이 보편적 가르침과 이해의 주제가 되어야 할 것이다. 그런 뒤에야 인류의 일치단결을 이루고, 국제적 합의사항들이 개별 국가의 애국심에서 비롯된 의심이나 질투보다 우위에 놓일 것이다.

2,000년이 넘는 세월 동안 세계의 보편 종교들은 인류의 형제애 사상을 유지하고 확장하기 위해 애썼다. 그러나 오늘날에 이르러 부족·민족·인종 간의 원한·분노·불신이 자라나 모든 사람이 인류에 봉사하게 하는 더욱더 넓은 안목과 관대함을 가로막고 있다. 모든 인류가 형제라는 사상으로 오늘날 인류의 영혼을 사로잡으려고 애쓰는 모습은 6~7세기에 혼란과 무질서에 빠진 유럽인의 영혼을 사로잡기 위하여 그리스도교 사상을 설파하던 것을 떠올리게 한다. 그러한 사상이 널리 퍼져나가 결국 세상을 주도하게 되는 것은 겉으로 드러나지 않지만 헌신적으로 사상을 전파하는 많은 사람 덕분이고 이들이 이루어놓은 과업이다. 하지만 그 과업이 어디까지 진행되었는지, 혹은 그 과업으로부터 어떠한 성과를 거두게 될지 당대에 예측할 수 있는 사람은 아무도 없다.

오늘날 사회와 경제 문제는 국제 정세와 불가분의 관계를 맺고 있다. 각각의 해결책은 인류의 가슴에 스며들어 영감을 줄 수 있는 봉사 정신에 호소하는 것이다. 국가적으로 발생하는 불신과 아집, 이기주의는 공동선에 직면하여 고용인과 노동자가 드러내는 불신과 아집, 이기주의를 서로 반영한다. 개인의 넘치는 소유욕은 국가와 군주들의 탐욕에 상응하며, 동시에 그 일부이기도 하다. 이들은 모두 본능적이며 모두 무지와 전통에서 비롯된다.

국제주의는 국가들로 이루어지는 사회주의다. 오늘날의 문제를 해결하기 위해 분투해본 사람이라면 아직은 인류의 교류와 협동이라는 과제를 수행할 만한 현실적이고 최종적인 해결책을 찾아낼 수 없다고 느낄 것이다. 아직은 심리학도 충분한 깊이와 힘을 지닐 만큼 발달하지 못했고, 완전하게 계획된 교육 방식이나 조직도 마련되어있지 않기 때문이다. 1820년대의 사람들이 전철을 건설할 수 없었던 것처럼 오늘날의 인류는 아직 세계 평화를 실현할 기구를 조직해낼 능력이 없다. 하지만 우리는 모두 그러한 기구를 만드는 일이 전철을 만들어낸 일만큼이나 실현 가능하며, 실현될 날도 머지않았음을 잘 알고 있다.

자신이 알고 있는 지식의 한계 너머까지 나아갈 수 있는 사람은 없다. 그리고 당대 사상의 한계 너머에 이를 수 있는 사상도 없다. 그러므로 앞으로도 얼마나 많은 세대가 지난 뒤에야 인류가 전쟁과 폐허, 불안과 곤궁에서 벗어나 위대한 평화의 새벽에 이르게 될지 예측하기란 불가능하다. 하지만 인류의 전 역사는 바로 그러한 평화, 곧 마음의 평화와 세계의 평화, 목적도 의미도 없는 인생의 밤을 종식시켜줄 평화를 향해 가고 있는 듯이 보인다.

우리가 제안할 방안들은 여전히 모호하고 미숙하기만 하며 열정과 의혹에 둘러싸여 있을 뿐이다. 지성을 재건하는 위대한 과업은 계속 진행되고 있지만 아직도 완성되지 않았다. 우리의 관념들은 더욱 명료하고 정확해지고 있지만 그 속도가 빠른지 느린지 당대엔 말하기 어렵다. 하지만 우리의 구상들이 더 명료해지면 사람들의 정신과 상상력을 사로잡게 될 것이다. 당장에 사람들의 마음을 끌지 못하는 것은 아직 우리의 구상에 확실성과 정당성을 확보하지 못했기 때문이다. 그러한 구상들은 여러 가지 방식으로 혼란스럽게 제시된 탓에 사람들에게 제대로 이해되지 못하고 있다. 하지만 정확성과 확실성을 갖춘다면 세계의 새로운 비전은 반드시 실현될 힘을 얻게 될 것이다. 이제 그러한 비전이 매우 빠른 속도로 힘을 얻고 있는 듯하다. 그리고 그 명료한 이해를 통해 필연적으로 교육의 재건이라는 훌륭한 과업이 완수될 것이다.

미국의 성장

통일국가의 초석이 된 철도와 증기선

새로 발명된 교통수단을 이용해서 가장 즉각적이고 인상적인 성과를 거둔 곳은 북아메리카였다. 미국은 18세기 중반의 자유주의 사상을 정치적으로 구체화하여 실현했다. 미국의 헌법은 자유주의 사상의 정수를 표현한 것이었다. 미국에서는 국교國教나 왕위도 없애버렸고, 귀족 직위도 폐지했다. 그리고 자유를 실현하는 방법으로 사유재산을 철저하게 보호했다. 또한 초기에는 주마다 서로 다른 구체적 방안을 채택하기도 했지만 거의 모든 성인 남자에게 투표권을 주었다. 미국의 투표 방식은 정교하지 못했고, 그 결과 매우 조직적인 정당들이 정치를 장악해버리긴 했다. 하지만 새로이 자유를 누리게 된 미국인들은 다른 나라의 국민을 훨씬 능가하는 에너지와 모험심과 공공 정신을 발휘했다.

앞서 살펴보았듯이 교통 기관의 속도가 갑자기 빨라지게 된 것이 바로 이 시기이다. 미국은 교통 기관의 발달로 가장 많은 이득을 얻었다.

하지만 미국인들이 이를 자각하고 있지 못했다는 점이 흥미롭다. 미국인들은 철도와 증기선, 전보와 같은 신문물을 마치 그들이 이룬 발전의 자연스러운 한 부분인 것처럼 당연하게 여겼다. 하지만 사실은 그렇지 않았다. 이 새로운 발명들은 매우 적절한 시기에 등장하여 미국이 통일된 국가로 남을 수 있게 해주었다.

오늘날의 미국을 만든 것은 첫째가 증기선이고, 그다음이 철도이다. 이 두 가지가 없었다면, 광활한 대륙 국가인 미국은 하나의 나라로 유지되지 못했을 것이다. 서부를 향한 대규모 이주 또한 훨씬 더 더디게 진행되었을 것이다. 어쩌면 사람들은 중앙 대평원을 가로지르지도 못했을 것이다. 이주민들의 정착 지역이 동부 해안 지방에서 미주리Missouri까지 실제로 확장하기까지는 거의 200년이 걸렸지만, 대륙 전체를 가로질러 확장되는 데는 그 절반도 걸리지 않았다. 미시시피 강 건너편에 첫 번째 주州인 미주리 주가 생긴 것이 1821년이었는데, 그로부터 불과 몇십 년 뒤에는 이주민들이 태평양 연안까지 진출했다.

동영상을 이용할 수 있다면, 인구 100명을 점 하나로, 인구 1만 명은 별표로 표시하는 지도를 만들어 1600년 이후 북미에서 인구가 어떻게 퍼져나가는지를 흥미롭게 보여줄 수 있을 것이다. 처음 200년 동안은 동부 해안 지방과 배가 다닐 수 있는 내륙의 하천들을 따라 작은 점들이 기어가듯 뻗어 나가다가, 인디애나, 켄터키 등을 지나 차츰 더 멀리까지 퍼지는 것을 볼 수 있을 것이다. 그러다 1810년에 변화가 생긴다. 하천들을 따라 점들이 더 활발하게 늘어가고 더 멀리 퍼져간다. 증기선이 도입되었기 때문이다. 곧이어 커다란 강줄기를 따라 띄엄띄엄 생겨나던 점들에서 다시 다른 점들이 튀어나와 캔자스와 네브래스카에도 퍼져나간다.

1830년 무렵부터는 철도를 나타내는 검은 선들이 등장하고, 이제 검은 점들은 기지 않고 달리기 시작한다. 이제는 점들이 너무 빨리 나타나기 때문에 마치 분무기로 잉크를 뿌리는 것처럼 보일 것이다. 그리고 갑자기 여기저기서 최초의 별표가 등장한다. 처음으로 인구 10만 명의 대도시들이 등장했다는 의미이다. 처음에는 하나둘씩 등장하던 도시들은 곧바로 그 수가 급증한다. 각 도시는 철도로 이루어진 그물망에 만들어진 매듭처럼 보인다.

미국의 성장은 세계사에 일찍이 전례가 없던 과정이었으며, 전혀 새로운 종류의 사건이었다. 이전에는 그 같은 공동체가 존재하는 것 자체가 불가능했다. 만약 존재했다 하더라도 철도가 없었기 때문에 얼마 가지 못해 해체되었을 것이다. 철도나 전보가 없었더라면 워싱턴에서보다 베이징에서 캘리포니아를 다스리기가 더 쉬웠을지도 모른다.

새로운 형태의 공동체

미국의 인구는 단지 그 수가 폭발적으로 늘어나기만 한 것이 아니다. 미국인들은 그 과정에서도 동질성을 잃지 않았다. 아니, 오히려 동질성이 점점 더 커졌다. 한 세기 전에 버지니아 사람과 뉴잉글랜드 사람 사이의 동질성보다는 오늘날 샌프란시스코 사람과 뉴욕 사람 사이의 동질성이 더 클 정도다. 게다가 미국인들 사이에 동질성이 증대되는 과정을 방해하는 것은 아무것도 없었다. 미국이라는 나라는 철도와 전보를 통해 촘촘히 엮였으며, 미국인들은 언어·사고·행동이 서로 조화를 이루는 거대한 통일체가 되어가고 있었다. 그리고 곧 항공 기술까지 가세하여 이 과정을 돕게 될 것이다.

미국이라고 하는 이 거대한 공동체는 역사상 완전히 새로운 것이었다. 이전에도 인구 1억 명이 넘는 거대한 제국이 등장하긴 했지만 이들은 모두 서로 다른 다양한 민족들이 연합을 이룬 형태였다. 이전에 이만한 규모의 동질적인 국민이 등장한 적은 없었다. 이 새로운 공동체를 지칭할 용어가 아직은 없어서, 프랑스나 네덜란드를 나라라고 부르듯이 미국도 마찬가지로 나라라고 부를 따름이다. 하지만 이들 나라는 모두 서로 다른 시대에 서로 다른 조건 아래 만들어졌다. 앞으로도 서로 다른 속도로 발전하고 전혀 다른 방식으로 운영될 것이다. 미국은 그 규모와 가능성이라는 측면에서 유럽에 있는 개별 국가와 전 세계 국가들이 형성하는 연합체의 중간에 위치해 있다.

그러나 미국은 오늘날과 같은 규모로 성장하고 사회의 안정을 이루는 과정에서 끔찍한 분쟁을 겪어야 했다. 증기선, 철도, 전보와 그 외 문명의 이기들이 등장하긴 했지만, 남부와 북부의 이해관계와 사고의 차이에서 발생하는 갈등을 막을 수 있을 만큼 빠르게 보급되지는 못했다. 남부에서는 노예제를 유지하고 있었지만, 북부에서는 모든 이가 자유로웠다. 철도와 증기선은 처음에 오히려 기존의 남북 갈등을 더 증폭시켰다. 새로운 교통수단의 발달로 미국 전체의 통일성이 증대되자 남부와 북부 어느 쪽의 정신이 전체 미국을 지배해야 하는지가 당면 과제로 떠오른 것이다. 타협의 여지는 없었다. 북부의 정신은 자유주의와 개인주의인데 반해, 남부의 정신은 거대한 영지를 소유한 의식 있는 상류층이 무지몽매한 하층민을 다스려야 한다는 생각이었다.

수많은 사람이 서부로 이동하면서 새로운 변방 영토들도 주州로 조직되었다. 그러면서 빠른 속도로 성장하고 있던 미국의 체제 안으로 들어왔다. 이때 새로 탄생한 주들은 자유로운 시민들로만 구성된 주가 될 것인지, 아니면 영지 경영과 노예 제도가 바탕을 이루는 주가 될 것인지 선택해야 했다. 1833년부터 미국 반反노예제협회는 기존의 노예 제도가 확장되는 데 저항했을 뿐 아니라 미국 전체에서 노예제를 완전히 폐지할 것을 주장하고 있었다. 이를 둘러싼 갈등은 텍사스가 미국의 새로운 주로 편입되는 과정에서 공개적으로 터져나왔다. 텍사스는 원래 멕시코 공화국의 한 부분이었지만, 미국인들이 식민지로 개발했다. 텍사스를 개발한 사람들은 대체로 노예제를 유지하고 있던 남부 출신이었다. 1835년 텍사스는 멕시코에서 분리되어 독립 국가가 되었다가, 1844년 미국에 합병되었다. 텍사스가 멕시코 법률의 지배를 받던 동안에는 노예제가 금지되었다. 하지만 이제 남부 미국인들이 텍사스에서 노예제 허용을 선언하고 관철한 것이다.

남북의 갈등이 심화되는 와중에도 대양 항해 기술이 발전함에 따라 유럽의 이민자들이 물밀듯 밀려왔다. 이들은 주로 북부 여러 주에 정착했으므로 북부 인구가 빠른 속도로 늘었다. 그 결과 이제까지 북부의 넓은 농장 지대로만 남아있던 아이오와, 위스콘신, 미네소타, 오리건이 제각각 하나의 주가 될 수준에 이르렀다. 이에 따라 노예제에 반대하는 북부 출신 의원들이 미국 의회 상원과 하원에서 모두 다수 의석을 차지할 가능성이 커졌다. 목화를 주로 재배하는 남부에서는 노예제 폐지 운동이 가해오는 위협에 분노했다. 게다가 이제는 북부 의원들이 의회에서 다수가 될 것이라는 두려움이 커짐에 따라 남부 전체가 연방으로부터 분리 독립하는 방안에 대한 논의가 시작되었다. 남부 사람들은 북부로부터 독립한 뒤, 멕시코와 서인도 제도까지 모두 병합하여 파나마에 이르는 거대한 노예 국가를 탄생시키는 꿈을 꾸었다.

남북전쟁

　1860년에 반反팽창주의 노선을 지킨 에이브러햄 링컨Abraham Lincoln(1809-1865)이 대통령에 재선되자 마침내 남부는 미국 연방을 둘로 쪼개기로 한다. 사우스캐롤라이나에서 먼저 '연방 탈퇴령'을 통과시키고 전쟁 준비를 시작했다. 이어서 미시시피, 플로리다, 앨라배마, 조지아, 루이지애나, 텍사스가 합류했다. 앨라배마 주 몽고메리에서 열린 회합에서 제퍼슨 데이비스Jefferson Davis를 남부 '연맹'의 대통령으로 선출하고, 구체적으로 '흑인 노예 제도'를 옹호하는 헌법을 채택했다.

　우연히도 에이브러햄 링컨은 미국 독립전쟁 이후에 자라난 새로운 미국인의 완벽한 전형 같은 사람이었다. 그는 서부로 향하는 거대한 인구 이동의 흐름 속에 떠다니는 나뭇조각 같은 유년 시절을 보냈다. 태어난 곳은 켄터키였지만(1809) 인디애나로 옮겨 갔다가, 후에 다시 일리노이로 이주했다. 당시 인디애나 산간벽지에서의 생활은 무척 힘들었다. 그는 미개척지에 지은 오막살이 통나무집에 살았고 학교에서 받은 교육도 변변치 못했다. 하지만 그의 어머니는 일찍부터 그에게 읽는 법을 가르쳤고, 그는 열렬한 독서가가 되었다. 열일곱 살 때는 훌륭한 운동선수가 되어 레슬링과 달리기를 했다. 한동안 가게 점원으로 일하기도 했고, 창고 관리자로 일하며 술주정뱅이 동업자와 함께 사업을 해보기도 했다. 그러다가 15년이 지나도록 다 갚지 못할 빚을 지기도 했다.

　1834년, 링컨의 나이 아직 스물다섯 살밖에 되지 않았을 때 일리노이 주의 하원 의원으로 선출되었다. 일리노이에서는 당시 노예제 논쟁이 거셌다. 일리노이 출신의 더글러스 상원의원이 미국 의회에서 노예제 확대 찬성파를 이끌고 있었기 때문이다. 더글러스는 능력이 뛰어나고 명망이

▲ 불런Bull Run 전투. 1861년 7월 21일 버지니아 주 북부 매너서스에서 남군 3만 2,000명과 북군 3만 5,000명이 격돌한 전투로 북군이 패했다. ©Everett Historical/shutterstock.com

높은 사람이었다. 링컨은 몇 년에 걸쳐 연설과 팸플릿을 통해 그에 맞서며 꾸준히 성장했다. 그리고 그의 가장 위협적인 적수가 되었으며 최종적으로 승리했다. 두 사람 사이의 경쟁은 1860년 대통령 선거 유세에서 절정을 이루었는데 결국 링컨이 당선되었다. 하지만 1861년 3월 4일 링컨이 대통령에 취임할 당시, 남부의 주들은 이미 워싱턴에 있는 연방정부의 지배로부터 실제로 분리·독립한 상태였고 전쟁 의지를 다지고 있었다.

결국 미국에서 내전이 발발했다. 임시변통으로 급조된 군대가 전투를 벌여야 했다. 참전 군인의 수는 처음에 몇천 명이었지만, 이후 꾸준히 늘어나 수십만 명에 이르렀다. 나중에는 북부 연방군의 병사만 100만 명을 넘어섰다. 양쪽의 수도인 워싱턴과 리치먼드가 주요 공격목표가 되었지만, 전투는 뉴멕시코에서 동부 해안에 이르는 광대한 지역에 걸쳐 벌어졌다. 대서사시에 가까운 전쟁 이야기를 이 책에서 모두 다루는 것은 이 책의 한계를 넘어서는 일일 것이다. 테네시와 버지니아의 언덕과 숲을 가로질러 미시시피 강에 이르기까지 남부 연합군과 북부 연방군이 서로 밀고 당기며 전세를 계속 뒤집고 있었다. 끔찍한 살상이 벌어졌고, 공격에는 반드시 반격이 따라왔다. 희망은 절망에 자리를 내주었다가 다시 돌아오곤 했고 그런 뒤엔 다시 실망이 이어졌다. 때로 워싱턴이 남부 연합의 손아귀에 떨어질 것 같은 순간들도 있었다. 하지만 곧 북부 연방의 군대가 리치먼드를 향해 진격해 들어갔다.

남부 연합은 병사도 적고 물자도 훨씬 부족했지만 탁월한 장수 리Lee 장군이 이끌고 있었다. 그와 비교하면 북부 연방 장군들은 능력이 훨씬 떨어졌다. 계속해서 장군들이 해임되고 새로운 장군들이 임명되었다. 결국 셔먼Sherman 장군과 그랜트Grant 장군 휘하에서 북부 연방은 만신창이가 된 남부 연합에 승리를 거두기 시작했다. 1864년 셔먼 장군이 이끄는 북부 연방군이 남아있던 남부 연합군을 격파한 뒤 테네시에서 조지아를 거쳐 동부 해안까지 남부 연합의 영토를 가로질러 진군했다. 그런 다음 방향을 북쪽으로 틀어 사우스캐롤라이나와 노스캐롤라이나를 통과하여 남부 연합군의 후미를 바싹 쫓았다. 그동안 그랜트 장군은 리 장군을 리치먼드 앞에서 붙잡아두고 있었다. 마침내 셔먼 장군이 리 장군의 진영을 포위 공격했고, 1865년 4월 9일 리 장군과 그의 군대는 애퍼매턱스Appomattox 법원 건물에서 항복했다. 그리고 그로부터 한 달 안에 모든 군대에서 무기를 내려놓았으며 그것이 남부 연합의 종말이었다.

링컨, 미합중국을 이루다

4년 동안의 전쟁으로 미국인들은 어마어마한 육체적·정신적 압박을 견뎌야 했다. 각 주가 자율성을 갖는다는 원칙을 대다수 사람이 소중히 여기고 있었지만, 실제로 북부에서는 남부의 주들을 향해 노예제 폐지를 강요했다. 남부와 북부의 경계에 면한 여러 주에서는 형제들과 사촌들이, 심지어는 아버지와 아들이 반대편에 서서 서로의 적이 되기도 했다. 북부 연방에서는 자신들의 명분이 옳다고 느꼈지만, 그것이 누구도 도전해서는 안 되는 완전한 의義는 아니었다. 그러나 링컨에게는 한 치의 의심도 없었다. 그는 대혼란의 한가운데에서도 신념을 지킬 수 있는 사람이었다. 그는 미국이 하나가 되기를 원했으며 아메리카 전체의 포괄적 평화를 주장했다. 그는 노예제에 반대했지만, 노예제 자체는 그에게 부차적인 문제였다. 그에게 가장 중요한 것은 미국이 반목하는 두 개의 조각으로 나뉘지 않도록 화합을 유도하는 것이었다.

전쟁의 초기 단계에서 미국 의회와 연방 장군들이 갑자기 노예 해방을 단행하려 했을 때, 링컨은 그들의 열정에 반대하며 열기를 가라앉혔다. 그는 노예 해방은 단계적으로 진행되어야 하고, 그로 인한 손실은 보상해야 한다고 생각했다. 1865년 1월이 되어서야 헌법 수정을 통해 노예제를 전면 폐지하는 법안을 제안할 수 있을 만큼 분위기가 무르익었다. 하지만 수정안이 각 주에서 비준되기 전에 전쟁이 먼저 끝나고 말았다.

1862~1863년 동안 전쟁이 힘들게 계속되자 초기의 열정은 시들해졌다. 미국인들은 전쟁으로 인한 피로와 혐오를 경험했다. 대통령의 곁에는 패배주의자들, 모반자들, 해임된 장군들, 비뚤어진 정당 정치인들이 함께 있었다. 대통령의 뒤에는 피로에 지치고 의심에 빠진 국민이 있었다. 그리고 그의 앞에는 활기를 잃은 장군들과 낙담한 군인들이 있었다. 그나마 위로가 되었던 것은 리치먼드에 있는 제퍼슨 데이비스의 상황역시 나을 것이 없다는 사실이었다.

한편, 이 시기에 영국 정부는 잘못된 판단을 했다. 영국에 와 있던 남

▲ 링컨 초상. 알렉산더 가드너 작품
©Everett Historical/shutterstock.com

부 연합 대리인들이 유명한 앨라배마
호를 비롯한 세 척의 사략선privateer
ship[정부로부터 적선을 공격할 권리를 인정
받아 무장한 개인 소유의 선박]을 띄우고
병력을 채울 수 있도록 허락한 것이다.
이 배들은 해상에서 미국의 화물선들을
추격했다.

프랑스 군대는 멕시코에 주둔하여 미
국의 먼로 독트린을 무너뜨리고 있었
다. 이에 리치먼드에서는 미묘한 제안
을 보내왔다. 북부 연방과 남부 연합이
연대하여 멕시코에 있는 프랑스 군대를 공격하자는 것이었다. 그리고 이
를 위해 북부와 남부 사이의 전쟁은 당장 그만두고 전쟁의 원인이 되었
던 문제들은 프랑스를 물리친 이후에 논의하자고 했다. 그러나 링컨은
미국 연방이 먼저 회복되지 않는 한 이러한 제의에 귀 기울이려 하지 않
았다. 미국인들이 프랑스와 전쟁을 할 수도 있겠지만 그것은 한 국민으
로서 할 일이지 둘로 나뉜 상태로는 할 수 없는 일이었다.

링컨은 결국 미국을 하나로 묶어냈다. 그는 길고도 힘들었던 수개월
동안 노력은 했지만 결실을 보지 못하는 좌절을 겪기도 했고, 분열되고
용기를 잃게 하는 어려운 국면들을 통과하기도 했다. 하지만 그가 자신
의 목표를 두고 흔들렸다는 기록은 전혀 없다. 할 수 있는 일이 아무것도
없는 순간들이 있었고, 동상처럼 꼼짝 않고 백악관에 앉아서 결의를 다
져야 하는 순간들도 있었다. 하지만 그는 때로 마음을 풀고 농담을 하며
흥미로운 일화들을 남기기도 했다.

링컨은 결국 연방이 승리하는 것을 보았다. 그는 리치먼드가 함락된 다음 날 그곳으로 가서 리 장군이 항복 문서를 읽어내려가는 모습을 볼 수 있었다. 그리고 워싱턴으로 돌아와 4월 11일 마지막 대중연설을 했다. 화해를 주제로 한 이 연설에서 그는 전쟁에서 패배한 남부에 연방에 충실한 주 정부를 재건해야 한다고 말했다. 4월 14일 저녁 워싱턴에 있는 포드 극장에서 무대를 바라보며 앉아있던 그는 머리 뒤편에 총을 맞고 사망했다. 그에게 불만을 품고 있던 부스Booth라는 이름의 배우가 링컨이 앉아있던 박스석까지 몰래 들어가서 총을 쏜 것이었다. 그러나 링컨이 이루려던 과업은 이미 완수된 뒤였다. 미국 연방은 살아남았다.

전쟁이 시작되었을 때만 해도 태평양 해안까지는 아직 철도가 이르지 못했다. 그러나 전쟁 이후에 철도는 마치 빠르게 자라는 식물처럼 뻗어나가 미국의 광대한 영토를 완전히 장악했다. 이를 통해 정신적으로나 물질적으로 하나가 된, 다시 와해될 수 없는 공동체가 형성되었다. 이렇게 만들어진 미합중국은 중국의 서민들이 모두 글 읽는 법을 배우게 될 때까지 세상에 실재하는 가장 큰 공동체였다.

61

독일의 발흥

다시 시작된 유럽의 패권전쟁

이미 앞에서 살펴보았듯이, 유럽은 프랑스혁명과 나폴레옹 전쟁으로 격변을 겪은 뒤에 한동안 위태롭지만 평화로운 시기를 보내며 안정을 되찾은 듯했다. 이 시기에는 50년 전의 정치 체제가 근대화된 방식으로 부활했다[프랑스 혁명으로 쫓겨난 부르봉 왕가가 나폴레옹 정권이 실각하면서 복귀했다]. 19세기 중반까지 제철, 철도, 증기선과 같은 새로운 기술과 발명이 세상을 바꾸어놓았지만 정작 정치에서는 눈에 띄는 변화가 나타나지 않았다. 그러나 도시의 산업화가 진행되면서 사회적 긴장감은 이전보다 더 커졌다.

이때까지도 프랑스는 매우 불안정한 국가였다. 1830년에 이어 1848년에도 혁명이 일어났고, 나폴레옹 보나파르트의 조카인 나폴레옹 3세가 첫 대통령이 되었다가 곧 황제로 즉위했다(1852).

나폴레옹 3세는 파리 재건 사업을 시작했다. 파리는 그림같이 아름답지만 위생 상태가 좋지 않았던 17세기 도시에서 고대 로마와 같이 대리석으로 지어진 널찍한 도시로 탈바꿈하여 오늘에 이르게 되었다. 나폴레옹 3세는 프랑스를 재건하여 화려하고 근대적인 제국으로 바꾸어놓았다.

하지만 그는 17~18세기 내내 헛된 전쟁에 몰두해있던 유럽 열강들의 경쟁 관계를 되살려냈다. 이때 러시아의 차르 니콜라이 1세(1825-1855 재위) 역시 점점 공격적으로 변해가고 있었다. 러시아는 콘스탄티노폴리스 Konstantinopolis를 노리고 오스만튀르크 제국에 압박을 가하며 남쪽으로 내려왔다.

세기 전환기의 유럽은 이제 새로운 전쟁 주기에 진입했다. 이때는 주로 '힘의 균형'과 패권 확보를 위해 여러 나라가 전쟁을 벌였다. 크림 전쟁(1853-1856)이 벌어지자 영국, 프랑스, 사르디니아는 오스만튀르크 제국 편에 서서 러시아를 공격했다[이때 프로이센과 오스트리아는 중립을 지켰다. 결국 러시아가 패하여 1856년 3월 파리에서 강화조약을 체결했고, 러시아는 흑해에 대한 지배권을 잃었다]. 프로이센은 오스트리아에 맞서 이탈리아와 연합하여 독일 지역의 주도권을 잡으려고 싸웠다[1866년에 일어난 프로이센과 오스트리아의 전쟁. 프로이센이 승리했다].

프랑스는 사부아 지방을 얻는 대가로 북부 이탈리아를 오스트리아의 지배에서 해방시켜주었다. 이탈리아는 단계적으로 통일을 이루어 하나의 왕국이 되었다. 나폴레옹 3세는 잘못된 권고를 받아들여 미국이 남북전쟁을 벌이고 있는 동안에 멕시코 원정을 감행했다. 그는 페르디난드 막시밀리안Ferdinand Maximilian(1864-1867 재위)을 멕시코의 황제로 옹립했지만, 미국 연방정부가 압력을 가하자 서둘러 그를 포기해버렸다. 결국 막시밀리안은 멕시코인들에게 총살당했다.

프로이센
- 1866년까지의 영토
- 1866~67년에 획득한 영토
- 1866년의 북독일 연방
- 1871년의 독일 제국

프랑스
- 1860년 획득한 영토(사부아 및 니스)
- 1871년 상실한 영토(알자스-로렌)
- 오스트리아가 상실한 영토
  (1859년 롬바르디아, 1866년 베네치아)

노르웨이
스웨덴
북해
덴마크
발틱 해
네덜란드
프로이센
베를린
벨기에
폴란드
러시아
바이에른
바덴
오스트리아 헝가리 제국 (1867)
프랑스 스위스
루마니아 (1861)
베네치아
세르비아 (1817)
롬바르디아
아드리아 해
흑해
오스만튀르크 제국
이탈리아 (1867)
지중해
그리스 (1832)

▲ 1841~1871년의 유럽

프랑스를 물리치고 독일 전역 통일

오랫동안 유럽의 주도권을 두고 다투어온 프랑스와 프로이센 두 나라 사이에 1870년 마침내 전쟁이 발발했다. 프로이센은 오래전부터 전쟁이 일어나리라 예상하고 대비했지만, 재정 악화로 이미 끔찍한 상황에 놓여 있던 프랑스는 그렇지 못했다. 프랑스의 패배는 빠르고 극적으로 찾아왔다. 프로이센이 프랑스 침공을 개시한 것이 8월이었는데, 9월에 나폴레옹 3세 휘하의 프랑스 부대가 스당Sedan에서 항복했으며, 10월에는 메스Metz에서 또 다른 프랑스 부대가 투항했다. 이듬해 1월에는 한 차례의 포위와 포격을 받고 파리가 프로이센의 수중에 들어갔다. 프랑크푸르트에서 평화 협정을 맺었고, 이에 따라 프랑스는 알자스와 로렌 지방을 프로이센에 넘겨주었다. 이로써 오스트리아까지 포함하여 독일 전역을 아우르는 통일 제국이 등장했다. 이제 프로이센의 왕도 독일 황제로서 유럽 황제들의 반열에 오를 수 있게 되었다.

이후 43년 동안 독일은 유럽 대륙의 주도권을 장악했다. 1877~1878년에 러시아와 오스만튀르크가 전쟁을 벌였고, 그 뒤에 발칸 지역에서 국경선이 약간 조정되긴 했지만, 30년 동안 유럽 국가들의 경계는 불안 속에서도 안정을 유지했다.

62

증기선과 기관차의 제국

팽창주의의 한계

18세기 말은 제국들이 분열되고 팽창주의자들의 환상이 깨지는 시기였다. 영국과 스페인은 해외 식민지가 많았다. 하지만 식민지까지 가려면 길고 지루한 여행을 해야 했으므로 본국과 식민지 사이에 자유로운 왕래가 힘들었다. 그래서 식민지들은 점차 본국과 분리된 공동체가 되어갔다.

식민지 공동체에는 그곳 사람들만의 사고가 자라고 그들만의 관심사가 생겼다. 심지어 언어가 달라지기도 했다. 식민지 공동체가 성장함에 따라 미약하고 불확실한 항로에 가해지는 부담도 더욱 커졌다. 캐나다에 있던 프랑스의 식민지들처럼 황야에 점점이 박혀있는 무역 거점들이나 인도에 있던 영국의 식민지들처럼 완전히 이질적인 공동체 속에 세워진 무역 시설들만 본국 정부에 단단히 밀착되어있었다. 본국의 지원이 없으면 독립적으로 존재할 수 없었기 때문이었다.

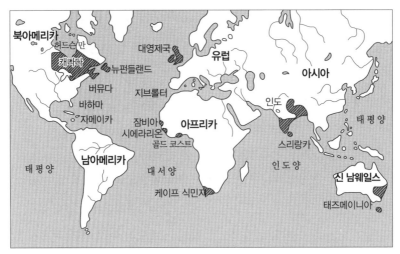
▲ 1815년의 대영 제국

　19세기 전반의 사상가들이 보기에 유럽 제국들의 해외 영토는 이제 그 한계에 이르러 더는 확장될 수 없을 것 같았다. 18세기 중반 유럽 바깥으로 대담하게 확장해가던 유럽의 '제국들'은 1820년에 이르면 상당히 축소된다. 오직 러시아만이 아시아를 가로질러 그 어느 때보다 크게 뻗어가고 있었다.

　1815년 당시 대영 제국은 수많은 해외 영토로 구성되었다. 영국령 캐나다는 해안 지역과 내륙 지역으로 나뉘었다. 해안 지역 강과 호수 주변에는 소수이긴 하지만 이주민이 정착해서 살았다. 그러나 광활한 내륙 지역에서는 허드슨베이사가 모피 교역 거점만 개발했을 뿐 일반 주민이 정착하지는 않았다. 아시아에서는 영국 동인도회사가 인도 반도의 3분의 1을 지배하고 있었다. 아프리카에서는 희망봉과 인근 해안 지역을 영국이 점유했다. 이곳에는 흑인 원주민과 네덜란드 이주민들이 주로 살았는데, 네덜란드인들은 영국의 지배에 저항하고 있었다. 그밖에 서부 아프리카 해안에 몇몇 소규모 무역 거점들이 있었고 지중해에는 지브롤터 Gibraltar와 몰타Malta가 있었다. 대서양 건너 서인도 제도에서는 자메이카와 소규모 섬들이 영국의 지배를 받았다. 이곳에서 식민지 경영은 노예 노동에 기초했다. 남아메리카 대륙에는 영국령 기아나Guiana가 있었다. 지구 반대편 오스트레일리아에는 보터니 만Botany Bay과 태즈메이니아Tasmania 섬 두 곳에 죄수 유형지가 있었다.

스페인은 여전히 쿠바를 유지하고 있었고 필리핀 제도에 몇 곳의 정착지를 가지고 있었다. 포르투갈은 아프리카에 오래전에 점유한 흔적들만 남겨놓은 정도였다. 네덜란드는 동인도 제도의 여러 섬과 점유지 말고도 네덜란드령 기아나를 차지하고 있었다. 덴마크는 서인도 제도에 한두 개의 섬을 갖고 있었다. 프랑스 또한 서인도 제도에 섬 한두 개와 프랑스령 기아나를 갖고 있었다. 이 정도가 유럽 열강들이 바깥 세계에서 필요로 하거나, 획득해서 유지할 가능성이 있는 영토의 한계로 보였다. 계속해서 지배 영역을 넓히려 한 것은 동인도회사밖에 없었다.

증기기관, 멈추지 않는 제국의 심장

유럽 전체가 나폴레옹 전쟁에 몰두해있는 동안, 동인도회사는 연이어 바뀐 총독들의 지도 아래, 이전에 투르키스탄을 비롯해 북방에서 내려온 침략자들이 인도에서 했던 것과 같은 일을 반복하고 있었다. 빈 회의 이후에도 동인도회사는 계속해서 세금을 징수하고, 전쟁을 벌이고, 아시아의 열강들에 대사를 파견하는 등 반쯤 독립된 국가처럼 기능했다. 하지만 동인도회사의 기본 성격은 해외에서 벌어들인 부를 서방으로 보내는 것이었다.

영국 동인도회사는 인도에서 때에 따라 상대를 바꾸어가며 동맹을 맺었다가 결국엔 다른 세력들을 모두 정복하여 패권을 차지했다. 여기서 자세히 다루기 어려울 만큼 복잡하고 교묘한 과정과 수단으로 동인도회사는 아삼Assam, 신드Sind, 아우드Oudh까지 뻗어 나갔다. 인도의 지도는 오늘날 영국의 학생들에게도 익숙한 형태가 되기 시작했다. 인도 본래의 주들과 영국이 지배하는 주들이 서로 섞여서 맞물린 조각보 모양이 된 것이다.

1859년 인도 현지 군인들로 구성된 부대에서 반란이 일어난 뒤 영국은 동인도회사가 지배하던 영역을 영국 국왕의 영토로 편입시켰다. '인도 통치 개선법An Act for the Better Government of India'이라는 법률에 따라 인도 총독 또한 국왕을 대리하는 직위로 바뀌었고, 동인도회사 대신 인도 담당 국무장관이 인도 통치에 대한 책임을 졌다. 1877년 마침내 비컨즈필드 경Lord Beaconsfield[벤저민 디즈레일리Benjamin Disraeli라는 이름으로 더 잘 알려져 있다. 보수당인 토리당 소속으로 1868~1880년 동안 총리로 재임했다]이 빅토리아 여왕을 인도 황제로 선포함으로써 이 모든 과정이 완결되었다.

인도와 영국은 이러한 특별한 고리들을 통해 오늘날에도 서로 연결되어있다. 인도는 여전히 제국이지만, 인도의 제정은 대영 제국의 '군주 공화정'[입헌군주제]으로 대체되었다. 인도는 전제군주가 없는 전제군주국이다. 인도의 통치 방식은 절대왕정의 난점에다가 민주주의 관료 집단의 비인격성과 무책임함을 결합해놓은 것이다. 인도 사람들에게는 불만이 있어도 토로할 가시적 군주가 없었다. 그들의 황제는 황금빛 상징에 불과했다. 불만을 말하고 싶다면 영국에서 전단을 돌리거나 영국 하원에 문제를 제기해야 했다. 영국 의회가 국내 사안에 몰두해있을수록 영국 정부가 인도에 쏟는 관심은 적었다. 그렇게 되면 인도는 더더욱 고위 관료들로 이루어진 소수 집단의 재량에 맡겨졌다.

마침내 철도와 증기선이 실제 운영에 들어가자 인도 이외 지역에서도 유럽의 제국들이 크게 확장하기 시작했다. 상당수의 영국 정치 사상가들은 해외 자산이 영국을 나약하게 만드는 근본 원인이라고 보기도 했다. 식민지가 차지하는 경제적 중요성이 더욱 커졌기 때문이다. 더디게 발전하고 있던 오스트레일리아의 정착지들은 1842년 구리 광산이 발견되고, 1851년에는 금광이 발견되면서 그 중요성이 새롭게 주목받았다. 교통수단이 개선되자 오스트레일리아의 양모 또한 유럽에서 점점 더 잘 팔리는 상품이 되었다.

캐나다는 1849년에 이르러서야 눈에 띄게 발전하기 시작했다. 하지만 프랑스인 주민들과 영국인 주민들 간의 갈등으로 어려움이 많았다. 두 집단 사이에 몇 차례 심각한 충돌이 일어난 다음에야 1867년 새로운 헌법이 제정되어 캐나다 자치령 연방Federal Dominion of Canada이 성립되었고 이로써 내부의 긴장이 완화되었다.

캐나다에 대한 전망을 바꾸어놓은 것은 철도였다. 미국에서와 마찬가지로, 철도 덕분에 캐나다는 서부로 확장했고, 옥수수를 비롯해 여러 생산품을 유럽에 내다 팔 수 있었다. 그리고 빠른 속도로 멀리까지 확장하는 과정에서도 언어, 정서, 관심사를 공유하는 국가 공동체의 통일성을 유지할 수 있었다. 철도, 증기선, 전신이 도입된 덕분에 식민지의 발전 환경이 완전히 바뀌고 있었다.

뉴질랜드에서는 1840년 이전에 영국인들이 정착하기 시작했고, 뉴질랜드 회사가 설립되어 그곳의 이용 가능한 자원들을 개발할 수 있게 되었다. 1840년 뉴질랜드 역시 영국 국왕의 식민지 중 하나로 편입되었다.

앞에서 살펴보았듯이 캐나다는 영국 식민지 중에서 새로운 교통수단이 열어준 새로운 시장에서 가장 먼저 풍요로운 수확을 하였다. 여러 개의 공화국으로 분리 독립한 남아메리카, 그중에서도 아르헨티나에서는 유럽 시장에 대한 접근성이 향상됨에 따라 소와 커피 수출이 늘어나기 시작했다.

유럽 열강들의 새로운 각축전

처음에 유럽 열강이 사람이 살지 않는 지역까지 찾아왔던 것은 금을 비롯한 여러 광물이나, 향신료, 상아, 노예 같은 상품 때문이었다. 하지만 19세기의 말 유럽 각국의 정부는 늘어난 자국 인구 때문에 주요 식량을 구하기 위해 해외로 눈을 돌려야 했다. 그리고 과학 기술 산업이 발전하면서 모든 종류의 지방脂肪, 기름, 고무 등 이전에는 무시되었던 재료들을 포함해서 새로운 원자재에 대한 수요가 생겨났다. 영국, 네덜란드, 포르투갈이 열대 및 아열대 생산물 대부분을 통제하고 있었고 그로부터 큰 수익도 올리고 있었으며, 그 수익은 점점 늘어나고 있었다. 1871년 이후에는 독일이, 그다음에는 프랑스와 이탈리아가 차례로 아직 식민지가 되지 않은 원자재 생산 지역 또는 수익성 있는 근대화가 가능한 동양 국가들을 찾아 나섰다.

이렇게 해서 유럽 열강들의 새로운 각축전이 전 세계에 걸쳐 벌어지게 되었다. 다만 먼로 독트린에 따라 정치적으로 보호받지 못하는 영토를 정복하는 것이 금지된 아메리카 대륙만이 예외였다.

아프리카 대륙은 유럽에 가까웠지만 어떤 가능성이 잠재되어있는지 분명하게 알려지지 않았다. 1850년까지도 아프리카는 검은 신비의 대륙일 뿐이었다. 오직 이집트와 다른 해안 지역만 알려져 있었다. 그러나 여러 탐험가와 모험가들이 아프리카의 어둠 속을 처음으로 뚫고 들어갔고, 이들이 내어놓은 길을 따라 정치인, 행정가, 무역상인, 정착민, 과학자들이 그곳에 도착했다. 피그미족과 같이 경이로운 부족들, 오카피[전체적으로 갈색이고 엉덩이와 네 다리에 얼룩말 무늬가 있는 기린과 동물]와 같이 낯선 짐승들, 경이로운 과일과 꽃과 곤충 들, 끔찍한 질병들, 거대한 강과 폭포 들이 유럽인의 눈앞에 드러났다. 그것은 완전히 새로운 세계였다. 고대인들이 이 남쪽 땅에서 이룩해놓았지만 기록도 없이 사라진 (짐바브웨 Zimbabwe[로디지아]에 있는) 문명의 잔해들도 발견되었다. 유럽인들이 이 새로운 세계에 들어왔을 때는 총을 가진 아랍의 노예 상인들이 이미 그곳에서 활동하고 있었고 흑인들은 혼란에 빠져있었다.

반세기가 흘러 1900년에 이르렀을 때는 아프리카 전역에 탐험과 측량이 이루어져 지도가 제작되었다. 유럽 열강은 이 지도를 이용해 아프리카를 나누어 가졌다. 아프리카 쟁탈전이 벌어졌지만 그 가운데 원주민에게 돌아간 몫은 거의 없었다. 아랍의 노예 상인들은 추방되진 않았지만 제재를 받았다. 그러나 벨기에령 콩고에서는 천연고무에 대한 탐욕 때문에 잔혹 행위가 벌어졌다. 천연고무는 원주민들의 강제노동으로 채집되고 생산되었는데 숙련되지 않은 유럽 행정가들이 원주민과 충돌하면서까지 고무 생산에 집착한 것이다. 이런 문제를 일으킨 책임에서 유럽의 어느 나라도 자유로울 수 없었다.

1833년 형식적으로는 오스만튀르크의 영역으로 남아있던 이집트를 영국이 점령했다. 1898년에는 영국과 프랑스가 이집트를 두고 거의 전쟁을 벌일 뻔했다. 프랑스의 마르샹Marchand 대령이 서부 해안에서부터 중앙아프리카를 가로질러 와서 파쇼다Fashoda에 이르렀을 때 나일 강

▲ 마주바 힐 전투. 남아프리카 트란스발 공화국의 보어인들이 자유를 얻기 위해 영국군에 맞서 싸웠다.
@wikipedia

상류 지방을 장악하려 했기 때문이었다.

트란스발의 보어인

남아프리카에서 영국 정부는 오렌지 강 구역과 트란스발에 있던 보어인들[네덜란드에서 온 정착민]이 남아프리카의 내륙 쪽에 각각 독립된 공화국을 세우게 내버려 두었다. 하지만 이후에 이를 후회했고, 1877년 트란스발 공화국을 병합했다. 트란스발의 보어인은 자유를 얻기 위해 싸웠고, 마주바 힐Majuba Hill 전투(1881) 이후 자유를 쟁취했다. 계속된 언론 선전 활동으로 마주바 힐은 영국인의 기억 속에 사무치게 남았다. 1899년 영국은 양쪽 공화국 모두를 상대로 전쟁을 벌였다. 3년 동안 계속된 전쟁으로 영국인은 많은 희생을 치러야 했지만, 결국 두 공화국이 항복하는 것으로 전쟁은 끝났다.

그러나 보어인이 영국에 예속된 기간은 길지 않았다. 보어인을 무릎 꿇게 했던 영국의 제국주의 정부가 1907년에 실각하자 자유주의자들이 남아프리카 문제를 통제하게 된 것이다. 보어인의 두 공화국은 자유를 되찾았고 케이프 식민지 및 나탈Natal 주와 함께 남아프리카의 모든 주가 속한 연방제에 기꺼이 가입했다. 이렇게 하여 남아프리카는 영국 국왕을 원수로 하는 자치 공화국이 되었다.

약 25년 만에 유럽 열강은 아프리카 분할을 마무리 지었다. 병합되지 않은 곳은 비교적 작은 세 나라인 라이베리아, 모로코, 에티오피아밖에 없었다. 서부 해안의 라이베리아는 해방된 흑인 노예들이 정착한 곳이었고, 모로코는 무슬림 술탄의 지배 아래 있었으며, 미개한 국가이면서도 고대의 독특한 그리스도교 일파가 남아있던 에티오피아는 1896년 아두와Adowa 전투에서 이탈리아에 승리함으로써 독립을 지켰다.

63

유럽의 아시아 침략과
일본의 부상

아시아를 분할 점령하다

유럽 각국은 급히 서둘러 자신들의 색깔로 아프리카 지도를 색칠해 버렸다. 믿기 어렵지만 많은 사람이 이러한 상황을 받아들였다. 유럽 열강이 아프리카를 분할 점령하는 것이 세계를 영원히 안정시켜줄 방안이라 여겼던 것이다. 믿기지 않는 사실이라 하더라도 많은 사람이 그런 식으로 상황을 받아들였다는 사실을 기록하는 것이 역사가의 의무이다.

19세기 유럽인들은 역사를 잘 알지 못했고 날카로운 비판 정신을 발휘하는 데 익숙하지 않았다. 유럽인들은 기계혁명 덕분에 일시적으로 세계에서 우위를 점하게 되자, 이전에 몽골인들이 세계를 정복했던 일 따위는 까맣게 잊고 자신들이 앞으로 영원히 인류를 이끌어가리라 확신했다. 유럽인들은 과학과 과학의 결실이 다른 지역으로 옮겨갈 수 있다는 사실을 알지 못했고, 중국인과 인도인 또한 프랑스인이나 영국인만큼 연구 활동을 수행할 능력이 있음을 인지하지 못했다. 서양인들에게는 지적 욕구가 내재하여 있지만, 동양인은 나태하고 보수적이어서 세상은 영원히 유럽인이 지배하리라 믿었다.

이러한 자기도취 결과, 유럽 각국의 해외 공관은 지구에서 아직 개발되지 않은 지역을 쟁탈하기 위해 영국과 각축전을 벌였을 뿐 아니라, 인구가 많고 문명화한 아시아 국가까지도 분할하여 점령하기 시작했다. 그들은 마치 자신들이 점령한 지역의 사람들 역시 착취할 수 있는 원재료에 불과한 것처럼 다루었다. 인도의 지배계층이 된 영국의 제국주의는 내부에서는 위태로웠지만 외부에서는 화려해 보였다. 광대한 동인도 제도를 점유한 네덜란드는 큰 수익을 올리고 있었다. 이를 본 유럽 열강은 비슷한 꿈을 꾸면서 페르시아를 차지하기 위해 경쟁을 벌였으며, 오스만 튀르크 제국을 분할하고, 더 나아가 인도 너머 동남아시아, 중국, 일본까지 진출했다.

1898년 독일은 중국의 자오저우 만[중국 산둥 반도 남쪽에 있는 작은 만으로 만 입구에 칭다오 시가 건설되었다]을 점령했다. 이에 대응하여 영국은 웨이하이웨이[산둥 반도의 동쪽 끝]를 점령했고, 이듬해 러시아는 뤼순커우[랴오둥 반도의 남쪽 끝]를 차지했다. 유럽인을 향한 증오의 불꽃이 중국 전역에서 타올랐다. 유럽인과 그리스도교 개종자에 대한 학살이 이어지고, 1900년엔 베이징에 있는 유럽 공사관들이 공격당하는 일까지 벌어졌다. 이에 대한 보복으로 유럽 각국의 연합군이 베이징 원정을 감행하여 자기네 공관원을 구출했을 뿐 아니라 엄청난 재산을 약탈했다. 이어서 러시아는 만주를 장악했고, 1904년 영국은 티베트를 침공했다.

▲ 일본 장수와 병사 ©Marzolino/shutterstock.com

일본의 강제 개항

서구 열강이 각축을 벌이는 사이에 일본이 새로운 세력으로 떠올랐다. 이제까지 일본이 역사에서 맡아온 역할은 미미했다. 외부로부터 격리된 일본 문명은 전반적인 인류의 운명을 결정하는 데 그다지 크게 기여한 적이 없었다. 외부로부터 받은 것은 많았지만 내어준 것은 별로 없었다. 일본 민족은 몽골계다. 글자, 문학, 예술 등 그들의 문명을 이루는 요소들은 중국에서 비롯됐다. 그들의 역사는 흥미롭고도 낭만적이다. 초기 그리스도교 시대의 유럽처럼 일본에서도 봉건 제도와 무사 제도가 발달했다. 일본이 한국과 중국을 공격했던 일은 영국이 프랑스에서 전쟁을 벌였던 것과 비슷하다.

일본이 유럽과 처음 접촉한 것은 16세기였다. 1542년 몇 명의 포르투갈 사람들이 중국 범선을 타고 일본에 도착했으며, 1549년에는 예수회 선교사 프란시스코 사비에르Francisco Xavier[1506-1552. 에스파냐의 예수회 전도사]가 일본에 가서 포교했다. 한동안 일본은 유럽과의 교류를 환영했고 그리스도교 선교사들은 많은 일본인을 개종했다. 일본인이 가장 신뢰하는 유럽인 조언자가 된 윌리엄 애덤스William Adams가 조선 기술을 가르쳐주었고, 곧이어 일본인이 만든 배가 인도와 페루까지 항해하는 데 사용되었다.

하지만 포르투갈에서 온 예수회 회원들에 이어 스페인에서 도미니크회 회원들이 들어왔고, 영국과 네덜란드의 프로테스탄트들까지 일본에 와서 다투기 시작했다. 그들은 각자 자기들 말고 다른 유럽 세력은 정치적 야심이 있으니 믿어서는 안 된다고 충고했다. 결국 일본인들은 유럽인들이 더는 견딜 수 없을 만큼 성가시다고 생각했다. 그리고 특히 가톨릭교회는 교황과 스페인 군주의 정치적 야망을 감추기 위한 은폐물에 지나지 않는다는 결론을 내렸다. 당시에 스페인은 이미 필리핀을 점유하고 있었다.

이후 일본은 대대적으로 그리스도교인들을 박해했고, 1638년 이후 200년 동안 나라의 문을 걸어 잠근 채 통상수교거부정책을 고수했다. 그 200년 세월이 흐르는 동안 일본인들은 마치 다른 행성에 사는 듯 바깥 세계로부터 완전히 단절되었다. 연안 항해용 선박보다 큰 배를 만드는 것이 금지되었으며, 일본인 누구도 해외에 나갈 수 없고 유럽인 누구도 일본에 들어갈 수 없었다.

두 세기 동안 일본은 역사의 주류 바깥에 머물렀다. 독특한 봉건 제도를 유지해온 일본에서는 전체 인구의 5%에 불과한 사무라이라고 하는 무사와 귀족 계층이 나머지 인구 전체 위에 아무런 저항도 받지 않고 군림했다. 그러는 동안 일본 바깥의 드넓은 세계에서는 더 넓은 비전과 새로운 세력들이 자라났다. 낯선 선박들이 더욱 자주 나타나 일본의 곳들을 지나갔다. 때로는 배들이 난파되어 외국인 선원들이 해안에 이르곤 했다. 이 당시 일본을 바깥 세계와 이어준 유일한 연결고리는 데지마 Deshima에 체류한 네덜란드인들이었다. 이들은 일본이 이제는 서구 세력들과 평화롭게 지낼 수만은 없을 것이라고 경고했다.

1837년 별표와 줄무늬로 된 낯선 깃발을 휘날리는 배 한 척이 일본 도쿄 만으로 들어왔다. 이 배에는 태평양 멀리까지 표류했다 구조된 일본 선원들도 타고 있었는데, 일본은 대포를 쏘아 그냥 쫓아버렸다. 그러나 이 낯선 깃발을 단 다른 배들이 또다시 출현했다. 1849년에는 같은 깃발을 단 배 한 척이 나타나 18명의 미국인 난파 선원들을 풀어달라고 요구했다.

1853년에는 페리Perry 해군 준장이 지휘하는 4척의 미국 전함이 나타나 물러가지 않고 버텼다. 페리 준장은 금지된 해역에 닻을 내리고 당시에 일본의 통치권을 나누어 쥐고 있던 두 통치자에게 전갈을 보냈다. 1854년, 페리 준장은 10척의 배를 이끌고 다시 돌아왔다. 증기 기관의 추진력으로 움직이며 커다란 대포를 탑재하고 있던 이 배들을 보고 일본인들은 무척 놀랐다. 페리 준장은 무역과 교류를 제안했고 일본은 이에 저항할 힘이 없었다. 그는 부하 500명의 호위를 받으며 상륙하여 일본 정부와 조약을 맺었다. 외부 세계에서 찾아온 방문단이 거리를 행진할 때 수많은 군중이 믿을 수 없다는 표정으로 그 광경을 지켜보았다.

러시아, 네덜란드, 영국이 미국의 뒤를 이어 일본을 찾아왔다. 시모노세키 해협이 내려다보이는 곳에 영지를 소유하고 있던 귀족은 외국 선

▲ 도쿄에 입성하는 프로이센 사절단 ©Marzolino/shutterstock.com

박에 공격을 가하려고 했다. 하지만 영국, 프랑스, 네덜란드, 미국의 전함들이 포격을 가하여 이 귀족의 포대砲隊를 파괴하고 무사들을 물리쳤다. 결국 연합 함대가 교토 외항에 정박한 채, 일본의 문호를 세계에 개방한다는 내용의 조약을 비준하게 하였다.

이러한 사건들을 겪으며 일본인들은 몹시 굴욕스러워했다. 그들은 놀라운 기력과 지력으로 그들 문화와 조직을 유럽 열강 수준으로 올려놓기 위한 작업에 착수했다. 인류 역사에서 그 어느 나라도 일본처럼 한꺼번에 큰 발전을 이룬 적은 없었다. 1866년까지도 일본은 여전히 낭만적 봉건주의를 그대로 유지하고 있던 중세 국가였다. 하지만 1899년의 일본은 완전히 서구화되어 가장 발전한 유럽 열강들과 어깨를 나란히 했다. 아시아는 달리 어찌해볼 도리 없이 유럽에 뒤처질 수밖에 없다는 주장을 일본은 완전히 꺾어버렸다. 오히려 일본과 비교하면 유럽의 발전이 지지부진해 보일 정도였다.

유럽 제국의 일원으로

1894~1895년에 일본은 중국[청나라]과 전쟁을 벌였다. 이 전쟁을 통해 일본이 어느 정도까지 서구화되었는지 드러났다. 일본은 서구화된 효율적 군대와 작지만 견실한 함대를 보유하고 있었다. 일본의 부흥이 지닌 함의를 영국과 미국은 이미 제대로 평가하고, 일본을 유럽의 한 국가처럼 대우하고 있었지만, 유럽의 다른 열강들은 아시아에서 새로운 인도를 찾느라 일본의 발전이 어떤 의미인지 정확히 이해하지 못했다. 러시아는 만주를 거쳐 중국에 압박을 가하며 조선까지 내려오려 했다. 프랑스는 이미 멀리 남쪽의 통킹Tongking[베트남 북부 홍강 유역]과 안남Annam[통킹을 제외한 베트남 북부에서 중부까지를 이르는 말]에 자리를 잡았다. 독일은 정착지를 찾는 일에 눈에 불을 켰다. 이 세 강대국은 서로 연합하여 일본이 중국과 벌인 전쟁에서 어떠한 열매도 거두어들일 수 없도록 막았다. 이 세 나라는 싸움에 지쳐있는 일본에 전쟁으로 위협을 가했다.

한동안 일본은 고개를 숙이고 힘을 모았다. 그리고 채 10년이 안 되어 러시아와 싸울 준비가 되었다. 이는 아시아 역사에서 오만한 유럽의 시대가 끝나고 새로운 시대가 열렸음을 의미했다. 러시아의 보통 사람들은 지구를 반 바퀴나 돌아야 닿을 수 있는 곳에서 일어난 분쟁에 대해 잘 알지 못했고, 그에 대해 아무런 책임도 없다. 더욱 현명한 러시아의 정치인들은 이 어리석은 동아시아 진출 정책에 반대했다. 그러나 차르의 주변을 둘러싸고 있던 것은 일단의 금융 투기꾼들이었다. 물론 거기에는 차르의 사촌들인 대공들도 포함되어있었다. 이들은 만주와 중국에서 기대되는 전리품에 큰 기대를 걸고 투자했으며, 이를 철회할 생각이 전혀 없었다. 일본은 대규모 병사들을 바다 건너 뤼순 항과 조선으로 수송하기 시작했다. 그리고 시베리아 철도를 따라 끝도 없이 이어지는 기차에 실려 온 러시아 농민들은 이역만리 전쟁터에서 죽어갔다.

제대로 지휘를 받지 못하고, 충분한 배급도 받지 못한 러시아 군대는 바다와 육지 양쪽에서 패배했다. 러시아의 발틱Baltic 함대는 아프리카를 돌아 먼 길을 왔지만 쓰시마 해협에서 완전히 파괴되었다. 이역만리에서 일어난 이 이해할 수 없는 참사에 격노한 러시아의 민중 사이에 혁명의 기운이 감돌았다. 결국 차르는 전쟁을 끝낼 수밖에 없었다(1905). 차르는 러시아가 1875년에 점령했던 사할린의 남쪽 절반을 일본에 돌려주고 만주에서도 철수했으며 조선에 대한 우위권도 일본에 넘겨주고 물러났다. 이로써 유럽은 아시아 침략을 끝내고 아시아에 뻗었던 촉수를 거두어들였다.

64

해가 지지 않는 나라

1914년의 대영 제국

여기서 잠시 1914년 대영 제국의 상황을 살펴보자. 당시 대영 제국은 철도와 증기선을 통해 하나로 연결되었지만, 각 지역은 서로 다른 다양한 속성들을 지니고 있었다. 대영 제국은 이전에도 굉장히 독특한 정치적 결합체였고 지금도 여전히 그렇다. 대영 제국과 같은 정치적 결합체는 그 이전에는 존재하지도 않았다.

대영 제국 체제에서 핵심은 군주 공화국인 브리튼 연합 왕국이었다. 여기에는 주민 대다수의 의지에 반하는 일이긴 하지만 아일랜드까지 포함되어 있었다. 잉글랜드 및 웨일스 의회와 스코틀랜드 및 아일랜드 의회가 연합하여 구성되는 영국 의회에서 다수를 차지한 정당이 정부의 수반과 내각의 성격 및 정책을 결정한다. 그리고 그 결정은 주로 영국 국내 정치와 관련한 여러 가지 사안에 따라 이루어진다. 실제로 최고 권력을 지닌 정부로서 전쟁과 화의를 결정하고 대륙의 나머지 지역에 대한 권한을 쥐고 있는 것은 내각이다.

브리튼 연합 왕국 다음으로 정치적 중요성을 지닌 것이 영연방에 속한 군주 공화국들이었다. 오스트레일리아, 캐나다, 뉴펀들랜드[1583년에 획득한 영국의 가장 오래된 해외 영토], 뉴질랜드, 남아프리카는 모두 실제로 독립적인 자치 국가면서 영국과 연방을 이루고 있었다. 각국에는 영국 정부에서 임명하는 국왕의 대표가 있었다.

그다음은 인도 제국이었다. 대영 제국에 속한 인도 제국은 무굴 제국이 확장된 형태였다. 그리고 이 영국령 인도 제국에 의존하고, 그로부터 '보호를 받는' 작은 국가들까지 포함했다. 그 범위는 발루치스탄 Baluchistan[이란 고원의 남동쪽 지역]에서 미얀마에 이르렀다. 아덴Aden[예멘의 항구도시]도 인도 제국에 포함되었다. 이 지역 전체에서 영국 국왕과 인도 정청India Office이 이전 무굴 제국의 투르키스탄 왕조가 했던 역할을 했다.

인도 제국 다음이 이집트였다. 이집트는 그 지위가 확실치 않은 점령지였다. 명목상으로는 여전히 오스만튀르크 제국의 한 지방이었고, 케디브Khedive[1867~1914년 튀르크 제국에서 이집트에 파견한 총독]가 군주의 자리를 차지하고 있었지만, 공식적으로 거의 전제적인 영국의 통치 아래 놓여있었다.

그 지위가 모호했던 곳은 '영국-이집트'령 수단Sudan이다. 수단 지역은 영국과 영국이 조종하는 이집트 정부가 점령하여 통치하고 있었다. 그리고 부분적으로 자치를 하고 있던 몰타, 자메이카, 바하마, 버뮤다와 같은 몇몇 지역 공동체들이 있었는데, 그중 일부 주민들은 영국 태생이었고, 나머지는 아니었다. 정부는 선거를 통해 구성되는 입법부와 임명직인 행정부로 구성되었다.

▲ 지브롤터는 에스파냐의 이베리아 반도 남단에서 지브롤터 해협을 향하여 남북으로 뻗어 있는 영국령의 반도로, 해협을 마주 보며 지브롤터 바위가 서 있다. ⓒAndreas Poertner/shutterstock.com

　본국 정부가 식민지성省을 통해 통치하는 국왕 직속 식민지들은 거의 전제 정치 국가에 가까웠다. 스리랑카, 트리니다드Trinidad, 피지에는 임명직인 자문위원이 있었고, 지브롤터와 세인트헬레나에는 총독이 있었다. 나머지는 주로 열대에 속하는 광대한 1차 상품 생산지였다. 정치적으로 힘이 없고, 문명화가 덜 된 원주민 공동체들은 명목상 영국의 보호령이었다. 이들 지역에는 고등판무관이 파견되었다. 레소토Lesotho는 원주민 부족장들을 통해서, 짐바브웨는 공인된 회사를 통해서 통치했다. 이들과 같이 가장 부차적인 점유지들을 획득하는 일에는 상황에 따라 본국의 외무성, 식민지성, 인도 정청이 관여했지만, 대부분은 식민지성이 이들의 업무를 처리했다.

팍스 브리태니커

여기서 분명히 드러나는 것은 대영 제국 전체를 총괄하는 하나의 기관이나 두뇌는 존재하지 않았다는 사실이다. 대영 제국은 다양한 여러 부분이 자라나 축적된 결과 이루어진 혼합물이었다. 대영 제국은 이전에 제국이라고 불렸던 그 어떤 나라와도 달랐다. 그 내부에는 공인된 폭정과 결점들이 있었으며, '본국' 국민은 제국의 다른 지역 사람들에게 무심했다. 그러나 대영 제국 덕분에 광범위한 지역에서 평화와 안전이 보장되었기 때문에, 제국의 '백성'이 된 다른 민족 역시 대영 제국의 부당함을 감내하고 인정해주었다.

고대 그리스의 아테네가 이루었던 제국처럼 대영 제국 역시 해상 제국이었다. 제국을 연결한 도로는 바다 위의 항로였으며, 각 지역을 하나로 이어주는 연결고리는 영국 해군이었다. 다른 모든 제국과 마찬가지로 대영 제국의 응집력 역시 물리적 통신 수단에 의존했다. 16세기에서 19세기 사이에 항해술과 조선 기술이 발달하고 증기선이 개발된 덕분에 대영 제국의 평화, 곧 '팍스 브리태니커Pax Britannica'가 이루어졌다.

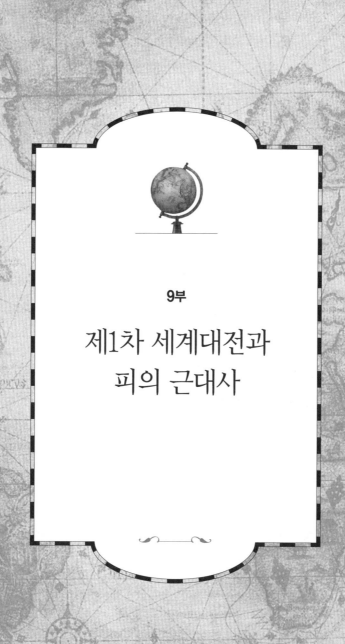

9부

제1차 세계대전과
피의 근대사

제1차 세계대전

전운이 감도는 유럽, 총성이 울리다

자연과학의 진보 덕분에 증기선과 철도로 연결된 미국이라는 거대한 공화국이 탄생했으며, 불안정한 대영 제국도 증기선을 통해 세계로 뻗어나갈 수 있었다. 하지만 여러 나라가 복잡하게 얽혀서 과밀 상태를 이루던 유럽에서는 전혀 다른 결과가 생겼다. 유럽 국가들은 시대는 바뀌었는데 말 타고 달리던 시대에 정해진 국경 안에 머물러있어야 한다는 사실이 답답해졌다. 게다가 대영 제국의 성공사례는 그들의 해외 진출을 부추겼다.

하지만 동쪽으로 진출할 수 있는 자유를 누린 나라는 러시아밖에 없었다. 러시아는 시베리아를 가로지르는 철도를 건설하고 동아시아까지 진출하여 일본과 분쟁을 일으키면서 곤욕을 치르기도 했다. 그리고 남동쪽으로도 밀고 내려가 페르시아와 인도의 국경선에 닿으면서 영국의 심기를 불편하게 했다.

나머지 유럽 열강들이 부대끼면서 유럽의 과밀 상태는 더욱 심해졌다. 문명의 이기가 가져다준 모든 가능성을 온전히 실현하기 위해서는 더욱 드넓은 지반 위에서, 각 나라가 자발적으로 연합을 이루거나 우세한 세력이 연합을 강제하여 당면한 문제를 해결해야 했다. 근대 사상은 자발적 연합을 유도하는 쪽이었다. 하지만 유럽의 전통적 정치 세력들은 모두 힘으로 연합을 강제하는 쪽으로 온 유럽을 몰아갔다.

나폴레옹 3세의 프랑스 제국이 무너지고 새로운 독일 제국이 세워지자 온 유럽이 독일의 후원 아래 단결할 수 있다는 희망 이면에 야릇한 공포감이 감돌았다. 36년 동안 불안한 평화가 이어지는 가운데 유럽의 정치는 희망 반대편의 가능성에 주목했다. 샤를마뉴의 제국이 분열된 이래 유럽의 패권을 두고 언제나 독일과 경쟁했던 프랑스는 약세를 면하고자 러시아와 연합했다. 이에 맞서 독일은 오스트리아 제국(신성로마 제국은 나폴레옹 1세 때 폐지되었다)과 긴밀한 관계를 맺었고, 완벽하게 성공적이지는 않았지만 이탈리아 왕국과도 연대했다.

영국은 대체로 그러했듯이 유럽의 정세에 중립적인 태도를 보였다. 그러나 독일 해군이 비약적으로 발전함에 따라 차츰 프랑스-러시아 연합 쪽으로 기울어 단단히 연대할 수밖에 없었다. 원대한 꿈을 가졌던 독일 황제 빌헬름 2세(1888-1918 재위)는 아직 미숙한 단계에서 해외 원정을 무리하게 추진했고, 그 결과 영국뿐 아니라 일본과 미국까지도 적으로 만들고 말았다.

이제 모든 국가가 군비를 갖추었다. 대포를 비롯한 전쟁 장비와 전함 등을 생산하는 군수산업의 비중이 모든 국가에서 해마다 높아졌다. 열강들 사이에 맞춰진 세력 균형이 해가 갈수록 흔들리자 유럽은 전쟁을 향해 나아가는 듯 보였다. 하지만 이때까지만 해도 하려고만 했다면 전쟁을 피할 수 있었을 것이다. 그러나 결국 전쟁은 일어났다. 독일과 오스트리아는 프랑스, 러시아, 세르비아를 공격했다. 독일군이 벨기에를 침공하자 영국은 즉각 벨기에 편에 서서 전쟁에 뛰어들었다. 곧이어 영국의 동맹인 일본도 전쟁에 참여했고, 오스만튀르크 제국은 독일 편에 섰다. 1915년 이탈리아는 독일과의 연대를 깨고 오스트리아에 전쟁을 일으켰다. 같은 해 10월에는 불가리아가 동맹국(독일 및 오스트리아)에 가담했다. 1916년에는 루마니아가, 1917년에는 미국과 중국이 어쩔 수 없이 독일에 맞서 전쟁에 뛰어들었다.

이 거대한 참사의 책임을 어느 쪽에 얼마나 물어야 하는지 결정하는 것은 이 역사책의 한계를 넘어서는 일이다. 사실 세계대전이 왜 시작되었는지가 아니라 왜 세계대전을 예방하지 못했는지가 더 궁금하다. 솔직하고 관대한 노선을 따라 유럽의 일치를 이루려던 사람들이 있긴 했지만 소수에 불과했다. 나머지 수천만 명은 지나치게 '애국자'이거나 너무 어리석었거나 무관심했으므로 세계대전이라는 참사를 막지 못했다. 현실은 전체 인류에게 훨씬 더 심각한 문제로 다가왔다.

전쟁의 진행 과정은 여기에 모두 실을 수 없을 만큼 복잡했다. 전쟁이 일어나고 불과 몇 달 만에 현대 과학기술의 발달이 전쟁의 본질을 얼마나 근본적으로 바꾸어놓았는지가 확연하게 드러났다. 자연과학은 인류에게 힘, 곧 철을 다루는 힘, 거리를 뛰어넘는 힘, 질병을 극복하는 힘을 주었다. 그러나 그 힘을 올바로 사용하는지, 아니면 그릇되게 사용하는지는 윤리 및 정치에 관한 인류의 의식에 달려있다. 그런데 파괴와 저항 모두 할 수 있는, 전례 없이 강한 힘을 손에 쥐게 된 유럽 각국 정부는 여전히 구태를 벗지 못하고 증오와 의심에 가득 찬 정책들을 펴고 있었다.

헤어나올 수 없는 전쟁 속으로

이제 전쟁은 전 세계의 소모전으로 바뀌었다. 승자와 패자 모두 엄청난 손실을 감내해야 했다. 전쟁 첫 단계에는 독일군이 파리를 향해 맹공을 퍼부었고, 러시아가 동프로이센을 침공했다. 양쪽 공격 모두 강력한 반격을 받았다. 전쟁의 양상은 빠르게 참호전으로 전환되었다. 대치 중인 양측 군대가 유럽을 가로지르는 긴 전선을 따라 참호를 파고 몸을 숨긴 채 한동안 버텼다. 손실을 감수하지 않고는 한 치도 앞으로 나아갈 수 없는 상황이었다.

군대에는 수백만 명의 강인한 병사들이 있었고, 그들 뒤에는 온 국민이 동원되어 전시 식량과 군수품을 전선으로 조달했다. 군사 작전에 기여하지 못하는 생산 활동은 모두 중단되었다. 사지 멀쩡한 유럽 남자들은 모두 육군이나 해군에 징병 되었고, 그렇지 않으면 임시로 지어진 군수품 생산 공장으로 징발되었다. 산업에서는 남성 노동자가 여성으로 대체되었다. 이 거대한 전쟁을 치르는 동안 유럽 각국 인구 절반 이상이 직업을 바꾸었을 것이다. 이들은 사회적으로 뿌리가 뽑힌 채 다른 곳에 옮겨 심겼다. 교육과 정상적인 과학 활동은 제한되거나 즉각적인 군사 용도로 전환되었으며, 뉴스는 군사적 통제와 '선전' 활동에 따라 왜곡되고 변질되어 전달되었다.

교착상태에 빠져있던 전쟁은 서서히 새로운 국면으로 전환되었다. 이제는 식량 공급 시설을 파괴하고 전투기로 공습을 가함으로써 교전국의 후방 주민들을 공격했다. 또한 전쟁 중에도 화기의 크기가 커지고 새로운 종류의 화기들이 개발되었다. 독가스 폭탄이나 탱크라고 하는 일종의 이동용 소형 진지 같은 기발한 무기들도 등장했다. 이로써 참호 안에 숨은 군대의 저항까지 무력화시킬 길이 열렸다.

새로운 전쟁 수단 중에서 전투기를 이용한 공습은 가장 혁명적이었다. 전쟁은 2차원에서 3차원으로 전환되었다. 이제까지 인류 역사에서 전쟁이란 양측 군대가 행진하여 마주치는 곳에서만 벌어졌다. 그런데 모든 곳이 전쟁터가 된 것이다. 처음에는 체펠린Zepplin 비행선[20세기 초 독일에서 개발된 수소나 헬륨 가스를 채워서 비행했던 경식硬式 비행선의 대표 모델로 처음에는 여객용으로 사용되었다]이 사용되다 이후에는 폭격기가 개발되어 전쟁을 전선 너머 모든 민간 지역으로까지 확대했다.

폐허가 된 유럽, 그리고 종전

이전에 문명 세계의 전쟁에서 유지되었던 민간인과 전투원 사이의 구분이 사라졌다. 식량이나 의복을 생산하는 사람, 나무를 베거나 집을 고치는 사람, 모든 기차역과 창고가 파괴 대상이었다. 매달 공습의 범위가 확장되고 강도는 증대되었다. 결국엔 유럽의 광범위한 지역이 전시 비상 체제에 들어갔고 야간 공습에 시달렸다. 런던과 파리와 같이 위험에 노출된 도시에서는 불면의 밤이 이어졌다. 폭탄과 대공포의 참을 수 없는 소음이 이어졌고, 소방차와 앰뷸런스는 사이렌을 울리며 폐허가 된 어두운 거리를 내달렸다. 특히 노인과 어린아이 들은 정신적·육체적으로 큰 피해를 당했다.

전쟁에 따라오기 마련인 전염병은 종전 무렵인 1918년에 나타났다. 전쟁이 진행된 4년 동안 현대 의학은 일반적인 전염병을 모두 막아냈다. 그런데 갑자기 심각한 독감이 전 세계를 강타했고 수백만 명이 죽었다.

기아 역시 한동안은 문제가 되지 않았다. 그러나 1918년 초 배급제를

▲ 한때 아름다웠던 플랑드르 지방의 오래된 소도시 이프르Ypres가 폐허로 변한 모습. 전쟁의 참상을 보여 준다. ©Everett Historical/shutterstock.com

통해 완화하긴 했지만 유럽 전역이 기아 상태에 빠졌다. 농민들을 징발 하여 전선으로 보냈기 때문에 세계 전역의 식량 생산량이 급격히 감소 했다. 게다가 잠수함 공격에 해로가 막히고, 전선 폐쇄 때문에 통상적인 육상 수송 경로가 차단된 데다 교통 체계 자체가 와해하면서 생산된 식 량조차 유통하기가 어려웠다. 다만 각국 정부가 식량 공급을 통제하며 배급하는 데는 어느 정도 성공했다. 전쟁 4년 차에는 의복과 주택은 물 론, 식량을 비롯한 생활용품까지 모자라 전 세계가 어려움을 겪었다. 경 제는 근본적으로 무너졌다. 모든 사람이 생활을 걱정했고, 대부분이 낯 선 환경에서 불편을 감수하며 살아야 했다.

　전쟁이 모두 끝난 것은 1918년 11월이었다. 그해 봄 독일군이 발군 하여 거의 파리에 이르기도 했지만 결국 독일 동맹은 무너졌다. 그들은 이미 그 전부터 사기와 재원이 바닥난 상태였다.

66

러시아 혁명

쫓겨나는 전제 군주

비잔틴 제국을 계승한다고 선언하며 반쯤 동방 전제군주 체제를 유지하고 있던 러시아는 동맹국 진영이 몰락하기 1년쯤 전에 먼저 무너졌다. 차르 체제는 전쟁 전부터 이미 여러 해 동안 붕괴의 징후를 보였다. 차르의 궁정은 라스푸틴Rasputin이라는 기이한 수도승 사기꾼이 좌지우지하는 상황이었고, 공공 행정은 민간에서나 군대에서나 극도로 비효율적이고 부패한 상태였다. 그런데도 전쟁이 발발하자 러시아 전역에서 엄청난 애국주의 열정이 불타올랐고 대규모의 병력이 징집되었다. 하지만 그에 맞는 적절한 군사 장비가 없었고, 유능한 장교들도 수급되지 않았다. 결국 이 거대한 군대는 제대로 된 장비와 지휘관도 없이 독일과 오스트리아 전선에 내던져졌다.

1914년 9월 러시아 군대가 처음 동프로이센에 등장하자 승기를 굳히며 파리로 진격해가던 독일은 행보를 동쪽으로 돌리지 않을 수 없었다.

프랑스는 개전 초기 중대한 군사작전에서 전복될 상황에 부닥쳤는데, 제대로 지휘를 받지도 못한 러시아 농민 수만 명이 고생하고 목숨을 잃은 덕분에 위기에서 벗어날 수 있었다. 모든 서유럽 국가가 이 위대하고 비극적인 러시아 농민들에게 큰 빚을 지게 된 셈이었다.

당시 러시아는 전쟁의 엄청난 무게를 감당할 수 있는 상황이 아니었다. 러시아의 일반 병사들은 대포의 지원도 없고, 장총의 탄약마저 떨어진 채 전쟁터로 보내졌다. 그런데도 군사들이 열광할 것이라는 망상에 빠져있던 장교와 장군 들 때문에 이들은 희생되었다. 한동안 병사들은 말 못 하는 짐승처럼 참고 견디는 것처럼 보였다. 그러나 아무리 무지하다고 하더라도 인내에는 한계가 있는 법이다. 폐기되고 배신당한 병사들 사이에서 차르 체제에 대한 근본적 반감이 퍼져나가고 있었다. 1915년 말 이후 러시아는 오히려 서구 연합국 진영의 근심거리가 되었다. 1916년 내내 러시아는 대체로 방어 태세만 유지했고, 독일과 단독으로 평화 협정을 맺었다는 소문마저 돌았다.

1916년 12월 29일, 상트페테르부르크에서 열린 저녁 파티에서 수도승 라스푸틴이 살해당했다. 그러자 차르 체제의 기강을 확립하려는 뒤늦은 시도가 이어졌다. 이듬해 3월이 되면서 상황이 급박하게 돌아갔다. 상트페테르부르크에서는 식량 때문에 일어난 폭동이 혁명으로 발전했다. 정부에서는 대의代議 기관인 두마Duma를 제압하려고 했고, 자유주의 지도자들을 체포하려고도 했다. 결국 리보프Lvoff 대공의 지도로 임시 정부가 수립되고, 차르가 퇴위했다(3월 15일). 한동안은 온건한 혁명이 새로운 차르의 지배 아래에서 어쩌면 가능할 듯 보이기도 했다. 하지만 러시아 제정에 대한 민중의 신뢰가 모두 무너져서 더는 어떠한 조율도 이루어질 수 없음이 금세 분명해졌다.

볼셰비키 혁명과 러시아 내전

러시아 민중은 유럽의 구체제와 차르와 전쟁 모두에 진력이 났다. 그들은 이 모든 것으로부터 빨리 벗어나 안정을 누리고 싶었다. 그러나 연합국에서는 러시아의 현실을 전혀 알지 못했다. 연합국의 외교관들은 러시아 민중에 대해 무지했다. 상류층의 외교관들은 러시아 국민이 아니라 러시아의 궁정에만 주의를 기울였다. 그래서 새로운 상황에 직면하여 계속 실수를 저질렀다. 외교관들은 러시아에 공화정이 들어서는 것에 호의적이지 않았다. 오히려 새로 들어선 정부를 곤란하게 만들려는 태도를 노골적으로 드러냈다.

러시아 공화국 정부의 수반은 풍채가 좋고 연설에 능한 케렌스키Kerenskii였다. 하지만 케렌스키는 국내와 국외 양쪽에서 공격을 받았다. 국내에서는 더욱 근본적인 혁명, 곧 '사회주의 혁명'을 일으키려는 세력들로부터 공격을 받았고, 국외로부터는 연합국 정부들로부터 차가운 대접을 받았다. 러시아 농민의 갈망과는 달리, 연합국 측에서는 케렌스키가 농민들에게 토지를 나누어주도록 내버려 두지도 않았고, 전선 너머에서 독일과 화의를 맺는 일도 허락하지 않았다.

프랑스와 영국 언론은 지친 러시아에 새로운 공격에 나설 것을 계속 요청했다. 하지만 독일이 바다와 육지 양쪽에서 리가Riga[발트 해에 면한 옛 러시아의 항구도시. 현재는 라트비아의 수도]를 공격해오자 영국 해군 본부는 발트 해 원정 계획을 철회했다. 신생 러시아 공화국은 연합국으로부터 아무런 지원도 받지 못하고 싸워야 했다. 영국은 해상에서 우세했고, 장군 피셔 경Lord Fisher(1841-1920)이 치열하게 싸우긴 했지만 영국과 다른 연합국들은 잠수함으로 몇 차례 공격했을 뿐 전쟁 내내 독일이 발트 해를 완전히 장악하도록 내버려 두었다.

러시아 민중은 전쟁을 끝내려는 결연한 의지를 품고 있었다. 어떤 희생도 치를 준비가 되어있었다. 상트페테르부르크에는 소비에트Soviet라는 노동자와 일반 병사들을 대표하는 조직이 생겨났다. 이 조직에서는 스톡홀름에서 국제 사회주의 회담을 개최하자고 소리를 높였다. 때마침 베를린에서는 식량 부족으로 폭동이 일어났다. 오스트리아와 독일에서는 전쟁에 대한 사회적 피로가 심각했다. 이후에 일어난 사건들에 비추어볼 때, 그 회담이 실제로 열렸더라면 1917년 러시아에서는 민주주의 파벌들 사이에 합리적인 평화가 찾아오고, 독일에서는 혁명이 일어났을 것이다.

케렌스키는 서방 연합국에 이 회담이 개최될 수 있게 해주길 간청했다. 하지만 사회주의와 공화주의가 폭발적으로 번져나갈 것을 두려워한 연합국들은 이를 거부했다. 다만 얼마 되지 않는 영국 노동당의 다수파만이 호의적인 반응을 보였다. 연합국 측으로부터 아무런 정신적·물질적 원조를 받지 못한 채, '온건한' 러시아 공화국은 전쟁을 계속해나갔으며, 그해 7월 마지막 전투에서 필사적인 공세를 펼쳤다. 하지만 초기에 잠시 성공하긴 했지만 결국 공격은 실패로 돌아갔다. 그리고 또다시 수많은 러시아인이 학살당했다.

이제 러시아 민중의 인내는 한계에 이르렀다. 러시아 군대 내부에서 반란이 일어났고 특히 북부 전선은 사태가 심각했다. 1917년 11월 7일 케렌스키 정부가 전복되고 소비에트가 정권을 잡았다. 블라디미르 일리치 레닌Vladimir Il'ich Lenin의 지휘 아래 볼셰비키Bol'sheviki 사회주의자들이 지배하고 있던 소비에트는 서구 열강들과 상관없이 전쟁을 끝내는 화의를 맺겠다고 맹세했다. 그리고 1918년 3월 2일 브레스트Brest에서

▲ 볼셰비키 지배하의 상트페테르부르크 모습 ©Everett Historical/shutterstock.com

마침내 러시아와 독일 사이에 단독 강화 조약이 체결되었다.

볼셰비키 사회주의자들은 케렌스키 정부 때 과장해서 떠들기 좋아하던 입헌론자들이나 혁명가들과는 전혀 다른 성격의 사람들이었다. 그들은 마르크스를 신봉하는 광적인 공산주의자들이었다. 러시아에서 권력을 획득한 것은 다만 전 세계에서 일어날 사회혁명의 시작에 불과하다고 생각했다. 볼셰비키는 아무런 경험도 없이 순전히 절대적 믿음만 가지고 사회와 경제 질서를 바꾸어나가는 작업에 착수했다.

서유럽 국가들과 미국 정부는 이들에 대한 정보가 거의 없었고 또 능력도 없었기 때문에 볼셰비키의 특이한 실험을 지도하거나 도와주지 못했다. 언론에서는 이들이 권력을 강탈했다고 비난하며 신뢰를 떨어뜨리려 애를 썼다. 지배층은 어떤 대가를 치르더라도 이들을 좌절시키려 했다. 역겹고 혐오스럽게 날조된 선전물들이 아무런 제제도 받지 않고 전 세계 언론에 실렸다. 볼셰비키 지도자들은 피를 마시고 약탈을 일삼는 호색한으로 표현되었다. 날조된 선전물만 본다면, 라스푸틴이 권력을 잡고 있던 시절 차르 궁정에서 펼쳐지던 현실은 오히려 순결해 보일 정도였다. 이미 탈진한 상태의 국가에 외부에서 원정대가 파견되었고, 폭동과 약탈이 장려되었으며, 이런 활동에 무기와 보조금이 지급되었다. 볼셰비키 정권의 적들은 공포에 질려있었고, 비열하고 끔찍한 수단까지 동원하여 볼셰비키를 공격하려 들었다.

이미 5년간 격렬한 전쟁을 치르며 기력을 모두 소진한 상태였지만, 1919년 볼셰비키 정권은 다시 외국 군대의 침략에 맞서 싸워야 했다. 서쪽에서는 영국 원정대가 아르한겔스크[백해白海에 면한 러시아의 항구도시]를 공격했으며, 동쪽에서는 일본군이 시베리아를 침략했다. 남쪽에서는 프랑스와 그리스 파견 부대의 도움을 받는 루마니아 군대가 올라왔다.

한편, 내부의 적들도 많았다. 시베리아에서는 러시아의 해군 장군인 알렉산드르 콜차크Aleksandr Kolchak가 반군을 일으켰고, 크림 반도에서는 안톤 이바노비치 데니킨Anton Ivanovich Denikin 장군이 프랑스 함대의 지원을 받아 볼셰비키 정권을 공격했다. 같은 해 7월에는 유데니치 Yudenich 장군 휘하의 에스토니아 군대가 거의 상트페테르부르크까지 이르렀다. 1920년이 되자 프랑스에 자극받은 폴란드까지 러시아 공격에 가담했다. 새로운 반군 세력으로 등장한 브란겔Wrangel 장군은 데니킨 장군의 과업을 넘겨받아 자신의 조국을 침탈하고 파괴했다. 1921년 3월에는 크론시타트Cronstadt 군항에서 선원들이 반란을 일으켰다.

전란이 남긴 상처

레닌을 수반으로 하는 볼셰비키 정권은 이 모든 공격을 견디고 살아

남았다. 볼셰비키 정권은 실로 놀라운 끈기를 보여주었으며 러시아 민중은 극한의 고난 속에서도 정부를 지지했다. 1921년이 끝나갈 무렵에는 마침내 영국과 이탈리아가 러시아 공산 정권을 인정해주었다.

볼셰비키 정권은 외국의 간섭과 국내의 반란을 제압하는 데 성공했다. 하지만 볼셰비키 정권은 러시아에 공산주의 사상에 기초하여 새로운 사회 질서를 정립하는 데는 만족할 만한 성과를 거두지 못했다. 러시아 농민들은 땅에 집착하는 소규모 지주들이었다. 고래가 하늘을 날 수 없는 것과 마찬가지로 러시아 농민들도 공산주의 사상과 친해지기 어려웠다. 혁명은 그들에게 대지주들의 땅을 나누어주었지만, 그들이 돈이 아닌 다른 어떤 것을 위해 농사를 짓도록 만들기는 어려웠다. 그런데 혁명은 다른 무엇보다도 돈의 가치를 실제로 파괴해버렸다.

전쟁 때문에 철도 체계가 붕괴하면서 이미 혼란 상태에 빠져있던 농업 생산은 농민들의 자가소비를 위한 식량 생산 정도로 축소되었다. 도시는 굶주릴 수밖에 없었다. 공산주의 사상에 맞추어 산업 생산을 전환하려는 시도들이 급조되었지만 성공적으로 실행될 수 없었다. 1920년에 이르러 러시아는 근대 문명이 완전히 몰락하며 만들어낸 전례 없는 광경을 보여주었다. 철도는 녹슬어 사용할 수 없게 되었으며, 도시는 폐허가 되고, 곳곳에서 수많은 사람이 죽어갔다. 그러나 러시아는 또다시 닥쳐온 새로운 위협에 맞서 싸워야 했다. 1921년 심각한 가뭄이 닥쳤고, 이 때문에 이미 전쟁으로 폐허가 된 남동부 농민들이 최악의 기아를 겪어야 했다. 결국 수백만 명이 굶어 죽었다.

러시아의 고난과 회복 가능성에 관해 묻는 것은 현재 진행 중인 논란에 지나치게 가까이 접근하는 것이므로 여기에서 논할 수는 없겠다.

67

세계 정치와 사회 재건

전후 처리, 불씨를 남기다

세계대전을 종결지은 여러 조약, 특히 그중에서도 베르사유 조약을 둘러싸고 벌어진 복잡하고 격렬한 논쟁을 모두 다루자면 이 책의 지면이 부족할 정도다. 세계대전이라는 끔찍한 분쟁이 끝났지만 그 어떤 것도 종결되지 않았고 시작되지도 않았으며 해결된 것도 없다는 것을 사람들은 이제야 깨닫기 시작했다. 전쟁으로 수백만 명이 죽었다. 세계는 폐허가 되고 빈곤해졌다. 전쟁은 러시아 전역을 강타했다. 아무리 좋게 평가하려 해도 전쟁은 우리가 위험하고 동정 없는 세상에서 아무런 계획이나 전망도 없이 어리석고 혼란스럽게 살고 있었음을 상기시켜줄 뿐이다.

민족과 제국을 향한 인간의 탐욕이 이런 비극을 낳았지만, 전쟁이 끝난 뒤에도 상황은 변하지 않았다. 세상은 전쟁의 폐허에서 조금이라도 회복된다면 곧바로 비슷한 참사를 다시 일으킬 것 같다. 전쟁과 혁명으로 이룬 것은 아무것도 없다. 전쟁과 혁명이 인류에게 주는 좋은 일이라고 해야 낡고 방해가 되는 것들도 함께 파괴한다는 것뿐이다. 그러나 그마저도 너무 거칠고 고통스러운 방식을 취한다. 세계대전을 통해 독일의 제국주의가 가했던 위협이 유럽에서 제거되었으며, 러시아의 제국주의 또한 파괴되었다. 게다가 다수의 군주정도 무너졌다. 하지만 유럽에는 아직도 수많은 국가가 펄럭이고 있다. 국경에서는 분쟁이 끊이지 않고, 각국의 거대한 군대는 새로이 군 장비를 비축하고 있다.

1919년, 베르사유 '거울의 방'에서 열린 평화 회담은 당사국들의 입장을 제대로 조율하지 못해 전쟁의 논리에 따라 결론을 내는 것 말고는 더는 성과를 내지 못했다. 독일, 오스트리아, 오스만튀르크, 불가리아는 회담 결과, 어떤 것도 챙길 수 없었다. 이들은 그저 회담에서 결정된 사항들을 받아들여야만 했다. 인류의 안녕이라는 관점에서 보면 베르사유 평화 회담의 결정은 특히 불행한 것이었다. 1871년의 승전국이 의기양양해 하며 신생 독일 제국 수립을 선포한 곳이 바로 베르사유였다[1871년 프랑스-프로이센 전쟁에서 승리한 프로이센의 빌헬름 1세는 베르사유 궁 '거울의 방'에서 황제 즉위식을 거행했다]. 베르사유 평화 회담은 1871년 '거울의 방'에서 있었던 일을 그대로 복수하는 통속극 같았다.

세계대전의 초기 단계에서 등장했던 관대한 조치들은 오래전에 사라지고 없었다. 전승국 국민은 그들이 당한 손실과 고난만 뼈저리게 인식하고 있었을 뿐, 패전국 국민도 똑같은 대가를 치렀음은 생각하지 않았다. 전쟁은 열강들의 상호 경쟁을 조율할 수 있는 국가 간의 조절 체계가 없는 상황에서 각국의 경쟁적인 민족주의가 초래한 당연하고도 불가피한 결과였다.

또한 전쟁은 지나치게 좁은 지역 안에서, 강력한 무기를 지닌 다수의 주권 국가들이 존재하는 한 일어날 수밖에 없는 결과였다. 어떤 형태로든 전쟁은 불가피했다. 마찬가지로, 전쟁을 예측하고 예방할 수 있는 정치적 통합이 이루어지지 않는다면 20~30년 뒤에 훨씬 더 큰 규모의 전쟁이 반드시 일어나고 말 것이다. 닭이 달걀을 낳는 것이 분명하듯, 전쟁을 위해 조직된 국가는 전쟁을 일으킬 것이 확실하다. 하지만 여러 국가가 전쟁에 시달리며 고통받았으면서도 이러한 사실을 감정적으로 무시했다.

승전국은 마치 그들이 입은 모든 피해에 대한 도덕적·물질적 책임이 모두 패전국에 있다는 듯이 그들을 취급했다. 만약 전쟁이 다른 방향으로 흘러갔더라면 지금의 패전국도 승전국을 그런 식으로 다루었을 게 분명하다. 프랑스와 영국은 독일이 비난받아야 한다고 생각했고, 독일은 러시아, 프랑스, 영국이 비난받아야 한다고 생각했다. 오직 소수의 지식인만이 조각조각 나누어져 있는 유럽의 정치 상황에서는 누구도 비난을 피할 수 없다고 생각했다.

베르사유 조약은 처벌과 보복이 목적이었다. 조약에 따라 패전국에는 엄청난 대가가 뒤따랐다. 상처 입고 고통받은 승자를 위해 패자는 보상금을 지급해야 했으며, 이는 곧 이미 파산한 국가에 거대한 채무를 물리는 것과 같았다. 국제연맹을 설립하여 전쟁을 막고 국제 관계를 재설정하겠다는 시도는 진정성이 모자랐으며 상황에 적합하지도 않았다.

윌슨의 국제연맹, 어설픈 구원

유럽 안에서 영원한 평화를 위해 국제 관계를 바로잡으려는 어떤 시도가 있기는 했는지 의심스럽다. 미국의 윌슨Wilson 대통령은 국제연맹을 창설하자는 제안을 국제정치 무대에 올렸다. 미국 내 주요 세력이 이 제안을 지원했다. 이제까지 미국이라는 새로운 근대 국가는 유럽의 간섭으로부터 신세계를 보호하려는 먼로 독트린 말고는 국제관계에 대한 뚜렷한 발상을 내놓은 적이 없었다. 그런데 지금 시대적 요청이 생긴 것이다. 하지만 미국은 그럴 만한 것을 아무것도 갖고 있지 않았다. 물론 미국 국민은 처음부터 세계 평화를 지향했다. 하지만 그들은 구대륙의 정치를 불신하고 구대륙의 혼란으로부터 떨어져 있으려는 습성도 가지고 있었다. 미국은 독일의 잠수함 공격 때문에 전쟁에 말려들었고, 그래서 독일에 맞서는 연합국 측에 가담했다. 그리고 전쟁에 참여하게 된 뒤에야 국제 문제를 해결하기 위한 미국의 방안에 관해 고민하게 되었다.

월슨 대통령이 제시한 국제연맹 창설 계획은 뚜렷하게 구분되는 미국식 세계 프로젝트를 만들겠다는 것이었다. 하지만 그것은 매우 개략적이고 적절치 못할뿐더러 위험한 계획이었다. 하지만 유럽에서는 이 계획을 성숙한 미국의 관점이라고 받아들였다. 1918년에서 이듬해까지 인류는 대부분 전쟁에 지쳐있었다. 그래서 어떤 희생을 치르더라도 전쟁의 재발을 막을 방안을 마련하려 했다. 하지만 이 목적을 이루기 위해 자국 주권을 조금이나마 기꺼이 양보하려는 정부는 구대륙 어디에도 없었다.

국제연맹 창설을 끌어내려는 월슨 대통령의 공개 발언은 한동안 각국 정부 수반들을 뛰어넘어 국민에게 직접 호소하는 듯 보였다. 그의 발언은 미국의 성숙한 의도를 드러냈으며 그에 대한 반응도 뜨거웠다. 하지만 불행하게도 월슨 대통령이 다루어야 할 상대는 각국 국민이 아니라 정부였다. 그는 거대한 섬광과도 같은 비전을 제시할 수 있는 능력이 있었지만, 시련을 만나면 자기중심적으로 변하는 인물이었다.

딜런Dillon 박사는 자신의 책《평화 회담The Peace Conference》에서

▲ 시구하는 윌슨 대통령 모습 ©Everett Historical/shutterstock.com

이렇게 말했다.

윌슨 대통령이 유럽 해안에 발을 딛자, 유럽은 창의적인 옹기장이 앞에 마련된 점토와 같아졌다. 그는 마치 오래도록 약속되었던 땅, 전쟁이 금지되고 봉쇄령 따위는 알지도 못하는 그곳으로 우리를 데려다 줄 모세처럼 보였다. 국민이 어떤 인물을 이토록 열렬히 따르고자 했던 적은 일찍이 없었다. 프랑스에서는 사람들이 경외와 애정을 담아 그 앞에서 머리를 조아렸다. 파리 노동계 지도자들은 그의 면전에서 기쁨의 눈물을 떨구었으며, 노동자 동지들은 그의 고귀한 계획의 실현하기 위해서라면 물불을 가리지 않고 돕겠다고 말했다. 이탈리아의 노동 계층에는 그의 이름이 마치 지구를 새롭게 하는 나팔 소리처럼 들렸다. 독일인들은 그와 그의 외교 노선이 독일인의 안전을 보장해주는 보루가 되어주리라 여겼다. 무엘론Muehlon[20세기 전반기에 활동한 독일의 외교관]은 두려움 없이 이렇게 말했다. "만약 윌슨 대통령이 독일인들에게 연설하고 그들에게 가혹한 형벌을 내렸다면 독일인들은 체념 속에서 그것을 받아들이고 불평 한마디 없이 즉각 실행했을 것입니다." 그는 오스트리아에서도 구세주와 같은 명성을 누렸다. 그의 이름을 언급하는 것만으로도 고통받는 이들은 위안을 얻고 번민하는 이들은 설움을 내려놓았다. ……

인류 역사의 서막을 내리며

윌슨 대통령은 이같이 과도한 기대감을 불러일으켜 놓고는 결국 그 기대감을 완전히 무너뜨렸다. 그가 만들어낸 국제연맹은 너무 유약했고 무용지물이었다. 이 이야기는 무척 길고 또 말하기가 고통스러울 정도이다. 윌슨은 우리 인간의 공통된 비극을 자신의 행보를 통해 재현했다. 그는 꿈꾸는 데는 뛰어났지만 그것을 실행하는 데는 매우 무능했다. 미국 의회는 대통령의 정책에 동의하지 않았으며, 그가 제안한 국제연맹에도 가입하지 않았다. 미국인들의 입장에서는 국제연맹에 가입한다는 것이 전혀 준비되지 않은 어떤 일에 돌진해 들어가는 것과 같아 보였다. 유럽에서 봤을 때는 극한 상황에 빠져있는 구대륙에 미국은 아무것도 줄 준비가 되지 않았다.

미숙아로 태어나, 날 때부터 절름발이가 된 국제연맹은 국제 질서를 다시 정립하는 데 오히려 심각한 걸림돌이 되고 말았다. 국제연맹의 규약은 정교하지만 비현실적이었고, 국제연맹에 부여된 권력은 지나치게 제한적이었다. 오히려 국제연맹이 만들어지지 않았더라면 관련한 문제가 더 명확히 드러났을 것이다.

그러나 처음에 윌슨의 계획을 전 세계가 열광적으로 환영했다는 것, 곧 정부와는 구별되는 지구 전체의 인류가 국제연맹의 창설에 기뻐했다는 사실은 역사 기록에서 분명히 강조되어야 한다. 인류를 편 가르기 하고, 전체 인류의 사안들을 잘 다루지 못하는 각국의 근시안적 정부 뒤에는 세계의 일치와 질서를 추구하는 세력이 성장하고 있었다.

1918년 이후 계속 국제회의가 열렸다. 미국 대통령 하딩Harding이 소집한 워싱턴 회담(1921)이 가장 성공적이었고 의미도 있었다. 독일과 러시아 대표단까지 참여한 제노바 회담(1922)도 주목할 만하다. 계속해서 이어지는 회담과 여러 가지 시도를 여기에서 자세히 논하지는 않을 것이다. 세계대전과 같은 동란動亂이나 학살이 증가하는 것을 막기 위해서는 인류가 함께 대규모의 재건 사업을 해야 한다.

갑자기 급조된 국제연맹이나, 이런저런 국가들끼리 여러 회담을 열어서 짜깁기하듯 만든 체제로는 문제를 해결할 것 같은 분위기만 내다 결국엔 아무것도 바꾸지 못한다. 그렇게 해서는 우리 앞에 놓인 새로운 세대의 복잡한 정치적 필요들을 충족시키지 못한다. 인간관계, 개인 및 집단 심리, 재정과 경제, 교육에 관한 과학적 연구들은 여전히 유아적 단계에 머물러 있다. 이들 분야를 체계적으로 발전시켜 적용할 필요가 있다. 이미 죽었거나 죽어가고 있는 편협하고 구시대적인 윤리 및 정치사상은 인류 공통의 기원과 운명에 대한 더욱 간단명료한 생각으로 대체되어야 한다.

이 시대에 인간에게 몰려오는 위험과 혼란과 재난이 과거에 경험했던 그 어떤 것보다 거대해진 까닭은 인류가 과학의 발전을 통해 이제껏 가져보지 못한 거대한 힘을 갖게 되었기 때문이다. 그 힘을 통제할 수 있으리라는 희망을 품게 되는 것 또한 과학의 두려움 없는 사고방식, 철저하게 명료한 진술, 꼼꼼하게 검증된 계획을 통해 가능할 것이다.

인류는 이제 겨우 청소년기에 도달했을 뿐이다. 지금 겪고 있는 문제들은 인류가 노쇠했거나 탈진해서 겪는 문제가 아니라, 인류가 더욱 강해진 힘을 아직 길들이지 못한 데서 생긴 것이다. 이 책에서 이제까지처럼, 비전과 통제력을 향해 꾸준히 진보하는 인류의 투쟁이라는 관점에서 역사를 바라본다면 오늘날 우리가 가진 희망과 위험을 제대로 가늠할 수 있을 것이다. 우리는 이제 겨우 인류의 위대함에 동이 트는 이른 새벽녘에 이르렀을 뿐이다. 하지만 우리는 꽃과 일몰의 아름다움을 보면서, 어린 동물들의 행복하고 완벽한 움직임을 보면서, 수없이 다양한 풍경들을 보면서 삶이 우리에게 줄 수 있는 것들을 넌지시 알게 된다. 마찬가지로 조형 예술과 회화 작품에서, 위대한 음악에서, 우아한 건물과 아름다운 정원에서 우리는 인간의 의지가 물질적 가능성을 가지고 무엇을 할 수 있는지 슬며시 깨닫게 된다.

이제 우리 인류가 가장 대담한 상상들을 실현해내리라는 것을 누가 의심할 수 있을까? 우리 인류가 일치와 평화를 성취하리라는 것을, 또한 우리의 후손들이 우리가 알고 있는 어떤 궁궐이나 정원보다 멋지고 아름다운 세상에서 살게 되리라는 것을, 모험과 성취의 범위가 끊임없이 확장되는 가운데 인류가 나날이 강성해지리라는 것을 누가 믿지 않을 수 있을까? 오늘날까지 인류가 해온 것들, 현재 상황에서 성취한 작은 승리, 그리고 이제까지 이 책에서 이야기한 이 모든 역사는 다만 인류가 앞으로 이루어야 할 일들의 서막에 불과하다.

서기전 1000년 무렵은 아리아인이 이미 인도 북부에 정착하고, 스페인과 이탈리아, 발칸 반도에 자리를 잡아가고 있던 무렵이다. 크노소스는 이미 멸망했으며, 투트메스 3세와 아메노피스 3세, 람세스 2세의 광대한 이집트 시대도 3~4세기 전의 이야기로 제21 왕조의 허약한 군주들이 나일 강 유역을 다스리고 있었다. 이스라엘은 사울, 다윗, 혹은 솔로몬까지 해당하는 초기 왕들 아래 하나의 나라로 뭉쳐 있었다. 아카드 수메르 제국의 사르곤 1세(서기전 2350)는 바빌로니아 역사에서 먼 과거의 기억이었다. 어쩌면 오늘날 콘스탄티누스 대제를 기억하는 것보다 더 먼 과거였을 것이다. 함무라비가 죽은 지도 1,000년이 지났고, 무력이 약해진 바빌로니아는 아시리아인들이 통치하고 있었다. 서기전 1100년에 티글라트 필레세르 1세가 이미 바빌론을 정복했던 것이다. 하지만 영원한 정복이란 없는 법이다. 아시리아와 바빌로니아는 여전히 서로 다른 제국이었다. 중국에서는 주 왕조가 새로 들어서 번성하고 있었고, 잉글랜드의 스톤헨지가 세워진 지도 벌써 수백 년이 흐른 뒤였다. 그 뒤 2세기 동안 제22왕조의 이집트가 부활했고, 작고 단명한 히브리의 솔로몬 왕국은 해체되었으며, 그리스인들이 발칸 반도와 이탈리아 남부, 소아시아 등으로 퍼져나갔다. 그리고 이탈리아 중부는 에트루리아인들이 차지하고 있었다. 이제 확인 가능한 이후 시기부터 연표를 정리해보자.

서기전

800년 이전 카르타고 창건

790년 에티오피아인, 이집트 정복(에티오피아 제25왕조)

776년 최초의 올림픽 경기 개최

753년 로마 창건

745년 티글라트 필레세르 3세, 바빌로니아를 정복하고 신아시리아 제국 건국

722년 사르곤 2세, 아시리아군 철기 무장

721년 사르곤 2세, 이스라엘 사람들 추방

680년 에사르하돈, 이집트의 테베 점령(에티오피아 제25왕조 전복)

664년 프사메티쿠스 1세, 이집트의 자유를 수복하고 제26왕조 창건(~서기전 610 재위)

609년 이집트의 네코, 메기도 전투에서 유다 왕국의 요시야 격퇴

606년 칼데아인과 메디아족의 니네베 정복
칼데아 제국 건국

604년 네코, 유프라테스 강까지 진격했지만 네부카드네자르 2세에게 패함
(네부카드네자르에 의한 바빌론 유수)

550년 페르시아인 키루스, 메디아인 키악사레스 계승
키루스, 크로이소스 정복
당시 석가모니와 공자, 노자 생존

539년 키루스, 바빌론을 정복하고 페르시아 제국 건국

521년 히스타스페스의 아들인 다리우스 1세, 다르다넬스 해협부터 인더스 강까지 통치
다리우스 1세, 스키타이족 원정대 출발

490년 마라톤 전투

480년 테르모필레 전투와 살라미스 해전

479년 페르시아, 플라타이아이 전투와 미칼레 전투에서 패하고 완전 퇴각

474년 시칠리아의 그리스군, 에트루리아 함대 격퇴

431년 펠로폰네소스 전쟁 개시(~서기전 404)

401년 1만인의 퇴각

359년 필리포스, 마케도니아 왕으로 등극

338년 카이로네이아 전투

336년 마케도니아 군대, 아시아 진격
필리포스 피살

334년	그라니쿠스 전투
333년	이소스 전투
331년	아르벨라 전투
330년	다리우스 3세 사망
323년	알렉산드로스 대왕 사망
321년	펀자브 지역에서 찬드라굽타 발흥 로마군, 카우디네 산길 전투에서 삼니움족에게 완패
281년	피로스, 이탈리아 침략
280년	헤라클레아 전투
279년	아스쿨룸 전투
278년	갈리아인, 소아시아 침입 후 갈라티아에 정착
275년	피로스, 이탈리아 퇴각
264년	제1차 포에니 전쟁(베하르에서 아소카가 왕위에 즉위, 서기전 227년까지 재위)
260년	밀레 전투
256년	에크노무스 전투
246년	시황제, 진나라의 왕위 즉위
220년	시황제, 진나라 황제 등극
214년	만리장성 축조
210년	시황제 사망
202년	자마 전투
146년	카르타고 멸망
133년	아탈루스, 페르가몬을 로마에 양도
102년	마리우스, 게르만족 격퇴
100년	마리우스, 개선(중국, 타림 분지 정복)
89년	모든 이탈리아 자유민이 로마 시민권 획득
73년	스파르타쿠스, 노예 반란 주도
71년	스파르타쿠스, 패배 후 사망
66년	폼페이우스, 로마 군단을 카스피 해와 유프라테스 강까지 진격하고 알란족과 교전
48년	율리우스 카이사르, 파르살로스에서 폼페이우스 격파
44년	율리우스 카이사르 암살

31년	아우구스투스 카이사르, 원수 등극(~서기 14)
4년	나사렛 예수 탄생

서기

14년	아우구스투스 황제 사망 티베리우스 황제 즉위
30년	나사렛 예수 십자가 처형
41년	칼리굴라 황제가 암살당한 후 근위병들이 클라우디우스 황제 옹립 (최초의 로마 군단 황제)
68년	네로 황제 자살(갈바, 오토, 비텔루스가 차례로 황제 즉위)
69년	베스파시아누스 황제 즉위
102년	후한後漢의 반초, 카스피 해까지 진출
117년	트라야누스 황제에 이어 하드리아누스 황제 즉위 로마 제국 영토 최대 확장
138년	인도-스키타이족, 인도에 남아있던 그리스 통치의 마지막 흔적 파괴
161년	안토니우스 피우스 황제에 이어 마르쿠스 아우렐리우스 황제 즉위
164년	대역병이 발생하여 마르쿠스 아우렐리우스 황제가 사망할 때(180)까지 지속 역병으로 아시아 전역까지 황폐화 (로마 제국에서는 이후 한 세기가량 지속되는 전쟁과 혼란의 시대 시작)
220년	한나라 멸망. 그 이후 400년간 지속될 중국의 분열 시작
227년	아르다시르 1세, 아르사크 왕조의 파르티아 제국 멸망시키고 사산조 페르시아 건설
242년	마니, 포교 시작
247년	고트족, 다뉴브 강을 건너 공격
251년	고트족의 대승리 데키우스 황제 피살
260년	사산조 페르시아의 2대 황제 샤푸르 1세, 안티오키아를 점령하고 발레리아누스 황제생포. 소아시아로부터의 귀환 길에 팔미라의 왕 오데나투스에게 차단됨
277년	마니, 페르시아에서 십자가 처형
284년	디오클레티아누스 황제 즉위
303년	디오클레티아누스 황제, 그리스도교 박해
311년	갈레리우스 황제, 그리스도교 박해 폐기

312년	콘스탄티누스 대제 즉위
323년	콘스탄티누스 대제, 니케아 공의회 주재
337년	콘스탄티누스 대제, 임종 직전 세례 받음
361-3년	배교자 율리아누스 황제, 그리스도교를 미트라교로 대체하려고 시도
392년	테오도시우스 대제, 동방과 서방 모두의 황제로 즉위
395년	테오도시우스 대제 사망. 스틸리코를 후견인으로 둔 호노리우스 황제와 알라리크를 후견인으로 둔 아르카디우스 황제, 로마 재분할
410년	알라리크가 이끄는 비지고트족, 로마 함락
425년	반달족은 남부 스페인에 정착, 훈족은 판노니아에, 고트족은 달마시아에, 비지고트족과 수에비족은 포르투갈과 북부 스페인에 정착. 앵글족, 브리타니아 침략
439년	반달족, 카르타고 점령
451년	아틸라, 갈리아 습격했지만 프랑크족, 알라만족, 로마인들에게 패배
453년	아틸라 사망
455년	반달족, 로마 약탈
476년	튜턴족 부족 연맹체의 왕이었던 오도아케르, 콘스탄티노플을 향해 서로마에는 더는 황제가 존재하지 않음을 선포 서로마 제국 멸망
493년	오스트로고트족의 테오도리쿠스, 이탈리아 정복 후 이탈리아 왕위 즉위 그러나 명목상으로는 콘스탄티노플에 복종 (이탈리아에는 고트 왕들이 이어짐. 고트족은 주둔지로 몰수한 지역에 정착)
527년	비잔틴 제국의 유스티니아누스 황제 즉위
529년	유스티니아누스 황제, 1,000년간 번성하던 아테네의 학교들 폐쇄 벨리사리우스(유스티니아누스 황제의 장군), 나폴리 점령
531년	사산조 페르시아의 호스로 1세 즉위
543년	콘스탄티노플에 대역병 창궐
553년	유스티니아누스 황제, 이탈리아에서 고트족 격퇴
565년	유스티니아누스 황제 사망 롬바르드족, 북부 이탈리아 대부분 정복(라벤나와 로마는 비잔틴 제국에 남음)
570년	예언자 무함마드 탄생
579년	호스로 1세 사망(롬바르드족이 이탈리아 지배)

590년	로마에서 역병 발생
	호스로 2세 즉위
610년	헤라클리우스 황제 즉위
619년	호스로 2세, 예루살렘 및 다마스쿠스에 이어 이집트 점령
	중국에서는 당나라 건국
622년	헤지라
627년	페르시아 제국, 니네베에서 헤라클리우스 황제에게 대패
	당나라 태종 즉위
628년	카바드 2세, 아버지 호스로 2세를 살해하고 황제에 즉위
	무함마드가 전 세계 통치자들에게 편지 보냄
629년	무함마드, 메카로 귀환
632년	무함마드 사망
	아부바크르, 1대 칼리프 즉위
634년	야르묵 전투
	무슬림 세력, 시리아 점령
	오마르 2대 칼리프 즉위
635년	당나라 태종, 네스토리우스교 선교사들 수용
637년	카데시아 전투
642년	헤라클리우스 황제 사망
643년	오트만 3대 칼리프 즉위
655년	무슬림, 비잔틴 제국의 함대 격퇴
668년	무아위야 칼리프, 해상에서 콘스탄티노플 공격
687년	프랑크 왕국의 궁재 피핀, 아우스트라시아와 네우스트리아 재통합
710년	무슬림 군대, 아프리카에서 스페인 침략
715년	칼리프 왈리드 1세, 피레네 산맥에서 중국에 이르는 영역 확보
717-8년	왈리드 1세의 아들이자 계승자인 술레이만, 콘스탄티노플 공략 실패
732년	카롤루스 마르텔, 푸아티에에서 무슬림 군대 격퇴
751년	피핀, 프랑스 왕 즉위
768년	피핀 사망
771년	샤를마뉴, 단독으로 왕위 즉위
774년	샤를마뉴, 롬바르디아 정복

786년	하룬-알라시드, 바그다드에서 칼리프에 즉위(~809)
795년	레오 3세 교황 즉위(~816)
800년	교황 레오 3세, 샤를마뉴에게 서로마 황제의 관을 씌움
802년	샤를마뉴 궁정에 피신해 있던 에그버트, 웨섹스의 왕 자처
810년	불가르족의 크룸Krum, 니케포루스Nicephorus 황제 처형
814년	샤를마뉴 사망
828년	에그버트, 잉글랜드의 첫 국왕 즉위
840년	경건왕 루트비히 사망 카롤링거 제국 분열 962년까지 서로마 황제 직위가 간헐적으로 등장할 뿐 정기적 승계 이루어지지 않음
850년	류리크(노르드), 노브고로드와 키예프의 통치자 등극
852년	보리스, 불가리아 최초의 그리스도교 국왕으로 즉위(~884)
865년	러시아(노르드)의 함대, 콘스탄티노플 위협
904년	러시아(노르드) 함대, 콘스탄티노플에서 퇴각
912년	바이킹 두목 롤로, 노르망디 점령
919년	매사냥꾼 왕 하인리히, 독일의 왕으로 선출
936년	오토 1세, 아버지 하인리히 왕의 뒤를 이어 즉위
941년	러시아 함대, 재차 콘스탄티노플 위협
962년	독일 왕 오토 1세, 교황 요한 12세로부터 황제의 관을 받음(최초의 작센족 황제)
987년	위그 카페, 프랑스 왕 즉위 카롤링거 왕조의 종말
1016년	크누트, 잉글랜드·덴마크·노르웨이 왕으로 즉위
1043년	러시아 함대, 콘스탄티노플 위협
1066년	노르망디 공 윌리엄, 잉글랜드 정복
1071년	셀주크튀르크족, 이슬람 제국 재건, 만지케르트 전투
1073년	힐데브란트, 그레고리우스 7세 교황 즉위(~1085)
1084년	노르드인 로베르 기스카르, 로마 약탈
1088-99년	우르바누스 2세 교황 즉위
1095년	우르바누스 2세, 클레르몽에서 첫 십자군 소집
1099년	고드프루아 드 부용, 예루살렘 정복

1147년	제2차 십자군 원정
1169년	살라딘, 이집트의 술탄 즉위
1176년	붉은 수염 프리드리히 1세, 베네치아에서 교황(알렉산더 3세)의 수위권 인정
1187년	살라딘, 예루살렘 함락
1189년	제3차 십자군 원정
1198년	교황 인노켄티우스 3세 즉위(~1216) 시칠리아의 왕 프리드리히 2세(만 4세)의 후견인 맡음
1202년	제4차 십자군, 비잔틴 제국 공격
1214년	칭기즈 칸, 베이징 점령
1226년	아시시의 성 프란체스코 사망(프란체스코 수도회)
1227년	칭기즈 칸, 카스피 해에서 태평양에 이르는 제국 건설 후 사망 오고타이 칸 즉위
1228년	프리드리히 2세, 제6차 십자군 원정에 참여하여 예루살렘 탈환
1240년	몽골, 키예프 파괴 러시아, 몽골에 조공 바침
1241년	몽골, 슐레지엔의 레그니차에서 승리
1250년	마지막 호엔슈타우펜 왕가의 황제 프리드리히 2세 사망 1273년까지 독일 권력 공백
1251년	몽케 칸, 대칸 즉위 쿠빌라이 칸, 중국 통치
1258년	훌라구 칸, 바그다드 점령
1260년	쿠빌라이 칸 대칸 즉위
1261년	그리스인들, 라틴 세력으로부터 콘스탄티노플 탈환
1273년	합스부르크 왕가의 루돌프, 황제로 선출. 스위스에서 영구동맹 성립
1280년	쿠빌라이 칸, 중국에서 원나라 건국
1294년	실험 과학의 예언자 로저 베이컨 사망 쿠빌라이 칸 사망
1348년	흑사병
1368년	몽골의 원나라 몰락. 명나라 개국(~1644)
1377년	교황 그레고리우스 11세, 로마로 귀환
1378년	교회의 대분열. 로마의 교황 우르바누스 6세와 아비뇽의 대립 교황 클레멘스 7세

1398년	후스, 프라하에서 위클리프의 사상 설파
1414-8년	콘스탄츠 공의회. 후스 화형(1415)
1480년	모스크바 대공 이반 3세, 몽골의 지배에서 해방
1481년	이탈리아 원정을 준비하던 중 술탄 무함마드 2세 사망
1486년	바르톨로메우 디아스, 희망봉 발견
1492년	콜럼버스, 대서양 횡단하여 아메리카에 도착
1493년	막시밀리안 1세 황제 즉위
1497년	바스쿠 다가마, 희망봉을 돌아 인도까지 항해
1499년	스위스, 독립 공화국 수립
1500년	카를 5세 출생
1509년	헨리 8세, 잉글랜드 왕 즉위
1513년	레오 10세 교황 즉위
1515년	프랑수아 1세, 프랑스 왕 즉위
1520년	술레이만 술탄 즉위(~1566) 후 바그다드에서 헝가리까지 지배 카를 5세 황제 즉위
1525년	바부르, 파니파트 전투에서 승리하여 델리를 정복하고 무굴 제국 창건
1527년	부르봉 왕가의 총사령관이 지휘하는 독일 군대, 이탈리아를 침공하여 로마 약탈
1529년	술레이만 술탄, 빈 포위
1530년	카를 5세, 교황으로부터 황제의 관을 받음 헨리 8세, 교황과의 대립 시작
1539년	예수회 창립
1546년	마르틴 루터 사망
1547년	폭군 이반 4세, 러시아의 차르 호칭 처음 사용
1556년	카를 5세 은퇴 무굴 제국의 악바르 대제 즉위(~1605) 로욜라의 성 이냐시오 사망
1558년	카를 5세 사망
1566년	술레이만 술탄 사망
1603년	제임스 1세, 잉글랜드와 스코틀랜드의 왕으로 즉위
1620년	메이플라워호, 아메리카에 도착하여 뉴플리머스 창건 첫 흑인 노예들이 제임스타운(버지니아 주)에 도착

1625년	찰스 1세, 잉글랜드 왕 즉위
1626년	프란시스 베이컨 경 (베룰럼 경) 사망
1643년	루이 14세 즉위. 이후 72년간 통치
1644년	명나라, 만주족에 패망
1648년	베스트팔렌 조약 네덜란드와 스위스, 자유 공화국 공인 프로이센의 부상 조약은 황제나 영주들 어느 쪽에도 완전한 승리를 안겨주지 않음
1648년	프롱드의 난. 프랑스 국왕의 완전한 승리로 마무리
1649년	잉글랜드 왕 찰스 1세 처형
1658년	무굴 제국의 아우랑제브 황제 즉위 크롬웰 사망
1660년	찰스 2세, 잉글랜드 왕 즉위
1674년	조약에 의거 뉴암스테르담이 영국령 뉴욕이 됨
1682년	러시아의 표트르 대제 즉위(~1725)
1683년	오스만튀르크 제국의 마지막 빈 공격을 폴란드의 얀 3세가 격퇴
1701년	프리드리히 1세, 프로이센의 첫 국왕 즉위
1707년	아우랑제브 황제 사망 무굴 제국 분열
1713년	프로이센의 프리드리히 대왕 출생
1715년	루이 15세, 프랑스 왕 즉위
1755-63년	영국과 프랑스가 아메리카와 인도를 두고 대결 7년 전쟁: 프랑스가 오스트리아 및 러시아와 연합하여 프로이센 및 영국과 전쟁 (1756-1763)
1759년	영국의 울프 장군, 퀘벡 점령
1760년	영국의 조지 3세 즉위
1763년	파리 강화 조약: 캐나다가 영국에 이양, 영국은 인도에서 주도권 장악
1769년	나폴레옹 보나파르트 출생
1774년	루이 16세, 프랑스 왕 즉위
1776년	미국 독립 선언
1783년	영국과 미국 사이의 평화 협정 체결

1787년	필라델피아의 제헌의회에서 미국 연방정부 수립
	프랑스 재정 파탄
1788년	뉴욕에서 첫 연방 국회 소집
1789년	프랑스에서 삼부회의 소집, 바스티유 감옥 습격
1791년	프랑스 국왕 가족의 바렌 도주 사건
1792년	프랑스가 오스트리아에, 프로이센은 프랑스에 선전포고
	발미Valmy 전투
	프랑스 공화국 수립
1793년	루이 16세 효수
1794년	로베스피에르 처형
	자코뱅 당의 공화국 몰락
1795년	프랑스 총재 정부 수립
	나폴레옹, 반란을 진압하고 총사령관으로 이탈리아로 원정
1798년	나폴레옹의 이집트 원정과 나일 전투
1799년	나폴레옹, 프랑스 귀환, 막강한 권력을 지닌 제1통령 등극
1804년	나폴레옹 황제 즉위
1805년	프란츠 2세, 오스트리아 황제 즉위
1806년	신성로마 제국 황제 칭호 폐기
	신성로마 제국의 종말
	프로이센, 예나 전투에서 프랑스에 패배
1808년	나폴레옹, 동생 조제프에게 스페인의 왕위에 즉위시킴
1810년	스페인령 아메리카가 공화국 수립
1812년	나폴레옹, 모스크바에서 퇴각
1814년	나폴레옹 퇴위
	루이 18세 즉위
1824년	샤를 10세 즉위
1825년	러시아의 니콜라이 1세 즉위
	스톡턴에서 달링턴까지 최초의 철도 건설
1827년	나바리노 해전
1830년	루이 필리프, 샤를 10세 축출
	벨기에, 네덜란드에서 분리
	작센 코부르 고타의 레오폴 1세, 새로운 벨기에 왕으로 즉위
	러시아령 폴란드, 반란을 일으켰지만 실패

1835년	'사회주의'라는 용어 최초 사용
1837년	빅토리아 여왕 즉위
1840년	빅토리아 여왕, 작센코부르고타의 앨버트 대공과 결혼
1852년	나폴레옹 3세, 황제 즉위
1853-6년	크림 전쟁
1854년	일본 문호 개방
1856년	러시아의 알렉산드르 2세 황제 즉위
1861년	비토리오 에마누엘레, 이탈리아의 첫 국왕 즉위 에이브러햄 링컨, 미국의 대통령에 당선 미국 남북전쟁 발발
1865년	애퍼매턱스 법원 건물에서 미국 남군 항복
1870년	나폴레옹 3세, 프로이센에 선전포고
1871년	파리, 항복(1월) 프로이센 왕, 독일 황제 즉위 프랑크푸르트 강화 조약 체결
1878년	베를린 조약 46년간에 걸친 서유럽의 무장 평화 시작
1888년	프리드리히 2세(3월), 빌헬름 2세(6월) 독일 황제 즉위
1912년	중국, 공화국 수립
1914년	유럽에서 제1차 세계대전 발발
1917년	러시아에서 두 번의 혁명 발발 볼셰비키 정권 수립
1918년	정전 협정
1920년	국제연맹 첫 회의 개최. 독일, 오스트리아, 러시아, 터키는 배제, 미국은 불참
1921년	그리스, 국제연맹 무시하고 터키에 선전포고 중국 공산당 성립
1922년	그리스, 소아시아에서 터키에 대패 이탈리아, 파시스트 성립

(1922년 이후 연표 내용은 한국어판에 새로 추가했습니다.)

1927년	중국, 난징에 국민 정부 수립
1929년	세계 경제 공황
1931년	만주 사변
1933년	독일, 나치스 정권 수립
1936년	에스파냐 내란
1937년	중·일 전쟁
1939년	제2차 세계대전 발발(~1945)
1941년	태평양 전쟁 발발(~1945)
1943년	제1차 카이로 회담
1945년	포츠담 선언, 얄타 회담, 독·일 항복, 국제 연합
1946년	파리 평화 회의
1947년	마셜 플랜
1948년	이스라엘 공화국 성립, 세계 인권 선언
1949년	NATO 성립, 중화인민공화국 수립
1950년	유엔, 한국 파병 결의
1952년	미국, 수소 폭탄 실험 성공
1955년	바르샤바 조약 기구(WTO) 수립
1960년	아프리카 17개국 독립
1961년	베트남 전쟁 발발
1963년	미국·영국·소련, 부분적 핵실험 금지 조약 체결
1966년	중국, 문화 혁명
1967년	제3차 중동 전쟁 발발
1969년	아폴로 11호, 달 착륙
1971년	중국, 유엔 가입
1972년	닉슨, 중국 방문
1975년	베트남 전쟁 종결
1977년	동남아시아 조약기구(SEATO) 해체

1978년	소련, 아프가니스탄 침공
1980년	이란·이라크 전쟁
1982년	제1회 뉴델리 회의
1984년	영국, 중국에 홍콩 반환 협정 조인
1985년	멕시코시티 대지진
1986년	소련, 체르노빌 원전 사고
1987년	미국과 소련, 중기리 핵전력 폐기 협정 조인
1989년	베를린 장벽 붕괴. 천안문 사건
1990년	독일 통일
1991년	걸프 전쟁, 유고 내전. 소비에트 연방(소련) 해체
1993년	유럽 연합(EU) 출범
1995년	세계 무역 기구(WTO) 출범
1997년	영국, 중국에 홍콩 반환
1999년	유럽 11개국, 단일 통화 유로화 채택. 포르투갈, 중국에 마카오 반환
2001년	미국 세계 무역 센터 테러
2002년	중국 주석 교체
2003년	이라크 전쟁
2004년	체첸 반군의 러시아 학교 인질 테러 폴란드 등 10개 국가, 유럽 연합 가입
2008년	중국 쓰촨성 대지진
2009년	오바마, 미국 대통령 취임
2010년	천안함 침몰. 아랍의 봄
2011년	미국, 프랑스, 영국 중심 다국적군 리비아 공격 일본 후쿠시마 원자력 발전소 사고
2012년	그리스 구제금융
2014년	IS(수니파 이슬람 근본주의 무장단체) 테러와 전쟁 세월호 침몰
2015년	시리아 내전과 대규모 난민 발생
2016년	영국 유럽 연합 탈퇴

찾아보기